U0368344

上海市朱行中学 校史

1958—2018

上海市朱行中学 编

Zhuhang

Middle School

Shanghai

上海交通大学出版社
SHANGHAI JIAO TONG UNIVERSITY PRESS

内容提要

　　本书稿为上海市朱行中学 60 年建校史，记录了朱行中学从 1958 年至今的历程，书写了一部光辉的创业史、改革史、发展史。艰苦自立砥砺奋进育英才，优化组合转型化合续华章。本书讲述的正是朱行中学建校 60 年来风雨变迁、百年树人的故事，反映了学校在各个历史时期所历经的风雨和取得的办学成就。本书梳理、归纳和总结上海市朱行中学 60 年艰苦奋斗、开拓创新的历程，也从一个侧面展示了上海郊县中等教育的发展轨迹和面貌。

图书在版编目（CIP）数据

　　上海市朱行中学校史：1958—2018 年 / 上海市朱行中学编. —上海：上海交通大学出版社，2023.5
　　ISBN 978 - 7 - 313 - 28367 - 2

　　Ⅰ. ①上… Ⅱ. ①上… Ⅲ. ①上海市朱行中学—校史－1958－2018　Ⅳ. ①G639.285.13

　　中国国家版本馆 CIP 数据核字（2023）第 035807 号

上海市朱行中学校史（1958—2018 年）
SHANGHAISHI ZHUHANG ZHONGXUE XIAOSHI（1958—2018NIAN）

编　　者：上海市朱行中学
出版发行：上海交通大学出版社　　　　　　　　地　　址：上海市番禺路 951 号
邮政编码：200030　　　　　　　　　　　　　　电　　话：021 - 64071208
印　　制：上海万卷印刷股份有限公司　　　　　经　　销：全国新华书店
开　　本：710 mm×1000 mm　1/16　　　　　　印　　张：20.25
字　　数：338 千字
版　　次：2023 年 5 月第 1 版　　　　　　　　印　　次：2023 年 5 月第 1 次印刷
书　　号：ISBN 978 - 7 - 313 - 28367 - 2
定　　价：128.00 元

中共金山区委书记赵卫星贺信

贺　信

上海市朱行中学：

　　值此上海市朱行中学建校 60 周年之际，我向全体师生员工和广大校友，致以热烈的祝贺和诚挚的问候！

　　悠悠六秩风华，漫漫征程如歌。建校以来，朱行中学紧跟时代步伐，立足区域实际，着力打造一流师资队伍、塑造一流校园文化、培养一流莘莘学子，逐渐形成了"团结、勤勉、创造、求实"的优良校风、"好学、勤奋、创意、进取"的优良学风、"严谨、勤业、创新、奉献"的优良教风，为上海和金山的改革发展培养输送了一批又一批优秀人才。

　　32 年前，我曾在朱行中学支教，学校师生团结向上、砥砺奋进的精神状态给我留下了深刻印象。时过境迁，如今的校园已发生翻天覆地的变化，但朱行中学立德树人的办学初心没有变，勇于创新的办学理念没有变。在全体朱行人的共同努力下，学校教学质量稳步提高，成绩喜人。

　　党的十九大从新时代坚持和发展中国特色社会主义的战略高度，作出了优先发展教育事业、加快教育现代化、建设教育强国的重大部署。全国教育大会上，习近平总书记强调，要全面贯彻党的教育方针，坚持马克思主义指导地位，坚持中国特色社会主义教育发展道路，坚持社会主义办学方向，立足基本国情，遵循教育规律，坚持改革创新，以凝聚人心、完善人格、开发人力、培育人才、造福人民为工作目标，培养德智体美劳全面发展的社会主义建设者和接班人，加快推进教育现代化、建设教育强国、办好人民满意的教育。希望朱行中学认真学习贯彻习近平新时代中国特色社会主义思想，继续发扬优良办学传统，学习借鉴先进经验，积极探索教育规律，不断提升教学水平，努力办好家门口的教育，为落实"两区一堡"战略定位、加快打造"三区""五地"、全面建设"三个金山"提供坚强有力的人才支撑。

衷心祝愿朱行中学的明天更加美好！

中共金山区委书记

2018 年 12 月 15 日

序 一

悠悠六秩风华，漫漫征程如歌。2018年，上海市朱行中学迎来了六十华诞。作为朱行中学的学子，倍加振奋和欣喜，我与朱行中学同根、同源、同龄、同成长，这份"缘"岂止60年！

60年的峥嵘岁月，一代又一代的朱中人，筚路蓝缕，砥砺奋进，春华秋实，硕果累累。在母校甲子年际，送上我深深的祝福和感恩，这也应该是朱行中学莘莘学子的共同愿望！

朱行中学创建于1958年，经历了若干阶段，学校几度分合，几次搬迁，几易校名，跌宕起伏，栉风沐雨，薪火相传，培养了一批又一批的农村初级技术人员，也为数以千计的学生升入高中阶段学习打下了扎实的基础，为金山各类人才的培养和发展做出了积极的贡献。

朱行中学是一所生机勃勃的学校。坐落在东海之滨金山工业区内的朱行中学，绿树成荫，绿化面积达4500多平方米，拥有一流的塑胶跑道等素质训练设施，现代化的网络教学办公设备，层次化的骨干教师群体。每年数百位学生在美丽如画、温馨和谐的环境中学习成长，是多么幸福和快乐！

朱行中学是一所创新奋进的学校。伴随着时代改革的步伐，朱行中学始终与时俱进，形成了"团结、勤奋、求实、创新"的校风，养成了"勤奋、好学、创意、进取"的学风，铸就了"严谨、勤业、创新、奉献"的教风，积淀了"勤奋务实、合作创新，充满创造、自主发展"的校园文化。1995年秋季，"创造教育"在朱行中学起步；2004年，形成了

"创造教育"科技特色,并不断丰富内涵、拓展外延,着力培养学生的创新思维和实践能力,致力于促进每个学生知行合一,全面发展。

朱行中学是一所成绩斐然的学校。60 年风雨兼程,朱行中学始终砥砺前行,特别是党的十一届三中全会的春风,助推学校阔步前进,创造了多个"第一":在全县的乡镇中学中,率先举办高复班、率先办校办厂、率先举办职业班;在全区的乡镇中学中,率先进行课程改革,率先推行"创造"教育,率先进行教育体制改革,成为金山区首个教育集团——蒙山教育集团的主要成员。学校先后成为"中国创造教育的试验基地""中国少年科学院科普教育示范基地""中国少年科学院科普教育示范基地""中国少年科学院科普教育示范基地""上海市绿色学校""上海市红旗大队""上海市先进家长学校""上海市红十字达标学校""上海市平安单位"等。新时代的朱行中学盛誉满满,奋发有为。

朱行中学是一所百姓信赖的学校。朱行中学是一所乡镇初级中学,创办在老百姓的家门口,家乡的父老乡亲称之为家门口的优质学校。人们对朱行中学的认可和信赖,不仅是因为朱行中学连续多年初中升学率位于全区前茅,更是因为朱行中学非常重视对学生开展德育、美育、体育等素质教育,兼容并蓄的教育教学模式,促进了学生的全面进步。这样的学校,家长放心,学生开心,自然得到百姓的点赞称好。

沧桑铅洗,蕴积涵育。朱行中学 60 年的发展所取得的成就,包含着历代校领导和广大教职员工的智慧和心血,也凝聚着社会各界的关心和支持。60 年校庆,是学校发展的里程碑,也是继往开来、再铸辉煌的新起点。

修史问道,以启未来。编撰《上海市朱行中学校史(1958—2018 年)》,回顾 60 年的历程,记载 60 年的足迹,是一件利校利民的大好事。我愿为母校 60 周年的校史作序,共忆历史,期待明天,展望未来!

74 届麻泾分校高中毕业生、党的十五大代表、上海市纪委原副书记

2018 年 10 月 26 日

序 二

■
　■
　　■
　　　▓

　　60年,风雨兼程,砥砺前行,留下了厚重的足迹。60年来,伴随着时代改革的步伐,学校始终与时俱进。在以创造教育为办学特色、全面推进素质教育的进程中,积淀了"勤奋务实、合作创新,充满创造、自主发展"的富有创造教育特点的校园文化。学校科创园让学生插上理想的翅膀,一个个小院士、小研究员在这里诞生;创E园城市少年宫助力学生扬帆起航;扎染项目,列入上海市非遗进校园传习基地……在"绿色指标背景下初中创造教育实践研究"等课题的引领下,"创造教育"不断增其内涵、拓其外延,创新理念已成为学校追求优质发展的强大动力。

　　学校先后获中国创造教育实验基地、中国少年科学院科普教育示范基地、上海市教卫系统文明单位、上海市先进家长学校等荣誉称号。

　　回首往事,栉风沐雨,筚路蓝缕,薪火相传,学校正成为老百姓家门口的优质学校。面对巨大变化,感激之情充盈心中。在此,谨向长期以来支持学校建设和发展的各级领导、社会各界朋友、各兄弟学校及家长们表示衷心的感谢! 向为学校贡献了青春与智慧的离退休老师们致以崇高的敬意! 向辛勤工作的教职员工和刻苦学习的同学们,向重返母校、重温昔日美好校园时光的校友们致以诚挚的问候! 是你们,让学校更加美好,更加荣光!

　　新甲子恰逢新时代,新征程呼唤新作为。建校60周年,既是学校发展史上的一个重要里程碑,也是学校继往开来、再创辉煌的新起点。

我们要走强校之路——乘上海市初中百所强校工程的东风，全力培育"师德品行高、业务能力高、个性发展追求高，兴趣爱好广、学识见闻广、师生和谐互动广"的"三高""三广"型师资队伍。

我们要走特色之路——进一步培育"三爱""三好"学生，全方位促进学生成长。深化课程改革，精心打造富有生态课堂 811 特点的课程体系和富有实效的课程管理平台，满足不同学生发展志向、兴趣爱好需要，提升学生的科学素养和人文情怀。

我们要走改革之路——坚持"实践创新，自主发展"的办学理念，凝聚学校文化力，打造核心竞争力，用厚实的文化底蕴、深刻的人文内涵作为实现学校和师生持续发展的有力保障。

奋云霄而振翮，励德业以日新，全体教职员工必将再接再厉，发挥集团化办学的优势，脚踏实地探索优质教育发展的路径和方法，再谱新篇章，再创新辉煌。

上海市蒙山中学朱行中学校长

蒙山教育集团管委会主任

张连芳

2018 年 12 月 15 日

前 言

上海市朱行中学坐落于金山工业区朱行集镇西部朱林路 128 号。占地面积 15 358 平方米,建筑面积 7 485 平方米,绿化面积 3 090 平方米。2018 年,有班级 21 个,学生 535 人,教职员工 97 人。

光阴荏苒,斗转星移。60 年来,以创造教育为特色的朱行中学,栉风沐雨,筚路蓝缕,几经变迁,薪火相传,成为老百姓家门口一所有口皆碑的优质初中。

1958 年,朱行地区开创中学教育事业。是年 3 月,经朱行乡党委提议、松江县教育局批准,成立朱行农业中学,为半工半读学校。是年 7 月,松江县教育局批准朱行地区开设朱行初级中学,并在朱行小学北面建造 2.5 间教室;9 月招生,抽调朱行小学教师任教,由朱行小学管理;一年后,因师资和生源不足而停办。朱行农业中学挑起朱行地区中学教育重任,学校从无到有,因陋就简,历经设点办学和集中办学,几度搬迁,跌宕起伏。1966 年 10 月,朱行农业中学随朱行公社划归金山县。1968 年年底,朱行农业中学停办。

1966 年,小学附设初中班,六年级毕业后,仍留在学校,读七、八年级。1969 年,朱行公社各生产大队各自办起学校,中学生分散在各生产大队就读,称"戴帽子"中学。那个年代的办学口号是"学校办到家门口,读初中不出大队,读高中不出公社"。学校均由贫下中农管理委员会管理,简称贫管会。

1969 年,朱行公社党委决定在原朱行农业中学校址和朱行中心校校址创办五·七职业班,延续朱行地区中学教育。先后办起

"五·七"畜牧兽医班、机电班、会计班、农科班、红师班和蚕桑班。短短 2 年多时间,培养各类农技人员 281 人。1972 年 2 月,朱行公社党委决定停办短期职业班,成立朱行五·七中学高中部,解决各大队"戴帽子"初中毕业生继续升学的需求。经金山县教育局批准,朱行五·七中学分四个地方办班,朱行为总部,下设新街、麻泾、胥浦三所分校。首届高中部共招 5 个班级 200 多名学生。1974 年起,朱行五·七中学总部招收朱行集镇附近 6 个大队的"戴帽子"初中班学生,其他大队"戴帽子"初中班继续存在。朱行五·七中学总部成为完全中学。

1978 年 4 月,经金山县教育局批准成立金山县朱行中学,并成立朱行中学辅导区。是年 9 月,撤销原三所分校高中部,其高中部学生并入朱行总部。同时,在原分校区设新街(朱行二中)、麻泾、胥浦三所初中分校。1981 年 7 月,朱行中学撤销高中部。1982 年,为满足社会人才需求和部分未录取高一级学校的学生继续学习的愿望,在朱行公社党委支持下,经金山县教育局批准,增开职业班,先后开设兽医、机电、机械等专业,共招收学生 83 名。20 世纪 80 年代,朱行中学不断发展、壮大,进入全盛时期。学校一路创业,一路育人,师资力量不断加强,教学质量不断攀升,在全县声名鹊起。1984 年 4 月,时任县教育局副局长胡伯琪实地考察,到朱行中学蹲点一周,对朱行中学教育教学成果肯定有加,并在全县交流。1980—1985 年,学校先后开办印刷厂、金刚钻制品厂,在改善办学条件、增加教职员工福利等方面发挥了积极作用。1992 年 9 月,朱行中学校址易地朱林路 128 号新建校舍,由时任上海市教育局局长袁采题写校名。至 1993 年,三所初中分校相继撤点,学生全部并入朱行中学总部。

1997 年 5 月,金山撤县建区。金山县朱行中学更名为上海市朱行中学。2000 年秋季起,中小学实行"五四分段"学制,初中学制改为 4 年,六年级称为初中预备班。2003 年起,学校由乡镇管理转为区教育局直接管理。2014 年 8 月,朱行中学纳入蒙山教育集团成员校,共享名校资源,学校进入一个新的发展阶段,德育教育首位主导,教学质量稳步提高,创造教育形成特色。2017 年 1 月,朱行中学启动"校安工程",学校搬至夏宁路杭州湾双语学校,为时半年。2017 年 8 月,搬回原址。校安工程后,校舍宏伟靓丽,教学设施一流。

60 年,岁月悠悠;60 年,风雨兼程。学校办学初心不变,始终与时俱进,秉持"团结、勤奋、求实、创新"的校风,传承"勤奋、好学、创意、进取"的学风,铸就"严谨、勤业、创新、奉献"的教风。在以创造教育为办学特色、全面推进素质教育的进程中,积淀了"勤奋务实、合作创新、充满创造、自主发展"的富有教育特点的校园文化。厚重的文化积淀,绽放出瞩目斐然的成果。创业路上,学校先后获得中国创造教育实验基地、中国少年科学院教育示范基地、上海市创造教育先进实验基地、上海市非遗进校园优秀传习基地、上海市教卫系统文明单位、上海市绿色学校、上海市红旗大队、上海市优秀家长学校、上海市普法教育先进集体、上海市红十字达标校、上海市平安单位、上海市心理健康教育达标校、金山区文明单位、金山区中学生行为规范示范学校、金山区德育先进集体、金山区科技特色学校、金山区第二轮创新素养培育项目优秀基地等荣誉称号。

60年走过的路,留下了回不去的曾经。曾经的艰辛、曾经的荣誉,正激励着学校在探索优质教育发展的快车道上砥砺奋进,创造新的辉煌。

目 录

大事记(1958—2018 年)

1958 年

3 月 15 日　为适应农村建设社会主义需要,贯彻党中央两条腿走路方针,在南星村寿家埭、欢庵村麻泾桥、胥浦村、新华村四个点分别借用民房,卅办了朱行乡农业中学四个办学点,就近招生,每班学生 50 人左右。

20 日　朱行乡党委任命张驹鸣同志为农业中学校长兼乡文卫党支部书记。

同月　松江县教育局任命松江师范来的教师吴梦良任朱行乡农业中学教导主任。

5 月　乡政府聘请张驹鸣、吴梦良、黄文光、张道云、沈润芳、陈琳 6 人担任农中教师。

7 月　松江县教育局在朱行镇北街原朱行中心校北面投资建造两间半教室,定名为"松江县朱行中学"。

8 月　招收初一新生一个班。

10 月 1 日　朱行人民公社成立,朱行乡农业中学改名为"朱行人民公社农业中学"。

10 日　农业中学由于分散办学管理极不方便,师资又缺少,经公社党委研究,撤去 4 个办学点,决定在南星 7 队(现在的立新村 3 组)借民房集中办学。

中旬　经公社党委研究决定,农业中学经费主要由学校实行勤工俭学来解决。秋收后,公社从南星大队划拨 60 多亩土地给农业中学师生种植,既解决全校师生的伙食费开支,又承担学校办公经费。松江县教育局每月的补助只占学校总支出的 10%。农业中学实行半工半读。

同月　公社党委批准保送范栋梁等 7 名学生去松江师专学习。

11 月　原江苏省松江专区所属松江等七县从苏州专区划归上海市,朱行公社随县也归上海市领导,于是农业中学校更名为"上海市松江县朱行人民公社农业中学"。

1959 年

3月　因"大跃进"农村劳动力紧张,公社党委决定,动员大龄(超过 16 周岁)学生回队劳动。

5月　为了加强农业第一线领导,公社党委决定调张驹鸣同志到共和大队任党支部书记。

6月　市教育局统编了农业中学教材。各校统一采用市统编教材,开设政治(社会发展简史和青年道德修养)、语文、数学、农知(水稻、三麦、油菜、棉花等种植简介)课程。

8月　松江县朱行初级中学由于生源不足等原因宣布停办。

10月　农业中学教导主任吴梦良调亭林中学任教。

1960 年

2月　松江县教育局任命松江三中教师何应伯任朱行公社农业中学教导主任。

同月　松江县教育局召开农业中学先进教师及"三好学生"代表大会,学校派员参加。

9月　中央出台政策处理"大跃进"中出现的"一平二调"共产风,农业中学所占用的民房全部归还农户。由公社投资,农业中学在北黄埭校址连接社员黄鹄家厢房处建造了四间五架檩房子,供学生住宿和学校教室用。

1962 年

1月　上海市开始对农副产品实行凭票供应。农业中学向供销社申请票券,如油票、豆制品票、肉票等。

4月　由于受"三年自然灾害"影响,农业中学学生从每班 30～40 人减至 10多人,三个年级学生一共只剩 40 多人,农业中学面临停办的困境。公社党委研究决定,向松江县教育局提出,要求市农校毕业留校工作的黄骅同志回家乡任教。

同月　松江县大部分公社的农业中学停办,只剩张泽、新浜、朱行、亭新四所农业中学。

5 月　黄骅调回朱行公社任农业中学负责人兼公社文卫党支部委员。

7 月　学校向公社党委提出申请,为了保证教育教学质量,减轻、减少师生大田劳动压力,公社党委同意学校归还南星大队土地 20 多亩。

1963 年

3 月　朱行农业中学师生积极响应毛主席"向雷锋同志学习"的号召,积极开展学雷锋活动。

7 月　公社党委同意学校再次归还南星大队土地 20 多亩。农业中学土地只剩 20 多亩,使学校教育教学时间进一步得到保障。

8 月　经公社领导批准,学校聘请市农校毕业的李秀圣老师来校任教。

9 月　学校招新生 40 多人,全校学生增至 70 多人。学校走出了困境。

10 月　学校向公社党委和教育局打报告,要求建造新校舍。

1964 年

3 月　松江县教育局拨款 7 000 元给学校建造新校舍。公社党委研究决定,拆除欢庵镇西北面的欢娱寺和新街小集镇上土改时没收的二楼二底房子,砖木全部用来建造农业中学。

4 月　公社党委决定农业中学新校舍建造在朱行镇西街一块荒地上。并指示农业中学提前放农忙假,师生参加拆除庙宇和楼房,同时种好农田。

5 月　全体师生分工投入种田、拆房和平整建房土地的工作。

8 月　农业中学新校舍建造竣工。

同月　朱行农业中学从南星桥搬迁到朱行镇西街(现为朱行金工民办幼儿园),月底招新生近 50 人。

同月　公社又派高道生和郭更新 2 名中专师范毕业生来农业中学任教。

1965 年

1 月　松江县教育局对学校经费拨款从 10％增加到 30％。

8 月　公社又派高中生王德明来朱行农业中学任课。

9 月　农业中学积极开展勤工俭学,办起踏绳、编织草帘子和养猪、养兔等副业,增加收入。

1966 年

5 月　学校组织教师学习"5·16"通知。全国"文化大革命"开始。

6 月　少数师生开始写大字报,教师已无法进教室上课。

7 月　学生在校闹革命不上课,期末考试无法进行,老师到南星桥小农场耕作。

8 月　全公社各单位成立"文化大革命"领导小组,开展"破四旧、立四新"运动。受社会大环境影响,学生和少数老师积极参加"破四旧、立四新"运动。

同月　部分师生开始与社会上造反派串联,在学校教室走廊里开始贴大字报。

9 月　朱行农业中学学生建立"红卫兵"组织。学校停课"闹革命"。老师仍到南星桥小农场耕作,学校工作全面瘫痪。

10 月　朱行公社等 7 个社镇由原松江县划入金山县,朱行农业中学归属金山县教育局领导,学校更名为"金山县朱行公社农业中学"。

1967 年

1 月　停课"闹革命"的农业中学学生开始外出串联。

2 月　红卫兵开始写"大字报"并"批斗"老师。

5 月　公社贫下中农协会派蒋金明同志到农业中学管理学校。

1968 年

1 月　公社文教党支部停止活动。

3 月　农业中学食堂停办,师生到公社食堂搭伙。部分师生参加了"三忠于、四热爱活动"。

同月　农业中学校舍被公社占用,作为机关办公用房。公社指令农业中学搬迁到卫星牧场,这是农业中学第二次搬迁校址。

同月　停课已一年多的农业中学根据上级决定,开始复课招生。招 68 级、69 级学生各一个班,每班学生有 30～40 人。

同月　蒋金明同志调至朱行卫生院工作。

4 月　公社贫管会又派两人到农业中学协助管理学校。

12 月 5 日　公社革委会组建贫宣队进驻教育领域,决定在新街小学举办全公社中、小、幼全体教师三脱离(脱离学校、工作、家庭)学习班。学习班最后决定：学校按大队办,出身农村的教师回原大队任教,城镇教师全部分配到各大队插队任教或劳动。

同月 公社批准农业中学卫星牧场校舍由一名外地教师(何应伯)护校。

同月 创办 10 年多的农业中学被迫停办,告别了朱行人民,完成了历史使命。

1969 年

1 月 朱行公社教师新街学习班结束,民办教师、耕读小学教师、农业中学教师各自回本大队,公办教师按公社教育组分配,分别到各大队插队落户。

各大队各自办起学校。

3 月 全公社所有学生都回自己大队学校求学。

公社党委决定在农业中学和原中心小学校址创办五·七职业班,由公社教育组经办,首期职业班开班,试办二班：

69 届畜牧兽医班。

69 届机电班。

1970 年

在 69 届办班取得经验的基础上又招了四个班。

2 月 70 届机电班①班(第二期)。

70 届畜牧兽医班(第二期)。

9 月 70 届机电班②班(第三期)。

70 届会计班。

1971 年

继续办职业班。

2 月 71 届机电班(第四期)。

71 届农科班。

71 届红师班。

71 届蚕桑班。

9 月 原农业中学校长黄骅同志恢复党籍,由公社教育组任命为新街小学副教师代表。

同月,朱行公社党委决定停办短期培训职业班,建朱行五·七中学高中部,李士明同志受公社党委委派开始着手筹建,地点在原朱行镇北街的朱行中心小学校内。

李士明同志任五·七中学党支部书记、行政负责人,来朱行插队的女大学生罗云芳同志任支委兼教导主任。

五·七中学筹备组决定分四个地方办班,朱行为总部,下设三个分校:东片,麻泾分校;南片,新街分校;西片,胥浦分校。

12月 筹备组开始准备各校的教学设施,教育组着手配备各校教学人员及各分校学区范围的划分。

1972 年

1月 教育组配备的各校教师报到到位:

朱行总部除李士明、罗云芳外,还有来朱行插队的大学生吴文杰、程学军、朱树敏(女)、徐斌(女)和小学教师唐友才共 7 位。

麻泾分校:何应伯、赵良芳、王树道,何应伯为麻泾分校负责人。

新街分校:田海燕(女)、许建军、吴国良,田海燕为新街分校负责人。

胥浦分校:卫毓华(女)、徐金本、沈莉华(女),卫毓华为胥浦分校负责人。全校共 16 位教师。

2月 划分各分校学区范围。

朱行总部:东风大队、战斗大队(今合并为高楼村),卫星大队(后叫长楼大队、长楼村,今为合兴村一部分),胜利大队(曾叫邬浜大队),红旗大队(曾叫桥湾大队)(今合并为运河村),南星大队、中华大队(今合并为立新村)等 7 个大队。

麻泾分校:共和大队、洪光大队(今合并为红光村),群力大队、欢庵大队、八一大队(这三个大队今合并为欢兴村)共 5 个大队。

新街分校:红星大队、新华大队(今合并为新街村),保卫大队(今为保卫村)共 3 个大队。

胥浦分校:东方红大队、曙光大队(今合并为胥浦村),团结大队(今并入保卫村),合兴大队(今叫合兴村)共 4 个大队。

3月 遵照毛主席五·七指示,学校招生改为春季班。五·七中学开始招高中部第一届中三年级学生,总部招二班,分校各招一班。生源基本为本届初中毕业生,也有少量的历届生。

同月 学校建立红卫兵团组织,五·七中学第一任红卫兵团长为朱行总部②班的金忠新同学。

6月上旬,学校放"三夏"农忙假,时间为二周。

8月上旬,学校放"三抢"农忙假,时间为二周。

10月下旬,学校放"三秋"农忙假,时间为二周。

1973 年

1月 学校放寒假。

教导主任罗云芳,调朱泾任金山县教师进修学校负责人,学校教导主任一职调麻泾分校何应伯继任,黄智协助,并新任命朱正华为总务主任。

麻泾分校抽八一大队会计高寿云担任负责人。

黄骅调任胥浦分校负责人。

2月 学校招第二届学生大会。因班级数增加教师也相应增加,总部增加9位,全校共增加15位,此时,全校共有教师31位。

3月 朱行总部新招入学的75届中三年级两个班级师生进行忆苦思甜活动,中四年级两个班级师生一起参加,邀请卫星二队(今合兴村)周彩宝老妈妈来校进行忆苦思甜回忆对比的阶级教育。

同月 学校改选学生红卫兵团领导,朱行总部中三①班女同学吴桂珍通过选举担任朱行五·七中学第二任红卫兵团团长。

4月 学校新打了一口大水井,以解决全校师生的饮用水问题。

同月,公社党委决定由朱行建筑社新筑学校大门前大路为水泥路,前后历时约1个月。

5月 公社党委选派以叶善明同志为主任的贫下中农管理学校委员会(简称贫管会)进驻学校。副主任为毛隆铭,叶善明为常驻学校代表。

同月 在学校大门进来的东侧南面靠街,由政府出资建造二楼二底四间教室,上面分单独4小间作为学校男教师集体宿舍,下面东面一间教室一隔二作为理、化二学科的实验仪器储存地,西面一间作为理、化二学科学生共用实验室。

同月 学校召开首届学生运动会,分校运动员同学来总部参加比赛。

同月 学校决定把第二排教室走廊西面两间教室合并成一间大教室作小礼堂用,拆除中间山墙,架放人字梁,作为师生共用食堂及召开全体学生大会的地方。

6 月上旬,学校放"三夏"农忙假,时间二周。

在学校负责人李士明的带领下,居民同学及全体老师乘农忙假期间,集中学校筑路。

8 月上旬,学校放"三抢"农忙假,时间两周。

9 月　学校邀请红星大队贫苦农民赤脚医生陆婉华同志来校作忆苦思甜讲话。

10 月　朱行总部学校组织两个年级四个班级全体师生进行长途拉练。目的地金山卫(金卫公社,今金山卫镇)八二大队,学校领导带领师生深入社会实践,共同接受爱国主义教育、阶级斗争教育,夜宿山阳金山嘴小学。第二天下午回校。学校党支部书记、行政负责人李士明同志全程参加。

月底,学校放"三秋"农忙假,时间两周。

1974 年

1 月　本校第一届学生即 74 届高中班同学二年学习期满毕业离校。

2 月　学校又招收高中部两个中三班(76 届)学生入学。

是年开始,五·七中学朱行总部招收初中班学生。当年招两个中一班,又移进两个中二班。生源就是学区范围内各大队的戴帽子中学学校中的初中生,于是五·七中学总部开始成为一所完全中学。

4 月　清明节期间,学校组织初中部学生以红小兵(少先队)活动形式到漕泾烈士陵园祭扫,缅怀先烈艰难创业、英勇奋斗,开展爱国主义革命传统教育活动。

同月　学校发动全体师生批林批孔。

同月　学校组织全校师生进行一次大规模的忆苦思甜活动,八个班师生集中学校大教室,邀请卫星二队周彩宝老妈妈来校诉苦。

5 月　学校召开第二届学生运动会,分校学生运动员来总部参赛。

6 月　学校放"三夏"农忙假,时间两周。

同月　"三夏"农忙假期间,当时担任中四年级语文教学的老师,组织带领中四两个班在写作上较好的 18 名学生,进行土记者活动。到干巷公社(今吕巷镇)砖瓦厂去采访金德芳烈士的英雄事迹,为时两天。

同月　当时中四两个班班主任,发动两个班的同学到处拾砖,并利用 1973

年学校拆山墙时余下来的砖块，在第二排教室的前面路东的空地上，面西建造两间五架梁小屋。

同月　由物理老师带领学生们制作的农田诱蛾灯制成，大受贫下中农欢迎，供不应求。

7 月　由于割草积肥，杂草堆积腐烂，化学老师总结提倡使用沼气烧饭、炒菜、烧水。

8 月　学校放"三抢"农忙假，时间二周。

9 月　黄骅同志参加由公社组织的进驻红星大队（今并入新街村）的工作组，胥浦学校负责人由郑德龙继任。

10 月　75 届高中班班主任，组织中四年级两个班全部 90 多名同学背起背包、被子深入红星大队（今并入新街村）进行社会调查，前后历时一周，全体师生吃住在红星大队，学校领导李士明同志也多次到场指导。

同月　学校放"三秋"农忙假，时间两周。

11 月　75 届中四年级部分学生在语文老师发动并鼓励下，进行学生上讲台讲课的实践活动。

12 月　75 届中四年级两个班同学在班主任带领下，请麻泾分校 74 届毕业的校友孙小龙同学帮助，前往共和大队（今红光村）进行毕业前最后一次社会调查实践活动。

1975 年

1 月　本校第二届高中班即 75 届同学两年学习期满毕业离校。

2 月　本校中二学生毕业直升高中部中三班（即 77 届），同时招初中部两个中一班同学入学。

3 月　学校负责人李士明同志由公社党委调任朱行供销社党支部书记兼主任。

同时，公社党委委派党委宣传委员骆森铭同志任五·七中学党支部书记、行政负责人，高寿云、郑德龙二人担任支委。

同月　老校长黄骅同志结束了工作组工作，回校担任总务主任。

同月　高寿云同志从麻泾分校调入朱行总部，协助骆森铭同志（患有常年慢性病）管理五·七中学。

同月　因 75 届红卫兵团长吴桂珍同学毕业，红卫兵团部进行改选，由 77 届中三①班唐伟民同学当选红卫兵团长。

4月　新招收的两个77届中三班同学集中在欢庵小集镇粮管所仓库内进行10天封闭性军事化训练。

同月开始,这届同学又分别到朱行阀门厂、手工业社学工,每周固定日期跟固定师傅学工。

同月　清明节期间,初中部师生以红小兵组织活动形式,去漕泾烈士陵园祭扫。

5月　学校领导又到南星(今立新村)三队,借用30亩大田作学农田,按照生产队规划,各种作物从种子培育、大田管理到收获都在老农具体指导下操作。

同月　学校召开第三届田径运动会,各分校学生运动员来总部参赛。

6月　学校放"三夏"农忙假,时间二周。从这次农忙假开始,这一届居民同学与老师一起由公社决定一直到挂钩胜利大队(今运河村)支农。

同月　由公社教育组筹资对后排三间半教室进行加楼工程,历时两个月。

8月　学校放"三抢"农忙假,时间二周。

同月　校门口第一排路西三只教室由教育组划归战斗小学使用,战斗小学从大队校区搬回朱行镇上,与五·七中学师生在同一校门出进。

同月　《文汇报》派记者来学校采访,抒写了题为《公社办学也要走上海机床厂的道路》的调查报告,发表在《文汇报》上,肯定并宣传朱行五·七中学的办学模式,为农村培养急用人才,为各行各业发展做出积极贡献。

9月　77届中三班同学在语文老师指导下开始集体办报,报名定为"雏鹰报"。

10月　77届同学在集体办报的同时又人人出报、人人当主编,当记者、撰稿、誊写、绘画、校对。在专辟的一间空置教室内展览一周。

同月　贫管会主任叶善明同志带领部分师生主持学校科学实验,成功培养颗粒肥料和细菌肥料。

同月　叶善明同志和师生试种灵芝获得成功,并把灵芝加工成"灵芝糖浆",供给朱行地区的老弱病残者使用。

同月　学校放"三秋"农忙假,时间两周。

1976 年

1月8日　周恩来总理逝世,学校举行悼念活动。

同月　本校第三届即76届高中部两个班级同学学习期满毕业离校。

2 月 学校新招两个班中一新生,本校初中部中二年级同学直升高中部中三年级(即 78 届)求学。

4 月 因受北京天安门事件影响,全校师生被卷入,批判"师道尊严",要学生学习"白卷英雄"张铁生,培养学生要有反潮流精神等运动中。大批特批《三字经》,培养学生"头上出角,身上长刺"敢于造反的精神。"反击右倾翻案风""批还在走的走姿派"、评《水浒》等政治运动接二连三。由于社会上"左"的思潮占主导地位,"知识越多越反动"等错误思想严重泛滥,学校教育再一次遭受重创,学生的心灵遭受严重的毒害。

同月 清明节期间,初中部师生以红小兵组织活动形式,去漕泾烈士陵园祭扫。

5 月 学校召开第四届学生田径运动会,各分校学生运动员来总部参赛。

6 月 学校放"三夏"农忙假,时间两周。

经学校领导批准,在 77 届中四年级语文老师的指导下,利用"三夏"农忙假时间,抽了部分学生进行连环画创作,对学生进行爱国主义教育、阶级斗争教育。画稿画成后,也在学校一空置教室中展出。

7 月 6 日 朱德委员长逝世,学校举行悼念活动。

8 月 学校放"三抢"农忙假,时间二周。

9 月 9 日 毛泽东主席逝世,师生们万分悲痛。

师生们在校共同布置致哀环境,举行各种悼念瞻仰活动,前后共 10 天。

同月 贫管会结束使命,常驻代表叶善明同志离开五·七中学,回到公社卫星畜牧场任职。

10 月 6 日 粉碎"四人帮"后,师生们集队到朱行老街上游行,放高升、燃鞭炮,庆祝活动前后进行了 3 天。朱行镇上居民也纷纷加入师生的游行队伍,一起欢庆。

同月 黄浦江上第一座大桥松浦公、铁两用大桥建成胜利通车,77 届中四年级两位班主任租用了两辆中型拖拉机带领两个班级学生前去观看。

月底,学校放"三秋"农忙假,时间二周。

1977 年

1 月 本校第四届两个高中班(即 77 届)学生两年学习期满毕业离校。

3 月 本校四个班初中毕业生直升高中部学习。

学校从学区范围七所小学内新招四个初中班学生。

4月　清明节期间,初中部师生以少先队活动形式,组织去漕泾烈士陵园祭扫。

同月　刚新招入学的初一①班,在班主任老师的组织下,全班同学乘坐中型拖拉机到上海西郊公园旅游一次,时间一天,开创了朱行中学春游出外旅行的先例。

5月　学校召开第五届学生运动会,不过这次运动会与往年不一样,不但分男、女,而且分初中、高中组。

6月　是年,开始学校不再放农忙假。由于粉碎了"四人帮",学校不再有红卫兵组织,以后各班成立团支部,初中部也不再有红小兵组织,重新建立少先队组织。各班为一个中队,班主任为少先队中队辅导员,学校建立少先队大队部,专设大队辅导员一职。是月少先队队员过上了"文化大革命"后第一个"六一"儿童节。各中队活动丰富多样。

7月　是年开始师生放暑假,学生休息,教师由教育局、县教师进修学校安排一定时间进行业务进修。

10月　已停止10年的高考恢复,麻泾分校74届毕业生李芬华等同学考取各类大学。

1978 年

1月　五·七中学最后一届高中毕业生78届学习期满毕业离校。

3月　招高复班文、理科各一个班学生。

4月　朱行"五·七"中学更名为金山县朱行中学,并成立朱行中学辅导区。校址在朱行镇育才街28号。

5月　金山县教育局任命骆森铭同志为朱行中学校长,朱行公社党委任命骆森铭同志为朱行中学党支部书记。

同月　金山县教育局任命黄骅同志为金山县朱行中学副校长,朱行公社党委任命张省吾同志为学校党支部副书记。

9月　三所分校撤去高中部,其高中部学生并入朱行总部,部分教师也调入朱行总部。在撤去三所分校高中部的同时,原校区新街、麻泾、胥浦建立相应的朱行中学初中部分校,其中新街分校改名为朱行二中。

同月　教育局任命张省吾为朱行二中校长,任命高寿云为麻泾中学校长,郑德龙为胥浦中学负责人。任命黄智为朱行中学教导主任、许建军为副教导主任、盛火林为总务主任。

是年，朱行中学参加金山县数学竞赛，获得优异成绩，不但团体总分获第一名，新街分校徐兴忠同学还获得个人第一名。

1979 年

4 月 30 日—5 月 1 日　朱行中学辅导区全体教职工去苏州旅游两天。

9 月　朱行二中（新街）校址迁址南新街新址。

12 月　筹备校办印刷厂。

1980 年

2 月　经金山县教育局和朱行公社党委决定，黄骅同志从 2 月起主持朱行中学工作和辅导区工作。张省吾主持党支部工作。

5 月　骆森铭同志调离朱行中学。

同月　朱行中学和金山县进修学校合办进修印刷厂。

7 月　黄骅副校长参加市教育局组织的部分校长在上师大学习活动。

1981 年

2 月 20 日　朱行中学举行开学典礼。初一、初二、初三共 9 个班，报到人数 410 人；高二（1）、（2）班，报到数 68 人。初三转入学生 23 人。

3 月 18 日　下午，全公社中小学教师大会，传达中央（84）号文件。

9 月 12 日　大庆仪器厂来校装收音机木壳。

9 月 26 日　召开朱行中学辅导区学生运动会。

12 月 27 日　召开首届教工代表大会。

1982 年

3 月 11 日　公社发树苗，要求团员种植。

9 月　经教育局同意，朱行中学在全县首创普中开设职业班。招收兽医班 19 人，学制 2 年。

10 月 17 日　召开朱行中学全辅导区学生运动会。

12 月 3 日　下午，职业班学生参加义务劳动拆围墙。

1983 年

4月9日　社会谣言,学生打预防针要死人,许多学生家长来校领子女回家。

5月　朱行中学派运动员参加金山县中学生运动会,获初中组男女团体总分第8名。

7月　金山县教育局任命黄骅为朱行中学校长。

8月　朱行中学第二家校办厂——"天鹅金刚钻厂"开办。

9月16日　职业班举行机电开班典礼。

1984 年

3月12日　辅导区胥浦、麻泾中学举行学生运动会。

3月23日　朱行中学举行学生运动会。

4月　金山县教育局副局长胡佰琪到朱行中学蹲点调研,总结朱行中学在师资力量不强、设备条件差的情况下高考升学取得好成绩的经验,为期一周。

9月　因农机厂和大队企业要求,朱行中学又办了一期职业班"机械班",学员30人,学制2年,毕业后回到大队和公社企业工作。

1985 年

1月　金山县教育局任命张宗铭为朱行中学副校长,任命周军为教导主任,任命方永兴为副教导、张仁林为总务主任、杨仁龙为副主任。

2月　传达全国人大设立教师节的决定。每年9月10日为教师节。

4月10日　市教育局副局长、教育家吕型伟乘车来校,做调研工作。

同月　经学校班子讨论,发放班主任津贴,每生每月0.5元,从学校校办厂积累中支出。

5月9日　职业班全体师生,去上海参观职业班成果展览会。

同月　学校用校办厂上缴利润,把学校后面5间教室平房加建二层楼房。

7月　朱行中学被评为金山县教育系统文明学校。

9月10日　朱行中学举行首届教师节庆祝活动,朱行乡党委、乡政府领导和各界人士代表前来祝贺。

11月14日　朱行中学辅导区举行学生运动会。

11 月 29 日 学校停课,全辅导区教职员工参加工会组织的外出活动,到上海参观菊展。

1986 年

2 月 传达市教育局决定:中小学教师评职称。朱行中学第一次评定中级职称以上指标为 6 人,实际评定 7 人为中学一级教师。

4 月 由教育局拨款,在老学校教学楼西面开工新建三楼三底 6 间教室。

4 月 金山县人大换届。朱行中学、朱行小学和朱行卫生院选举黄骅为金山县九届人民代表。

5 月 5 日 下午 2 时起,朱行中学举行"班班有歌声"欢庆五一节歌咏大会。

7 月 胥浦中学因学额不足撤校。

9 月 杨家平、赵卫星、黄维、严孝君四人来朱行中学支教,为期一年。

1987 年

3 月 由教育局拨款和学校自筹资金,建造可供 300 多人用餐的食堂。

5 月 4 日 晚上,由学校团总支部和少先队大队部组织,在校园操场举行大型营火晚会,全校师生参加,场面欢快热烈。

1988 年

4 月 15 日 各教研组长到江苏常熟活动。

4 月 19 日 朱行中学初二、初三师生到青浦淀山湖春游。

9 月 1 日 上海支教教师邱红、陈慧芳来校轮岗。

12 月 18 日 朱行中学召开第三届第二次教代会。

12 月 27 日 朱行中学辅导区召开教工运动会。

1989 年

5 月 学校向乡领导提出扩建校舍要求,并报告给金山县教育局

5 月 16 日 朱行中学辅导区举行"布谷鸟"歌咏赛。

1990 年

6 月 县教育局组织全县中小学领导来朱行中学参观学习,学校借公社会

议室介绍朱行中学办学情况。

10 月　朱行乡党委和金山县教育局商讨决定在高楼村 6 组(今朱林路 128 号),征田 20 多亩,易地新建朱行中学。

1991 年

6 月　朱行中学新校舍在高楼村 6 组开工建设。

8 月　学校向乡党委申请划地造教师住房。乡党委决定,在亭朱路东侧划出可造 10 多套别墅的土地,供教师造住房。

1992 年

7 月　朱行二中撤校,初一、初二学生并入朱行中学学习。

8 月　黄骅辞去校长职务,任党支部书记。冯文勤任校长。

是月　新建的朱行中学第一期工程完工(一幢教室和教师办公楼)。

9 月　初一学生搬入新建的学校读书,新办公楼底楼为部分教师办公室。

1993 年

8 月　新建教学楼全部完工。是月,黄骅调离朱行中学,任朱行镇教委常务副主任。

9 月　完成朱行中学新校舍一、二期工程。

1994 年

1 月 14 日　下午 3 时,上海市教育局局长袁采,会同郊区六县四区教育局局长,在金山县教育局局长龚宝寿和朱行镇镇政府副镇长程国辉陪同下,巡视朱行中学新校舍。应学校领导要求,袁采局长题写"朱行中学"校名。

3 月 8 日　朱行中学全体女教职工(包括校办厂女职工),在工会委员尤竞梅老师带领下,去浙江桐乡考察一天。

3 月 16 日　朱行中学全体教职工游览南浦大桥、杨浦大桥和浦江隧道,参与百万市民看上海活动。

4 月 2 日　金山县体委、教育局组织全县中小学广播操比赛。朱行中学获得"94 金山县中小学广播操比赛优秀单位"称号。

5 月 5 日　朱行中学举行第十四届田径运动会。

7 月 13 日　朱行中学召开行政班子扩大会议。金山县教育局领导王建平、沈训,朱行镇领导吴光耀、朱智恩参加会议。吴光耀同志宣布宋锡苇同志任朱行中学党支部书记。

8 月 20 日　朱行中学新校舍三期工程——实验大楼基建工程竣工验收。确定为"优良工程"。朱行中学新校舍三期工程包括物理、化学、生物实验室、语音室、电脑房以及配套用房,总面积达 1 127 平方米。

9 月　朱行中学全部师生搬迁到新校舍。

9 月 10 日　朱行中学隆重庆祝第十届教师节,邀请各界人士和全校教职工一起举办联谊活动。

9 月 23 日　朱行中学聘请校外德育辅导老师,共 7 位,由校长颁发聘书。

10 月 7 日　朱行中学在朱行镇广播站开辟《中学生园地》广播节目,举行开播仪式。《中学生园地》由中学生投稿,每周四广播一次。

12 月 10 日　朱行中学召开五届一次教工代表大会。大会通过无记名投票选举高益清、夏炳权、程大地、尤竞梅、张连芳五位同志为第五届工会委员。

12 月 23 日　朱行中学召开共青团七届一次代表大会。代表们通过无记名投票选举陈辉忠、华亚平、查明森、方亦斌、胡绿叶等 7 人为团总支委员,经协商陈辉忠为团总支书记。

1995 年

5 月 9 日　朱行中学举行五月歌会,纪念世界反法西斯战争胜利和中国人民抗日战争胜利 50 周年。

5 月 20 日　朱行中学举行五届二次教工代表大会。

7 月　党支部书记宋锡苇兼任朱行中学校长。冯文勤同志调任亭林中学副校长。

9 月 23 日　朱行中学党支部召开换届选举大会。

1996 年

1 月 18 日　朱行镇十四届人大代表换届选举,朱行中学教师曹枫源当选为朱行镇十四届人大代表。

4 月 23 日　朱行中学举行第十六届田径运动会。

5 月 28 日　朱行中学举行五月歌会节目专场演出,共有节目 40 多个。

9月10日　朱行中学隆重庆祝第十二届教师节。镇党委书记施黄飞、镇长陈惠良等领导同志出席会议。各界人士纷纷捐资助学。

10月24日　朱行中学举办第四届艺术节文艺会演。

10月26—27日　朱行中学教师到江苏张家港市进行社会考察,听取张家港市教育局领导介绍并参观一所中学,还到江阴华西村参观。

12月20日　朱行镇政府决定在朱行中学开办"朱行镇家庭法律学校",即日举行开学典礼。

1997 年

1月10日　朱行中学被评为"金山县1995—1996年度文明单位"。

1月28日　朱行中学举行五届四次教工代表大会。

3月29—30日　朱行中学教职工到苏州、无锡进行社会考察。

4月7日　朱行中学启动创造教育活动月活动。

4月25日　朱行中学举行第十七届田径运动会,400多名运动员参加比赛。

5月　金山县撤县建区,金山县朱行中学更名为"上海市朱行中学"。

6月9日　朱行中学举行迎香港回归文艺会演。

7月2日　朱行中学举行五届五次教工代表大会。

10月7日　朱行镇政府在朱行中学举办家庭法律知识竞赛,20户家庭参赛,金山县电视台专题采访录像。

1998 年

4月　黑龙江省教育代表团到朱行中学考察创造教育,校长宋锡苇同志陪同,王正辉老师做了介绍。

10月20日　学校邀请上海市金山区教育局工会主席孙训来校做形势报告。

11月25日　金山区教育督导室来校督导评估,为B级学校。

1999 年

1月　陈辉忠副校长出席由上海市总工会、市教委举行的家庭教育经验交流会,做了《认真总结,不断探索,使家长学校越办越好》的经验交流。同年,朱行中学荣获"上海市先进家长学校"称号。

3月 中国创造协会、上海市创造教育专业委员会在上海新黄浦实验学校举行"创造教育实验基地挂牌仪式"。宋锡苇校长和何金华副镇长出席仪式并接受实验基地铜牌。我校是上海市郊第一个挂牌的农村初级中学创造教育实验基地。

9月10日教师节 学校召开"褚耀庭老师从教四十周年经验交流会"。

9月 金山区体委、区教育局体卫艺科领导同志来学校进行广播操检查验收。我校被评为1999年金山区中小学系列广播操评比二等奖。

10月 区教育局体卫艺科、区卫生防疫站领导同志来学校进行合格卫生室验收。学校卫生室被评为"上海市优秀卫生室"。

11月 区人大副主任蔡师曾、区人大科教文委主任褚仁基等领导同志，在镇人大副主任朱仁云、副镇长何金华陪同下，来学校视察。

11月 市教委、区教育局、区红十字会来学校检查验收，肯定学校红十字会工作，学校被评为"上海市红十字达标学校"。

12月 朱行中学举行庆祝澳门回归大会，并举行迎澳门回归文艺会演。

2000 年

2月 《金山教育》2000年第一期出版，其中"朱行中学教师论文专版"载《创造教育"双动"教学模式初探》等6篇文章。封面、封底有一组朱行中学创造教育活动剪影照片。

4月 金山区副区长陈兆麟在副镇长何金华、教委主任杨志清陪同下来学校视察工作，对学校的校园建设及教育教学工作充分肯定，并对今后工作做了重要指示。

6月 学校举行六届一次教代会，对五届工会进行换届选举。大会选举产生六届工会委员。张连芳为工会主席，尤竞梅、夏炳权、程大地、高春达为工会委员。

11月 在阶梯教室召开朱行中学首届骨干教师命名大会。首批命名的骨干教师有7名。

11月 华东师范大学教授沈大文带领广东汕头市教育代表团来学校考察创造教育。

12月 金山区司法局、区妇联在学校联合召开"法律知识进社区，掀起学法、普法的热潮"现场观摩会。

2001 年

2月14日 新学期开学,全校1300多学生,全部用新课桌椅,一人,一桌,一椅,教室面貌一新。

4月 学校获"金山区文明单位"称号。

2002 年

2月 三峡移民子女家长共8人应约到校和校长对话,讨论移民子女读书及交费问题。

2月 朱行镇召开建功立业表彰大会,朱行中学被评为镇2001年度先进集体,学校党支部获考核二等奖。

3月 市教委调研组来校进行调研,徐虹局长陪同,副镇长高峰参加。

6月 区教育局档案室、财务科朱老师来校检查期限为15年的过期财务档案共808卷,送往吕巷造纸厂定点销毁,并对销毁档案编写好清册。是日,区档案局来我校进行区级先进档案室验收,学校获区级先进档案室。

9月 新学年开学的第一天,教育局徐虹局长、副镇长高峰来校视察。

9月10日 学校邀请镇党委、政府领导和社会各界人士举行庆祝第十八届教师节茶话会。

11月 学校党支部召开支部大会,进行党支部换届选举,选举结果:杨永华、宋锡苇、张连芳、华亚平当选为新一届支部委员。

2003 年

1月 学校卫生室在2000年通过市级达标卫生室后,经过上级卫生部门复检,保持市级达标卫生室的光荣称号。

3月 金山区第56选区在朱行中学阶梯教室举行选举大会。朱行中学张连芳同志当选为金山区第三届人民代表大会代表。

4月 宋锡苇校长传达区教育局紧急会议精神,防止非典型性肺炎传染。

4月 区教育局徐虹局长来校视察防"非典"工作。

6月 上海市档案工作升级达标验收组来校进行市级先进达标的验收,我校档案室被评为市级先进。

8月 区教育局党委副书记孙秀强,科长王玉兰,镇党委副书记陈兆裘及高峰副镇长来校召开全体领导班子及全体共产党员会议,宣布宋锡苇校长离任,任命张连芳同志为朱行中学校长。

9月 学校召开第十九届教师节庆祝大会,社会各界人士聚首多媒体教室,观看记录朱行中学办学成果的多媒体录像。

9月 学校召开六届八次教代会,增选杨仁龙同志为工会主席。

11月 市档案局科长方琳等对我校进行市级先进档案室复验,我校复验通过。

2004 年

2月 区教育局副局长林乃华、朱行镇副镇长高峰、镇教委主任华纪元来校商讨学校校舍"着装"工程。

2月 张连芳校长与教育局有关领导赴苏州招聘新教师。

5月 张连芳校长参加区人大代表视察活动。

5月 区妇联、教育局在我校举行助学金发放仪式,局长徐虹出席并讲话。

2005 年

1月 教育局、镇政府下拨的校车到校。

4月 学校邀请全国"三八"红旗手、献血状元彭亚芳同志来校做报告。

5月 金山区教育局局长蒋志明来校视察。

9月 庆祝第二十一届教师节,金山工业区党工委书记张士杰来我校为朱行镇中、小、幼教职工做形势报告。

9月 继"麦沙"台风后第 15 号台风"卡努"正面袭击上海地区,全校停课一天。

2006 年

6月 学校合唱团参加工业区比赛。

7月 党支部召开换届选举大会,选举杨永华同志为党支部书记,张连芳同志为党支部副书记。

10月 朱行中学被评为"上海市金爱心集体"。

11月 区教育局、公安局等部门来校对我校申报"安全文明校园"进行检查验收。

12 月　金山区人大代表选举,校长张连芳当选为第四届区人大代表。

2007 年

1 月　上海东方电视台综合频道来我校拍摄关于开展创造教育活动的录像。

6 月　我校接受市、区有关专家对学校申报金山区素质教育实验校规划评审。

7 月　区教育局局长蒋志明来校视察。

8 月　学校召开七届八次教代会,通过 5 个改革方案。

9 月　我校文艺队参加金山工业区第三届广场文艺晚会演出。

2008 年

1 月　金山区妇联主席时建英来我校视察。

3 月　市、区专家和领导来我校进行"创建区素质教育实验校"中期评审验收。

4 月　学校教工运动队参加金山工业区职工运动会。

5 月　全校师生集中操场举行悼念四川汶川大地震遇难者仪式。

7 月　我校校友李芬华,学校老领导薛毓良、黄骅、宋锡苇、冯文勤、张宗铭等来校共商校庆 50 周年事宜。同日,金山区教育局局长蒋志明、书记林乃华、副局长郑瑛、金山工业区社区党工委副书记陈兆裘等来校调研,视察暑期特色工作展示活动。

9 月　金山区副区长许复新由金山工业区党工委书记严杰陪同来校检查指导。

10 月 26 日　举行"同庆五十华诞,共创美好未来"——上海市朱行中学建校 50 周年庆典大会。

12 月　上海市创造教育学会会长方启敖来校指导工作。

12 月　张连芳调任蒙山中学校长。

2009 年

2 月　金山工业区在本校举行"金山工业区中小幼学校安全工作责任"协议签署仪式。

5 月　举行朱行中学创建区素质教育实验校总结性评审会。

6 月　朱行中学党支部换届选举大会。杨永华调任朱行成人学校校长，华亚平任朱行中学党支部书记。

8 月　朱行中学教工合唱团到石化少年宫参加"歌咏祖国"教师专场比赛。

8 月　区教育局党委副书记顾宏伟来校检查开学准备工作。

12 月　召开朱行中学八届七次教代会，审议绩效考核奖励方案。

2010 年

4 月　金山区教育管理指导团来校调研。

4 月　举行为青海玉树地震遇难者哀悼活动。

7 月　金山区教育局党委副书记顾宏伟、党委办公室主任平英来我校宣布学校班子调整的任命，华亚平同志任朱行中学党支部书记、副校长，乔辉杰同志任朱行中学校长、党支部副书记。

12 月　朱行中学"体验　创新　成长"红领巾社团文化展示暨校园科技节闭幕式在学校阶梯教室举行。团区委学少部部长张敏、团区委黄琛、区少先队总辅导员许青、各中学大队辅导员出席本次活动。

2011 年

3 月　"金山教育形势和任务"报告会（金山工业区专场）在朱行中学阶梯教室举行。由金山区教育局纪委书记韩亚弟做报告，朱行中学、朱行小学、朱行幼儿园及金工小学等四所学校的全体教职员工共 200 多人一起聆听报告。

7 月　由金山工业区文广中心主办，朱行中学承办的"缤纷暑期共精彩　园区少年展风采——金山工业区暑期少儿专场文艺演出"在金山工业区三中心隆重举行。

8 月　阮旖调任朱行中学党支部书记。

2012 年

2 月　教育局党委书记孙秀强、纪委副主任梁强来我校检查开学工作。

3 月　学校接受金山区教育局关于市义务教育均衡专项督导工作检查指导。

6 月　学校教师参加金山工业区千人广播操展演。

7月　阮旖任朱行中学校长,乔辉杰任朱行中学党支部书记。

12月　学校与金山区人民法院举行"呵护花季——关爱大棚中的孩子"结对共建签约活动。区人民法院褚红梅副庭长等一行 6 人来校参加签约活动。

2013 年

3月　朱行中学"创意扎染"参加"美丽中国梦,校园民族风"上海市普教系统一校一品民族文化展示活动。

5月　朱行中学"创意扎染"参加金山区素质教育论坛现场展示会外场展示活动。

6月　朱行中学"创意扎染"参加"让每一所家门口的学校都优秀"——"圆中国梦,办人民满意教育"上海市区县教育改革巡访(金山站)活动。

6月　朱行中学秧歌舞队参加上海市首届市民文化节金山工业区社区文化展示日活动。

9月　金山工业区社区管理中心书记沈继祥、副主任吴慧一行 5 人来校检查学校开学工作。

9月　隆重庆祝第 29 届教师节,金山工业区管委会委员吴慧同志、金山工业区相关部门领导出席庆祝活动。

10月　金山区教育局副局长盛明秀来校调研,视察了"i 探究"创新实验区和"梦之韵"扎染工作室等校园教学活动场所。

10月　举行"弘扬传统艺术　润融育人价值"上海市初中美术学科市级展示活动。上海市教委教研室美术教研员徐敏和金山区中学美术教研员、学科中心组成员一起参加此次活动。

10月　朱行中学举行学校城市少年宫活动启动仪式,少年宫全体学员、家长代表及辅导老师参加。

2014 年

4月　学校师生代表参加由工业区团工委组织的"新街暴动纪念碑"清明祭扫活动。

8月　金山区蒙山教育集团成立暨推进大会在学校阶梯教室举行。金山区教育局副局长盛明秀主持会议。阮旖调离朱行中学,蒙山教育集团蒙山中学校长张连芳兼任朱行中学校长。

10 月　学校举行创 E 园城市少年宫启动仪式。

2015 年

1 月　由中国少年科学院主办，全国少工委、中国科学院指导的第十届中国少年科学院"小院士"课题研究成果全国答辩展示评比活动中，我校八(3)班陆晨豪同学荣获"中国少年科学院小院士"称号，七(5)班袁盛同学荣获"全国少年科学院预备小院士"称号。

3 月　上海市朱行中学与上海金亭律师事务所签订常年法律顾问聘任协议，正式聘请该律师事务所的徐春兰、徐忠辉律师为学校常年法律顾问。

4 月　学校少先队鼓号队参加"铿锵鼓号，奏响梦想"金山区第四届少先队鼓号大赛。

5 月　由金山区教育学院主办，朱行中学承办的主题为"展示特色课程成果，促进区域课程建设"的"创意扎染"课程研究与实践成果展示活动在朱行中学举行。

9 月　无法忘却的历史——朱行中学部分团员寻访金山卫侵华日军登陆遗址。

11 月　以爱为媒，培育"三爱"阳光少年——朱行中学接受上海市心理健康教育达标校区级现场评审。

11 月　教育局综合教育科科长夏其明、金山区青少年主任姚戎、活动中心党支部书记沈莉等专家评审小组一行 9 人，对我校新申报的"织布"项目进行实地评估。

11 月　我校创意扎染参加金山区教育综合改革推进大会现场互动展示。

12 月　区教育学院组织专项调研组来校就"创新素养培育项目基地"和"创新实验室"的建设及过程化管理做专项调研。

2016 年

3 月　朱行中学城市少年宫师生参与金山工业区市民文化节展示。

5 月　华师大专家组一行 10 人来校进行集团化办学现状调研。

6 月　朱行中学"创意扎染"作为上海市非遗传习基地项目参与以"加强文化遗产保护，振兴传统工艺"为主题的金山区展示活动。

8 月　金山区委副书记程鹏莅临我校，调研并指导创 E 园学校少年宫暑期工作。

9月9日 金山区委书记赵卫星同志莅临朱行中学进行教师节慰问，观摩朱行中学特色课程创意扎染，并题词"创意扎染、点亮生活"。

是日，蒙山教育集团举行"群雁齐飞，不忘初心育英才"第32个教师节庆祝大会。

10月 云南省宁洱县7位骨干教师来我校观摩。

11月 学校召开"争做向上向善四好少年"第28届少代会。

2017 年

1月 蒙山教育集团举行"关注学生发展，培育核心素养"第四届教育科研年会暨首届德育论坛。

2月 金山区教育局投资2000多万元为朱行中学实施"校安工程"。

3月 金山区副区长张娣芳来校调研。

3月 金山区教育局局长顾宏伟、办公室主任陶海根来校调研。

9月 金山区副区长张娣芳来校检查新学期开学工作。

9月 朱行中学创意扎染参与大世界非遗传习活态展示活动。

11月 朱行中学团委换届选举暨共青团朱行中学第十二次代表大会召开。

12月 学校创意扎染在海阔非遗馆展出。

2018 年

1月 举行以"不忘初心，牢记使命"为主题的十九大知识竞赛。

1月 "同一片天，共一份爱"——朱行中学爱心奖助学行动顺利举行。

2月 春节前夕，金山区委书记赵卫星同志来到金山工业区，同朱行中学部分老师和历任校长、书记座谈，并合影留念。

2月 举行"学习贯彻十九大，凝聚爱心筑希望"开学典礼暨省下压岁钱捐款活动，共同开启新学期的第一天。

2月 开展以"学习贯彻十九大，改革开放40周年"为主题的安全教育活动。

3月 举行"理想心中积淀，梦想行动启航"2018届初三年级师生、家长百日动员大会。

3月 举行"春风十里不如创E有你"2018年招生入学"校园开放日"活动。

3 月 开展"聚焦核心素养,优化教学方式"为主题的教学系列活动——信息化教学评优大赛。

3 月 朱行中学"戏曲进校园"项目顺利启动,"戏曲进校园"项目为黄梅戏。

4 月 组织全体师生观看电影《厉害了,我的国》。

4 月 区教育局党委副书记、工会主席郑瑛携局工会副主席杨芳、局工会肖骏等领导,莅临朱行中学展开实地调研指导工作。

5 月 区教育学院中学教研室组织初三各学科教研员对我校初三毕业班进行教学调研,暨"优质、均衡、减负"落实情况调研。

5 月 我校两位美术老师参与 2018 年市级"优课"评选的课堂视频录制。

5 月 召开"崇尚英雄,精忠报国"主题班会,引导学生们铭记英雄,崇尚英雄,学习英雄,关爱英雄。

6 月 上海市朱行中学团委举行了新团员入团宣誓仪式。

6 月 创意扎染参加在上师大二附中举行的"美丽中国,我是行动者"金山区 2018 世界环境日主题宣传活动。

6 月 云南景东彝族自治县第一中学、银生中学两所学校领导、老师一行 48人,在黎永辉副校长与周琼副校长带领下,到我校进行教育教学工作交流。

第一章　朱行人民公社农业中学

（1958 年 3 月—1968 年 12 月）

1958 年前朱行地区没有中学，青少年读中学最近要到亭林中学，她是松江县浦南地区 7 个乡镇唯一的一所中学。那时朱行交通非常闭塞，没有公路，到最近的亭林镇，除了步行外，只能乘船，很不方便。并且因路程远，就读中学必须住宿，由于家里经济困难，供不起子女读书，不少学生中途就辍学了。朱行高小毕业生能读中学的很少，只有 7％左右。初中毕业生成了朱行地区的稀缺人才。

第一节　顺应历史发展兴办中学教育

1949 年 5 月 27 日上海解放。当时上海近郊的松江专区属江苏省，管辖朱行乡的是松江专区的松江县。1958 年 10 月在朱行乡建立人民公社后，松江专区撤销，松江县随之划归上海市。1966 年 10 月朱行公社等 7 个社镇划归金山县。

新中国成立后，工农业生产发展较快，人民生活有提高，全国又掀起了农业合作化运动。1956 年，朱行地区在互助组的基础上，先后建立了农业生产合作社。由于初中毕业生少，各村和各高级社找个会计，甚至找个记工员都困难。各行各业都需要有文化的建设人才，干部群众强烈要求朱行地区办一所中学。

中共中央为了加快教育事业的发展，在 1951 年和 1958 年提出教育要"两条腿"走路的方针，即群众可以办民办学校，国家投资办公立学校。于是在 1958 年 3 月，松江县 17 个乡镇都先后办起民办公助的农业中学。朱行乡农业中学便应运而生。当时松江县教育局也在新桥、叶榭、漕泾和朱行办了四所初级中学（朱行初级中学校址设在朱行镇老街北街朱行中心校北面,现在"阳光之家"福利厂内)。1958年8月,开班招学生50人,教师由朱行中心小学李公珏、张省吾、刘天钟等兼任,学校由中心小学代为管理。一年后,由于师资条件和生源不足,于1959年8月停办。原有学生分别进入亭林中学和漕泾中学,部分家庭贫困学生就此辍学。

第二节　创办农业中学

一、朱行农业中学承担起朱行地区中等教育任务

松江县朱行农业中学是一所半工半读的民办公助学校,学校由朱行乡地方政府领导,县教育局参与教育教学工作的指导和帮助,并为农业中学委派了一名教导主任。办学经费主要由学校靠勤工俭学自行解决,教育局每月只有少量补助,约占学校支出经费的10%,朱行地方政府也有少量补贴。在国家经济困难时期,半工半读民办公助性质的农业中学具有较强生命力,它既解决了部分朱行人民子女就近读中学的愿望,更帮助了许多困难家庭的孩子能读得起中学。所以朱行初级中学停办后,松江县朱行公社农业中学就此担负起朱行地区中等教育的重任。

二、因陋就简办学　艰苦奋斗创业

朱行农业中学创办时无校舍、无教师、无课桌凳、无资金,困难重重。在第一次乡党委会讨论时,雷锦明书记说:"没有条件,创造条件,走出去学习别的乡的经验,先办起来再逐步解决各个问题。"按照这个指导思想,党委派宣传委员陈则新等人,到其他乡去取经,可看到的情况差不多。于是乡党政班子再次讨论决定,必须办一所中学,培养初级人才,为朱行人民谋福祉。为了方便学生就近读书,在朱行东、南、西、北各片均设点办农业中学一个班。

教室房屋　利用土改时没收的地主、富农家房子。陈则新很快在南部新街小集镇找到没收的张娃地主家房子两间,在杨胥浦小集镇找到没收的赵娃地主家房子两间,在欢庵小镇麻泾桥地方找到村暂空房子两间,在朱行小镇北面南星村2组找到两间没收的富农房子,在南星村5组借到一间房子。

课桌凳　首先向县教育局争取一部分，向小学讨要些破旧课桌修理，并请木工自做一些长板桌和长条凳，黑板则向小学借用旧的，漆一下，如若不够，再买一二块。班子讨论决定后，课桌凳在朱行中心校和各辅导区小学仓库里找，但只找到十几副断脚缺面的，全部拿到所在村五匠组修理，县局也支持 20 多副课桌凳。所缺的课桌凳，由各农业中学办学点所在地利用没收的地富家门板和砍下杂树做课桌凳解决。所做的长条台、长条凳，一只台子或凳子可以坐四五人，有的台板下面托一块板，还可放书包。黑板由中心校和辅导区小学拿出三块破旧黑板，重新修理油漆，乡政府又添置了两块新黑板。

课程设置及教材　运用市教育局统编的农业中学教材。因学校每个点只有一名教师，所以确定朱行农业中学课程只设语文、数学和农业知识课。

师资　学校聘请具有高中、中专毕业水平的知识分子来校任教。经各村委会推荐，在南片新街找到了高中毕业生沈润芳（沈润芳后来调到西片胥浦去任教，由欢庵村张道云教师接任），在东片麻泾找到师范毕业生陈琳，在朱行南星村找到老知识分子黄文光和张驹鸣，分别在南星村两个点轮流任教。他们原来担任的植保员、会计、小学代课教师等工作都由各单位自行安排解决。

生源　由各点教师和各大队联合招生。开学前二天，乡党委召开了各村支部书记会议，要求各村支持所在地农业中学的招生。第一天开学报到学生，新街点 41 人，胥浦点 50 人，欢庵点（麻泾桥）48 人，朱行南星村寿家埭 36 人，南星村 5 组 17 人（一个月后合并到寿家埭办学点）。各点学生年龄相对较大，大多在 15 岁到 25 岁之间，个别学生甚至到 28 岁。开始学生出勤不太稳定，少数学生有时来，有时不来，特别是已做爸爸、妈妈的大龄学生，因家务和农活忙，缺席较多。

学校生活安排　刚开始，各点学生自带中饭，路近的学生中午回家吃饭，路远学生则由学校请附近社员烧开水时烧水蒸饭，老师就搭伙在这个农户家。这家农户报酬到年底由大队补贴工分。学生均走读，没有住宿生。

因不少学生祖父母、父母都是文盲，深知这次读书来之不易，虽然在低矮、潮湿、阴暗的民房里上课，但大多数学生学习比较努力，上课听讲认真，作业按时完成。

农业中学那时暑假较短，农忙假较长。一般课上到下午 3 点就放学，学生回家还要到队里参加劳动挣工分。老师则备课和批改作业，有时还要家访。

第三节　集中南星办校　教学渐入正规

一、人民公社的成立为集中办学创造了条件

1. 集中办学

1958 年 10 月 1 日,朱行人民公社成立,实行政社合一,公社的基本特点是"一大二公"。一学期来实践证明,分散办学不利于教育教学质量的提高,教师负担太重,对学校管理也不利。人民公社土地归大集体所有,公社党政班子经研究,划一部分土地给农业中学师生种植,收入归学校,可以解决学校经费来源、解决路远学生住宿问题。在那个年代的特殊情况下,这个办法是可行的。最后决定,在南星 7 队南星桥地方划出 60 亩土地给农业中学。四个点的师生全部集中到南星 7 队南星桥地方,教室和师生住宿房子则利用农民搬出的空房——那时生产组织形式是排、连、营、团,农民居住集体化,许多农户搬入其他农户家中住。南星 7 队南黄埭和北黄埭农民全部搬到其他农民家中住,空出的房子就作为农业中学教室和师生宿舍。四个点的师生在 10 月 10 日全部集中到南星 7 队黄家埭。共有学生 160 多人,原南星等大队又有不少学生插班。

学生大多住宿,好多学生自带竹榻、木板垫,但大多房间里用稻草铺地睡地铺。选用较大房子作教室,分三间教室供三个年级上课。又在北黄埭走廊里砌了一个很大的"老虎灶",煮饭、炒菜和烧开水。并在南星大队招了李金芳等几个社员担任学校炊事员,负责伙房工作。老虎灶烧的燃料砻糠是由朱行粮管所的碾米厂每月计划供给。当时各大队都办了食堂,粮食统一管理,吃饭不用钱,学生也像当时农民一样只用饭票。南星桥北黄埭路口外墙壁上写着"鼓足干劲搞生产,放开肚皮吃饱饭"的口号。粮食由公社粮管所根据当时师生数供给,每天吃菜由学校自办小食堂提供,食用油则向粮管所申请。伙食费起初由公社和县教育局补贴,后来蔬菜由师生自己种植。第二年水稻收获后,师生吃粮由学校提供。部分大龄学生还可以参加农业中学分红。

根据县教育局统一规定,农业中学原只开设语文、数学、农业知识(教授水稻、三麦、油菜和棉花的种植)、政治常识(社会发展简史、青年道德修养)。1964 年下秋开学,又增开物理、化学、体育和音乐。集中后又先后增添了张文龙、方国

正、顾寅珠等回乡知青充实教师队伍。教材采用农业中学市统编教材。

朱行农业中学采用上午上课、下午劳动的方式。根据天气情况可上下午对调。雨天则全天上课。春季大田主要种水稻、棉花,秋熟种三麦、油菜,划出 3 亩多土地种植各类蔬菜。1963 年前,学校还养猪 10 多头、牛 2 头。学生劳动按班分组,由老师和聘请的老农寿二官带领。学校还设专门的副业组,副业组负责养牛、养猪、割草(杂草用来打草浆发酵后放入米糠喂猪,青草也可直接喂猪牛吃)、打扫卫生等。还有蔬菜组,当时南星 7 队杂边地未开垦种植的不少,都由学校蔬菜组种植各种时令蔬菜。在南黄埭墙壁上写着:松江县朱行公社农业中学。从此朱行人民有了一所自己办起来的半工半读中学。

2. 参加大兵团劳动,种试验田

农业中学集中到南星桥学校上课第一天,由校长张驹鸣同志做学习动员报告《如何做一个新时期有文化的青年》。要求学生刻苦学习,勤奋劳动,尊重老师和员工,同学间要团结友爱,互相帮助,遵守作息时间,争取做一个新时代有文化的知识青年,为建设社会主义新农村做贡献。第一堂课,就由各班班主任组织学生分组讨论校长报告。上课没几天,校长接公社党委通知:农业中学全体师生自带铺盖集中到(原)群力大队(当时叫一营,今欢兴村)去参加大兵团支农劳动(那时生产组织形式是:排,相当于生产队;连,相当于大队;三四个大队为营,二三个营为一个兵团;小乡就是一个兵团。大兵团,就是几个兵团去搞大生产运动。这个生产组织形式在实践中不好管理,只实行了几个月又恢复到原来的生产队、大队的组织形式)。农业中学师生到群力大队的主要任务是种 10 多亩大麦高产试验田,大约 20 多天,生活十分艰苦。睡的是农民的房子,都是用稻草铺的地铺,白天劳动外,晚上还要挑灯夜战,每人都用河水洗脸揩身。晚上蚊虫又多,每间房子点一根近一米长的蚊香驱赶蚊虫,但仍遭蚊虫不断叮咬。经历这一难以想象的艰苦劳动,公社领导说这是通过劳动实践学习农业知识,也是思想教育的实践课。这次艰苦劳动的经历使学生终生难忘。大家记忆最深的是要把农田深翻 1 米左右,施一层已粉碎的豆饼,铺一层稻草(做基肥),盖好泥,到离地面30 厘米时再铺一层粉碎的豆饼和稻草,再盖上泥,然后平整好土地,最后播下大麦种子,每亩种子要 200 斤。老农民都说这样种麦肯定是收不到的,有许多学生也认为这样做是不行的。那时饭还能吃饱。但不少农民说:"这样搞下去,恐怕今后饭也吃不饱了。"这块高产试验田上级要求一定要这样做,这是不可违抗的"命令"。

3. 抽调 7 名学生上师专

有一天,校长接到公社党委领导通知:县教育局决定,各公社农业中学抽优秀学生 6 人左右到松江县师专学习。学校老师商讨后,推荐范栋梁、朱忠明、王群仙、张国华、何亚华、俞方云、严易刚 7 人,上报公社党委审批,党委同意保送这 7 名学生上松江师专,学成后回公社充实到小学教师队伍。一年后经考核合格,7 人全部回朱行各小学任教。

学生经 20 多天的奋斗,在完成种植试验田任务后回到学校。又努力耕种 30 多亩大麦、20 多亩油菜、4 亩多蔬菜。直到农忙劳动结束后,才开始比较正常的半工半读学习。

从此,朱行农业中学就在南星桥这块土地上逐步发展壮大。

11 月,松江、青浦、奉贤等原松江专区所属各县划归上海市管辖。于是由大队五匠组用木板做了一块长 1 米、宽 30 厘米的牌子作为"上海市松江县朱行公社农业中学"的校牌。

二、半工半读,发奋学习

1959 年开始学校步入半工半读正常阶段。早上 5 时半起床刷牙洗脸,6 时 30 分吃早饭,7 时上课。上午四节课,每节课 45 分钟。11 时吃中饭。12 时开始由班主任带队、任课老师参加的各班组劳动。4 时半收工,中间休息 15 分钟。

学生绝大部分来自农村,有的在队里已是正劳力,所以农活一般都做得很好,早稻亩产比生产队略高,达到每亩 600 斤左右,留出种子后,全部交售给粮管所。后季稻亩产有 700 多斤。根据公社党委要求,20 岁以上男同学作为一等劳动力,女同学和 17～19 岁不分男女都作为二等劳动力参加分红;16 岁以下不分红,但享受下年度伙食费、书簿费、住宿费免费。

学生多,热水无法满足,只好规定女学生可以打热水洗澡,男同学在冬春秋寒冷季节也可以打少量热水洗脸揩身,夏秋大部分男同学和男老师及少数女同学就在学校西面新泾塘和后面的横泾河中洗澡、游泳。对于艰苦劳动后的师生们来说,洗澡、游泳是一大乐趣。

每天晚上 7～8 时半上夜自修,9 时熄灯。所用的课桌凳是四个办学点搬来的,少数由县局资助。那时农村里没有电灯,三间夜自修教室,都用汽油灯照明。汽油灯指定由学生张仁林负责,每天上夜自修前点燃。有时汽油灯灯泡坏了,学生就只好坐在漆黑的教室里等待,等换上丝棉做的新灯泡后再上自修。虽然麻烦,但大多数学生复习认真,不懂就问老师与同学。也有少数学生由于疲劳而打瞌睡。老师晚上要集体办公,都用煤油灯,2 人合用一只,灯光昏暗。上、下课号令用一只手摇铜铃。没有运动器具、没有运动场、没有图书室,更没有实验室。老师教学和学生学习环境简陋,条件非常差,十分艰苦。虽然教学条件环境很艰苦,但学生学习努力,教师教学工作认真,批改作业非常仔细,师生间的感情十分融洽,校纪校风很好。

三、办学遇到困难

1. 大龄学生退学

1959 年春,社会上"大跃进"正如火如荼地进行,农村劳动力紧张,加上农业中学学生年龄在 18 足岁以上不少,有的已是做爸爸、妈妈了,都是生产队的正劳力。由于学生年龄差距大,学生间有谈恋爱的现象,也给学校管理带来一定难度。1959 年 3 月中旬,开学不久,学校根据公社决定,动员大龄学生回队劳动,做提前毕业处理。

由于农村劳动力紧张,在校劳动时间较长和农活较繁重,所学知识较难巩固(夜自修时不少学生打瞌睡)。学校又出现不少学生流失,学生数减少了近一半。到 9 月初开学时,初二学生只剩 20 多人,初三学生 20 多人(1958 年 3 月开班时,四个点招进的学生有 160 多人,由于文化层次差距很大,经考试,分为初二、初三班)。加上新招初一学生 30 多名(大部分是高小毕业和肄业生),三个年级学生不到 80 人。1959 年 5 月,公社党委又决定:校长张驹鸣同志调共和大队任党支部书记。10 月,教导吴梦良调亭林中学任教。1960 年 2 月,松江县教育局调松江三中教师何应伯担任朱行农业中学教导主任,学校工作暂时由何应伯老师负责。到 1961 年,农村劳动力更紧张,流失学生更多,三个年级学生只剩 40 多人(留下来的学生,大多是家长重视而督促留下来的)。但学校土地仍有 60 亩,种田任务繁重,师生情绪开始不稳定,开办了三年多的朱行农业中学面临停办的险境。1962 年春,松江县十七所农业中学大部分先后停办了,只剩下朱行、新浜、张泽、亭新四所。

2. 朱行农业中学不能停办

朱行公社党委反复讨论决定,虽然由于"自然灾害"造成国民经济非常困难,但朱行在没有公办中学的情况下,1958 年好不容易办起了农业中学,若农业中学再停办,那朱行地区高小毕业生升学机会就更少了。相信困难是暂时的,因此朱行农业中学不能停办。知识分子出身的公社副主任徐桂馥同志说：现在要紧的是要找一位愿为教育事业献身的年轻校长，最好是农村出身、熟悉农村情况的高中或中专毕业生，最好是党员。党委书记徐建民说："对，这是办好一所学校的关键，这个任务就交给陈则新同志去办。"

陈则新找到小学校长，说明情况，小学校长物色了好久，一时找不到合适对象，特别是党员一条，难以寻找。一次，他偶然去漕泾初级中学坐坐（他原是漕泾乡的党委宣传委员，与漕泾中学校长高伯诚同志熟悉）。闲谈中讲起1958年好不容易办起来的农业中学，他说："松江县绝大多数已停办了，朱行农业中学现在也很困难。张驹鸣老校长调到农村担任大队党支部书记去了，现由不是农村出身的城镇下来的教导主任何应伯老师在负责，虽然他很努力，但无能为力，也面临着停办的危险。客观上讲，'三年自然灾害'，农民吃穿都有困难，读书无用论更是泛滥，招生难招，即使招进来也难以留住，现有三个年级只有40多人。本来早想停办了，漕泾农业中学不是说停办就停办了么！可朱行实在是没有中学，若朱行农业中学停办了，那40多个学生到哪里去读书？问题更大的是农业中学一旦停办，以后朱行大量高小毕业生到哪里去求学？朱行地区青少年文化程度低，将来一定会影响到朱行地区的经济发展。现在党委决定继续办下去，但要物色一个校长。公社党委书记要求是中专或高中毕业生，最好是党员。这个任务交给我，至今已半个月过去了，可我还没找到。"

高伯诚听了就介绍他初中同学黄骅，"他是朱行人，参过军，当过大队团支部书记和青年突击队长，听说已经入党了，现在市农校毕业后留校负责团委工作，你看这是否符合你们公社党委要求的人选？"老陈听后十分高兴，一回去就把事情对党委书记做了汇报，徐书记立即打电话给县教育局要人。

当时市农校党支部书记、校长韩明皋兼任松江县教育局副局长，接到局长电话，一听是朱行农业中学有困难，要人，一口答应做工作让黄骅回来。

韩校长立马找黄骅同志谈话："你家乡农业中学现在十分困难，公社党委要求你回去负责农业中学。农村是个广阔天地，是锻炼人、培养人的好地方，你是党员，党指向哪里，就奔向那里！我相信你一定能把困难中的农业中学搞好，为办好农村教育出一份力。你看如何？"

黄骅同志在韩校长的教育和鼓励下，答应回乡办学。1962年5月初，黄骅回到朱行负责农业中学并兼任公社文卫党支部委员。

四、黄骅回乡办校　加强学校管理

1. 减少学校农田,保证学校以学为主

黄骅同志调到农业中学后,就听到教师们反映,土地太多,师生劳动任务太重,学习时间不能保证,教学质量难以提高,必须放弃一些土地,以减少师生劳动压力。他又召开学生座谈会,同学们一致反映,人少,地多,上夜自修由于疲劳,经常要打瞌睡,课堂上所学知识不能巩固,因而在学校掌握不了什么知识。5月中旬放农忙假,有的学生因家中缺少劳动力,所以家长坚决不同意子女留校劳动。但学校有 60 多亩土地,麦和油菜要收获,蔬菜要种,要割草饲养猪、牛。夏熟收好后,接着就要种水稻、棉花,任务重,劳动量大。师生们每天早晨 5 时起身,6 时就出工,11 时半收工,中间只休息 15 分钟。下午 1 时半又要出工。特别是大年龄学生下放后,现在留下来的学生年龄都比较小,一天劳动下来,确实很累。教师们深深感到,这样下去,不但教学质量难以提高,许多学生身体也会搞垮,难怪学生家长不满意,造成流失学生多。

农忙假开始,黄骅回来后第一次参加农业中学农忙劳动,出工早,劳动量大,确实如师生们反映的人少、田多、任务重,造成学生精神疲倦夜自修打瞌睡多(住读学生要上夜自修)。有一次天大热,师生们坚持插秧,人人汗流满脸。在一棵大树下休息时,有个学生说:"赤日炎炎似火烧,师生插秧真辛苦。只因家穷读农中,汗流浃背真难熬。"另一个同学接着说:"农业中学确实苦,吃饭吃菜钱不付,只怪家里实在穷,考取县中读农中。读书还要把田种,劳动任务太繁重,学了知识难巩固,早就飞到九霄云!"学生们七嘴八舌的话语归纳起来就是一句话:种田任务太重,影响学习。黄骅看着这群生龙活虎、朝气蓬勃的青少年,个个衣服湿透,连头发都湿了,心里真不是滋味。心想,劳动任务确实是太重了,应放弃部分土地,否则不但不能提高教育教学质量,还可能伤害学生的身体,这是对学生的不负责任。他内心已下定决心:一定要放弃部分土地,一定要改变现状。

农业中学师生的暑假是轮流休息的,因为水稻、棉花都要管理,土地多,如果水稻、棉花等作物产量不比当地生产队高,所学的农业知识不能转化为生产力,这对学生影响是不好的。

黄骅多次组织教师职工讨论如何提高教学质量,如何吸引学生来读农业中学,老师们一致说:"放弃 20 亩土地,减轻师生劳动负担,教学质量肯定会提高,家长高兴,学生满意,招生好招。让学生学到文化知识是学校的根本任务,我们

一致要求上报公社放弃20亩土地"。但也有一个问题,现在种60亩土地,学生伙食费和书杂费、住宿费都不需交(年底已取消分红,但还有点小奖励),土地减少后,能否做到伙食费、书杂费、住宿费都不交? 否则,这笔经费开支从哪里来? 黄骅曾去公社要求增加补贴,公社领导明确表态,目前公社财政经费也非常困难,不能增加补助。于是黄骅请学校会计测算,如果交掉20亩土地,学生在60~80人,伙食费、住宿费及书簿费是否仍可不交。会计测算后向老师们汇报说:"学生伙食费和住宿费仍可以不交,但每人要收2元左右书簿费。"为此事,黄骅与老师们分别去家访,说明事情原委,征求学生家长的意见。在家访中,绝大多数家长认为早就应该这样做了,孩子到学校读书,就是要学习知识,家长交一点钱可以,但家庭有困难的家长有点想法。后来经教师讨论认为:"土地先放弃20亩,家庭困难学生,可以减免书簿费"。形成共识后,学校打报告给公社党委,要求秋种开始放弃20亩土地,归还给南星7队。黄骅又到公社里找分管文卫工作的主任徐桂馥,详细说明目前农业中学情况,徐主任说:"好,我同意,办学校就是要让学生学到文化科学知识。不过我要向徐书记请示一下,他同意,我立即打电话给你,但你不要指望公社会增加补贴"。第二天上午,徐主任回电就来了,徐书记同意学校意见,并希望继续把学校搞好。于是秋熟收起后,学校把20亩土地归还给南星7队。

1962年秋季招初一新生30多人。经半年多实践,由于劳作任务减轻,教育教学质量有提高,农田产量也有提高。但老师们仍提出,土地还是太多。又请会计测算,如再放弃20亩土地,学生口粮自带(那时农村食堂已停办,每家自己开伙),菜学校供应,书簿费、住宿费减免是可以负担的。于是1963年春,学校再次打报告给公社党委,理由和上次基本相同。这次徐主任在电话中就回复说:"公社领导同意你们提出的意见,我们希望学校把教育教学质量搞上去,这是对学生的最大负责。"于是夏熟收起后,又归还南星七队土地20亩。这样学校只剩下20多亩土地,进一步减轻了师生劳作的负担,保证了学生学习的有效时间。由于体力劳动强度减轻,学生上课和上晚自修时打瞌睡的基本没有了,教育教学质量有了进一步提高,学生学习信心更足了,流失学生少了,学生增至60多人。

从1961年开始,学校先后调走了张道云、沈润芳、张文龙、陈琳、张仁林、黄文光、方国正、顾引娟等老师。同时还调走了职工寿二官、杨银余、沈益欢、徐文珍冯启明、夏金龙等人,减轻了学校负担。1963年8月,学校增添了从市农校毕业的李秀圣老师,师资力量得到加强。朱行农业中学历经风雨,耕耘不息,采取了正确措施,克服了各种困难,终于走出了困境。

2. 积极开展向雷锋同志学习

1963 年,毛泽东主席发出"向雷锋同志学习"的号召,朱行农业中学积极响应,学习雷锋同志的先进事迹。首先由何应伯老师摘编了《雷锋日记》语录,刻印后发给师生学习。通过学习,学生和教职员工中涌现出了许多先进事例。程国辉同学抽空义务为师生理发,还利用休息和放假时间为农民义务理发。南星七队二间在大路边的厕所(男女各一间),平时很少有人打扫,臭气冲天,程国辉等同学经常主动去打扫厕所,有一次他发现许多块砖头横在粪槽里,无法用扫帚清除,如不清除掉,厕所就一直无法清洗干净。于是他就卷起袖子用手把沾满粪便的砖块一块块摸出来,用清水冲洗干净,并修建好踏步。这种不厌脏、不怕臭、不叫苦的好思想、好品质受到师生们的一致赞扬。后来南星桥这座厕所一直由农业中学学生打扫,厕所卫生状况得到彻底改变,广大社员群众十分赞扬农业中学学生学雷锋见行动的好思想。1964 年冬天,程国辉同学看到学校里一只老牛站立困难,难以过冬,马上把自己的被褥拿来盖在老牛身上。

农业中学师生们还将"学雷锋"做好事扩大到社会上,程国辉经常为商业站的理发店挑水;钱文珍等同学帮助手脚不便的学生洗被子和床单;还互相洗头、剪发,擦拭学校教师办公室、教室门窗玻璃,甚至利用空余时间到公社办公室去擦门窗和打扫街道,受到公社主任沈一良同志的表扬。有一次公社开三干会(公社、大队、生产队三级干部),沈一良主任叫黄骅同志在大会上介绍"农业中学如何开展学雷锋、做好事的事迹"。几百人的会场上,寂静无声。沈主任在会上向出席会议的同志们发出号召要向农业中学师生学习,把学习雷锋行动落到实处。受农业中学学雷锋先进事迹的影响,朱行街道也开展轰轰烈烈的学雷锋活动,也涌现了不少先进人物。如朱行邮电所职工李超然,每天晚上在夜深人静之后把朱行老街从南到北打扫一遍,一直坚持到 1966 年调到松江分局为止,风雨无阻。

有的学生把学校里学到的农业知识运用到生产实践中,大田管理认真负责,耕作、除草、施肥一丝不苟。程国辉等同学利用在课余时间开始做无性嫁接和水稻有性杂交,为毕业后参加农业生产打下了良好基础。1965 年暑期,"松江县农村知识青年代表大会"召开,学校推荐程国辉、徐正风、陈国帆 3 人出席县表彰大会。

由于土地减少了,教学时间得到了保障,教育教学质量逐步提高。大田作物做到精耕细作,产量比附近生产队高。蔬菜自给有余,猪、牛养得很好。学生插秧,开展友谊比赛,插得又快又好;棉田除草,先在棉苗周边小心拔草,再在棉苗外围大胆锄草,既加快了除草速度,又保证不锄掉棉苗。还进行了密植试验、氮磷钾肥料使用数量对比试验(可惜由于忙,实验数据很少记录,记录下来的也由于校址搬迁等原因未保存下来)。总之,在开展学雷锋活动的日子里,学生劳动既积极,又具有创造性。教师间开展互相听课,取长补短。李秀圣老师写了一首打油诗:"灯昏蚊叮备课忙,伏案疾书为哪桩? 革命后代心中装,那怕汗水湿衣裳。"

3. 重视提高教学质量　开展校际交流活动

教学质量,在某种意义上是学校的生命线,特别像朱行农业中学过去由于土地过多影响了教育教学质量提高,现在土地少了,要抽出一定时间进行校际交流的教研活动。农忙前有一段较空闲时间是外出进行校际交流活动的好时机。张泽农业中学各方面搞得很好,我们同周家新校长联系,要求到他们学校去听课、学习和交流管理学校经验,晚上进行文艺联欢活动,得到周校长的大力支持。我们去了3位教师和10多个学生,住了一夜,听了政治、农知、语文三门课,学生也进课堂随老师旁听。通过课后评课,感到张泽农中老师上课理论联系实际,比较好。如政治课讲到怎样做一个对社会有用的人,学生课堂上发言热烈,老师就分析学雷锋中出现的许多好人好事,并通过总结指出要做一个有理想有道德的人,雷锋就是好榜样。我们学校也有思想品德高尚的同学,如张仁欢同学,有一次放学和同学一起回家,看到一个妇女在河边割草不小心滑到河里去了,他叫旁边同学快去拿竹竿来,自己跳入河中救人,抓住妇女衣服拼命向河边游,岸上同学就把竹竿伸向河中帮助救人,在两人全力配合下把落水妇女救上岸。还有不少学习好的学生,放学后仍留在学校,帮助学习成绩较差的同学共同进步……老师总结时说:伟大、高尚寓于平凡中,落实于行动上。

上农知课老师把水稻、三麦是须根系作物讲得非常生动。老师预先准备了水稻标本,上课就提出一个问题:为什么说1958年深翻3尺是错误的? 学生发言热烈,最后老师拿着这棵水稻的根系总结说:须根系作物的根系绝大部分集中在耕作层表土30厘米的地方,不需要深翻3尺。老师又指出:科学是不允许以自己主观意愿去做的,"大跃进"时有人提出:"人有多大胆,地有多高产",这是空想,不是讲科学的口号,肯定要失败。课后评课,双方老师发言都很热烈,相互启发,得益多多。相互听课交流,在学习中取得了很好效果。晚上文艺联欢活动,师生各显特长,掌声不断。我校程孟辉同学歌唱得很好,加上热情活泼,受到周校长的赞赏(直到现在,相隔50多年还保持着联系)。

我们在张泽农业中学住了一夜,第二天一早就步行(30多里)返回学校。后来周校长等也来我校进行交流,双方深深体会到,互相学习交流,取长补短,对提高学校管理能力和提高教师传授知识的能力,非常必要,是提高教育教学质量重要的互学模式。

朱行农业中学在繁忙的教学和劳动间隙中见缝插针,走出去学习取经,这是学校能取得一点成绩的原因之一。

4. 不计名利办好学校

农业中学老师常常加班加点,星期天极少休息,特别是暑假和寒假,水稻、棉花、三麦、油菜要管理,牛、猪要割草喂养。老师带领部分学生干活,为来校学生补课,与他们谈心、交流,但他们没有加班费,也没有补贴,任劳任怨,从不叫苦,尽职尽责尽力带领值班留校学生把田种好,把牛、猪养好。那时老师、学生根本不会要加班费、补贴什么的。大家想的都是如何克服困难,把学校办好,俄国作家列·托尔斯泰说得好,"理想是指路明灯",动力来源于理想。

综上所述,可以说明当时农业中学学风、教风和校风都良好。松江县教育局派分管农业中学的杨老师到朱行农业中学调查了解,听取了汇报,查看了教室、宿舍,并查看了农场和猪舍。杨老师当场表扬朱行农业中学师生在教学和农业技术创新上攻坚克难,取得了很大成绩,闯出了一条成功办好农业中学的道路,希望我们再接再厉取得更大成绩。在县局召开的全县校长会议上,局领导肯定了朱行农业中学积极克服困难的艰苦奋斗精神,表彰了朱行农业中学取得的成绩。

第四节　易地建造校舍,改善办学条件

一、师生一齐动手,自力更生建校

随着国民经济的进一步好转、学校教育教学质量的提高,1964 年春,松江县教育局拨款 7 000 元给朱行农业中学改善办学条件。公社党委讨论决定:由于朱行地区没有普通中学,农民子女外出读书困难多,所以一定要把农业中学办好,让更多的农民子女就近入学。据当时不完全统计,每届高小毕业生外出读中学的不到 10%。公社党委书记徐建民说:"要充分利用好县教育局下拨的 7 000元,建造一所像样一点的农业中学!"为此决定,把欢庵镇西北面破旧的大庙拆除一部分(即现在的"欢娱寺"),把在新街小镇上土改时没收的地主二楼二底房屋也拆除,用两处拆来的砖木全部建造农业中学。同时又决定,把农业中学校址建造到朱行镇西街一块荒地上(即现在民办金工幼儿园内)。

公社党委的这个决定,极大地鼓舞了农中师生们的学习、劳动积极性,他们一致表示:为了有一个较好的学习环境,为建新校舍一定不怕苦、不怕累;为保证学校收入,哪怕再苦再累也要把田种好。为节约费用,拆庙不请泥木工。在黄骅、李秀圣老师和学生程国辉、李火林、朱园、陈国帆、徐文珍、吴秀梅等人带领下,30多名师生直奔欢庵镇,吃住在欢庵小学,每天起早摸黑地干。

三间九架檩大庙和一间侧舍,都由师生去拆除。拆破庙是一件非常危险的事。不少家长非常担心,有的家长甚至跑到拆庙工地要带子女回去。家长们看到脊檩(正檩)离地面足有五六米高,瓦片、瓦板拆掉后,从屋脊望下去或地面望上去,高高的、空空的,难怪家长们看了有点心虚,但没有一个学生跟家长回去。雷锋同志做好事、不怕牺牲的光辉形象、崇高精神深深地扎根在学生的脑海中。在程国辉等人带头下,同学们不怕艰苦、不怕危险带领同学坚决完成学校交给的各项任务。学校根据每个学生的具体情况,合理安排劳动。有恐高症的、人瘦弱的,就安排在下面两三个人一组,用二轮手推车,推的推、拉的拉,搬运砖瓦到下横泾河边。为了保证9月准时开学,在公社党委的全力支持下,全体师生经过艰苦奋斗,终于把大庙拆下来的砖、瓦借船装运到朱行镇西街,再用手推车和人挑,硬是把数以万计的砖瓦运到造房基地。所有木料则在河中用麻绳捆绑成木排,在运输过程中遇到逆水,木排前进很慢,有不少男同学干脆跳进河中推木排。经过艰苦的努力,终于把木排运到朱行小镇旁的新泾塘河边,再由全体师生扛的扛、抬的抬,把所有大小木料全部运到工地藏好。接着又马不停蹄地到新街小镇把没收的地主二楼二底房子全部拆下,用同样方法也把拆下的砖瓦、木料装运到建校工地。在这三个多月的时间里,不但圆满地完成了拆房和平整荒地的任务,留校师生还把十多亩三麦、油菜全部收获,又种好10亩水稻和几亩蔬菜,养好了猪牛。

建校工地实际是一块荒冢。据镇上居民说:解放前从江苏省盐城等地逃难来的灾民,来到朱行后就在小镇附近搭建个简易草棚住下,他们或做小本生意,或乞讨为生,或捉鱼摸蟹弄些野菜来艰难度日。这些难民和本地无田穷人一样,一旦生病,根本无钱看病,不少人就这样悲惨地死去了。历年来死去的难民和本地穷人就埋葬在这块"万人墓"荒地上。所以这里有高高低低、大大小小无数个坟头。有人还说:"这个地方晚上常常有鬼火出现,有时还听到鬼哭声。"但农业中学师生不信这个邪，把一个个坟茔平整好，把大量的尸骨挖个坑深埋在地下。房子造好后，还在其余坟地处平整出一块操场。又利用剩余木料请木工做了朱行镇上第一副篮球架和单杠、双杠等运动器具，竟然使这个"鬼"地方成了朱行小镇居民休息时间打球、锻炼身体的运动场所。

二、改善办学条件，促进勤工俭学

1964 年秋收以后，学校农田的稻草必须搬运到新校舍，这是编织草帘子的原料（草帘子是以前运输玻璃器具时包装在产品外面的一种手制产品）。有一次学生用船装运稻草时，由于风大，稻草装得又多又高，船在新校舍东面的河浜里翻了（这条河原在现在工业区敬老院的南面，今朱行老街市场那里，后来政府把河填平，在旁边造了房子）。为了抢捞落水稻草，很多学生奋不顾身跳进河里，把稻草从河里捞上岸来，经过几个小时的打捞，终于将河中稻草全部打捞上岸，保证了学校开展勤工俭学，减少成本支出（学校编织草帘子需要较多稻草，如果没有就要向农民收购，学校有稻草，就减轻了成本）。学校领导看到学生在河中打捞稻草奋战已几个小时，就叫学校食堂炊事员烧姜茶给师生驱寒暖肚。还有一次极危险的劳动。黄骅接到松江同学打来电话说："松江有一批库存木材出售，价格比较便宜，这批木材搭建廊棚等正好适用，若要的话快来买。"朱行农业中学因要发展养兔、踏草绳等副业生产，本来就想要搭建一个大草棚，正需要木材。于是黄骅马上去借了船，带领程国辉、李火林、陈国帆、吴秀梅等几个会摇船的学生到松江去买木材。到松江去装运木材必须经过黄浦江，船从朱行出发到松江装好木材已是傍晚了，为了节约开支，决定抓紧时间，利用晚上赶回来。船行驶在黄浦江上，由于木材装得多，高出船舱，只听浪头噼里啪啦撞击船头的声音，大家的心提到喉咙口。胆大的同学们冒着翻船的危险，用尽气力拼命摇船，千方百计保证船的行驶平稳，由于连续不停地摇船，有的学生手上血泡都磨破了。在师生们沉着又艰苦的努力下，终于把木材平安装运到朱行镇。正如程国辉后来动情地说："这真是一次大胆又冒险的行动，因为要把学校建设好是我们最大的动力！"是啊，理想是人生前进的最大动力！在农业中学创建过程中，艰苦奋斗，克服困难、不怕艰苦早已形成了良好的风范，深刻影响着学生们的一生。

1964 年 8 月下旬，朱行农业中学新校舍全部造好：六间教室，一间大会议室，三间食堂和一个大草棚。还把破旧的课桌椅和双层床全部用好木料修理好。教师办公室和每只教室都装上日光灯。一所全新的、像模像样的朱行农业中学就坐落在朱行镇西面荒地上。这年秋季招生将近 50 人。

1964 年秋,公社党委又派高道生、郭更新两名师范毕业生来农业中学任教,还把积极向上、努力工作的徐文珍、冯雅琴两位毕业生留校,1965 年 7 月又派高中生王德明来校工作,1965 年程国辉毕业后也留校工作。这样,学校教职员工队伍力量得到加强,为学校教育、教学质量的提高和勤工俭学进一步开展提供了有力的支持。

搬到新校舍后,首先碰到了烧饭菜、喝水及师生日常用水的问题。新校舍西边有一条叫朱家浜的断头小河,夏秋季节河中种养了大量水花生(俗名东洋草),河水时有发黑发臭。刚开始,炊事员用朱家浜水淘米、洗菜和烧开水喝,师生们一致反映饭菜和开水都有股臭味。老师到朱家埭询问了当地村民,村民们告诉教师:此河水不能用来煮饭烧菜,我们朱家埭人都用井水烧饭菜的。教师回来向领导汇报,经商讨,立即改用新泾塘河水淘米洗菜及烧开水。但学校到新泾塘有 150 多米距离,很不方便,有人提议打井取水,这个意见马上得到全体师生支持。消息一传出,学生们一致认为应该由学生自己打井,顾木根、朱仁云等许多同学报名要求参加打井。但打井有一定危险,经老师们研究,人数不宜多,当时选择个子较高的顾木根、朱仁云、陈国帆等下井开挖,井址选在厨房东面 5 米处,井直径 1.3 米左右。周围用拆房子造校舍剩下的瓦片,吴秀梅等许多同学积极去搬瓦片,利用星期天从早到晚连续打井(吃饭时就换人,不能停工)。一开始用铁搭深翻扒泥,接着用深沟铲挖掘泥土。挖到 1 米以下时,在井口上放一块很厚的长木板,人立在上面,借助滑轮,把挖掘的泥土用泥桶拉上来倒掉,往复来回,一直挖掘到下午 3 点多钟才挖好。井深 3.5 米左右,中间大上下稍小,接着把已搬来的瓦片装在泥桶中往下传,把瓦片沿井壁一圈一圈往上盘,直到天黑总算完成。这天顾木根、朱仁云等是极辛苦的。两天后,用水泥浇了井盘,砌了井圈,从这以后师生终于用上清洁卫生的井水了。井挖好后,同学们风趣地说:"艰苦奋斗,自己动手,打井取水,农中学生办法多"。这口井,一直使用到 1968 年农业中学搬迁到卫星牧场。

三、新形势下的勤工俭学

1965 年开始,虽然老师工资和办公费用中,松江县教育局拨款从 10% 增加到 30%,但 70% 的经费仍由学校通过勤工俭学自己创收,学校基本上仍实行半工半读。由于师生增加,农活量相对减少,为了增加收入,减轻学生家长经济负担,学校又开辟了踏绳、织草帘子、养兔、养猪等副业生产。上午是书声琅琅,下午是井然有序的劳动,形势一片大好。

在艰苦环境下求学的农村孩子,深知这种学习机会来之不易,他们勤劳、纯朴、忠厚、好学,不但劳动积极,而且个个学习勤奋。就在南星桥时,当时农村没有通电,也在暗淡的汽油灯光下,努力上好夜自修,互帮互学。学校搬迁到新校舍后,在高大敞亮的教室里,学生们学习更自觉认真,劲头更足,学习成绩都有提高。特别是上夜自修,原来只有一只汽油灯,不但灯光暗淡,还时常担心汽油灯泡烧坏,现在条件好了,学习更加努力了。特别是贫苦家庭出身的学生,都非常珍惜难得的读书机会。67 届毕业的朱仁云同学曾说:"因家里穷读不起中学,我要把握住来之不易的学习机会,尽量多学点知识。"在朱行农业中学里,像朱仁云这样因家庭经济困难而读不起公立中学的学生数是不少的,所以他们都上课专心听讲,做作业自觉认真。再说,搬到新校舍后,师资力量也得到加强,除星期天外(那时是 6 天工作制),老师都住宿,天天夜办公,备课认真,作业批改仔细,经常有教师备课、改作业到深夜。郭更新老师曾说:"现在朱行农业中学的条件和普通中学差不多了,就缺实验室、图书馆,再过几年会更好的。农中学生纯朴、勤劳,边学习边劳动很不容易,我们做老师的更应认真教学,才对得起学生和他们的家长。"在师生们的共同努力下,教育、教学质量较快提高,农业中学学生毕业后在社会上绝大多数表现都很好。

第五节 "文化大革命" 学校解体

一、学生参加红卫兵 停课上街闹革命

1. "文化大革命"开始

1966 年 5 月"文化大革命"开始,作为朱行地区的"最高学府",学生和少数老师成立了各种名称不同的造反组织,到处贴大字报,刷大幅标语,教学秩序被彻底打乱,老师进不了课堂。1966 年 7 月,朱行农业中学第一次无法进行期末考试,实际被迫停课闹革命了。

2. 成立各种"红卫兵"组织

9 月初,朱行农业中学建立"红卫兵"组织,他们佩戴红袖章,频频参加公社

贫协和社会上各单位造反派组织的许多活动,学校根本无法开学。同时因学生建立名称各异的许多红卫兵组织,大量贴大字报,到处刷大幅标语,学校领导和教师经常遭受学生和校外造反派的批判斗争。12月,不少学生又外出串联,学校资金被全部挥霍。在这种混乱的情况下,学校只能停止养猪、养兔和踏绳、编织草帘子等勤工俭学活动。在南星桥的20多亩土地,只能靠几个老师去耕作和管理。

二、学校迁牧场　吃住都困难

1.农业中学校舍被公社占用

1967年3月公社委派蒋金明同志到朱行农业中学管理学校。10月,公社决定,农业中学原有校舍由公社接管,接管后的农业中学校舍,经修理、装饰,作为公社机关各部门办公用房。农业中学则搬迁到位于卫星大队(今合兴村)七队的公社卫星牧场中去(使用这里公社早已造好的四间房子)作为教室和办公室用房。没有操场,没有运动器具,食堂也没有了。教师和少数学生只能搭伙在卫星牧场食堂,借用牧场一间空房作为教师宿舍。学校在南星桥的20亩土地,也交还给南星大队七队。

2.读书无用论泛滥　复课招生困难

1968年3月,根据上级要求,停课已一年多的农业中学复课并招生。原来的秋季招生改为春季招生,初高中学制也改为各2年,小学5年。当年招收68级和69级新生各一个班,每班学生30~40人。为了这次招生,公社召集各大队和企事业单位领导开会,要求各大队和城镇居民送适龄青少年来校读书,也要求农业中学老师到各大队全力动员高小毕业生和肄业生来校读书,虽然大队和生产队等各方努力动员,但来校报名的学生仍寥寥无几。于是各大队不得不召开生产队长会议,规定:适龄青年不去读书,劳动工分不记。虽然在这一硬性规定下情况有所好转,但到这一天上课时,68级也只报到30多人,69级报到更少,只有20多人。后来又经老师家访,也只动员了几个学生进来。

当时在职的教师有何应伯、李秀圣、黄骅、郭更新、王德明,教师工资全部由教育局发放。蒋金明同志到卫星牧场任政治课教师,一个月后调任到朱行卫生院工作,高道生也于1969年借调到公社贫协工作。蒋金明同志调走后,1968年春,公社革委会又委派两名贫下中农来管理学校。他们积极协助教师家访,也强调不到校学习的学生,在队劳动工分不记。这一硬性规定下,教学秩序有所稳定,学生出勤率也有所提高,但仍有不少学生时来时不来,旷课率仍然较高,特别是出身不好的学生缺课更多(当时社会上唯成分论占主导地位)。学校不是生活在真空里,也受到大环境对学校教育、教学的严重影响。

农业中学已无田可种,也无勤工俭学任务,改为全日制上课,下午提早放学。由于社会上仍很混乱,读书无用论思想严重泛滥,学生出勤不正常,学生流失仍时有发生,教学质量难以保证。

3. 学校体制改革,农中被迫停办

1968 年 12 月 5 日,公社革委会决定在新街小学举办教师三脱离学习班(脱离工作岗位、家庭、学校),公社教职员工全部参加。学习班由公社贫协组织贫宣队进驻并领导,造反派头头也参与领导。学习班内容主要有两个:一是学习继续革命理论,阶级斗争要年年讲、月月讲、天天讲,大张旗鼓地批判学校当权派贯彻反革命修正主义教育路线、走资本主义道路,批判教师诱导学生走白专道路,坚持肯定辽宁"白卷英雄"张铁生,宣扬"宁要社会主义草,不要资本主义苗",同时对部分中小学领导开展批判、斗争。二是进行彻底的教育体制改革,贯彻"公办学校下放到大队办"的政策。根据公社决定,1968 年 12 月 16 日参加学习班的全体教师集中到大教室,由贫宣队宣布:凡是家在农村的教师一律回本大队任教,凡是居民户口的城镇教师,由公社按各大队学生数比例安排到各大队插队任教,学校由大队贫下中农来管理,学校由公社教育组指定教师正副代表各一人(校长制取消)具体负责学校日常工作,12 月底各项工作全部到位。

12 月底学习班结束,各大队成立接待组,迎接来插队教书的城镇老师,首先安排好住宿、吃饭,如:原朱行中心校副校长张省吾老师一家安排在保卫大队(今保卫村),原中心校教导主任陈映月老师一家安排在原群力大队(今欢兴村)……分配到各大队插队落户的公办老师共 87 人。开始时,公社规定公办教师只拿工分、不发工资,国家拨下的工资款全部集中在各大队,各大队可以对插队落户教师分杂边地和自留田,可以养猪养鸡。但这项规定行不通,因为他们的工资还要赡养不居住在朱行的长辈和抚养子女,因此只实行了没几个月,后来工资全部补发。各大队又根据公社指示,快速造起简易教室或利用原有小学教室或借用民房作教室。农业中学教师当然也不例外,只留一名外地教师(教导何应伯)看管学校,68 级、69 级学生提前毕业。

第六节　风雨兼程十年　培育人才可鉴

朱行农业中学从1958年3月创办，到1968年12月底被迫停办。10年多的岁月中，历尽艰险，经受了风雨洗礼，虽跌宕起伏，但不断克服困难，坚持耕耘不息，在曲折中发展，为朱行地区培养了大批基层人才，也为社会做出了应有的贡献，在朱行人民心目中留下不可磨灭的印象。1965届毕业生，曾任朱行中心小学校长、朱行镇副镇长、新农镇镇党委书记的程国辉同志感慨地说："我在母校学习期间，环境非常艰苦，但在艰苦的环境里，我不仅学到了科学知识，懂得了做人的道理，还磨炼了我艰苦奋斗、克服困难的意志，特别是'赤脚校长'黄骅的言传身教，使我受益一生。我踏上社会后能做点工作，也是母校给我打下的基础。"

1966届毕业生，原北京商务印书馆国际有限公司总编辑、编审、美学家程孟辉同志在母校50周年时写给母校的信中说："回想起我早年在母校的岁月，总是倍感亲切。在我的印象中，我的母校与众不同。首先，它在教书育人方面，始终坚持正确的政治方向，狠抓学生的政治思想教育工作，既教书，又育人。因此，从朱行中学走出去的学生，普遍具有良好的政治素质、道德情操和工作能力……我忘不了在我不懂事的少年时期母校老师给予我的谆谆教诲和心智启迪。"

1967届毕业生朱仁云同志说："我的文化底子是农业中学给的，后来能担任大队党支部书记和企业董事长，最后又担任朱行镇党委委员和人大副主席，是农业中学这所既能读书又能艰苦劳动的学校培育了我好学上进和不怕苦累的精神，为我以后的成长打下了良好基础。"

……

朱行农业中学历时短短10年，仅仅送出九届毕业生，人数也不多，只有300多名，但在艰难困苦环境下锻炼出来的各届毕业生，不管他们在社会上担任什么职务，或在全国各地干什么工作，都为社会主义建设做出了一定的贡献。吴秀妹、俞方云等20多名农业中学毕业生先后进入小学任教，及时解决了当时朱行地区师资缺少的问题。

历年来，在社会上担任正处级以上干部的就有程孟辉、顾仁忠、陈兆裘、程国辉，副处级的有孙小龙、朱仁云、朱忠明、何金华等。

1965届毕业生沈华芳，回队劳动后，艰苦奋斗，虚心学习，后又到朱行五·七蚕桑班参加学习,在工作中不断探索,成了养蚕能手,被评为上海市劳动模范、上海市三八红旗手,曾任金山区政协常委。

1969 级农业中学学生俞明显,努力工作,干一行爱一行,成绩显著,被评为上海市劳动模范。

担任村、企业或大队正副书记的人就更多了,正科或相当于正科级的人数也很多。当然,更多的是向当时朱行地区输送了一大片急需的会计、出纳、记工员、拖拉机驾驶员等初级技术人员。

朱行农业中学 10 年多的艰苦创业,必将留给后人深深的思考。

第二章　朱行人民公社五·七中学

(1969 年 1 月—1978 年 3 月)

朱行五·七中学前后 9 年,分为两个阶段:一是五·七职业班;二是五·七中学。她弥补了农业中学停办后朱行地区的中学教育缺失,为朱行地区培养了一批社会急需人才和优秀专业人才。

第一节　朱行五·七职业班(1969 年 3 月—1971 年 12 月)

一、历史背景

在朱行教育事业发展历史上,1968 年 12 月的教师新街学习班可以说是分水岭,它把朱行教育发展历程明显分割成截然不同的两个部分。这是当时的"极左"思潮在朱行公社教育战线上的充分体现。新街小学的全公社教师学习班称为"三脱离"(即脱离学校、脱离工作单位、脱离家庭)学习班,这种情况在教育界是史无前例的。

由于政府需要疏浚长楼港、新泾塘,因此在 1968 年 12 月 5 日筑坝封港前,所有教师全部集中到新街小学。因为吃住在一起,所以有许多教师拖儿带女,所需的衣被、床铺等物品必须用船运送,直到长楼港开通放坝,船只通航,学习班才告结束。这时离 1969 年元旦已不远了。

新街学习班主要解决:教育体制改革;对教师思想上进行阶级斗争教育,教师人人要斗私批修;继续清理阶级队伍,深挖教师队伍中的阶级敌人;如何处理被打倒的当权派——原学校领导;学制改革;教师要参加劳动锻炼……归根结底一句话：教师要彻底改造世界观，使之能为广大贫下中农服务，为无产阶级政治服务。

学习班结束，原来所有学校（包括朱行中心校、辅导区中心校、村校、农业中学、幼儿班等）的原有体制全部打破。公办、民办（教师工资由大队发，国家只补助一小部分）、耕读小学（教师报酬由大队按同等劳力记工分，所教班级学生不收学费）的教师编制全部打乱。学校分到各大队办，全部由贫下中农管理。各学校负责人称"教师代表"。教师则响应山东侯、王两人之倡议（他们提倡：教师也有两只手，不能拿国家工资吃闲饭，在假期中应该参加生产队劳动，与贫下中农一样凭工分记报酬）——这个倡议在 1968 年 9 月初开学时，在当时《人民日报》头版上发表，还加了编者按，表示支持这个倡议并向全国发出号召。这是教育战线上在"文化大革命"期间极左思潮的反映。民办、耕读小学教师回本大队任教，公办教师则由公社按学生数比例分配到各大队插队落户，所有教师都不拿工资拿工分。教师取消寒暑假，学校放假期间参加所在生产队的农业劳动，不得休息，也没有业务学习。所有学生全部回本大队学校求学。这样一来，朱行公社农业中学由于教师插队、学生归队，也就完成了她的历史使命，彻底退出了朱行教育的历史舞台。

根据毛主席的五·七指示：学制要缩短，教育要革命。因此，学制改为小学5 年、初中 2 年，秋季班招生改为春季班。放寒假时毕业班毕业，春节一过，学校招生，各年级学生也各升一级。学生小学毕业取消升学考试而直升。初中部分，1966 年 9 月由于"文化大革命"已开始，各初中学校都不招生，各小学六年级毕业生因无处上学而仍留在小学里，称为七年级、八年级，大队办校后改称为中一、中二，学生中二毕业后全部回队参加劳动。公社设教育组负责领导全公社各学校，教育组开始阶段由进驻新街学习班时的贫宣队负责人孙进法负责，1970 年后改由教师造反队负责人郑秀芳负责。人员还有魏叔雁（原新街小学校长）、盛富林等。

朱行原是一个闭塞、落后、贫穷的乡镇。直到 1969 年全公社还没有一条公路，对外交通只有唯一的一艘木制小机船，乘人载货。早上 6 时出发到松江，下午 2 时从松江出发，在傍晚 6 时许回朱行。如要乘公交车到其他地方去，都要到周围乡镇才有。朱行地区没有汽车，甚至大多数人还不知道有自行车这个代步的交通工具。全公社除了有限的几家手工作坊，工业厂家几乎为零。所有市场均由粮管所、供销社控制经营，他们的进出物资基本上靠手摇木船来运输。

当时公社党委领导也认识到这个严重的问题，立志要彻底改变朱行面貌。在今天朱行邮电所西面亭朱公路南面水泥桥北堍，面北立下一块足有五六米高的巨大标语牌，"为有牺牲多壮志，敢教朱行换新天"。但是真要改变朱行一穷二白落后贫穷的面貌谈何容易！首先需要有一大批各类人才。在这样的形势下，公社党委研究决定，为弥补朱行公社因农业中学停办的不足，朱行五·七职业班应需而生。

二、沧桑历程

1969 年 3 月，首期职业班开办，先试办二班。

69 级畜牧兽医班：由原农业中学教导主任何应伯老师负责，招学生 46 人。班级教室放在农业中学在卫星大队（后长楼村、今合兴村）的公社卫星牧场内。

69 级机电班：由原合兴小学（现已撤校）教导主任唐友才老师负责，招学生 48 人。班级教室放在朱行镇上北街原朱行中心小学校内——由于原中心校的学生全都回自己大队入学，就连中心校所在地战斗大队（今高楼村）的学生也全部回自己大队新办在三队的战斗小学校内，因此中心校校舍全部空置。

1970 年在 69 届办学取得经验的基础上招了四个班。

70 级机电班 1 班（第二期）：班主任吴国良，招学生 25 人，教室在朱行镇北街原朱行中心小学校内。

70 级机电班 2 班（第三期）：班主任吴国良，招学生 45 人，教室在朱行镇北街原朱行中心小学校内。

70 级畜牧兽医班（第二期）：班主任何应伯，招学生 24 人，教室在原农业中学在卫星大队的公社卫星牧场教室内。

70 级会计班：班主任顾吾浩，招学生 32 人，教室在朱行镇北街原朱行中心小学校内。

1971 年继续办班，又招了四个班。

71 级机电班（第四期）：班主任吴国良，招学生 51 人，教室在朱行镇北街原朱行中心小学校内。

71 级农科班：班主任何应伯、盛富林，招学生 51 人，教室在原农业中学在卫星大队的公社卫星牧场教室内。

71 级红师班：班主任顾吾浩，招学生 18 人，教室在朱行镇北街原朱行中心小学校内。

71 级蚕桑班：班主任罗云芳，招学生 19 人，教室在朱行镇北街原朱行中心小学校内。

朱行五·七职业教育办班三年共招 10 个班，培养应急人才学员 360 多人。

三、校况简介

五·七职业班的办班，由朱行公社党委根据社会需求筹划，具体办班工作由公社教育组操办，学校课程安排等业务由原朱行农业中学教导主任何应伯老师负责。教师来自四个方面：原农业中学教师，如何应伯；原朱行小学教师，如唐友才；朱行本地回乡知识青年，如吴国良、盛富林；分配来朱行地区插队的大学生，如顾吾浩、罗云芳等。

上述教师只负责具体的组织、招生、生活管理等工作。学员所学专业知识均聘请校外专业机构内有专业技能特长的人员担任教员。各班没有统一的教科书，所学知识均是由教员根据所任教专业编写讲义油印后分发给学员。各班课程设置，只上专业课，其余就是实习或劳动。学制一般最长为一年，也有几个月的不等。基本根据当时朱行社会上急需，决定办什么专业的职业班。

职业班学员主要来自各大队具有初中文化程度、经过一定时间劳动锻炼的回乡知识青年，也有少量的由大队推荐保送的年轻干部，年龄在 16～35 岁。学生基本上半工半读，如 69 届畜牧兽医班，除了在卫星牧场里上课及进行具体实习操作外，亭朱公路(亭林—朱行)——朱行公社第一条公路的路基就是由他们在劳动时间里辛勤筑成。

学员毕业后，一般回各大队担任各类技术员，如赤脚兽医、大队植保员、蚕桑辅导员、会计；有的(如机电班)则分配进社办企业，如农机厂、运输站；红师班学员毕业后也都回各大队学校任教或任土记者。

四、学员选介

五·七职业班为朱行地区培养了一大批社会急需人才，这些同志在日后朱行地区的发展中起了骨干推动作用，为朱行经济社会事业的发展做出了不可磨灭的贡献。如欢兴村的 69 届畜牧兽医班学员朱炳云同志，把在学校学到的基础知识作为入门之道，自己在工作中不断实践，刻苦钻研，受到金山县政府记功二次。他虚心好学，努力上进，为朱行地区的禽畜养殖业做出了很大的贡献，直至担任朱行兽医站站长。20 世纪 70 年代，他就代表上海市参加全国南方血吸虫病防治研讨会,作为上海市代表的只有 5 人,除了市政府 2 人外,还有奉贤、南汇各 1 人,而朱炳云年龄最小。90 年代被评为市先进个人,荣获县政府科技进步三等奖,得奖金 1 000 元,工资被奖励增加 3%。2000 年,在食品检疫方面又获上海市检疫先进工作者称号。如今退休了,但还在发挥余热,在禽畜疾病的治疗方面,在朱行周围的浦南地区(亭林、山阳、漕泾,甚至北到叶榭、张泽)群众中享有较高声望。

胥浦村 71 届蚕桑班学员宋秀华,把学到的种桑养蚕知识充分运用到实践中去,所养蚕茧质优量高。1989 年、1991 年、1993 年连续三次被评为上海市劳动模范;1994 年被评为全国劳动模范。她又是全国"三八"绿色奖章获得者。与宋秀华同村同班的沈华芳也是精英。她于 1985 年、1987 年连续 2 次被评为上海市劳动模范,又是上海市九届妇代会代表、上海市"三八"红旗手,担任过金山区政协常委。

还有大量的机电班学员,为朱行地区社队开办五金加工企业做出了贡献。至今还有不少人在从事这一不断创新、开发新产品的工作。也有许多机电班学员日后成了各大队拖拉机手、朱行交管站的货运驾驶员,再由他们为朱行地区带出了一批又一批的技术骨干人才。立新村的 71 届第四期五·七机电班学员吴辉忠同志就是其中较有成就的一位。他把学到的知识、技能充分发挥,1995 年就自办"上海市申乐暖通设备有限公司"。20 多年来,他克服各种困难,坚持奋斗,使企业不断创新、壮大。至今每年的产值数百万元。每年上缴税金二三十万元,还帮助解决了当地许多人的就业,在朱行民营企业中对朱行经济社会做出贡献较大。

第二节　朱行人民公社五·七中学
(1972 年 1 月—1978 年 3 月)

一、时代赋予重任

1972 年 1 月,公社党委决定停办短期职业培训班。而为解决各大队"戴帽子"中学(1966 年后毕业的小学生仍在原小学校读书,称为七年级、八年级。后来 1969 年各大队办校后,称为中一、中二,中二读好后回队参加劳动。那时为满足将小学的这种情况称为"戴帽子"中学)初中毕业的学生继续升学的需求,经金山县教育局批准,在朱行办起了五·七高中班,校名定为"朱行人民公社五·七中学"。

五·七中学创始人为李士明同志,朱行红旗人（后叫桥湾,今为运河村）,先前曾是小学教师。他受公社党委委派于 1971 年下半年开始着手筹备。李士明同志任五·七中学党支部书记、行政负责人,来朱行插队的大学生罗云芳同志（女）任支委兼教导主任。

要新办一所高级中学谈何容易,学校选址、师资来源、教学设备的筹集等诸多因素完全空白。经过近半年的艰苦奔波,在公社党委的协调、有关单位的热情帮助、公社教育组负责人郑秀芳及盛富林等同志协助并全力支持下,总算有了眉目。

朱行镇上为五·七中学总部,设在北街原朱行中心小学校内。为满足贫下中农子女就近入学需求,下设三个分校,分别设在:麻泾桥粮管所仓库内（东片）为麻泾分校;新街小学校内（南片）称新街分校;杨胥浦小集镇上建一小学校内（西片）为胥浦分校。

1972 年 2 月为第一批招生,共招 5 个班,名曰中三。朱行总部有两个班,其余分校各一班。生源基本上是各大队应届刚毕业的中二学生（也有少数历届生）。各分校划片包干,如朱行总部就只招中片南星、中华（今合并为立新村）、胜利、红旗（今合并为运河村）、卫星（今并入合兴村）及学校所在地战斗和东风（今合并为高楼村）等七个大队学生。这一届学生就是 74 届,五·七中学首届毕业生。各班学生数都很充足。

新建立的五·七中学高中部,由于身处"文化大革命"时期而具有深刻的烙印。首先,校名与众不同,这个"五·七"就是为了纪念毛主席对教育工作发出的"五·七"指示。其次,毛主席在 1966 年 5 月 7 日发出的"五·七"指示中说:"教育要革命。学生以学为主,兼学别样;学制要缩短,教材要改革,资产阶级知识分子统治我们学校的现象再也不能存在下去了……"所以当时小学读 5 年,初中读 2 年,当然高中也只能读 2 年,称为中三、中四。再次,各校没有考试,也没有留级,从进小学读一年级开始可直升至中四毕业。如果哪位教师要抓知识教育,先批你个"智育第一",然后由插队所在大队安排下放生产队劳动。最后,1969 年春开始一改历来常规的秋季班招生为春季班招生。每逢春节过后,各分校就招收新生,各年级学生也均升一级。因此,五·七中学在 1972 年首届招生时也是在春季。

学校教师来源，开始时第一批先由公社教育组抽在"文化大革命"中分配来朱行各大队插队的大学生。如罗云芳、吴文杰、许建军，回队大学生卫毓华等。再加上回乡知识青年吴国良和原农业中学教导主任何应伯及新调回来的吕巷中学教师王树道。1973年2月因又招新一届中三班而增班，只能从原朱行各小学中抽调部分教师应急，如唐友才、褚耀庭等。1974年2月开始，公社教育组决定将朱行总部学区范围内的各大队（战斗、东风、卫星、胜利、红旗、南星、中华）的中一、中二班集中到朱行，总部增设初中班，因而大量吸收来朱行插队的知识青年，如薛毓良、黄智、张丁忠、顾伦伦等充实教师队伍。从这以后朱行五·七中学总部共有了八个班，成为一所完全中学。

二、办学模式探索

学校领导除李士明为学校负责人外，还有教导主任罗云芳。1973年1月，罗云芳调任金山县教师进修学校负责人后，由何应伯接任教导，黄智协助。总务工作由回乡大学生朱正华担任。

学校课程设置，有语文、数学、英语、物理、化学、政治、体育，初中部还有历史、地理，教材均是上海市统编教材。学校每周六天全天上课，周日休息。根据毛主席五·七指示精神，学生要学工、学农、学军。由于朱行五·七中学是农村学校，所以以学农为重点。这一点首先在课时安排上就体现出来：作息时间，上午上四节课，外加早自修、广播操，后来还有眼保健操。下午只上两节课，一般情况下，学生下午3时就可以回家。农村学生参加队里劳动，也可以挣一点工分。少数镇上居民同学，学校在南星大队（今立新村）三队开垦有一小块荒地作为学农田，在老师的带领下，有时可以去干一点农活。作息时间的安排先后，随季节变化而有所变动。所以师生每天早上均需6点半之前到校。

学校每年要放三次农忙假。"三夏"，时间在每年5月下旬至6月上旬，割三麦、割油菜、种早稻；"三抢"，时间在7月下旬至8月上旬，割早稻、后季稻；"三秋"，时间在10月下旬，割后季稻、种三麦、油菜。农忙假假期一般为两星期，届时，农村学生归队，学校教师则带领居民学生组成突击队，到挂钩大队劳动。有时也由公社党委生产组临时调拨，去支援有困难的、任务重进度慢的生产队，去割麦、割稻，为农业生产服务。平时每月还要求学生分任务割野草，支援学校附近的生产队积肥；周围哪个生产队忙了（如天要下雨了，去抢摘棉花；天干旱了，拿了洗脸盆等盛水工具到河浜里舀水去大地里浇水抗旱；冬季，上级领导要检查了,不管白天、晚上都要去充当社员到麦地里拍麦泥)作为突击队支援,这种季节性、突击性的农活有时甚至使学校停课。

为了加强学校领导,更为了加强学校的政治思想工作,1973年5月,公社党委选派以老干部叶善明同志为主任的贫下中农管理学校委员会(简称贫管会)进驻学校,副主任为毛隆铭,人员还有俞亚芳、颜亚华。叶善明同志是合兴人,老革命,解放初就担任胥浦小乡乡长,来学校时任合兴大队党支部副书记,他作为在学校常驻代表。

三、道德教育统帅

1. 忆苦思甜——阶级斗争教育

五·七中学一开始就重点抓学生道德教育,根据在"文化大革命"前学校中反映出来的问题,又根据五·七指示精神开展各项工作。首先要突出政治,狠抓阶级斗争教育。教师每周固定一个晚上要进行政治学习,交流工作体会,相互斗私批修一次。学生每学期要进行2～3次忆苦思甜活动,请苦大仇深的老年贫下中农代表来校(或走出去拜访)讲述在旧社会里所经受的苦难。活动时要吃忆苦思甜饭(师生同做的糠塌饼:即用小麦面粉加青糠(稻谷加工成大米时去除的谷皮)——只能是喂猪的饲料)和成的面饼,体会旧社会里贫苦大众的苦难生活并在晚上熄灯后大家静坐深思。

原卫星2队的周彩宝老妈妈是身世讲授的常客。周彩宝老妈妈解放前由于丈夫病故,欠了债,自己又是瞎眼,无法干活,只好由年幼的儿子雪林牵带着到处行乞,在旧社会受尽欺压吃尽苦头,过着非人生活。解放后翻身得解放,政府把她作为五保户供养起来。她的苦难史是1965年大"四清"中被发掘出来,在"文化大革命"中到处演讲,感人肺腑。她还能背诵毛主席的老三篇《为人民服务》《纪念白求恩》《愚公移山》,一个盲人能背诵三篇全文实在使人佩服。忆苦思甜活动与学校政治课的教育相结合,既生动又具体,这叫开门办学。

2. 拉练——爱国主义教育

五·七中学时期,没有春游、秋游,只搞拉练——野外步行训练。每次拉练也不是单纯出去走一次,而是有一个鲜明的主题。通过拉练,师生们既锻炼了身体,又经受了一次深刻的爱国主义教育,相互间又加深了感情。

1973年秋,总部中三、中四两个年级共四个班全体师生在学校领导李士明同志的带领下,曾搞过一次远距离拉练,时间两天。当天早上,师生们每人背起被子、背包(内放洗漱用品、餐具等日用品)从朱行校本部集中列队出发,以班级为单位,先中三,后中四,教师则跟班而行。沿朱林路(朱行—林家桥)一路步行往西。经林家桥稍作休息后,再沿松金公路往南走到张堰镇汽车站外广场上(今旧景已拆除)吃中饭(中饭由后勤组先遣到达,借张堰中学食堂烧好)。饭后仍沿松金公路一直往南直到金卫公社(今金山卫镇)八二大队,参观并吊唁1937年11月5日(农历丁丑年十月初三)日本侵略军从金山卫登陆时在这里进行大屠杀的纪念地"杀人塘""万人坑"(日军在这里屠杀了数以千计的中国军人和平民百姓,今已建纪念馆);聆听当地在日军大屠杀中幸存的老前辈们控诉苦难历史。其间,师生们不时发出震耳欲聋愤怒的口号声:"打倒日本帝国主义!""不忘历史,牢记国耻!""不忘阶级苦,牢记血泪仇!"……会后,师生们向纪念地肃立默哀,鞠躬致敬。活动由师生代表即景发言后结束。事后,又沿海塘公路(即沪杭公路,今石化汽车站门前的东西向大道,我们那时走过时,右边沿海一路全都是海滩和芦苇,路也全都是石子路)一路往东到山阳公社(今山阳镇)金山嘴小学校。这时已是黄昏,师生们才休息,吃晚饭、住宿。晚上,师生们均睡在由课桌或长凳拼起来的"床"上。第二天拂晓起床,跑到海滩边观看日出,在晨曦中注视着太阳冉冉升起,遥望着金山三岛,远眺着水天连线的碧波海浪,并深刻体会什么叫胸怀大志,什么叫心胸开阔,什么叫心潮澎湃。回到教室打好背包,刷牙、洗脸。吃好早饭后集中去参观解放军驻军营房,与战士们联欢。之后全体师生观看了一场精彩的篮球友谊赛,由我校男教师组队与解放军战士对垒。午饭后,学习解放军战士三大纪律八项注意,把金山嘴小学校里里外外全部打扫干净,课桌按原样排整齐,门窗关好后组队回校。回校路程由金山嘴往北踩着乡间小径,一路经山阳镇、朱行的新街小集镇、新华、红星(今合并为新街村)、红旗、胜利(今合并为运河村)、卫星(今并入合兴村)等大队回校。顺路的同学可以先行告别回家,居住在朱行镇上及其他大队的师生则回到终点站学校本部集中后解散。来回路上,国旗、校旗在空中起舞领先。各个班同学相互挑战的歌声此起彼伏,也夹杂着各种鼓干劲的口号声和啦啦队的呼喊声,气氛之热烈无法形容,师生们忘记了疲劳,自始至终精神振奋,斗志昂扬。

朱行五·七中学拉练,学校年年搞,班班年年练,不过像这样长距离的还就这么一次。但不管距离长短,每次拉练活动都有一个主题。你到亭林走一圈,东街进,西街回,途经古松园,凝望亭林古松、拥抱古松。还到亭林镇小学后面大寺山上去转一圈,这里是良渚文化的发源地之一,曾挖掘出许多文物。也可以到南亭公路上龙泉港站(金山区与奉贤区的交界处)转一圈,这里俗名叫"烟墩头"。其实这里原名叫"一墩头",是100多年前太平天国农民起义军与清军鏖战的地方,战死的人非常多,光砍下的头颅就垒成一大堆,所以叫"一墩头"。奉贤庄行也去过,那里也有一个值得瞻仰的烈士陵园,但去的次数最多的是每年清明节到漕泾镇上的"金山区烈士陵园"①祭扫。

拉练,不仅加深了师生之间的感情,也增进了同学间的友谊,使大家互相关心、互相爱护,是学生进行爱国主义教育和社会实践的好方式。

四、实践教学相长

五·七中学的开门办学是在各学科教学工作中同时开展的。

1. 语文学科

75届高中班语文老师在中四教材中学到"新闻报道"内容后,于1974年"三夏"农忙假,组织带领当时中四两个班中写作功底较好的18名学生,进行土记者实践活动。他们背上背包,步行到干巷公社(后叫干巷乡、干巷镇,今并入吕巷镇)砖瓦厂去采访金德芳烈士的英雄事迹。金德芳烈士生前系干巷公社砖瓦厂职工,一次晚上值班时,发现张泾河上开来一艘水泥机船,从船上跳下几个人偷盗窑厂的燃煤。他立即挺身而出与他们搏斗,但寡不敌众。当窑厂工人闻讯赶来后盗贼撑船逃离时,他又奋不顾身跳入河中拉住偷盗之船,结果被盗贼用铁锹砸手推入河中溺水身亡。同学们分头对窑厂工人、领导、家属、亲友进行采访,为时两天,取得了丰硕的成果。回来后,他们都说收获不少,除了听到烈士的事迹感到震惊,表示一定要学习英雄精神,更是真正学到了新闻报道如何采写的方法。有几位同学毕业后就从事这一工作。如75届②班红旗大队(今运河村)的李士伟同学,就在大队里干上了土记者,工作10多年,后又参与朱行镇人民政府组编的《朱行乡志》编写工作。

1974年"三秋"农忙前夕,75届高中班语文老师组织75届中四两个班全体

---

① 1950年1月23日,解放军27军80师238团2营指战员正在海滩边进行渡海训练,有盘踞在舟山群岛上垂死挣扎的国民党残兵(当时舟山群岛还未解放)的飞机窜来扫射轰炸,当场牺牲了33位战士。其实他们当时是可以四散隐蔽起来减少伤亡的,但为了不让漕泾沿海人民遭灾受难,硬是在海滩边坚守阵地就地卧倒。漕泾人民感激这队人民子弟兵,事后搜集牺牲战士们的遗体,用棺木隆重入殓后安葬在这块土地上。后来还有一些在其他地方牺牲的人民解放军战士和病故的战士也安葬在这里。原称"漕泾33烈士墓",于1950年2月修建而成;1991年改名为"漕泾烈士陵园";2012年金山区人民政府对烈士陵园进行扩建修缮,并更名为"金山区烈士陵园"。

90 多名同学背起背包、被子深入红星大队(今属新街村)进行社会调查。五·七中学胥浦分校校长黄骅同志也参加了工作组。在他的热情协助下,学生分成 11个小组深入 11 个生产队,每个小组每天轮流到 2 个生产队(上、下午各一个队,几天后 11 个生产队全部轮到)去调研阶级斗争在新形势下的表现及现状,在与社员同劳动中了解情况,前后历时一周。学校领导李士明同志也多次亲临现场指导。学生们白天调查访问,晚上相互交流补充,师生们得益不少。大家每天吃在大队食堂,晚上居住在红星小学(今已撤校)教室里。语文老师又及时讲解了书写调查报告的方法,使学生们又学到了一门新知识。在调查结束后回校写调查报告时,学生们感到文章有话可写,有内容需反映。学生调查报告普遍写了七八张报告纸(约 5 000～6 000 字),最多的为①班的颜小华同学,写了 17 张报告纸,约 1 万字。最少的也有五六张。语文学科的开门办学旨在使学生贴近生活,进行社会实践,通过深入社会,培养学生了解社会、分析社会的能力,努力提高学生的分辨能力、阶级觉悟和写作水平。

75 届同学深入社会实践活动中,在毕业前夕 1974 年 12 月还做过一次社会调查。当时 74 届麻泾分校校友孙小龙毕业后回家乡共和大队(今并入红光村)担任团支部书记。班主任老师在联系好后,带领两个班同学步行前往共和大队取经,进行毕业教育。请师兄孙小龙同志介绍回队后的工作、社会实践及体会,进一步了解农村中的阶级斗争现状。孙小龙就带领同学们前去参加一个田头学习会,请社员孙会兴谈体会。孙会兴是一个尊重知识、尊重人才的人士,在会上他回顾自"文化大革命"以来学校的变迁、社会上出现的许多不正常现象,对到处抄家、借破四旧之名毁坏各种文物的情况表示了不满和反感,诚恳希望同学们:人要有主见,不要被社会某些现象左右自己的观点,更要努力学习成才;并即兴赋诗两句"狂风吹倒梧桐树,自有旁人论短长"总结自己的观点,使许多同学得益匪浅。

75 届语文老师还搞过一个实验。当中四课文中学到韩愈《师说》时,老师安排时间让学生自己上讲台讲课,这是新鲜事物。老师挑选几篇比较浅显易懂的文章,分别请了王彩华、吴碧贤、颜小华、冯毛龙等语文学习较好的几位学生,事前让他们分头备课。备课中教师做适当的辅导和提示,但不提供资料,让他们自己课外去找资料。待一切准备就绪后就让他们走上讲台。两个班级学生集中在一间教室一起听讲,并规定人人要做好笔记,为上讲台的同学总结优缺点。效果出奇地好,学生听讲出乎意料地认真,记录速度快、内容详细,比听教师上课还要专心、认真。事后开总结会,同学们发言特别热烈,总结的内容也十分真诚,话语均发自肺腑。不管是"教师"、学生,一致反映新鲜、有趣、收获大。这真正体现了学生是学校的主人。

2. 数学学科

开门办学也很实在,如数学老师带动学生搞校园测量,利用所学知识,通过实地测量,画出学校平面图,并计算出学校最高点数据。

3. 物理学科

在老师带领下,组织学生制作诱蛾灯捉虫。每年夏天,农作物生长茂盛,而虫害也厉害,使用农药除虫当然也是一个方法,但五·七中学制造的诱蛾灯却十分受欢迎,供不应求。试想,一个生产队,数百亩水稻田,该用多少灯?一个大队该要多少灯?全公社呢?五·七中学学生还在物理老师带领下购买零部件组装收音机,受到了全校师生的热烈欢迎,师生们纷纷购买,他们只收零件成本费,前后共组装了 300 多台收音机。

4. 化学学科

五·七中学的学生劳动能力非常强,经常一有空就割野草支援附近生产队。大多时间,一有草,队里就派人来拿去囤肥。但有时候也由于队里忙,连续几天无暇顾及,杂草由于堆积时间长而慢慢腐烂,发热、发臭,脏水遍地,一塌糊涂,阵阵臭味更使人感到难受。但化学老师却把它当成宝,他告诉同学们这叫发酵,发动同学们把它集中搬到水泥池里,对同学们说,这个池加上盖子后里面聚集的这股臭气就叫沼气,沼气可以燃烧,可以给家里烧饭、烧菜、烧水。这事传出后,被卫星一队(后长楼一队)的许多人知道了,于是多家农户搞起了沼气池,使用沼气烧饭、烧水、煮菜,使用了相当长一段时间,既省钱,又省力——当时农村里柴火比较紧张,都是由生产队里统一管理分配的。

......

归根结底一句话,朱行五·七中学的开门办学绝对不脱离各学科的学习内容,都与各学科的教学内容密切结合在一起。

五、突出的学养届(77 届)

1975 年 3 月,学校负责人李士明同志调任朱行供销社党支部书记兼主任。公社党委任命党委宣传委员骆森铭同志担任朱行五·七中学党支部书记,兼行政负责人,补选高寿云、郑德龙两位同志为支委。老校长黄骅同志也结束了工作组工作回校负责总务工作。

在朱行五·七中学短短的六年生涯中，只有5届毕业生，但1975年2月招收的77届两个毕业班学生的学养经历却总有点与众不同。这主要体现在这两年经历的事件和进行的许多活动中，也可以说这届学生是全面贯彻毛主席五·七指示的典型代表，在开门办学中发挥得也最出色。

1. 学军学工学农

（1）学军。这一届学生在学军和学工上非常突出。这届学生草不割，长途拉练不搞，除进行短途拉练外，从中三一开始就进行军训。两个班学生全部集中在欢庵小集镇上的粮管所仓库内，进行10天军事化封闭性训练。由班主任带队，但因为要日夜吃住在一起，光靠二位班主任不能承受管理工作的压力，所以学校又支援了8名男女老师。在10名老师带领下，不论男女，不分师生，人人背起被子、背包列队向东步行到离学校五六里的欢庵小集镇。男女教师分别与学生一起睡在仓库内的地铺上，地上铺有草包和稻草，全部统铺，学校在仓库内临时砌灶，后勤组派专人负责膳食，师生真正做到同吃、同住、同训练。军训教官是由朱行公社武装部挑选的退伍军人，其中一名叫陈顺庆的教官，曾是部队仪仗队队员，传授的动作非常规范。教师只起带队协助作用，作息时间、一切活动全由教官们安排。训练内容，以队列操为主，还有武器性能简介、机械构造拆卸示范、步枪瞄准、紧急集合训练等。学生的武器用枪以半自动步枪为主，也有少数几支七九步枪，人手一支。学生按部队编组建制，分成班、排、连，每班还配备一挺轻机枪做示范。白天训练，晚上学习、讨论，谈军训心得体会。特别有趣的是军训结束时，每个学生实弹打靶三发"七九式"步枪子弹。靶场就在龙泉港河西高坡上（这个高地是以前历次开龙泉港河时所挖泥土堆积而成的，现已全部清除）民兵训练时打靶的地方。由于学生年纪小，训练时间又短，因此靶距只有30米。所有教师也全部享受打靶优惠体验，事后师生们共同的结论是"有趣"。因为七九步枪的枪声实在太响，所以教官们叮嘱师生们射击时一定要将嘴巴张开。朱行中学学生军训年年有，现在条件好多了，但学生实弹打靶可能是唯一一次吧。打靶成绩3发全中靶心为优秀，2发中靶心为良，中1发为及格，一发不中为不及格。这次打靶绝大多数学生成绩为优秀，没有不及格的。在军训中绝对做到行动军事化、训练战斗化、生活集体化，10天军训期间学生不得私自上街，一切行动听指挥。

（2）学工。这届学生学工也有特色，学校在每学期中安排整块时间到朱行阀门厂学车工、铣工、铇工、冲床加工,与工人老师傅一起上下班。学工结束后,阀门厂又支援学校二台车床放在学校南面校门口进来路东第一排教室里,供学生利用零星时间自学用,时间前后有一年。这届学生还有部分同学到手工业社学木工、泥工、漆匠、篾匠活。这种学工方法使有些学生终身受益,如①班的徐秀龙同学,毕业后就专门从事车床工作,至今还一直在通风厂车床上干活。

(3)学农。这届学生的学农也有点不同,由学校出面,到南星大队(今立新村)三队借用 30 亩大地作为学农田,根据生产队规划,轮到种什么就种什么。从作物育苗到大田管理都有老农指导,收获后全归生产队所有,学校只记数字,当然种子、肥料、水源等全由生产队规划、安排,学生只是出力。收获后,生产队拿出一小部分农产品作为给师生们的奖励。

军训可以搞突击,但学工、学农是长期的,作为科目都有固定的日程安排。

2. 创新实践活动——办报、创作连环画

(1)办报。77 届同学在语文老师的指导下,还办过报纸。这办报情况有两类。

一是集体办报,每月一期,报名为《雏鹰报》,是油印小报。由学生自己分小组,轮流主编,人人采访、写稿。主要内容为好人好事颂扬、国家新闻大事摘编、学校活动选编等。但刻印有专人,是①班的徐秋萍同学,她的字写得很好。每期为一张八开纸,蜡纸刻成后,也由学生自己印刷。每期印数为 110 份,学生人手一份,同时报送学校领导人手一份,赠送其他各班级也一份,直到毕业才结束。时间从 1975 年下半年开始,扣除寒、暑假等因素,先后总共出了 10 期。排版全由徐秋萍等几个编委负责,篇与篇之间如何间隔,插图如何相配,标题采用什么字体,每篇文字横写还是竖排等全根据具体情况决定。报名由语文老师选定,也由语文老师书写。

二是人人出报,人人当主编、记者、撰稿、誊写、绘画、校对。1975 年秋,在 77 届同学中三下学期的中期,在语文老师发动学生集体办报的同时,更因为学到语文课教材中有关通讯报道的内容而发动中三两个班同学人人出报。报纸材料,原张白报纸一张由学校提供;报题每人自拟;字体各人自主决定,可以请人,也可以自书。字体为楷书、行书、隶书、草书、美术字、艺术化均可,但不管怎样,必须让人看得懂。材料自找,文章自写,也可以相互投稿。内容可以是新闻报道、故事选编、人物简介、学习心得;文体可以是通讯、散文、杂文、诗词歌曲、绘画插图等,总之,报上文字均由学生自己书写,标题、正文、插图同样,全都由学生自创。

这次学生办报,效果出乎意料地好。领导支持,学生起劲,有三分之一的同学编排得实在好,可以说是精品。即使有的同学字迹不行,但他也尽了力,充分显示了自己的水平。②班沈立安同学,平时学习不怎么努力,但在办报过程中却十分卖力,不但积极组稿,认真书写,还虚心向其他同学请教,征求他们的宝贵意见。因此,同学们反映,沈立安变了,变得我们似乎不认识了。好多家长也到校反映,说自己孩子如何如何认真、积极,家长们如何热心支持,直到毕业四十年后聚会,同学们还都记忆犹新,津津乐道。

征得学校领导同意,语文老师把收集起来的九十多份报纸,集中展示在一间教室里相互交流。用铁丝挂在墙上,上下二排,中间隔成蛇行道,两面挂。又请学校负责人写了序言,语文老师自己写了后记。参观的人络绎不绝,除了校内其他班级师生外,还有朱行镇上的居民及其他单位的职工,特别是学生家长纷纷前来观看,看看其他学生的水平与自己孩子的相比,心中有个底。

展览时间一周。展览结束后,收起报纸,发还学生,由他们自己保管。

(2)创作连环画。77届学生还在语文老师的指导下,利用1976年"三夏"农忙假时间,抽了宗辉、杨小弟、唐伟民、徐秋萍、魏俊等几位绘画较好,毛笔字又挺括的学生进行连环画创作。创作连环画的内容是以对学生进行道德教育的题材为主,如根据周彩宝老妈妈的忆苦思甜介绍材料,由语文老师事先划分成几十段文字讲解材料,编写绘画脚本,绘画的同学根据每幅绘图脚本画出各种形象的图画。当然,我们这些同学毕竟不是画家,绘画水平有限,老师就到图书馆里去找一些相应内容的连环画小人书给他们做参考。画稿成画后,由另外学生再把有关脚本的语言用毛笔字认认真真抄写在下面,并编写序号,就这样成功形成了一册连环画稿。

画稿的文字材料故事有5篇,画稿共有300多幅。画成后,也经领导审阅,开辟教室展览,也像前述学生所办报纸展览一样。学校负责人骆森铭同志特别高兴,自告奋勇再写序言,语文老师也写了小结。展出时间也是一周,展出情况也如前述一样,可以说"盛况空前",影响甚大。

3. 难忘的1976年

这一届同学除了学校开展的上述这些活动外,在他们这一届学生的求学征途中还有几件国家大事的发生,这些事可以用喜、怒、哀、乐几个字来概括。因为1976年实在是不平凡的一年,是中华人民共和国成长历程中最难忘的一年。

（1）喜。1976 年 10 月 6 日,以华国锋主席为首的党中央一举粉碎了王张江姚"四人帮"。当同学们从广播、报刊上知道后,高兴极了,连续 3 天在朱行老街上集队游行,放高升,燃鞭炮,以示庆祝,庆贺反党、反人民的反革命集团"四人帮"的彻底灭亡,并纷纷向群众热情宣传事件的经过及其重要性。

（2）怒。1976 年 4 月清明节期间,天安门广场上发生冲突以致造成流血事件,后人称为"四·五"事件。"四人帮"再一次诬害周总理,要打倒邓小平同志,在全国掀起反击右倾翻案风的反革命浪潮。开始时大家真相不明,后随着"四人帮"的粉碎,许多实情被媒体逐步披露,师生们怒火中烧,强烈声讨"四人帮"。

（3）哀。1976 年也是中华人民共和国历史上最悲戚的一年。先是 7 月 28 日河北唐山、丰南地区发生里氏 7.8 级强烈地震,并波及北京、天津等地,一下子吞噬了 24.2 万多条鲜活生命,还使 16.4 万多人重伤。

而更为悲痛的是 1976 年 9 月 9 日下午 4 时,从中央人民广播电台电波中传来伟大领袖毛泽东主席逝世。这犹如 8 级地震的噩耗,师生们万分悲痛,人人痛哭流涕,震惊得浑身颤抖。再联想到 1 月 8 日周总理逝世,7 月 6 日朱德委员长逝世,前后仅 8 个月,却先后倒下三颗大树。

随即师生们共同布置致哀环境及举行各种瞻仰活动。学校集中布置一间灵堂,挂毛主席遗像,书写挽联,购买黑布,师生齐动手,自做黑袖章。全校师生人人佩戴黑袖章和白花,在哀乐声中轮流进灵堂悼念。各班教室里也进行相应布置,分别书写标语和挽联,折纸鹤,做大小白花。每天广播操前要放哀乐默哀 3 分钟,每节课开始时也要先默哀 1 分钟才上课,每当就餐前也都做悼念活动,直至在电视屏幕中看到党中央在天安门广场上的追悼会结束,学校里的悼念活动才告一段落,前后共 10 天。

（4）乐。1976 年 10 月,黄浦江上第一座大桥松浦公铁两用大桥胜利建成通车,这对我们金山人民来说实在是一件大好事。过去金山人要到上海市区去实在是太苦了:大多经奉贤南桥、闵行西渡摆渡,要么经松江米市渡摆渡。现在可好了,可以直接"飞"过黄浦江了。有几位同学,如①班的宗辉、唐伟民等二人一车,特地骑了自行车去看这浦江上的第一座大桥,许多朱行民众也专门包了车去先睹为快。在同学们的一致要求下,二位班主任老师商量后,也去租了两辆中型拖拉机,带领两个班级同学前去观看。为了看仔细,又省钱,拖拉机在桥南收费站前停下,同学们下车后组队步行上桥,一路走,一路看,特别当站在大桥中间望着东西方向的浦江浪潮、游弋于江中那么多的货船、游艇时,心里激动极了,也高兴极了。同学们再往北下坡到达北面的收费站(当时是双向收费,所以大桥南北两边都建有收费站)处略微逗留时,老师趁机对他们说,这里就是"得胜港"小集镇。明朝抗倭名将戚继光在此与日本倭寇(日本浪人)大战得胜,为纪念这一歼灭倭寇的地方,所以叫"得胜港",距今已有 500 多年了。同学们听了既高兴又佩服,更加仔细、认真地观察周围的环境。

这次用中型拖拉机载人出游,开启了朱行中学连续七八年借用中型拖拉机作为交通工具旅游的先例,也结束了步行拉练的历程。1977 年 4 月,刚招生入学的初一①班,在班主任老师的精心组织下,带领全班同学到上海西郊公园春游一次,时间一天,用的就是中型拖拉机这个交通工具,也首开了朱行中学旅游的先例。不过当年学校领导就只同意这个班级这么一次。

六、文体生活多彩

整个朱行五·七中学办校 6 年中,知识课天天上,但教研活动从不开展,老师之间也从不互相听课,更没有什么集体备课活动。各位老师上课全凭自己良心和水平,再琢磨如何上课。真可以说"八仙过海,各显神通"。学校之间也从不交流,也没有什么活动探讨。没有参考资料,学校也没有图书室,语文教师身边还有唯一的一本参考工具书《新华字典》翻翻,可其他学科没有任何资料。

五·七中学师生在体育上却有过人之处。

学生课程表中除了知识课,其他只有体育课。除了体育课外,其他体育活动就只有每天早上的广播操和上、下午各一次的眼保健操了。但学生运动会年年开,比赛项目径赛中,男女均有 60 米、100 米、200 米短跑,长跑有女子 800 米、男子 1 500 米;田赛项目中男女均有手榴弹投掷、推铅球、跳高、跳远。由于 1974 年招了初中班,所以 1974 年以后增设初中组,项目同样。运动会有一天时间,裁判以教师为主,但也有学生辅助。田赛项目在校内操场上,径赛项目由于校内没有运动场、跑道,因此只能借放在公路上,一般放在朱行镇南朱林路上(即现在中学校门前)。除了有汽车开过暂停,汽车一过,比赛就继续进行,两头各有师生望风。虽然设施简陋,条件差,但师生们还是十分认真、积极参加各个项目比赛,记录成绩,按标准都能达标。

五·七中学在体育老师的组织、带领下,组建有男、女学生篮球队,特别是女同学篮球队,经常利用节假日外出与周围乡镇学校进行友谊比赛,互有胜负。

但不能忘记的是男教师的乒乓球队非常出名,可以说打遍金山无敌手。其人员有薛毓良、黄智、吴文杰、郑德龙、阮金谷等人,学校拥有这五虎将是很值得自豪的。教师乒乓球队也经常在节假日外出进行友谊比赛,每次总是全胜而归。

学校有体育课,但没有音乐课,相对而言文艺活动较少,不过每学期进行一次文艺汇演交流则是有的。师生共同表演节目,不用化妆,也没有戏服,全都是自然美、尽兴乐。

但是五·七中学师生有时也有独到的优待。由于当时社会上文化生活绝对枯燥,难得放一次电影,加上当时朱行大礼堂实在小,无法满足广大人民群众的愿望,所以电影放映队把银幕搬到五·七中学操场上。这样一来,观众可大批涌入,放映队收入也明显增加。这时,五·七中学师生就有了免票的优待(虽然学生放学了,但留许多负责管理课桌椅的学生不能回去。老师是住宿的,可以自由进出)。这样的优待每月总有一次,可倒霉的是学校的课桌椅,总有许多人蛮不讲理,强拿课桌椅。一场电影下来,拿出去的课桌椅,总是有不少缺胳膊少腿的。

七、党群生活丰富

在学校教师队伍中建有党组织、团组织,但在学生队伍中只有红卫兵组织。学生中家庭出身好的均是红卫兵战士,剥削阶级出生的子女是无法加入的。每班建有红卫兵排,学校成立红卫兵团,74 届同学红卫兵团长为②班的金忠新,75届同学进校后改选为①班的吴桂珍(女),任职 2 年。75 届同学毕业后,77 届同学进校,改选为①班的唐伟民。红卫兵组织所有活动均围绕学校党支部工作开展,因此,学校里没有学生会组织机构。

五·七中学是建立在"文化大革命"期间,因此,学校没有共青团组织,但校外却只有共青团组织,没有红卫兵组织,所以每当毕业时,就有红卫兵转团工作,不过只有少数同学能转为共青团员。班级里没有共青团组织机构,所有班级活动均由班干部负责。每班班干部有班长正、副各一名,还有学习委员、劳动委员、宣传委员、体育委员、文娱委员各一名,全班干部共 7 人,他们在班主任带领下开展各项工作。

八、校区基建改造

在朱行五·七中学存在的几年中,对学校校区也进行了几次基本建设改造。

原朱行中心小学校,坐落于朱行镇老街北街上。共有坐北朝南三排教室,中间是一条从校门口进来的大道把教室分为左右二部分。第一排大道东是两间教室,路西是三间教室。它们与第二排教室之间是一块小场地,为原中心校的小操场,这里是全校师生每天举行升旗仪式及做广播操的地方。第二排教室中间没有大道,面对南面大道的是一间单间屋,60 年代时曾做过校长室。五·七中学进驻时,把它前后门窗拆除打通成为走廊,走廊东是三间教室,走廊西是二间教室,这五间教室比前南面五间教室面积要大,且高爽。第二排教室最西面是厨房间、食堂。食堂南面有三间面东小屋,是中心校部分男教师宿舍。第二排教室北面,有南北大约 30 米左右的空地,空地北面也有两间半教室,这里就是 1958 年创办的老朱行中学,由松江县教育局出资建造的二间教室,半间为教师办公室。由于生源不足,不久老朱行中学停办,于是教室及课桌椅等校产划归朱行中心校负责管理。从前面到后面去,以前是要从第二排教室的东面绕过去,所以原朱行中心校师生从不去占用。

1972 年五·七中学成立之初,开始只招 74 届的两个中三班,这许多房屋足够。第二年 1973 年,又招 75 届两个中三班,学校领导便开始筹划对校舍的安排。

从 1973 年开始,第一个基建项目为校门前东西向的大路。由于 1969 年后中心校停办,无人关心,年久失修,一路上七高八低,特别是下雨天遍地泥浆。加上这条路上两旁居住人家本来就少,南北仅有 5 户人家(街南面南 2 户,路北坐北朝南三家),平时只是战斗大队二、三队的社员上镇之路。现在每天光是学生就有 200 多人,出进人多了,所以学校向公社党委打报告,由公社请朱行建筑社在下面增设下水道上面铺成水泥路。

接着进行第二项工程。学校名为朱行五·七中学,而且还是高中部,并设有物理、化学学科,可是没有专门的实验室。上级教育局里下拨的教学仪器等设备也没处放,更不要说教学生做实验了。于是由二级党委共同努力,公社教育组经手,出资建造实验室。地点放在校门口传达室东面,南面靠街,造东西向两间教室,并在上面面南加造楼房。下面面北两间教室,东面教室隔为二小间,东小间为化学仪器室,西小间为物理仪器室,还有一间教室作为学生实验室,理、化共用。上面楼房隔成四小间,最东面一间连走廊,进深、面积最大,所以作为教育组教师宿舍。还有西面三小间全部作为五·七中学男教师宿舍,每间可住 4 人。楼梯放在楼房西侧、校门东侧,楼梯间下面则作为学校传达室及油印室。

第三项工程是在 1973 年 5 月。四个班学生 200 来人,没有一个集中开会的地方,更不要说搞什么文艺节目演出,而且原有食堂只有十几个平方,也只能勉强提供教师用餐。所以学校领导决定,把第二排房屋走廊西面两间教室合并为一间大教室,把原两间教室中间的山墙拆除,改放人字梁。原教室南面门窗墙体拆除,把外面的走廊并入教室内,这样一来,再把最西面与厨房间相连的山墙上打开两个小窗洞,装上活动小门,使这间大教室一房两用,既可开会文艺汇演,又可供师生日常用餐。所以又用角铁做了十几只长条桌和十几条长凳,上面安上长条木板,就放在这里供师生就餐用。

第四项工程是1975年,老校长黄骅同志工作组结束后回校负责学校总务工作,在公社教育组各方面的支持下,他具体经手把北面第三排三间半教室(原两间半,后来向东又连接造了一间教室)加楼,把原准备做教师办公室的那间屋南面墙、门窗拆除打开,建成上、下楼的楼梯间。这加楼的原因是,战斗小学学生中由于镇上居民子女多,所以他们一致要求战斗小学从大队办公室那里搬回到朱行镇上。于是五·七中学第一排路西三间教室由教育组划归战斗小学试用,这样一来,五·七中学教室就紧张了,因此要加楼。

第五项工程,把第二排教室和第三排教室之间空地加工成操场,成为学校做广播操和上体育课的场地,这项工作基本由全校师生自己完成。

九、自己动手,丰衣足食

说到基建,学校领导李士明同志是一个很实在的好同志。他是一位贫苦农民的儿子,自始至终保持着农民特有的本色:纯朴、敦厚,待人真诚,忠于党忠于毛主席,勤奋廉洁。治校中也努力体现毛主席的"自力更生、奋发图强""自己动手,丰衣足食"的理念。他在五·七中学任职短短的三年多点时间里,还做了以下几件实事。

1. 挖井打水

20世纪70年代朱行小镇还没有自来水,所有单位、居民都用河水。1972年刚建校时,学校生活用水也都是炊事员用水桶到学校东面新泾塘(河名)里去挑水,放在水缸里加入明矾澄清。炊事员很辛苦,来回一次路程要上百米,用时不下一刻钟。1973年,随着师生人数的增加,炊事员已无力承受,于是学校决定在食堂南面空地上,打一口又深又大的水井。装上盖,安装小水泵抽水,接上水管直接进入学校灶头上的接口里,这就减轻了炊事员的负担,也解决了师生们的食用水问题。这口井也使用了很久,直到1982年朱行镇上办起自来水厂用上自来水为止。

2. 筑路

学校外面由公社把路面筑好,但校内一进大门还是用小砖块铺成的旧路,七高八低,一下雨更是一塌糊涂,到处是水塘、泥浆,于是学校领导又发动老师和居民学生利用1973年"三夏"农忙假期自己筑路。平时先发动全体学生拾碎砖来铺路基,一到农忙假就动手筑路。先把砖块敲碎,没有夯就由学生排成东西一字形,从南到北用手拿石块拼命砸实,然后先铺一层薄薄的黄沙。黄沙由师生从供销社沙场那里购买后自己用船装运回来,最后用黄沙、水泥、瓜子片小石子混合浇筑水泥路面。铺成的水泥路倒也像模像样,曾命名为"五·七大道",一直使用到20世纪90年代学校全部搬入新校舍(即现在校址)后为止。

3. 做黑板

学校教室墙外有几处较大的墙面,学校决定选几块人流经过较多的地方做几块小水泥黑板做宣传、出通知用。这也是利用农忙假时间,由老师来完成。先把墙上石灰按需求尺寸把它凿碎铲掉后,又用黄沙水泥做底板,再由漆匠油漆加工后完成。

4. 造屋

学校杂用房屋实在少,许多东西无处放,教师宿舍也不够用。在75届学生中四时,先由班主任发动学生拾砖,不管大小厚薄都要,最主要是利用1973年拆山墙时余下来的那些旧砖块,决定在第二排教室前的路东小操场上面西造两间五架梁小屋。有趣的是不但男女同学一起拾砖,还一起做泥水匠砌山墙。在房屋地基由师生共同打好后,分别由①班、②班的男同学包砌两面山墙,中间一座山墙则由两个班女同学一起垒起来。房屋的前后壁在门窗木框由教师做好安上后,也由各班自包一间。砌墙用的黄泥是师生事先利用周日去中华大队(今立新村)招贤泾上黄狼漾那里载来,六根水泥梁是向教育组讨送的(这是他们造知青住房时余下的)。砌墙时间都是利用零星的休息时间,甚至课间十分钟也用上。最艰巨危险的是上梁:三座山墙砌好后,在老师指导下,放学后先用学生学习用的课桌、长凳排起二座"梯子",然后众人合力,扶的扶、扛的扛,把水泥梁用肩膀扛上去。当钉好橡子固定牢梁木,大家才松下一口气。屋面上的洋瓦片,也是由教育组资助,是师生利用周日摇上船到漕泾砖瓦厂那里装回来的。

这两间屋外观实在不好看,墙面七高八低,凸出凹进,但它是师生们共同出力用心血浇灌而成的新屋,安全系数是有的。虽然里外都没有用石灰涂粉,但也没有用学校一分钱,成了学校堆放杂物的好地方。

五·七中学的办学方向和方法受到了上级的肯定,1975 年文汇报派记者来学校采访,写了一篇题为《公社办学也要走上海机床厂的道路》的调查报告,发表在《文汇报》第一版上,宣传朱行五·七中学的办学模式,为农村培养了一大批急用人才,为农业生产的发展做出了自己的贡献。

十、完成历史使命

五·七中学的办学办校过程里取得众多成绩,贫管会在学校的常驻代表叶善明同志也功不可没。在校期间,虽然他对学校教学工作从不发表意见,也从不参与,但在学校如何抓学生的思想工作、如何发挥教师的工作积极性上做了不少工作,在学校的发展中出了不少力。特别是他主持了学校的科学实验,努力培养颗粒肥料和细菌肥料,大力支援了农业生产。还试种了灵芝,成功后,还把灵芝加工成"灵芝糖浆",供应给朱行地区的老弱病残者。这么一位老同志,勤劳俭朴,诚恳待人,爱憎分明,他的思想觉悟很高,对全校师生始终怀着一颗火热的心。1974 年,原战斗小学等几所学校中的中一、中二归并五·七中学,这些初中部学生,由于原校道德教育不到位,到五·七中学后也被叶善明同志揪出了几个犯有严重错误的学生,使他们在受到了法律的惩罚后,重新做人。老叶同志勤奋、认真的精神,细致的工作方法使全校师生十分感动。

朱行五·七中学办学期间,尽管全校师生全心全意为办好学校出劲出力,但也由于时时受到社会极左思潮影响,在校内也曾几次三番出现不和谐的因素。1973 年开展"反回潮"斗争,批判教师抓知识教育。1974 年全国各地开展批林批孔,积极批判"师道尊严",要学生学习"白卷英雄"张铁生,培养学生要有反潮流精神;大批特批《三字经》,培养学生"头上出角,身上长刺"敢于造反的精神,使学生的心灵遭受严重的毒害。1976 年"反击右倾翻案风""批还在走的走资派""评《水浒》"等接二连三的政治运动中,社会上"左"的思维占主导地位,"读书无用论""知识越多越反动"等错误思潮严重泛滥,教师不敢抓教学,学校不敢建立必要的规章制度,使学生不能专心学习。但朱行五·七中学绝大多数师生对这种极左思潮反感。由于在办学的几年中,师生间已建立了非常深厚亲密的感情,他们实在"恨不起来",坚持自己的办学模式,总体上,上述极左思潮对学校正常教学秩序的干扰有限。

1977年3月,五·七中学新招了一届初一新生,从这一届学生开始,学校学制进行改革:初中学习期从3年逐步过渡到3年;学校也不再春季招生,从此以后恢复了原来的秋季招生制。所以这一届学生初中读了3年半,直到1980年7月才毕业。由于"四人帮"反革命集团被粉碎,学校教学秩序开始逐步走上正轨,不再搞支农等与学校教学工作无关的活动。每逢寒暑假,教师都得去参加业务培训,不再搞"三抢"农忙或政治学习等活动。

1978年4月,经金山县教育局批准,成立"金山县朱行中学",并把胥浦、新街、麻泾三所分校高中部的全部学生及部分教师并入朱行总部。在撤去三所分校高中部的同时,在同校区建立相应的朱行中学初中部分校。五·七中学负责人骆森铭同志也调回公社机关,继续担任朱行公社党委宣传委员。朱行中学党支部书记由张省吾同志继任,五·七中学负责人改为朱行中学校长,由黄骅同志担任。

十一、三所分校简叙

为方便贫下中农子女入学,朱行五·七中学还建有三所分校,建校时间与总部一样是1972年2月。首招各一班,课程设置也与总部相同,但建校条件各不相同。

负责东片5个大队的麻泾分校,建在当时共和与洪光两个大队(今合并为红光村)的交界处老麻泾桥北侧,龙泉港河西,那里原是朱行粮管所麻泾桥粮站仓库所在地。1972年2月刚办班时,师生先借住粮管所仓库一角,然后由政府把仓库旁的几间小屋拆造成麻泾中学,整个校舍成曲尺(木工用来求直角的尺)形,面南三间为教室、办公室,面西三间横屋作为学校食堂、活动房,全部平房。一年后搬入新建的校舍内。

麻泾分校第一批三名教师是何应伯(原农业中学教导)、王树道(从吕巷中学调回来的老教师)、赵良芳(被分配到朱行插队的大学生)。何应伯任负责人,一年后何应伯调朱行总部任教导主任,抽欢兴大队会计高寿云来校任教,并担任麻泾分校负责人。

麻泾分校贯彻毛主席的五·七指示,主要搞学农。因何应伯老师与群力大队党支部书记张水良关系相当好,因此,学校与群力大队挂钩,只要队里种植的作物都要学生去学习,如水稻、三麦、油菜、棉花等作物,从各种作物育苗开始,田间管理、施肥、灌溉到作物成熟都有老农辅导。

负责南片 3 个大队的新街分校,建在新华大队(今新街村)中新街小集镇的河北(俗称北新街)。1972 年 2 月刚办班时,先借住原新街小学校(在南新街),然后与麻泾分校相同时期,式样和数量也一样,动用北新街所在地生产队原养猪场的土地,把废弃的猪舍清除,也建成曲尺形校舍。3 间教室面南,3 间横屋面西作为学校食堂、活动房,也全都是平房,也一年后搬入新校舍。

新街分校第一批 3 名教师是田海燕(女)、许建军(他们二人是被分配到朱行插队的大学生),还有回乡知识青年吴国良,田海燕任新街分校负责人。

新街分校贯彻毛主席五·七指示除学农外,还搞学工,学工主要由物理老师吴国良带学生学修各种电马达,拆绕线圈。当时农村里,特别是农忙收割时,普遍使用电动脱粒机,电马达损坏情况较多,因此,拆修任务也很繁重。由于是支农,所以只收成本费,不收人工费。

还有一所胥浦分校,学区负责西片 4 个大队。胥浦分校建在杨胥浦小集镇上,1972 年 2 月刚办班时,借住在杨胥浦小集镇上的建一小学(后改名为曙光小学,现已撤校),然后由政府出资与新街、麻泾两所分校同期建造新校舍。胥浦分校就建在原朱行供销社胥浦分站的二排仓库地,把它改造成学校教学用房,同时又新造了一排生活用房,规模与其他两所分校相当,一年后搬入新建的校舍内。

胥浦分校第一批 3 名教师是卫毓华(女)、沈莉华(女)、徐金本。3 人均为分配来朱行插队的大学生,卫毓华为学校负责人。一年后,黄骅同志调来担任学校负责人,卫毓华专职负责学校教学业务。

胥浦分校在贯彻毛主席的五·七指示中,既学农,也学工,学工主要工作是到大队里去熨烫塑料袋或黏合塑料袋。

三所分校的开门办学与总部不同,不但拉练、忆苦思甜活动无法开展,由于条件差,就连军训也不能进行。他们的教学设备都是由总部下拨,各种设施比朱行总部还艰苦。例如:体育课麻泾分校还可以利用学校门前的石子路(朱行到欢庵去的道路),新街分校就只能利用农村里的排灌渠道;胥浦分校则要到离校远一点的曙光大队(今胥浦村)到团结大队(今保卫村)的石子路(今胥保路的前期)上。但三所分校的师生不怕艰难困苦,就是在这样困难的条件下,在每年学校举行的体育运动会上也屡屡获得不差的成绩,例如新街分校,差不多每年的中长跑冠亚军总是由他们收获。

三所分校的师生对教学十分认真,五届学生中同样涌现出许多杰出人才,如李芬华、张纪梅、孙小龙、陆水金、殷锡昌、叶成章、张连欢、王龙法、徐兴忠、陶海根、潘玉贤等就是他们中最有代表性的。

十二、艰苦的教学条件

回首五·七中学的几年办学，虽然师生们做出了十分的努力，但无法改变实在相当艰苦的办学条件。

首先，总部校舍是原朱行中心小学校校区，因此，它的建筑规格是按小学生的要求，大的教室面积 7 米×8 米＝56 平方米，但一般教室为 6 米×8 米＝48 平方米。也有几间教室只有 30 多平方米，并且都是矮矮的平房。可是在五·七中学求学的都是高中部学生，人高马大，人数又多，怎么可能挤在这么狭小的地方求学呢？ 分校是更不要说了，特别是麻泾分校在开始时连像样的教室也没有。

其次是课桌凳，包括三所分校的课桌凳，都是由总部调拨过去的。中小学生的身材高度是有明显差别的，高中部的学生坐在小学生的长凳子上，手靠在小学生用的课桌上，能舒服吗？ 腿伸不直，腰挺不起。还有课桌的长度短、宽度狭，抽屉小。教师呢？ 由于生源足，教室小，上课时只能前胸贴后背地站在讲台（课桌代）边讲课。

再有理、化课没有实验室，没有实验器具，更没有实验仪器。即使有也没地方放，分校更是一无所有。

语文老师还有一本《新华字典》查查，数学老师还有三角板、圆规画画，可体育老师却什么也没有。不要说单杠、双杠，就连沙坑也没有，虽有跳高架（请木工自做的），可怎么跳？ 其他如运动场等就更不用奢望了。当然也不是一无所有，操场上有一副破烂的篮球架，篮球也是有的，但没有足球、排球，饭厅里倒有两张乒乓球桌。

钢琴倒也有一架，是上级在"文化大革命"中从抄家物资里拨下来的，可贫困的农村中学中有谁能弹得来这种高级乐器呢？ 后来调来的朱树敏老师能弹一手好钢琴，于是沉睡了几年的钢琴终于发出了声响，许多喜欢文艺的老师如薛毓良、唐美娟等在她的指点下，通过一段时间的学练也能弹上几曲。在这样的情况下怎么能使文艺活动积极又丰富地开展呢？ 师生们怎么来活跃心情呢？ 怎能上好音乐课呢？

······

第三节　鸡窝里飞出凤凰

朱行五・七中学师生就是在这样今天无法想象的艰难困苦的环境下,几年中自始至终不离不弃。苦干、实干,发奋进取,努力拼搏,在窄小简陋的鸡窝里终于飞出一批批凤凰来,在祖国各地生根、开花。

1977 年国家恢复高考,许多同学就积极投入。其中,有 74 届麻泾分校高中毕业生红光村的李芬华、朱行总部 74 届①班毕业生运河村的冯文勤、77 届①班欢庵小集镇上的唐伟民被录取。他们中师毕业后均走上了教育工作岗位,且 3 人都在朱行小学任教过,事后 3 人先后走上领导工作岗位。除了冯文勤在金山区老年大学校长职位上退休,一直从事学校教育工作外,李芬华先后担任过朱行乡乡长、松隐乡乡长、金山县纪委书记。1997 年金山县撤县建区,她又先后担任金山区委副书记兼纪委书记、奉贤区委副书记兼纪委书记,直至升任上海市纪委副书记。唐伟民,先后担任过朱行中心小学教导主任、副校长、支部副书记等职务,后升任朱行镇政府办公室主任。(这届高考中,朱行五・七中学学生中还有 76 届骆逸新、77 届陆瑞虎、78 届陈秋莲等考取大学。历年来,还有许多五・七中学学生被基层党组织推荐成为工农兵大学生,如朱行总部 74 届①班的钱文锋等走上各自工作岗位)。

在回乡青年中,也有同学扎根农村踏实工作,在广阔天地中锻炼成长。如 75 届①班运河村的冯毛龙,就是杰出的一例。1975 年 1 月,他高中毕业后即回队参加劳动,先后经大队培养,担任过中型拖拉机驾驶员,又兼任大队企业会计,后调任朱行公社工业公司会计;几年后又先后担任朱行乡政府审计员、乡纪委书记、朱行镇副镇长;20 世纪 90 年代后期又调任金山区政策调研室副主任、发改委副主任,最后在金山区五届人大常委会城建环保工委主任岗位上退休。

胥浦分校 77 届高中毕业生叶成章是合兴村人,他从生产队粮管员开始,先后担任生产队会计、村团支部书记、民兵连长、村委会主任等。1988 年后又调任朱行镇政府工作,先后担任工业公司副经理、党委秘书、政府办公室主任、副镇长;后调任亭林镇党委副书记、镇长、金山区科学技术委员会党组书记、副主任、金山区卫生局党委书记、副局长、金山区绿化市容局党委书记、纪委书记、副局长、金山区工商联党组书记、金山区市场公司监事长。

75届①班合兴村的沈德林,在家务农二年后,1977年2月应征入伍,在上海边防检查站从排职干部任起,历任连副政治指导员、司令部调研科正连职检查员、调研科副科长、边防局司令部查调处正营职参谋、查调处副处长、处长至吴淞边防检查站副站长。1998年6月,边检站集体转制,隶属公安部直属单位后,历任吴淞出入境边防检查站正科级副站长、副处级副站长、正处级调研员。2012年,经公安大学培训,晋升三级警监(高级警官),直至2019年3月正式退休。

同样参军、同样是75届①班的运河村人吴志刚的经历又不一样,他参军入职海军,曾任海军亚沙水井区后勤部助理、站长,海军榆林基地后勤部军需处助理员、股长。这期间,曾在西沙海域参加与南越海军的自卫反击战作战,伤愈后担任中国人民解放军第425医院常务处长、海军中校。转业后,任金山区机关事务管理局办公室主任、机关党支部书记、机关会务中心主任。金山区人民政府办公室工会主席、机关事务管理局党总支副书记。他是我校至今参军的校友中唯一一位参加过战斗、上过战场的同志。

张纪梅是麻泾分校74届高中毕业生,欢兴村人。毕业后不久就参加了教育工作,先前一直在共和、八一、欢兴、红光等东片村校工作。2001年调朱行中心校,工作中虽然默默无闻,但凭着对教育工作的热情,对学生的关爱,在平凡的工作岗位上,做出了不平凡的业绩。1997年、1998年连续两年被评为金山区先进工作者,1998年又被评为全国优秀教师。

尤咏梅,朱行镇老街居民,总部74届②班毕业生。毕业后不久就参加金融工作,在农业银行朱行营业所任出纳。凭着对工作的热爱,一贯认真、踏实、仔细,天天与钞票打交道,直到退休自始至终不出差错,1979年、1980年连续两年被评为上海市新长征突击手。在金山县农业银行多次举行的业务比赛中(如数钞票速度、假币分辨能力等)多次获得第一名。1980年、1981年、1982年、1983年连续四年被评为农业银行上海市金融红旗手,1984年又被评为全国金融红旗手。

蒋雪芳,总部76届②班毕业生,原桥湾村人,后嫁入长楼村(今合兴村)。她与上述许多同志有个不同之处,始终工作、生活在朱行这块土地上,虽然所任职务较普通,就是连任四届(八、九、十、十一届)金山工业区妇联主席,但得奖不少。1993年、1999年两次获上海市双学双比女能手,1993年、1996年两次获上海市三八红旗手称号,2004—2005年上海市双学双比先进工作者,2010年上海市妇女权益保障先进个人。

在科技战线上同样有我们五·七中学的校友,新街分校的78届高中毕业生徐兴中就是其中突出的一位。他在1978年代表朱行中学参加金山县数学竞赛时,就表现出非凡的水平,不但使学校获得团体冠军,个人还得了第一名,当年高考中他考取了山东大学,为母校增光添彩。通过几年的努力,现今是北京理工大学理学院数学系教授、博士生导师、北京科学院数学研究院博士后。

被称为"城市美容师"的清洁工,只要有点力气,人人都会做,也都能做,但真要安心、全心做好却不很容易。69届五·七畜牧兽医职业班毕业的合兴人薛金火却在这条战线上整整干了10年(2000—2009年),任朱行环卫所所长直至退休。要带领好这支环卫队伍,人人都做好各自分管的分内事,可不是件容易事。他在2003年度被评为金山区先进工作者,2004年又被评为上海市爱国卫生先进工作者,在平凡的工作岗位上做出了不平凡的事迹,为社会做出了不可磨灭的贡献。

这里所举的12位校友,是朱行五·七中学9年间所培养的35个班级1 600多位学子中的极小一部分,仅用他们来作为代表而已。校友们在各个行业中成功的人士多的是,不管地位高低,也不论什么行业、职业,也不比贡献大小,他们都为祖国为人民为社会做出了贡献。他们都是人才数据库中的一颗星,不断闪发出耀眼的光芒。

朱行五·七中学在朱行中学的历程中时间并不长,特别是从1969年1月到1978年3月这个时间段基本上是处在"文化大革命"时期,但教师们都能坚守职业操守,顶着随时随地被批判、被下放甚至被打倒的压力,认真传授课业知识,积极灌输做人的道理。把爱国主义精神和爱党、爱人民的忠厚思想贯穿在教育、教学工作中。教师们不仅在课堂上传授专业知识,而且走进学生们的生活,与他们交朋友,用自己的人生经历和感悟引领思想、导航人生,使学生们在曲折的征途中不迷失方向。学子们的刻苦、好学,终于使朱行五·七中学校园里走出了一批批优秀的毕业生。

74届麻泾分校高中毕业生、党的十五大代表、上海市纪委原副书记红光村人李芬华校友回忆说:"朱行五·七中学老师们教书育人的品格深深地影响着我,使我梦想成为一名光荣的人民教师。""在以后的日子里,无论是在金山、奉贤工作,还是在市纪委工作,不管是从事教育、行政,还是党建工作,老师们那种'蜡烛'精神和'园丁'品格一直激励着我……"李芬华同志的言行就是五·七中学校友们精神的真实写照。

这里举一个典型事例来具体诠释朱行五·七中学教师们的"蜡烛"精神和"园丁"品格。胥浦分校大学生教师卫毓华,是朱行本地原合兴七队人。1972年被分配到胥浦分校工作,从学校到家里是相邻的两个大队,不过两三里路,步行半个小时就能到。但她竟在学校旁边造了两间屋,硬是在这里护校13年,直到1985年8月调朱泾工作。更使人敬佩的是,其调令明明是1984年8月就来了,但她看到胥浦学校教师确实缺人,在朱行中学领导的认真挽留下,又留守了一年,直到胥浦分校撤校,才高高兴兴地告别离去。像卫毓华老师这样爱校如家的突出教师是不多,但一直住校、勤奋工作的老师多的是。

朱行总部74届①班同学王志权,家庭经济十分困难,连一学期2元的学费也交不出,因而准备辍学。班主任吴文杰老师在家庭访问中了解后,便毫不犹豫替他交了学费。这使王志权感恩不尽,在政府民政部门工作后退休多年还念念不忘。还有77届①班的吴明辉同学,由于兄弟姐妹多,家庭经济困难,无法交学费而准备辍学,班主任也在调查后给他连续两年四个学期学费全免。就是这8元钱使他感恩终身,牢记在心,至今还经常与人谈起。这种崇高的师德精神可以在学生身上完全体现出来,在他们的心目中一定会留有深刻的印象,熏陶着他们的人生之路。

第三章　金山县朱行中学

（1978 年 4 月—1997 年 4 月）

　　中共十一届三中全会后,金山县全面恢复和整顿教育秩序,恢复学校领导管理体制。恢复校长制,恢复高考,恢复原来的学制,小学 6 年、初中和高中各 3年,恢复秋季招生制,恢复中、小学升学考试,强调德智体美劳全面发展。

　　1978 年 4 月,经金山县教育局批准撤销朱行五·七中学,成立金山县朱行中学,校址设在朱行镇北街(原朱行五·七中学校址)。是年,撤销原新街、麻泾、胥浦三所高中班分校,学生全部并入朱行中学,开设 3 个高二班、2 个高一班。同时,在原三所分校校址设朱行中学辅导区初中部三所分校,即新街、麻泾、胥浦三所初级中学,划片招收初中学生。1981 年,81 届高中生毕业后,撤销高中部。至 1993 年,三所分校相继撤点,学生全部并入朱行中学总部。

　　1985 年,朱行中学设 3 个年级 12 个班级,学生 568 人;新街中学设 3 个年级 6个班级,学生 215 人;麻泾中学设 3 个年级 5 个班级,学生 170 人;胥浦中学设 2 个年级 2 个班级,学生 64 人。辅导区 4 所学校,共 25 个班级,学生 1 017 人。1987年,朱行中学辅导区 4 所学校,共 27 个班级,学生 1 197 人,教职员工 106 人。

　　1980—1985 年,学校先后开办印刷厂、收音机壳子加工厂和金刚钻制品厂,在改善办学条件、增加教职员工福利待遇等方面发挥了积极作用。

　　1992 年 9 月,朱行中学校址迁至朱林路 128 号新校址。一个年级(1995 届)先行搬入,至 1993 年 9 月开始,三个年级全在新校就读。但是,1996 年由于学生数超出新校舍的容量,当年的初一新生(1999 届),仍在老校舍上课,时间一年。1994 年 1 月 14 日,时任上海市教育局局长袁采在金山县教育局局长龚宝寿和朱行镇镇政府副镇长程国辉等陪同下,来校巡视新校舍,并题写"朱行中学"校名。

　　1997 年 5 月,金山撤县建区。金山县朱行中学更名为上海市朱行中学。

第一节　学校管理组织机构

一、行政管理

1978年5月,金山县教育局任命骆森铭为金山县朱行中学校长。同时任命张省吾为朱行二中(新街中学)校长,高寿云为麻泾中学校长,郑德龙为胥浦中学负责人。1978年12月,教育局任命黄骅为朱行中学副校长。1980年5月,骆森铭调公社任职,黄骅主持朱行中学和辅导区工作。1983年8月,金山县教育局任命黄骅为朱行中学校长。1992年8月,冯文勤任朱行中学校长。1993年7月,冯文勤调任亭林中学校长,宋锡苇任朱行中学校长。

1978年5月,朱行人民公社教育组撤销。朱行中学由金山县教育局领导,地方政府协调管理学校工作。校长由金山县教育局任命,其他校级领导和教导主任、总务主任、人事干部等由校长直接聘任,报上级主管部门备案。校长全面负责学校日常事务,副校长协助校长,重点抓教育和教学工作,下设教导处、总务处等行政机构。教导处负责学校日常教学工作,下设年级组、教研组、备课组,执行教导处工作布置;1986年9月,学校增设政教处。政教处负责学生德育和行为训练、校园文化建设以及学校共青团、少先队工作等;总务处下辖财务组,并负责校办厂、食堂和学校财产管理、基建等工作。

1985年,中央决定"基础教育地方负责,分级管理"。朱行乡成立教育工作联席会,协调管理地方教育工作。1986年8月,县制订《金山县、乡两地管理教育的暂行规定》,确定县、乡镇管理教育的职责范围。1989年5月,金山县教育管理委员会成立。乡镇教育工作联席会更名为乡镇教育委员会,由协调机构转变为职能机构。是月,朱行乡教育工作联席会更名为朱行乡教育委员会,负责属地学校的财政、基本建设和教学设施添置等各个方面工作。具体教学业务、人事调动由教育局管理指导。财政分级管理体制持续到2003年结束。

1993年,县制定《金山县中小学校长负责制试行办法》,明确校长为法人代表,对学校各项工作行使决策权、指导权。党支部发挥政治核心作用,工会参与民主管理。

1978年4月—1997年4月,先后担任校级副职领导的有副校长张宗铭、方永兴,历任教导主任有黄智、许建军、周军、方永兴（副）、蔡平平（副）、朱晓华、顾伦伦（副）、陈辉忠、张连芳（副）,政教主任杨永华,历任总务主任有盛富林、张仁林、张龙官（副）、杨仁龙,人事干部郑德龙。

二、党支部建设

1978 年 5 月,成立朱行中学辅导区党支部,朱行公社党委任命骆森铭为朱行中学党支部书记,张省吾为副书记,高寿云和郑德龙为党支部委员。1987 年 2 月,张省吾任党支部书记。1990 年 12 月,张省吾同志退休,冯文勤任党支部书记。1992 年 8 月,冯文勤转任学校校长,黄骅任党支部书记。1993 年 8 月,黄骅同志调乡政府担任教委常务副主任,冯文勤任党支部书记。1994 年 7 月,宋锡苇任党支部书记。

党支部在学校中贯彻执行党的路线、方针、政策,执行上级党委的决议和上级教育行政部门的指示,加强对教育工作的领导,保证教学任务的完成,不断提高学校教育教学质量。具体负责学校思想政治工作,做好党建工作,教育党员团结群众,在学校工作中起模范带头作用。领导学校共青团、少先队、学生会、教工会等基层群众组织的工作。培养入党积极分子、做好党员发展工作。党支部经常组织党员开展各项活动,加强党性教育。1994 年 4 月 6 日,朱行中学党支部组织全体党员及入党积极分子,开展义务劳动,平整学校操场。1997 年 6 月 22 日,朱行中学党支部组织全体党员及入党积极分子,到上海龙华祭扫烈士墓。1978—1997 年,朱行中学有 19 名教师加入中国共产党。

1978 年 4 月—1997 年 4 月,朱行中学辅导区党支部、朱行中学党支部担任过党支部副书记的有张省吾、张宗铭。担任过党支部委员的有黄骅、高寿云、郑德龙、盛富林、张仁林、赵石元、高益清、张宗铭、方永兴。

三、团队建设

1. 共青团

1978 年,建立学校团支部,首任团支部书记赵石元老师。团支部在党支部的领导下,配合学校工作,开展各项活动。1982 年,学校成立辅导区团总支部,首任团总支部书记冯文勤老师。团总支部以团带队的组织形式,发挥团员模范作用,加强对青少年的思想政治教育。1983 年,朱行中学团总支部被朱行公社团委评为先进团总支部。1984 年,团总支部发动全校师生捐款抢救大熊猫,合计 59.60 元。在党支部的指导下,共青团组织在青年教师和优秀学生中发展共青团员。从初二年级开始发展团员,1985 年开始,初三年级各班都建立团支部,初二年级成立联合团支部。1978—1984 年,学校团总支部发展团员 123 人。

1978 年 4 月—1997 年 4 月,先后担任学校团支部、团总支部书记的有赵石元、冯文勤、蔡平平、范大年(副)、陈辉忠、陈江南、张美英。

2. 少先队

1978 年成立学校少先队大队部,并聘请一名优秀青年教师担任少先队大队总辅导员。首任少先队大队总辅导员周军老师。各班成立少先队中队,聘请各班主任兼任中队辅导员。同时在各中队少先队员中协商选举产生少先队大队长、大队委员。少先队大队部在学校团总支部指导下,开展各项工作。当时,共青团、少先队活动非常丰富。每年常规活动有 3 月 5 日"学雷锋活动"、4 月清明节期间,祭扫"漕泾烈士墓""六一节文娱汇演""国庆节游园活动"等,大多是以中队或小队为单位,学生自行组织,自主活动,各班任课教师受邀参加。1987 年 5 月 4 日晚上,由学校团总支部和少先队大队部组织,在校园操场上举行大型营火晚会,全校师生参加,各班都有学生自编自演的精彩节目,参赛比拼,晚会以各班歌声为高潮,会后发奖。1988 年 5 月 16 日,全辅导区举行"布谷鸟"歌咏比赛。校园文化,丰富了学生课余生活,培养了学生的自主力和创造力,增进了师生情感和爱校情怀。

1981 年,朱行中学辅导区被评为上海市少先队工作先进集体。1983 年,朱行中学辅导区被评为市红领巾"读书奖"活动指导先进集体。1987 年,朱行中学辅导区被评为全国少先队红旗大队部。

1978 年 4 月—1997 年 4 月,先后担任学校少先队辅导员的有周军、蔡平平、陆瑞虎、王正辉、周玉明、陈继强、徐春欢、张美英。

四、工会活动

1978 年后,学校工会活动恢复正常。协商选举产生工会主席、副主席、委员等若干人,组成朱行中学辅导区教工会,首任教工会主席朱正平老师。教工会在党支部领导下开展各项活动,协助行政贯彻党的教育方针、政策和计划实施,关心教职工的思想、学习、家庭等问题。向党支部和学校行政积极提出各种建议,为教职工做好服务工作。1982 年,朱行中学教工会被县局和县教工会评为"五讲四美为人师表先进集体"。1981—1983 年,朱行中学连续三年被评为县计划生育先进集体。

1. 首届教职工代表大会

1981年12月,朱行中学辅导区召开首届教职工代表大会。出席正式代表86名,列席代表16名,审议并通过《学校工作报告》《教工代表会章程》《教工守则》。选举产生工会主席朱正平,副主席张艾,委员彭令凤、卢秋兴、王平(胥浦)。

2. 教工会活动

学校教工会还组织教师外出旅游和安排教师到浙江建德、杭州屏风山、安徽黄山等地疗休养。1979年4月30日—5月1日,学校教工会首次组织朱行中学辅导区全体教师去苏州旅游二天。第一天,游拙政园、西园、留园,夜宿苏州旅馆。第二天游天平山、灵岩山、东山,傍晚返校。1994年3月16日,教工会组织全校教职员工100多人,参与百万市民看上海活动,游览南浦大桥、杨浦大桥、浦江隧道等。之后,教工会多次组织教职员工外出活动,先后有参观上海菊展,浙江桐乡考察,江苏张家港社会考察,江阴华西村参观等。

1982年,朱行中学教工会被县局教育工会评为"五讲四美为人师表"先进集体。1989年9月,朱晓华老师当选为金山县工会第十次代表大会代表。1993年3月,朱晓华老师当选为朱行镇第十三届人民代表大会代表。1996年1月,曹丰源老师当选为朱行镇十四届人大代表。

3. 第一届教师节

1985年1月21日,第六届全国人大常委会第九次会议决定,每年9月10日为教师节。1985年9月10日,朱行中学迎来了第一个教师节。朱行乡党委、乡政府隆重举行庆祝活动,并赠送每位教师1只备课夹及其他礼品。许多单位和校友来校慰问,赠送礼品,祝贺教师。此后,每年教师节都有尊师重教活动。

1978年4月—1997年4月,朱行中学历任教工会主席、副主席先后有朱正平、张艾、赵石元、彭令凤、周军(副)、高益清、张龙官(副)、张连芳、张宗铭(兼)。

第二节 教育与教学

一、教育管理

1978年朱行中学成立以来,学校坚持把德育教育工作放在首位,在学校教育教学活动中,贯穿爱国主义教育主线,逐步形成"团结、勤奋、求实、创新"的八字校风。

1. 思想政治教育

建校初期，经过拨乱反正，教育出现新局面，学校加强对学生爱国主义教育、革命传统教育和社会主义道德教育，开展"五讲四美三热爱"教育。五讲，即讲文明、讲礼貌、讲卫生、讲秩序、讲道德；四美，即心灵美、语言美、行为美、环境美；三热爱，即热爱祖国、热爱社会主义、热爱共产党。1978—1982 年，先后被评为市、县、辅导区好队员、好团员和三好学生的有 106 人次。学校教育始终把德育工作放在首位。学生的德智体美劳全面发展，学生团结友爱，师生关系融洽。例如，1987 届(3)班，在得知班中顾某某同学，因家人重病，不能来读书，在家务农。全班同学伸出友爱之手，利用周末去顾同学家帮助种油菜，顾同学也安心上学了；又如该班班主任骨折在家，班干部和同学利用中午时间去探望老师，发现老师家也有一块水稻责任田，土地平整了，没人插秧。班干部串联全班同学，利用放学后时间，把一亩田秧插好了，令老师感动不已。1987 年起，学校每周一举行升国旗、唱国歌仪式。1990—1997 年，结合红军长征纪念日和迎香港回归等，开展爱国主义教育系列活动。还多次组织学生参观爱国主义德育教育基地——新街暴动纪念碑、长征制药厂和欢兴村，接受教育，当时，学校还聘请张国华等 7 位同志为校外辅导员。

2. 行为规范教育

1981 年起，加强对学生《中学生守则》教育，上学时，每天有学校领导和班主任轮流值班。从早上学生红领巾佩戴情况和迟到情况，到早自修和每节课的课堂纪律，以及中午学生用餐和放学时班级值日生工作情况，都有记录和评价，并有周评和月评公布，学生行为规范收到明显效果。1995 年，学校政教处对班级管理出台"九项评比"考核法，把班级管理的各项内容，归并为九项。即学习常规、卫生、黑板报、公物、广播操、文艺活动、遵纪守规、期中平均成绩、期末平均成绩九项，总分为 100 分。每周由各管理人员，做好巡查评分，专人汇总，各项得分以标准分计入。每周张榜公布各班得分情况，从而促进各项工作更好开展。

3. 青春期教育

1990 年起，学校在初二年级学生中开展青春期教育，由卫生保健教师讲授生理卫生知识，采用看录像等方法，让学生了解青春期生理发展和变化的特点，加强青春期自我保护。1995 年，学校开设心理教育课程，开设心理健康咨询室和"马老师信箱"帮助学生解答心理障碍问题。

4. 军训教育

1995 年 8 月 20 日,朱行中学举办第一期业余军校训练,初一年级新生 520 人参加训练。镇人武部派出退伍军人 12 人担任教官。军训内容为开展革命传统教育及队列训练,传授常规武器知识,参观解放军军营内务等,军训为期一周,最后一天大会操,领导检阅授奖。至 1997 年,每年暑假组织 1 次军训,共 3 期,受训学生 1 500 多人。

5. 法治教育

1996 年 11 月,建立"家庭法律学校",以学生为媒体,把法律知识带到千家万户,推动"三五""四五"普法教育,成为朱行中学德育教育的一个亮点。

6. 社会实践教育

1985 年 5 月 11 日,87 届初一(1)、(4)两班师生在学校支持和班主任精心组织下,师生 100 多人,坐车到金山嘴乘渔船,去大金山岛进行生物考察,采集了大量原生态生物样本。回校后,制作了 300 多个动植物标本,撰写了考察报告《大金山岛生物考察系列活动》,得到了县教育局高度重视。文章登载在上海市教育局政教处编纂的《创新与实践》——上海市中小学优秀思想教育活动汇编的专辑上。这次活动获得上海市"创新与实践"思想教育竞赛活动优胜奖。这次竞赛活动是由上海市教育局、上海市教育工会、共青团上海市委、《解放日报》社、《文汇报》社、上海教育出版社、《青年报》社 7 个单位联合主办。

1986 年,学校创办《新苗》校刊和《午间播音室》,一群爱好文学和播音的学生,走出教室,走进校园文化。在同样爱好文学的徐岳范老师的组织指导下,开展活动。此项工作得到校领导支持,语文组老师和学校图书室老师积极配合,徐老师工作之余,分文不取为《新苗》刊物组稿、排版、刻印蜡纸。每期分发到各班。还组织学生去金山电视台参观学习,得到电视台台长周伯廉的指导和鼓励。此项工作一直持续到 1991 年。在当时初级中学中是一项创新活动,丰富活跃了校园文化,提高了学生服务社会的素质和写作能力。

1994 年 10 月,朱行中学在朱行镇广播站开辟《中学生园地》广播节目,举行开播仪式。《中学生园地》全由学生投稿,每周四广播一次。

1996 年 6 月起,98 届初一(9)班学生社会服务队连续 3 年为长楼村一孤老打扫卫生、洗衣做家务,被评为"上海市中学生优秀服务队"。

1997 年 7 月 6 日,97 届初三(1)班全体学生,在教师的组织下,乘金山嘴渔船,赴大金山岛考察,体验自然保护区特有的生态和独特风光。

7. 毕业前途教育

每届初三毕业时,学校举行毕业典礼,各班级以"茶话会"形式,师生话别、祝愿。许多班级还邀请历届毕业生,现身说法话前途,树立正确人生观。如 87 届1 班,邀请 10 多位历届毕业生,来班参加毕业前途教育,为学弟学妹解读前行的路。

二、教学管理

1. 教学组织管理

学校教导处是学校教学的组织管理机构。市教育局于 1981 年 8 月下达《中学校长、教导主任领导教学工作的若干意见》(试行稿),较详细地提出了校长、教导主任领导教学的 8 条意见。同时规定了《教研组工作和组长的职责》《教师备课的几点要求》以及《对改进中学各科课堂教学的几点意见》,使校长、教导主任对领导教学有了依据,教师备课和教学有了目标,推动了学校教学工作。市教育局还提出"加强基础,培养能力,发展智力"的教学总体要求,促进了教学方法的改进,成为贯彻党的教育方针的指导思想。1987 年下半年起,学校教学管理主要是控制教学时数、进度、课外作业量、统测统考,改革课堂教学。教导处负责学校日常教学管理和学生学籍管理,还要负责对教研组的指导工作,是学校把关教学质量的职能机构。

2. 教研组建设

1978 年,朱行中学开始建立教研组,各学科积极开展教研活动。学校原有师资力量薄弱,科班出身的老教师较少,年轻教师大多学历不高,但年轻教师渴求知识的愿望强、闯劲足,通过上公开课、相互听课等教研组活动,在老教师的传、帮、带下,再经过自身努力,通过培训,业务能力迅速提高,教学水平和教学质量的提高成效显著。如 79 届学生中考成绩,平均分高于除重点中学外的其他乡镇学校,考取中专和高中的学生数比例,也比同类乡村中学高出许多,仅安亭师范就录取 7 人,还有许多学生录取金山县中、张堰中学这 2 所当时的县重点中学。中考各学科平均分在全县前 6 名以上。1984 年 4 月,时任教育局副局长胡伯琪特地到朱行中学蹲点一个星期,调研朱行中学在师资力量不强、硬件设施差的情况下为什么能取得如此好的成绩。后来他在全县校长会上这样说:"朱行中学能取得很好成绩,完全是靠学校党政班子以身作则,带领全校教职员工积极向上、苦干实干、刻苦努力的结果,值得肯定和发扬"。再如化学教研组,连续 5 年,升学考试平均成绩都超过县平均分,1982 年度被评为局级先进集体,1983 年度被评为县级先进集体。其他如语文、数学、英语、物理、政治、史地生、音体美等教研组,均"水涨船高",各学科间形成竞争向上的教学教研风气,促进各年级、各班级教学成绩普遍提高。当时不分好差班,都是普通班,学校领导很民主,班主任在场,新生公开分班,班主任摸彩接手新班,同一起跑线,各班各学科教学竞争向上。以 87 届 3 班中考为例,当年录取重点中学 3 人,中师 4 人,幼师 1 人,中专 7 人,占班级总数 1/3。其他各班,录取率也旗鼓相当。当时,农村学生为跳出农村户口,中专志愿都是靠前填报,录取分数线均在普通中学之上,由于年级各班成绩整体向上,故朱行中学中考成绩,在同类学校中连续多年保持领先,英语、政治、理化多次名列全县第一、二名次。从 1982 年度中考升学考试开始,每年语文、数学、英语、物理、化学、政治各科成绩都超过县平均分。特别是英语学科,连续多年中考平均成绩名列全县第一。

1980—1997 年,为了更好地开展教研活动和业务交流,学校创办了《学习园地》刊物,登载教师教育教学体会文章,探讨教学方法。数学教研组创办了《数学通讯》期刊,刊登探讨如何提高数学课堂教学质量的文章。语文教研组发动各班办《语文小报》,文章全部来源于学生,每周一期。许多学生把办《语文小报》作为一种爱好,每期《语文小报》的撰文、排版、书写,均出自学生之手,图文并茂,对提高学生学习语文积极性和写作能力,大有帮助。各教研组每 2 周集中一次活动,组织教师交流学习,探讨教学方法,还经常组织学科内听课活动。学校领导还经常到三所分校听课,了解教学情况,县进修学校教研员也经常来校听课指导,开展评课活动,相互取长补短。学校还拨款到教研组,鼓励教师到兄弟学校听课取经。1988 年 4 月 15 日,语文、英语教研组,曾去江苏常熟中学听课,学习他人长处,改进教学方法。还有一次,在原五·七中学教师吴文杰的帮助下,语文教研组到浙江湖州二中(省重点)听课。教研活动拓宽了教师的眼界,提升了教师的教学能力和教学水平。在市、县各学科竞赛中,朱行中学屡有获奖。87 届初三(1)班顾文娟同学获 1987 年上海市作文竞赛二等奖。麻泾分校 88 届初三学生张权在 1988 年全县数学、物理学科竞赛中均获全县第一名。同次竞赛中,麻泾中学初三学生周红梅获化学竞赛全县第一名。89 届初三(3)班俞强同学获 1989 年华东地区六省一市语文知识竞赛二等奖。90 届初二(3)班何春茵同学,获 1990 年县初二数学竞赛第一名。

96届(1)班陈雪松同学,1995年参加由上海市总工会、上海《解放日报》等14个单位联办的"优秀发明选拔赛",他的创新项目"快速查数字",获青少年发明三等奖。朱行中学政治、劳技、化学、物理等教研组,曾先后被县教育局和教师进修学校评为县优秀教研组。

3. 年级组建设

1979年,学校加强年级组建设,以年级组为单位,便于统一活动和工作安排。如学科竞赛、统考、春游活动、家长会等都需要年级组统一安排。1985—1990年,一些外乡镇学生慕名而至,纷纷转入朱行中学或辅导区其他学校。朱行中学班级数和学生数激增,特别是初三学生,班级人数达到饱和状态,许多班级学生数超过50人。初三还有住宿生,达到100多人,晚上还有学生夜自修,班主任和任课老师还要值班给学生辅导。教师夜自修值班,一直到学生熄灯就寝,还要填写值班记录后才回家休息。教师值班无值班费,也无班主任费,就凭教师责任心工作。学校领导也轮流到校参加夜自修值班。当时,住校教师还有夜办公,每周固定一个晚上进行集体政治学习。学校还要求班主任做好家访工作,对在班每位学生,每年至少一次家访。许多班主任白天教学忙,都是利用休息日或晚上去家访。年级组活动,都是研究讨论年级内共性问题,分工合作,资源共享。当时"走出去,请进来"活动,都是以年级组为单位集体活动,如参观八一暖通设备厂、长征制药厂等,举行过"红光杯""长征杯"作文竞赛。年级组对学校行政工作起到支撑作用。

当时,担任教研组长、年级组长、班主任工作,都是没有津贴的,全是义务的。直到1985年,开始实行教研组长、年级组长、班主任、副班主任津贴。起初,每月0.5元津贴,后来提高到班主任每月6元,副班主任每月4元,教研组长、年级组长每月5元。学校党政干部无一人有津贴或奖金。

4. 学制与课程设置

1997年2月招收的初一新生较为特殊,由于前五·七中学时段,实行春季招生,这一届之后,国家恢复秋季招生,因此,这一届学生在校实读三年半,直到1980年7月才毕业。1978年开始,朱行中学初中学制恢复为3年(前几年为2年)。学校课程按照教育部和市教育局规定的《全日制普通中学》课程设置开课。1982年6月,上海市教育局下达本市初中教学课程设置,朱行中学参照执行。

1982 年金山县朱行中学教学课程设置　　　　　单位：教时

科目	初一	初二	初三	科目	初一	初二	初三
政治	2 教时	2 教时	2 教时	农基			2 教时
语文	6 教时	6 教时	6 教时	生理卫生			2 教时
数学	5 教时	5 教时	6 教时	体育	2 教时	2 教时	2 教时
外语	5 教时	5 教时	4～5 教时	音乐	1 教时	1 教时	1 教时
物理		2 教时	3 教时	美术	1 教时	1 教时	1 教时
化学			3 教时	时事形势	1 教时	1 教时	1 教时
历史	3 教时	2 教时	2～3 教时	晨会	5 教时	5 教时	5 教时
				周会	1 教时	1 教时	1 教时
地理	3 教时	2 教时		选修课			
生物	2～3 教时	2～3 教时		劳动技术	每学年 1～2 周		

注：初中生物从 1982 年开始分植物(初一)、动物(初二)。

5. 考试制度

1978 年，恢复了考试和升留级制度，严格统一考试，沿用"文化大革命"前的做法，由学校和县教育局统一出题考核。1981 年起，出题、批卷由各学科教研组安排，学生成绩仍按平时、期中、期末三档，采用百分制记分。

6. 升留级处理

初一、初二年级在贯彻执行中尚不够严格，一般控制在 5％以内。对初三年级，县局意见是没有留级制度，分毕业和结业两种。前几年，初三毕业分毕业考试和升学考试，1983 年改为升学考试。由市教育局出卷，全市初三毕业生使用统一试卷，统一评分标准，各县集中阅卷。

7. 实验室管理与使用

1978 年，朱行中学只有朱行五·七中学遗留下来的极少量教学仪器，且都是普通的、低档次的仪器,仪器总价值不到 2 万元。理、化、生教师因缺少仪器,演示实验很困难,学生只能看教师演示实验,把操作步骤和实验结果记在本子上。三所分校,均无实验室,难得安排几次,都是学生步行到朱行中学(总部)做实验。有时,学生无法做实验,教师把实验步骤和结果,用笔记方法,抄录给学生,要求学生背出应付考试。1980 年代,校舍条件差,理化生合用一间实验室,学生做实验要轮班,且储藏仪器缺少用房,有的仪器,甚至堆放,不合要求。1983年起,教育局陆续下拨教学仪器,学生动手做实验,加深了对书本知识的理解,激发了学生对学科的学习兴趣。1985 年 4 月 10 日,市教育局副局长、教育家吕型伟,一人乘车来校调研,询问了学校经费、教育教学设备、校办厂等工作,校长如实汇报。直到下午 4 点多,吕副局长才离开学校。临行时说,朱行中学校舍破旧,但学校有闯劲,教学有实绩,校舍问题,一定会解决。1993 年,新校舍实验楼建成后,实验室设施基本配套,实验室也有专职教师管理。

8. 图书室管理与使用

1978 年,学校图书室只有几百本五·七中学留下的图书、报纸、杂志和寥寥无几的教学参考书。1978 年后,每年逐步添置了各类图书,增订了各类报纸杂志,也开始有图书管理员。1981 年 4 月,经过整顿,增加了图书用房,添置了书柜、书架,图书室初具规模,并制订了较完整的管理制度。对已过期的报刊,图书室管理人员徐孟同等老师,自己动手,分门别类,按月、季、半年、全年装订成册,编号存档,作为资料备查。1984 年,曾开放给机关、企事业单位及个人查阅资料,达 500 多人次。1985 年,藏书 11 783 册,订报 24 种,订杂志 158 种,其中教学参考书 69 种。1986 年,学校利用校办厂利润,购买书籍、订报纸杂志。是年,学校图书馆藏书 28 093 册,订阅报纸 35 种,各类刊物 136 种,其中教学参考书69 种。之后几年,学校用校办厂收入,添置了大量图书,增订了许多报刊。成为当时乡镇初中藏书和订报章杂志较多的学校。

1990 年,县教育局组织全县中小学领导来朱行中学参观,学校借公社会议室作为会场,介绍学校艰苦创业的经历,受到与会者一致好评。

三、文体卫生

1. 文艺

朱行中学历来重视校园文化,重视素质教育。1978 年以来,学校建有教工合唱队、学生合唱队、书法小组、健美操队等各种艺术团队。各班都有文艺演出队。1980 年代,校舍设施还比较差,音响设备不配套,但每年文艺活动有声有色。"红五月歌会""六一节少先队员聚会""国庆节演唱会""新年游园活动"等成为师生们欢庆的节日。学校曾办过"六一营火晚会""布谷鸟歌唱赛""中学生守则普通话朗诵赛""庆祝香港回归文艺汇演"等校级文艺活动。班级活动一般由班主任组织,文艺委员负责,利用课余时间自主编排节目。班班有歌声,季季有歌会,成为学校文艺亮点。学校教工合唱团和学生演出队,曾多次参与公社、乡、镇一级的文艺汇演活动。1983 年,朱行中学学生演出队获县中小学文艺展演三等奖。1995 年,在朱行镇第六届艺术节上,95 届(9)、(10)班学生,在王龙法教师的带领下,20 名吹笛子、50 名吹口琴的学生同台演奏,奏响了朱行中学校园文化。学校书法组,在老师的带教下,也多次在社区展示书法作品。

2. 体育

1983 年起,学校在狠抓教育教学质量提升的同时,又强调保证每周 2 节体育课、1 节体育活动课;每天开展 3 操(广播操、2 次眼保健操)、2 活动(课外活动和中午活动),中午时间学校体育室出借体育器材,保证学生每天有一小时的体育活动。每学期利用课外活动时间,还多次组织班级之间小型比赛,如拔河、广播操、接力赛等。学校每年召开运动会,学生和教职员工都有体育活动参赛项目。

由于学校开展文体活动真抓实干,落到实处,学生体质普遍较好。在参加县教育局组织的运动会上获名次较多。朱行二中的体育老师唐建平组织乒乓队、田径队,在县级比赛中取得了很好的成绩。

1983 年,县中学生田径运动会上,朱行中学获初中组男女团体总分第 8 名。学生朱建红获初中女子组跳高第 1 名,并获初中女子组跳远第 2 名。张小弟获初中男子组跳远第 5 名。

1984 年,县中学生春季长跑比赛中,朱行中学荣获初中男子组团体第 6 名,初中女子组团体第 5 名。朱建红获县中学生运动会初中女子跳远个人第 1 名和女子跳高第 1 名。蒋团花获女子跳远第 4 名。顾道英、袁永华、孙曙芳分别获县中学生女子乒乓球单打前 3 名(由朱行二中组队参加)。1984 年,上海市举行"小松鼠"少年跳绳比赛,学校获团体第 5 名,金颖晖获个人第 6 名。

1985 年,在县中学生运动会上,朱行二中顾道英、孙曙芳、袁永华分别获县中学生初中组女子乒乓单打前 3 名。吴军敏获初中男子 100 米赛个人第六名,并获跳远第 4 名,柴银华获女子跳高第 4 名。朱行中学总部朱建红获女子跳远第 1 名和跳高第 1 名,蒋团花获女子跳远第 3 名,沈文娟获女子 60 米赛个人第 5

名,朱建红、蒋团花、沈文娟、张海英获初中组女子 4×100 米接力赛团体第 4 名。

1986 年,朱行二中顾道英获中学生女子乒乓球单打第 1 名,孙曙芳第 2 名。朱行中学总部俞卫国获县中学生田径运动会男子组 100 米赛个人第 3 名。

1987 年,朱行二中马海英获县中学生乒乓赛初中组女子单打第 1 名,孟连欢获初中组男子长跑 1 500 米第 2 名。朱行中学总部许为民获男子三级跳远第 4 名。

1989—1991 年,在金山县举办的中学生乒乓球比赛中,连续 3 年获初中组男子乒乓球团体第 1 名,女子团体第 2 名。1992 年,93 届(3)班朱蕾同学作为金山县初中组团体一员,参加上海市第六届中学生运动会,乒乓球比赛获团体第 6 名。1996 年,在上海市 15 届中小学生跳绳比赛中,朱行中学获郊县初中组团体第 1 名。

3. 卫生

1978 年以来,学校认真贯彻教育部《中小学卫生工作暂行规定(草案)》的精神,卫生保健工作做到制度化,学校清洁卫生划分包干区,每日一小扫,每周一大扫,形成制度,学校组织人员定期检查和评比。卫生室重视学生视力保护,进行视力普查,并及时向班主任建议,合理调整座位,学校坚持每天 2 次眼保健操,规定课间休息出教室。建立学生健康卡,时时关注学生身体健康状况。学校成立"红十字会"组织,学校卫生室有专职卫生老师 1 人,配备必要的医疗器材和常用药品,每班都有学生卫生员,配合校卫生室工作。

学校始终把教室卫生和校园环境卫生作为美化校园的重点,各班划定包干区,每天落实专人检查评分,并每天张榜公布。学校关心和监测食堂饮食饮水卫生,定期对食堂卫生进行检查督促,保证食品安全卫生高质量、零风险,确保学生吃到放心的膳食。1997 年,学校卫生室被评为上海市优秀卫生室。

第三节　科研与师资

一、教育科研

1989 年,朱行中学建立教科研室,负责教师的课题立项、申报、实施以及结题、科研成果推广等工作。

1991 年,市教委提出"一期"课程改革,把原来单一的必修课课程模式改变为必修课、选修课、活动课三个板块,触发教师对教育科研的思考。

1994 年 9 月,学校全面启动"一期"课程改革。初中语文、外语、物理、化学在起始年级开始使用课改新教材。学校贯彻课改精神,改变传统观念,强调素质教育。在教学方式上克服"填鸭式""满堂灌"的老方法,努力探讨采用"启发式"教学。在课堂教学中,安排"提出问题,分组讨论"的环节,克服"一言堂",避免"一讲到底"。从对"启发式"教学方法的探讨,到"精讲多练"的摸索,再到"学生上讲台"尝试,教师的教科研意识不断增强,许多教师开始选择课题,立项实施。"一期"课改在课程设置上,开设活动课,列入课程表,发动学生参加各类兴趣小组,在活动中开发学生的非智力因素,提高实践动手能力。活动课的设置,也成了教师教育科研的选项。

1997 年 4 月,学校启动创造教育活动月,坚持全面推进素质教育、全面提高教育教学质量的办学目标,提出"明确一个目的,建立两支队伍、通过三个渠道"的工作思路,即以培养学生的创新思维和实践能力为目的,建立创造科研队伍和科技活动辅导员队伍,通过劳动技术课、课外兴趣小组活动和其他学科课堂教学三个渠道实施创造教育。学校以"创造教育'双动'教学模式的实践与研究"的区级重点课题为引领,积极参与课堂教学改革,改进课堂教学方法,培养学生创新思维和实践能力,提高教学质量。朱行中学创造教育科技活动从"小创造、小发明、小制作"三小活动起步,逐步向学科教育渗透,成为办学特色。1995—1997年,学校有科技辅导员 20 多人,课外兴趣小组 21 个,征集到小发明方案 4 000 多个,获得市、区各类奖项 150 多个。

二、师资队伍

1. 师资概况

1978 年,全校 84 名教师中,具有全日制大学本科文化程度的只有 3 人,大专 12 人,中师(包括中专)15 人,高中 27 人,初中和高小 27 人。是年起,学校鼓励教师进修,首批输送 24 名教师脱产或半脱产进高等院校、电视大学、函授大学或"三沟通"(自学、电视教学、面授辅导)学习。这些被"文化大革命"耽误学习的中青年教师,在进修期间都非常努力,专业知识提高很快,并且都先后获得大学本科或大专文凭。至 1985 年,全校 102 名教师中,具有大学本科文化程度 10 人,大专 38 人,中专 12 人,高中 18 人,初中 23 人,暂未取得合格学历教师 1 人。1978—1987 年,通过进修,大专以上学历的教师新增 30 人,教师学历得到提升,师资力量得到加强,教学水平稳步提高。

2. 师德教育

1995 年起,在组织教师参加学历进修和职务培训的同时,学校加强对教师的师德教育。组织教师学习陶行知先生"捧着一颗心来,不带半根草去"的无私奉献精神和"爱满天下"的崇高师德,开展"把微笑带进课堂、把爱心献给学生"活动。1994—1997 年,根据教育局党委的要求,连续开展向县内先进教师典型吴永祥(山阳中学)、沈晓宏(枫围中学)、颜力(朱泾小学)、戴绚(新农中学)学习活动。

3. 教师职称评定

1987 年 7 月,首次实行教师职称评定。朱行中学首评中学一级教师 7 人。至 1997 年,朱行中学一级教师 47 人,中学高级教师 4 人。

4. 教师资格证书认定

1988 年 6 月,按《教育法》规定,在现任教师中开展教师资格认定工作,通过个人申报,上级评定,分别取得高中(本科以上)、初中(专科以上)教师资格证书。部分教师因学历不合格申报行政副科级。

5. 教师职务培训

1990 年代初,教师培训从合格学历培训转向高一层次学历进修和教师职务培训。按市教委规定每位老师每 5 年内必须完成 240 教时的职务培训(参加学历进修和干部培训可抵扣培训学分)。培训内容分公共课和自选课。公共课是市教委规定的 4 门课程,《新时期教师师德修养》《教育科研方法基础》《教育政策法律法规》《特殊教育概论》,通过收看录像学习。自选课由教师结合本人专业选择相关科目学习,可在全市、全区范围内选择所开培训课程,报名参加学习。培训实行学分制,学习一门取得相应学分,满 24 分为合格。因为教师职务培训是教师年度考核、技术职称晋升的必备条件,所以教师们参加进修培训的积极性很高,教师培训进入高峰期。那个时候,教师外出多,教导处调课繁忙。为方便教师职务培训,减少外出,学校申报自培基地。经区进修学院批准学校自编的《创造教育读本》《花卉》等 4 门课程为自培课程,由学校自主培训,承认相应学分。

6. 教师工资与待遇

据 1978 年 9 月统计数据,全辅导区教职员工 99 人,平均月工资 41.84 元。1978 年后,教师待遇得到逐步提高,至 1981 年,多次增加工资,还给教职员工补贴书报费、车贴、幼托费等。据 1984 年 5 月统计,中学教职员工 113 人,月工资总额为 6 208.40 元,平均每人月工资为 54.94 元,加上各种附加福利费用,平均工资超过 60 元。1985 年,又经过工资改革,教师待遇进一步提高。至 1987 年,中学教师平均月收入 125.23 元。

党的十一届三中全会会后,教师的政治地位与待遇得到迅速提高,"文化大革命"时的"臭老九",现在受到社会尊重,教师积极投入各项政治活动,参政、议政。1980 年,朱行中学王树道老师当选为金山县第七届人民代表。20 世纪 80年代,有 21 名教师被评为市、县先进工作者或获县园丁奖。1985 年 1 月 21 日,六届全国人大常委会第九次会议通过议案,确定每年 9 月 10 日为"教师节"。对教龄 30 年以上的老教师,颁发 30 年教龄荣誉证书,退休工资待遇为 100%,还安排教师轮流到杭州、南京、安徽等地疗休养。1997 年 4 月,朱行中学校长黄骅推选为金山县第 9 届人民代表。

7. 支教教师

20 世纪 80 年代,上海市教育局为了加强对乡镇学校的支持,多次抽调市有关单位优秀青年知识分子来农村中小学支教。朱行中学先后迎来两批支教老师。1986 年 9 月—1987 年 7 月,有赵卫星、杨家平、黄维、严孝君 4 位来朱行中学支教。他们来校后认真备课、听课、上课,积极参加学校的各项活动,与师生打成一片,留下良好的影响。1988 年 9 月—1989 年 7 月,又有邱红、陈慧芳 2 名上海教师来校支教。事隔 30 年后,当时的支教教师长宁区团委干部赵卫星担任了金山区区委书记。2016 年教师节时,赵书记百忙中抽空来到朱行中学看望并慰问教师,与昔日的老同事、老领导亲切交谈,对为朱行地区教育事业做出贡献的老教师表示感谢和慰问。

8. 教师"下海"

20 世纪 80 年代,改革开放初期,各乡镇和大队都大办企业,各校有不少教师想"下海"经商或自办企业。经教育局和镇政府同意,少数教师停薪留职经商或自办企业。本校教师吴春燕、杨默元等近 10 名教师先后下海,或到企业参加工作,或自己办企业。后来,大多数教师先后回到学校工作。

第四节　教学设备和校舍改造

一、教学设备

1980 年代初,朱行中学教学设备简陋,教学仪器紧缺,学校用房紧张。物理、化学、生物三门学科的实验室曾合用一间教室，实验仪器也只能堆放，不合格储置。1987年，朱行中学辅导区固定资产中，专用设备10.33万元，一般设备2.69万元，图书资料1.98万元（图书35 000册）。教学设备有：16毫米电影机1台、录像机1台、彩色电视机5台、投影仪5台、收录机18台。1993年起，教学设备陆续添置更新。学生课桌椅更换成1人1桌1椅，教师办公桌和办公橱也全部更新。信息化教学进校园，学校有播音室、电脑房，电化教学进教室。

二、校舍改造

　　1978年，朱行中学原有校舍十分破旧，只有两排教室，1979年，原属朱行小学的三层旧教室楼划归中学使用。但操场很小，学生做操容纳不下，后来把学校中间一排教室拆除，扩大操场，仅剩10多间教室。1983年，县教育局投入资金，加上校办厂的积累资金，在朱行中学老校舍后埭教学楼西面建三上三下6间教室。1985年，由学校投资后埭5间教室加楼成10间教室，县教育局投资在学校操场东段建成供300人使用的礼堂，也兼作学生用餐食堂。1987年，在老校舍后埭西面原为朱行小学的三楼三底9间教室划归朱行中学使用。1988年，在老校舍后埭北面又新建了实验室、图书室和计算机教室，配置了计算机教学设备。

　　1992年，辅导区新街、麻泾两个点的初级中学先后撤校，并入朱行总部，朱行中学学生越来越多，不断扩班，班级数已达到21个，教室、办公用房、运动场地严重不足。因此，学校多次向县教育局和乡党委打报告要求扩建校舍。经乡党委和县教育局共同商讨，认为老校址没有发展空间，需要新选校址。最后，决定在朱行镇西南高楼六队征用23亩土地，易地新建校区（即现在学校校址：朱林路128号）。新校区分四期工程，第一期北教学大楼工程，1991年春季动工，1992年8月竣工。秋季开学，1995届新入学的初一年级先行搬入；第二期南教学大楼及教师办公楼、食堂、运动场等工程，1993年8月竣工，9月，1996届新入学的初一年级进入新校。因新校舍还在整理阶段，初三年级仍在老校舍就读至初中毕业；第三期实验大楼工程，1994年8月竣工；由于经费原因，第四期行政综合大楼工程延迟至2000年8月竣工。新校舍总建筑面积7 220平方米，总投资512.72万元。新校舍的建成极大地改善了办学条件。当时，财政经费实行包干，学校易地新建对乡镇财政压力很大。乡镇府领导带头捐款办学，并发动全乡各企事业单位及个人捐款办校,对新建校区给予大力支持。朱行中学易地新建校区在全县乡镇中属较早一批。

第五节　校办工厂

　　校办工厂是特殊年代的产物。粉碎"四人帮"后,各级学校都恢复升学考试,学校教育教学恢复"文化大革命"前的模式,但国家百废待举,学校经费严重不足,连发教职员工工资都有困难。1978 年后,学生很多,教室不够用,图书、报纸杂志订得也很少,仪器贮藏只有狭小一间,实验室也没有。穷则思变,当时市教育局、县教育局和各乡镇,面对学校困境,同意学校可以办校办厂,朱行中学领导也看准形势,抓住机遇,设想筹备校办厂。

　　朱行中学为弥补学校经费严重不足,想方设法,白手起家,创办校办厂,先后开办印刷厂、金刚钻制品厂和收音机壳子加工厂(后因销路问题歇业)。据学校资料记载,1985 年印刷厂、金刚钻厂两厂年利润共 20 多万元。

　　1. 印刷厂

　　1980 年学校经费严重不足,学生人均经费只有 50 元左右。为了增添教学设备、购买各类图书、增订报纸杂志和改善师生福利,学校决定开办校办厂。当时社镇一级学校不可以办印刷厂,就想办法和县教师进修学校联办,进修学校提供一辆 2 吨货车供使用,所有业务全由朱行中学经营,也不承担厂的亏损责任,每年享受 15% 的利润。印刷厂于 1979 年年底筹备,1980 年 4 月正式投产,第一年利润 2.3 万元。首任厂长吴国良,第二任厂长马明辉,第三任厂长韩小弟。印刷厂初建阶段,只有 3 台手摆印刷机和 1 台切纸机,以及铸字、装订机各一台,以后又添置自动机。利用学校 2 间旧教室作为厂房起家。从一无设备、二无技术、三无资金的困难境地,发展到能印刷发票、信签、书版和七色套印。1983 年,产值 159 977.41 元,利润 29 055.14 元。1984 年,政策允许乡镇可以开办印刷厂后,使与进修学校脱钩,由朱行中学单独办厂。厂名改为"朱行中学印刷厂",1988 年,产值 45.8 万元,利润 10.2 万元。1992 年,韩小弟任厂长后,印刷厂更名为"华夏印刷厂",有职工 30 人。

　　2. 金刚钻厂

　　1984 年 9 月又办起了金刚钻厂,首任厂长徐明,第二任厂长吴国良。主要设备有磨刀机 3 台、钻床 2 台、仪表车床一台及风焊设备一套等。主要产品有砂轮刀、四角刀、玻璃刀等,有职工 12 人。

两厂每年利润在 20 万元左右。1987 年,产值 95.6 万元,利润 20.57 万元,固定资产 11.14 万元。1988 年,产值 71.3 万元,利润 20.1 万元。学校利用这些资金改善办学条件:

(1) 添置了部分图书、报纸和办公用具,报纸、杂志、藏书全县第一。

(2) 给教职员工发过热水瓶、雨衣、手套、西装和节日慰问品等福利。

(3) 安排了不少教职员工家属进校办厂工作,安置土地工进校办厂。

(4) 资助教职工外出活动。

(5) 学校利用校办厂上交的资金,改善办学条件,1986 年,为学校后堍 5 间平房加楼,解决了教室不足的困难,还补贴食堂改善伙食。

朱行中学校办厂多次受到县、市的表彰和奖励,在全县校办厂中,是数一数二的高效益校办厂,几年里,为学校提供累计上百万元经费。1986 年,吴国良老师被评为上海市教育局勤工俭学先进工作者。1987 年,校长黄骅被市教育局评为勤工俭学先进工作者。

1985 年朱行中学校办厂情况表

校办厂名	教职工数	创办年份	全年总产值(万元)	全年总收入(万元)	全厂设备总金额(万元)	厂房面积(平方米)	主要设备	主要产品和经营项目
朱行中学印刷厂	39	1980	30.81	7.49	6.2	308	印刷机	印刷品加工
朱行中学金刚钻厂	13	1984	13.22	2.03	1.5	78	金刚钻加工机	金刚钻

说明:数据摘自《金山县教育志》。

第六节　教师住房建设

1980 年,学校多次向县教育局反映教师住房紧张的问题,同时也多次向政府打报告申请教工住房，政府也采取措施，逐步给予解决，先后在朱行老街原大礼堂东面建造了教师住房 20 多套。20 世纪 80 年代，教职工首批住房安排在西郊新村，主要解决双职工住房。1988 年，政府在东郊划出土地，提供教师自筹建房，由于资金短缺，只有少数教师建房，剩余土地被其他单位人员造房。1991 年 8 月，学校又向乡党委申请划地造教师住房。乡党委决定，在亭朱路东侧划出可造 10 多套别墅的土地，供教师造住房。1992 年镇政府为了解决教师住房困难，规划同意教师建造私建公助房，政府听取意见后，同意教师在统一图纸、统一规划的前提下，由教师自己建造。1994 年，镇政府在开乐大街投资建房，后分配中学 2 套门面房，供学校购买。之后，在朱行镇政府东面、广玉路东侧也曾为教师提供住房。1997 年又在开乐大街政府驻地后面为教师提供住房，供教师购买。

第七节　办班和分校

一、高复班

1976 年 10 月，"四人帮"粉碎后，朱行中学领导把主要精力集中在提高教育教学质量上。1977 年恢复高考，学校立即举办"高复班"，招收原五·七中学毕业的学生，经复习，不少学生考取了大学、中专，曾任上海市纪委副书记的李芬华同志就是其中的一个，她是五·七中学麻泾分校 74 届毕业生。朱行中学是粉碎"四人帮"恢复高考后金山县社镇中学中最早办高复班的学校之一。

二、职业班

朱行中学一直坚持创新办学。1981 年，学校不设高中部后，为了适应社会需求，满足部分未录取学生继续学习的愿望，又因为公社急需一些农村初级技术人才，在公社党委支持和县教育局批准后，开设职业班。1982 年 9 月，开设兽医班，招学生 19 人，学制两年。1984 年 9 月，又开设机械班，招学生 30 人。在普通中学中开设职业班是朱行中学的首创。职业班设文化课和专业课，学生毕业后由公社安排进社、队企业单位工作或担任大队兽医、拖拉机驾驶员等。

三、辅导区分校

1978 年 4 月,在成立金山县朱行中学的同时,对朱行地区原设在各生产大队的小学戴帽子中学设点做了调整,朱行中学辅导区下设三所分校,至 1993 年,先后撤除。

1. 胥浦初级中学

1978 年 9 月,撤销原五·七中学设在胥浦的分校高中班(时称"胥浦中学"),原校区改为胥浦初级中学,招收附近团结、合兴、林桥、胥浦 4 个大队的高小毕业生。设三个年级 3 个班,学生 135 人,教职员工 9 人。学校占地面积 1 200 多平方米,建筑面积 700 多平方米,操场面积 600 多平方米。1986 年,因生源不足撤校,师生全部并入朱行中学总部。胥浦初级中学校长或主要负责人先后有郑德龙、王龙祥、黄骅、卫毓华、张富顺、夏炳权。教导主任卫毓华。

2. 朱行二中

1978 年 9 月,撤销原五·七中学设在北新街的分校高中班(时称"新街中学")。原校区改为朱行二中,也称新街初级中学,招收附近保卫、新华、红星 3 个大队和合兴大队部分高小毕业生,以及山阳华新、甸山部分高小毕业生。设三个年级 6 个班级,学生保持在 250 人左右,教职员工 18 人。1979 年 9 月,学校迁至南新街新址,有教学楼 1 幢,学校占地面积 1 711 平方米,建筑面积 1 057 平方米,操场面积 1 148 平方米。1992 年,因生源不足撤校,师生全部并入朱行中学总部。朱行二中校长或主要负责人先后有张省吾、张仁林、郑德龙、李秀圣。1978 年 9 月到 1992 年,教导主任李秀圣。

3. 麻泾初级中学

1978 年 9 月,撤销原五·七中学设在麻泾的分校高中班(时称麻泾中学),原校区改为麻泾初级中学,招收附近群力、新建、八一、共和、红光 5 个大队的高小毕业生。校址在红光村麻泾桥,设三个年级 6 个班,学生 230 人,教职员工 18 人。学校占地面积 1 970 平方米,建筑面积 770 平方米,操场面积 1 176 平方米。1993 年,因生源不足撤校,师生全部并入朱行中学总部。麻泾初级中学校长高寿云,教导主任先后有卢秋兴、阮金谷。

第八节　金山县朱行中学学校和
教师荣誉（部分）

一、1978—1997年金山县朱行中学学校荣誉（部分）

年　份	奖　项　名　称
1981—1983	朱行中学被评为"金山县计划生育先进集体"
1982	朱行中学被评为"金山县文明学校"
	朱行中学教工会被县局和县教工会评为"五讲四美 为人师表"先进集体
1983	朱行中学少先队大队部被评为上海市红领巾"读书奖"活动指导先进集体
	朱行中学化学教研组被评为金山县先进集体
	朱行中学获金山县中小学"文艺展演"三等奖
1984	朱行中学获金山县春季长跑初中部女子团体成绩第五名、初中男子组第六名
1985	朱行中学被评为"金山县教育系统文明学校"
1987	朱行中学辅导区少先队大队部被评为全国少先队红旗大队部
1994	朱行中学获"94金山县中小学广播操比赛优秀单位"
1996	朱行中学被评为"金山县1995—1996年度文明单位"

二、1984—1997年金山县朱行中学教师获得县级以上荣誉名录

县级以上园丁奖名录

年份	上海市园丁奖	金山县行政记大功	金山县园丁奖（行政记功）
1984	朱起宏		
1985		郑德龙　黄　智	黄　骅　张仁林　高益清　彭令凤 何永文　尤竞梅　张宗铭　曹枫源 程大地　徐　明

年份	上海市园丁奖	金山县行政记大功	金山县园丁奖（行政记功）			
1987		郑德龙	周晚霞　沈金龙　李林弟　徐　明 朱起宏　张仁林　夏炳权　褚耀庭 朱晓华　王刚敏			
1988	曹枫源		杨仁龙			
1989	徐岳范	何永文　郑德龙 薛金荣	朱晓华　张连芳　周晚霞　夏雪帆 张仁林　张省吾　吴国良　王刚敏 高寿云　张水龙　高春达　杨永华 薛金荣　郑德龙　何永文			
1990		顾伦伦　杨仁龙				
1991	高益清		尹秋贤　蔡平平　方永兴　黄　骅 钱鹤观　王士德　朱五弟　吴春燕 袁文观　马国贤			
1993	杨永华		韩小弟　陈辉忠　范明达　孙　冲			
1995	张连芳		尹秋贤　高水根			
1997	王龙法		曹枫源　韩小弟			
其他荣誉名录						
1984	尤竞梅	县优秀教育工作者				
1993	杨仁龙	县政府实事工程建设 先进工作者				
1997	高春达	上海市中学优秀体育 老师称号				

附录一

教育家、市教育局副局长吕型伟来校调研

1985 年 4 月 10 日下午，教育家、市教育局副局长吕型伟来朱行中学下乡调研我校办校情况，这在我们学校办学历史上是一件大事。至今回想起来，吕副局

长的讲话很有远见、很有指导意义。

那天,我接到县教育副局长何伯泉通知,市教育局副局长吕型伟同志要在下午到朱行中学来调查研究。他调研方法是用问答式。他问你答就可以了。放下电话,几分惊喜,几分忐忑。下午 3 时,吕副局长乘公交车到校。我就在一间小会议室接待了他,只泡了杯茶。他就开门见山地说:"县局安排我到朱行中学来调研,我想问几个问题,你如实回答就可以了。"

吕副局长问:"你校有多少学生和老师? 办班情况如何?"

我汇报说,包括三所分校在内,85、86、87 届朱行中学各有 4 个班,学生每班在 50 人左右。还办了 2 个职业班。局长感到很好奇,问:"普通中学为什么办职业班?"我说:"因为朱行缺少兽医,公社农机厂缺初级技术工人,公社要求办的,上报县教育局批准的。""这是一个创举,很好。"吕副局长说。我还介绍,我们还有三所分校,朱行二中、麻泾中学和胥浦中学。朱行二中和麻泾中学各有 85、86、87 届各 2 个班,每班学生大约在 40 人左右,胥浦中学只有初一、初二 2 个班。包括辅导区 3 所学校在内,学生总数在 1 010 人左右,教职员工在 110 人左右,每年教职工有进出,这数字可能有点出入。"生均经费有多少?"我回答,50 元不到。"教职工平均工资每月多少? 每月工资是否能如期发放?"我回答,大约在 40 元左右。每月工资能如期发放,因为我们有校办厂可以补贴点。"教师文化水平怎样?"我回答,中老年教师大都是中师和中专毕业生,青年教师大都是老三届高中生,现在大多数中青年教师在在职进修。局长听后说:"很好"。

吕副局长继续问:"听县局说,你校教学质量很高,平均分和升学率都比较高,但你们办学条件较差,为什么取得较好成绩?"

我回答,何伯泉副局长曾来校蹲点一个星期调查观察,他走时对我说过一段话,你们有一支不计报酬和名利的好的教师队伍。朱行中学之所以能取得这些成绩,主要是全校教师能拧成一股绳,不计报酬,艰苦奋斗,大多数老师住宿,每天每夜办公备课,学生夜自修,每天安排老师值班,老师们从不有怨言,从不发牢骚,放学后有时有全班性分析题目,也有部分同学留下来补课,也有极少数同学到教师办公室去听老师分析题目,弄懂为止。总之一句话,教师的责任心很强。吕副局长说:"办好学校要有一支好的教师队伍,要有一个好班子,一个好校长。你们有一支不计报酬的年轻教师队伍是取得较大成绩的根本原因"。

吕副局长又问："听说，你们还办过二期职业班，你们怎么想到在普通中学办职业班的呢？"

我回答，这是公社党委提出的，现在农村养殖业发展很快，养猪、养羊、养鸡、养鸭，集体和家庭都在发展养殖业，缺少兽医，要求我们办一期兽医班。我当时就请示县教育局，经县教育局同意，就办起了兽医班。学制二年，毕业后由公社安排到兽医站或生产大队做兽医工作，反响很好。后来，公社领导又提出是否可以办一期机械班，现在村镇企业都办小工厂，缺少有技术的操作工。我又请示县教育局，经同意后，办了二班机械班，毕业后除少数进公社农机厂，大部分毕业生回大队企业工作。吕副局长听了说："很好，普中办职业班，满足当时农村急需技术人才，这在改革开放初期，做得对的，是一种大胆创新，也很实在，现在再办就不必要了。"

吕副局长还问："你们课外兴趣小组怎么开展的？"

我回答，我们有许多兴趣小组，有少先队辅导员周军组织的读书兴趣小组，还有其他老师组织的书法小组、各班级语文老师组织的办报小组，以及船模航模、美术等兴趣小组。其中少先队读书兴趣小组得到市教育局奖励。吕副局长说："市教育局为什么奖励你们读书小组？"他接着又说："中国青少年课外读书太少了。学生课业负担重，挤掉了学生读课外书籍的时间，但在寒暑假中，青少年读课外书籍也不多呀！不像外国青少年，如以色列这个小国家，父母、学校都很重视小孩读书，所以他们科技很发达。要知道，一个国家要强大，以青少年开始，就要扩大知识面，长大后才能有创造力。你们的课外读书兴趣小组，应该鼓励、奖励。我见到有学校在做船模、航模、什么飞机、拖拉机，叫学校木匠做，看起来摆设蛮好，学生不动手，是无法培养动手能力的，更不要说想象力、创造力。还有的学校有养兔、养蚕兴趣小组，叫学生割草养兔、采桑养蚕，能懂一点知识，但对培养学生智力和开拓思维，作用不见得大。课外兴趣小组重在培养学生兴趣爱好和创造思维能力。你们叫学生自办报纸，这也很好！有学生办的报纸吗？"我去拿了几份给吕副局长看。吕副局长看后大加赞扬说："好，好！办报既动脑筋，又写文章，又要去找名人格言，内容丰富，一举多得。这几份学生小报就送给我了！还有画的图和书法小组写的字吗？"我说，书法小组是朱行二中组织的，实物在二中分校。吕副局长说："那就算了，总之，培养青少年要多读书。你们的课外读书兴趣小组、书法小组和班级办报兴趣小组是全县学校中最好的，各校都应该这样做，创造力、想象力要从小培养，我们的后代就会人才辈出。"我说，现在学生课业负担重，学生读课外书籍时间少。"是呀，"吕副局长听后沉思一下说，"所以我这次下乡来调研,就想来了解情况,听听你们校长的意思,同时提出点个人看法。"

吕副局长又问:"听县局说,你们校办厂利润是全县数一数二的,主要是什么产品? 赚的钱是怎么用的?"

我回答,主要是印刷厂和金刚钻厂。赚的钱主要用来购买各类图书和增订各类与教育、教学有关的报纸杂志,现在藏书有 10 000 多册,全县除县中外,藏书量第一。还有用于教师外出听课和由工会出面组织去旅游,还有给老师发点福利,如热水瓶、副食品、雨衣等,还给每个老师做过一套西装。还利用校办厂上交款,加建五间平房教室为二层楼房。局长,等会您可以看看我们的教室都很破旧,操场很小,食堂也很小,教师住房也很小,学生宿舍占用一间教室安排 10 张左右双人床,很挤很挤。吕副局长接话说:"我已看过一些学校的房子很紧张,困难情况差不多的,但你们校办厂搞得好,发工资还不成问题,还发了点小福利,不容易呀。你希望市、县教育局做些什么?"我回答,第一、要尽快改善办学条件,首先要造像样点的教室、实验室和办公楼。第二、操场也要扩大,这么多学生怎么开展活动呢? 第三、教职工的工资太低了,尽量提高点。吕副局长说:"今后学校房子会成为当地最好的房子,我相信今后会做到的。关于教师工资,国外是不低于政府工作人员的,我想,我们的教师工资也应不低于公务员。将来会出台教师法规定的。"近 5 点钟了,吕副局长说:"我们到学校去走走看看。"

吕副局长看到厕所又小又无隔板。他说:"国外厕所都是用自来水直接冲洗的。"我问:"怎样做?"

"现在说不清楚,将来有了,你就会知道的。学生操场会浇上塑胶的,泥土不会飞扬了,学生运动安全,将来我们也会有的。"吕副局长一边走一边说。走过校办厂,就在校办厂窗外向里面看了看,说:"像你们这样底子薄的困难学校,办个校办厂是蛮好的。"他顿了一下,若有所思地说:"学校办校办厂是权宜之计,将来国民经济发展了,学校是不能开校办厂的。校办厂要从学校分离出去,可以采用其他方法存在。"他又看了看校舍说:"是很破旧呀,政府有责任。"

当我送吕副局长出校门时,他说:"将来有钱了,校门要装修一下,里面要有橱窗等。"最后吕副局长说:"你们辛苦了,希望你们继续努力,既要抓提高教育质量,又要花点时间抓好校办厂,这两点现在你们做得较好,今后要办得更好,为办好农村教育做个榜样"。他要向东走去乘车时,我说:"吕副局长,我去叫把车子送你。"他笑笑说:"我乘公交车方便,校长要节约每分钱用于办好学校。"他向我挥挥手走了。这是一个年过半百的教育家、市教育局副局长,无人陪同,一个人悄悄地到农村学校调研,不惊动任何人,悄悄地来、悄悄地走。

——黄骅

附录二

1995 年金山县朱行中学学生一日常规

一、上学　上学前应检查一下课本、作业簿是否遗忘;上学路上要严格遵守交通规则,注意安全;进校时遇见老师应主动问早,进出校门应下车推行,自行车停放要整齐。

二、早读　到校后,首先交全回家作业,然后在老师或课代表的带领下进行早读,早读时不得随意走动,轮到晨扫的学生去包干区打扫卫生。

三、课前准备　上课铃响后,应迅速进入教室,停止其他事情,并准备好当堂课的书本、笔记等学习用品,在座位上静候或做好眼保健操。

四、上课　上课专心听讲,认真做好笔记,积极思维举手发言,积极回答老师的提问,上下课时起立向老师致敬,下课时请老师先行。

五、升国旗做广播操　广播操时间一到,应马上列队,随《运动员进行曲》节奏进入操场。升国旗时立正敬礼,做操时要做到动作到位整齐。

六、课间　课间休息最好离开座位,活动一下四肢或开展一些有益的小游戏,但不得在教室、走廊里大声喧哗、吵闹,不得出校门。

七、用餐　用餐讲究文明,买菜、买饭要依次排队,不得插队与争先恐后,并要注意节约用水,节约粮食,不乱倒剩饭剩菜。

八、离校　离校前要检查应交作业是否交全,各科回家作业是否明了,值日生要打扫教室,关好门窗后方可离校。

九、其他　每天在校应保持学校的环境卫生,不随地吐痰,不乱扔杂物,要爱护学校的一草一木,不损坏课桌椅、花草树木等,遵守学校的各种规章制度。

十、家庭作业　回家后,应首先处理回家作业,复习巩固当天所学的知识。做完后,应自觉地复习其他旧知识或预习第二天的新课,找出难点,带着问题学,提高学习效率。

附录三

1996 年金山县朱行中学教学成果奖励实施方案

为深化学校内部管理改革,进一步调动教职工的工作积极性,提高教育教学质量,并体现"多劳多得,优劳优得""服从分配保底,按照优劣评奖"的原则,经学校党政班子讨论,特制定以下教育教学成果奖励措施。

一、输送人才奖

凡通过认真教学,培养学生考上各类高一级学校的得"输送人才奖",标准如下:

(1) 提前录取县重点高中的,奖金 150 元/生。

(2) 经升学考试后录取市重点高中的,奖金 200 元/生。

(3) 经升学考试后录取中师、国家中专类的,奖金 150 元/生。

(4) 经升学考试后录取县重点高中的,奖金 100 元/生。

(5) 经升学考试后录取县重点高中燎原班、定向中专、自费中专、技校的,奖金 40 元/生。

(6) 经升学考试后录取普通高中、职校的,奖金 10 元/生。

以教学班为单位核算,把所得奖金总额除以教导处核定的总课时数,得出每课时的奖金额,然后以该班任课老师各自的任课节数分配奖金,班主任的工作以课时计入班级总周时数。

二、教学成果奖

凡教师通过齐心协力,认真教学,所教学科成绩达以下标准者,获"教学成果奖"。

1. 合格率奖(初三毕业班)

以班级为核算单位,凡通过毕业升学考试,以 306 分为合格标准,合格率超县平均合格率 8 个百分点奖金 400 元,超 5~7 个百分点奖金 300 元,超 3~4 个百分点奖金 200 元,超 1~2 个百分点奖金 100 元,平县平均合格率奖金 80 元。

2. 平均分奖(初三毕业班)

以某教师所任学科所任各班学生的总平均分计,超过县平均分 8 分奖金 400 元,超 5~7 分奖金 300 元,超 3~4 分奖金 200 元,超 1~2 分奖金 100 元,平县平均分奖金 80 元。

（说明，为避免因追求合格率和平均分，驱赶或变相驱赶差生，减少学生流失率，提高巩固率，以每一届初一新生为基数至初三年级末，凡流失一名学生扣奖金 50 元，从班级奖金总额中扣除。上述合格率奖参照输送人才奖方法分配，平均分奖奖给任课老师个人。）

3. 初二地理、初三历史会考质量奖

以该任课教师所任各班学生成绩总评看，凡合格率超过县平均合格率一个百分点奖 30 元，以此类推。

4. 初三体育测试合格率奖

以该任课教师所任各班学生体育测试合格率达 98％以上奖金 100 元，达 95％以上奖金 80 元，不到 95％的不奖。

5. 初一、初二年级语、数、外，初二物理教学成果奖

以每学年期末统考成绩为依据，以该任课教师所任班级学生总评成绩计算，按下列标准发放奖金：

		第一名	第二名	第三名	第四名
校级	平均分	50 元	40 元	30 元	20 元
	合格率	50 元	40 元	30 元	20 元

辅导学生参加各类竞赛指导老师奖：

	第一名	第二名	第三名	第四名	第五名	第六名
市级	400 元	350 元	300 元	250 元	200 元	150 元
	一等奖	二等奖	三等奖			
	200 元	150 元	100 元			
县级	第一名	第二名	第三名	第四名	第五名	第六名
	150 元	125 元	100 元	75 元	50 元	25 元
	一等奖	二等奖	三等奖			
	50 元	30 元	20 元			

县级以上文娱、体育等团体项目视规模、级别,以上述等级标准翻 1～2 倍奖励。

校级学科竞赛,每学年各教研组可组织一次竞赛,每次拨经费 50 元,由教研组安排(语、数、外三大组,经教导处批准可增加一次)。

三、德育教育奖

1. 班主任工作奖

除学生人均 0.50 元班主任津贴随工资发放外,每学期由教导处依照《班主任工作考核条例》对各班进行考核,以年级平行班多少分为一、二、三等,依次增发班主任工作奖 0.50 元/生、0.40 元/生、0.30 元/生。

2. 先进班集体奖

每学年经过县、校二级评选,评为县级先进集体的,奖金 60 元,镇(校)级先进集体的,奖金 40 元,市级先进集体的,奖金 100 元。

3. 行为规范各单项奖

为创建校园文明、优化行为规范,设各单项评比,如卫生、广播操、黑板报等,以年级组为评比单位,每次设一、二、三等奖,取前三名,奖金依次为 20 元、15元、10 元。

4. 被评为市、县、镇园丁奖,先进工作者等荣誉者由上级按规定奖励。

四、教科研奖

1. 教研组长工作奖

每学年由教导处依据《教研组长考核条例》考核,分为优、良、中、合格四等发放,奖金为 125 元。100 元、75 元、50 元。

2. 教科研论文奖

教职工参加教科研活动,所写论文、经验总结发表以下列级别标准发奖,市级以上 30 元/篇,县级 20 元/篇,校级 10 元/篇。

五、教学服务奖

每学年由总务处、教导处对总务、教务、图书、实验、文印、卫生室、食堂、门卫等部门考核,设奖金总额为 500 元。

学校工作方方面面,以上就教育教学管理方面拟定一些奖励措施,以促进教师在工作中体现自我价值,推动学校工作的全面开展。

金山县朱行中学
一九九六年元月八日

第四章　上海市朱行中学

（1997 年 5 月—2018 年）

　　1997 年 5 月，金山撤县建区，金山县朱行中学更名为上海市朱行中学。学校沿袭"乡镇管理学校"体制，由朱行镇教育委员会行使管理学校职能。区教育局对学校教学业务实行管理指导。

　　2000 年秋季起，中小学实行"五四分段"学制，小学 5 年，初中 4 年。是年 8 月，因缩减教育系统事业单位编制，朱行镇成人学校并入朱行中学。（2008 年 8 月，恢复成人学校编制，脱离中学）

　　2003 年起，学校由乡镇管理逐步收归为区教育局直接管理。

　　2014 年 8 月，区教育局建立"蒙山教育集团"，朱行中学成为"蒙山教育集团"成员校。

第一节　学校管理组织机构

一、学校行政管理机构

1. 行政机构设置

　　金山撤县建区后，学校内设行政机构基本不变，有校长室、教导处、政教处、总务处、人事室、档案室等。校长为学校法人代表，全面管理学校一切行政事务。教导处主管日常教学工作，设教导主任、干事等若干人。政教处主管学生德育工作，结合学校共青团、少先队组织开展活动，设政教主任 1 人。总务处负责学校的后勤管理服务工作，设总务主任 1 人，财务会计、出纳、干事等若干人。人事室负责学校人事管理工作，设人事干事 1 人。档案室负责收集、整理学校各类工作资料,归档入库以及查档、用档工作。设档案管理员1人。

2.行政机构负责人名录

1997—2018年学校行政负责人更迭表

校　　长		副　　校　　长	
姓　名	任　职　时　间	姓　名	任　职　时　间
宋锡苇	1995.07—2003.07	陈辉忠	1997.08—2000.08
张连芳	2003.07—2008.12	张连芳	2000.08—2003.07
华亚平	2009.01—2009.11(主持工作)	杨永华	2002.07—2008.12
华亚平	2009.12—2010.06	华亚平	2005.01—2009.12
乔辉杰	2010.06—2012.07	沈　伟	2009.06—2018.07
阮　旖	2012.07—2014.07	阮　旖	2011.06—2012.07
张连芳	2014.07—	乔辉杰	2012.07—2017.12
—	—	徐志强	2015.07—

1997—2018年学校内设行政机构负责人更迭表

机构名称	负责人姓名	职　　务	任　职　时　间
教导处	陈辉忠	教导主任	1997.08—2000.08
	张连芳	教导主任	2000.08—2003.07
	华亚平	教导主任	2003.07—2009.07
	沈　伟	教导主任	2009.07—2011.08
	程　华	教导主任	2011.08—
政教处	杨永华	政教主任	1993.01—2000.07
	张美英	政教主任	2000.07—2007.07
	吴　慧	政教主任	2007.07—2011.08
	胡丹英	政教主任	2011.08—2018.08

机构名称	负责人姓名	职　务	任　职　时　间
总务处	杨仁龙	总务主任	1992.08—2006.07
	朱乃器	总务主任	2006.07—
人事室	郑德龙	人事干事	1989.03—2012.04
	沈　嵘	人事干事	2012.05—
档案室	陈纪官	档案管理员	1992.09—1998.05
	沈金龙	档案管理员	1998.05—2006.05
	赵志刚	档案管理员	2006.08—

二、学校党的组织机构——朱行中学党支部

1. 党建概况

朱行中学党支部组织关系隶属金山工业区社区党工委（2005 前属朱行镇党委），接受地方党委和教育局党委双重领导。

1997 年，学校有共产党员 21 人，至 2018 年，有党员 27 人。其间，先后发展吸收和调入转进党员 24 人，退休和调出党员 18 人。2016 年起，根据"退休党员组织关系一律转至居住地党组织"的规定，所有退休党员关系都转至居住地党组织。

依据党章规定党支部每 3 年实行换届选举。上级党委对党支部委员组成人员职数有规定，3～5 人不等。1997 年党支部委员有 5 人，2018 年，党支部委员有 3 人，下设党小组 2 个。

1997—2018 年朱行中学党支部书记更迭表

书　记	任　职　时　间	副书记	任　职　时　间
宋锡苇	1994.07—2000.07	张宗铭	1993.08—1999.08
高益清	2000.07—2002.08	杨永华	2000.07—2002.08
杨永华	2002.08—2009.06	宋锡苇	2002.08—2006.08

书　记	任 职 时 间	副书记	任 职 时 间
华亚平	2009.06—2011.08	张连芳	2006.08—2008.12
阮　旖	2011.08—2012.09	张美英	2009.06—
乔辉杰	2012.09—2017.12	—	—
徐志强	2018.06—	—	—

2. 党支部主要工作

发挥政治核心作用　实行校长负责制,党支部发挥政治核心作用,参与学校行政的决策和实施,注重教职工的政治思想教育和师风师德建设,保证党的路线方针政策的贯彻和执行。

师德师风建设　党支部注重师德师风教育。1997—2001 年,持续开展学习陶行知和区内先进教师标兵活动。2002 年,开展学习查文红老师先进事迹,引领教师爱岗敬业、为人师表。本校张美英老师因关爱学生,特别关心后进学生的教育转变,被评为金山区第二届师德标兵。

2003—2005 年,贯彻区教育局《党风廉政建设责任制实施办法》,加强教师的行风廉政教育。建立教育收费公示制,开展"廉洁文化进校园"活动。2006年,组织党员干部、入党积极分子开展与贫困学生、行为偏差学生"一对一结对帮困帮教"活动,把爱心献给学生。何永文老师每年担任班主任,所谓"乱班"经其调教都得到转变,成绩突出。他关爱学生,任劳任怨,2005 年,被评为金山区第四届师德标兵。

2007—2008 年,全面开展为人、为师、为学"三为"师德师风教育活动,弘扬学校身边的老师先进事迹。何永文老师关爱学生,热心家庭教育指导的感人事迹再次被教育局肯定,作为"三为"先进典型在区内宣传。

2009—2010 年,开展"提高人文素养,关爱学生成长"为主题的师德主题教育活动。引导教师爱岗敬业,营造温馨教室,建立平等、真诚、互助的师生关系,让学生感受到爱和尊重,乐观和自信。

2011—2012 年,在师德师风建设中抓实一个载体——班主任,加强班主任梯队建设,以老带新,培养师德优良,心态积极的新班主任队伍。完善班主任评价考核办法,增强班主任的服务意识、责任意识和管理艺术意识。

2013—2015年,开展"金爱心"老师评选活动,认真贯彻执行《金山区教师职业道德规范》《金山区教师职业行为"十不"》,挖掘学校身边的先进事例,弘扬师德风范,提高师德修养。2014年9月10日,在第30个教师节庆祝会上,"金爱心"教师代表杨国欢做交流发言。12月5日,青年教师宋晓英代表学校参加教育工会亭林片师德演讲比赛,介绍本校王正辉老师的爱心事迹,大家深为感动。是年,何惜老师因带领学生潜心开发扎染课程获上海市第十一届"金爱心"老师评选二等奖。引进教师宋艳琳、许明建夫妇,热爱学生,勤恳工作,被评为2015年金山区教育系统第十届"比翼双飞模范佳侣"。

2016—2018年,学习中央"八项规定"和反对"四风"的有关文件,加强师风师德教育。党员干部签订《廉洁自律承诺书》,全体教师签订《廉洁从教承诺书》,提高廉洁从政、廉洁从教的自觉性。

组织开展政治思想学习教育活动　2000年起,根据上级党委的部署,开展政治思想教育活动。2000年8月,开展"三讲"教育活动,组织党员干部讲学习、讲政治、讲正气。2001年3月,根据朱行镇党委《关于在全镇开展"三个代表"重要思想学习教育活动的实施意见》,组织党员干部学习江泽民同志关于"中国共产党必须始终代表中国先进生产力的发展要求,代表中国先进文化发展方向,代表中国最广大人民群众的根本利益"的重要思想。2005年7月,开展"保持共产党员先进性教育活动",要求党员撰写自我党性分析,接受评议。是年,校党支部被金山工业区党员先进性教育领导小组评定,荣获学习教育活动一等奖。2008—2009年,开展学习实践科学发展观活动,坚持以人为本,树立全面、协调、可持续的发展思想。2009年8月30日,区教育局党委在我校召开教育系统第二批科学发展观学实活动单位代表座谈会。2010年,开展党员"创先争优"教育活动,即创建先进基层党组织、争当优秀共产党员。党支部提出了"一个班子一个核心,一个支部一个堡垒,一个党员一面旗帜"的目标。2014年,开展党的群众路线教育实践活动,发动全校教职工献计献策,共征集到意见建议70多条,涵盖行政管理、教育教学、特色教育、教师培训等各个方面。2015年,开展党员"三严三实"学习教育活动。"三严三实"即严以修身、严以用权、严以律己,谋事要实、创业要实、做人要实。2016年,开展"两学一做"学习教育活动,即学党章,学习近平总书记系列讲话,做合格党员。党支部组织每个党员认真投入,认真抄写党章,深刻学习党章。这些思想教育活动旨在提高党员的思想政治觉悟,不忘初心,牢记使命。

党支部目标管理和党员民主评议　1997年起,每年开展党支部目标管理和党员民主评议活动,接受上级党委的检查考核,以此加强党支部自身建设。1997年 3 月,朱行镇党委在朱行中学召开党务工作现场会,各村、企事业单位党支部书记及党务干部出席,学校党支部做《共产党员是一面旗帜》的党课展示。2002年 2 月,在朱行镇建功立业表彰大会上,朱行中学党支部被评为朱行镇 2001 年度先进集体,党支部目标管理考核二等奖。2006 年,学校党支部被金山工业区、教育局评为先进党支部和"找差距,比三德"先进集体(即职业道德、社会公德、家庭美德)。是年,经党支部推荐,何永文老师被评为金山区优秀共产党员。

学习型党组织建设 2011 年,学校党支部被教育局党委命名为"金山区教育系统第一批学习型组织"。是年起,以"学习型党组织活动"为载体,深化"三学""三为""三比"之风。即学理论、学法规、学业务知识和专业技能,为人、为师、为学,比技能、比作风、比贡献,以此加强党支部建设,提高党支部战斗力。2012年,建立党建课题《基于"课程、课堂"创新实践的学习型党组织建设》,被教育局党委列为重点课题。根据课题要求党员教师认真实施"三联系三示范"(联系班级、联系组室、联系学生教职工,示范备课、示范上课、示范教育科研),以此深化学习型党组织建设。是年,27 位在职党员教师联系班级教研组活动 90 余次,联系师生谈心交流 160 余次,上示范公开课 18 人次。

三、教职工代表大会和工会组织

1. 教职工代表大会(简称教代会)

工会委员由教代会民主选举产生,同时选举经费审查委员会委员,每届任期 3 年,可以连任。教代会代表由教师民主推荐选举,工会委员职数 5～6 名,经审会委员 2～3 名。

1997—2018 年朱行中学工会主席更迭表

姓　　名	任　　期
张宗铭(兼工会主席)	1997.05—2000.06
张连芳	2000.06—2003.10
杨仁龙	2003.10—2008.02
张美英	2008.02—

2. 工会主要工作

民主监督 工会的主要职能是民主监督学校工作。工会每年召开2次教代会，审议讨论学校的工作报告，以及审议学校发展规划、改革方案等。例如：1999年6月，教代会讨论审议《朱行中学教职工岗位聘任制实施方案》和《朱行中学校内结构工资制实施方案》。2006年，教代会审议制订《朱行中学关于考核奖励办法》《朱行中学课时津贴暂行办法》。2009年，八届七次教代会审议通过《朱行中学教职工绩效考核和奖励方案》。2012年，召开朱行中学九届一次教代会，选举产生第九届工会班子，以及审议讨论进一步加强校务公开制度建设和创建"新优质学校"规划。2014年，由工会主持开展"绩效工资考核条例"修订工作，召开了6个层面的教职工座谈会听取意见修改，最后召开教代会审议。2015年1月，召开九届九次教代会，审议《上海市朱行中学章程》《朱行中学教职工食堂就餐管理制度》，并制定了《上海市朱行中学教职工暑期休养工作章程》和2015年暑期休养计划。2016年1月19日，召开九届十一次教代会，审议通过《朱行中学"十三五"发展规划》。2016年10月11日，召开十届一次教代会，选举产生第十届工会班子，提出创建"务实型、有为型、创新型、和谐型"活力工会的目标。

校务公开 校务公开是学校民主管理的一个重要方面。每学期教代会均由校长述职，公开学校事务，接受教职工评议。2014年起，通过校园网站公开校务。2015年5月7日，在金山区校务公开推进大会上，朱行中学作为校务公开民主管理学校特色代表做了交流发言。

评议学校领导干部 2000年起，每年年末召开教代会民主评议学校领导干部，评议情况报教育局党委，作为考核学校干部的依据。

维护职工权利 根据工会章程，认真维护教职工权利。落实上海市总工会互助保障，补充医疗保险、意外险，将全体教职工纳入参保体系。对生病住院教职工进行慰问。对困难教职工慰问。每年，安排教职工体检。1997年起，利用暑假，安排教职工轮流外出旅游、疗休养活动，先后去过北京、西安、青岛、贵州、香港等地，在规定的经费内组团选择旅游考察目的地。工会委员中有一位女工委员与上级妇代会对应，兼管妇女工作，维护女职工权利。三八妇女节开展纪念活动，推进"巾帼文明岗"建设，树立女教师优秀榜样。

建立退管会 2000年起，老教师退休进入高峰期，至2018年有退休教职工60多人。工会关心退休老师的生活。2012年6月，在党支部和工会的领导下，建立"退管会"，由何永文、郑德龙、张丁忠 3 人组成并开展工作。

退管会的主要工作有：① 组织短途旅游。每年春季或秋季重阳节期间，组织退休教职工短途旅游，先后去过松江辰山植物园、南汇野生动物园、嘉定南翔古漪园、宝山顾村公园、奉贤古华公园，以及参观"世博会"等。② 召开年终团拜会。每年年终举行退休教职工团拜会，由校长寄语，介绍学校发展情况。③ 慰问。对生病住院退休教职工慰问，并办好退休教职工住院补充互助医疗保障和退休教职工九种大病医疗互助保障的申报办理工作。④ 组织体检。每年组织一次退休教职工体检。

2010—2018 年朱行中学退休教职工体检医院名录

体 检 日 期	医 院 名 称
2010 年 6 月 14 日	闵行一品健检体检中心
2011 年 5 月 7 日	松江长航美年体检中心
2012 年 5 月 11 日	闵行中医医院体检中心
2013 年 5 月 17 日	上海美年健康体检中心
2014 年 5 月 10 日	上海仁爱医院
2015 年 9 月 14 日	松江瑞慈体检中心
2016 年 9 月 12 日	浦东新区熙康健康管理中心
2017 年 9 月 25 日	上海市公共卫生临床中心
2018 年 5 月 11 日	上海化学工业区医疗中心

参与社会相关活动。工会还发动退休教职工积极参与社会活动，发挥余热。如：褚耀庭老师参加金山区退休教职工"我读书、我快乐"主题征文活动获优胜奖。褚耀庭、徐岳范老师参加金山区退休教职工"纪念改革开放四十周年"征文活动分获一、二等奖。参与镇志、村志、区志修志工作。2005—2010 年，宋锡苇任《朱行镇志》主编，主持编纂镇志。2013—2017 年，何永文任《运河村志》主编，褚耀庭任《合兴村志》主编，沈金龙任《红光村志》主编，主持编纂村志。2017 年 4 月，何永文、顾伦伦被金山区档案局、金山区地方志办公室聘为金山区

志编写组成员,参与《金山区志》编辑。2013 年,高益清、何永文组建由 30 多位中老年人组成的"金山工业区老年丝竹队",带领队员参与工业区文体服务中心"三下乡"活动,足迹遍及各村、居,为老百姓演出。何永文评为 2012—2015 年度上海市老年教育工作先进个人、2015—2016 年度金山区优秀志愿者。2017 年,何永文组建金山工业区雅韵丝竹队,参与金山区文化配送,到各乡镇文艺宣传。雅韵丝竹队被评为"金山区社区业余文化团队示范团队""上海市五星级老年学习团队"。何永文被评为金山区 2018 年度"金山好人"。退休后,黄骅老师花费大量精力潜心创作,先后出版二部长篇小说《爱的真谛》和《金婚往事》。何永文编写《朱行红色历史》一书,作为金山工业区党课教材。沈金龙参与工业区文广中心故事编写,汇编成《沈金龙故事集》一书。

四、共青团和少先队组织

1. 组织概况

学校建有共青团团委和少先队大队部。

校团委由教工团支部和各班级学生团支部组成。团委委员由团员代表大会选举产生。2017 年 11 月 17 日召开共青团朱行中学第十二次代表大会,进行换届选举。1997—2018 年,历任校团委书记有张美英、胡丹英、钟茜。

学校少先队代表大会每年召开一次,因每年初三学生毕业,及时选举调整少先队大队部成员。2018 年 10 月 28 日召开了第 30 届少先队会。少先队中队(班级)聘请中队辅导员,少先队大队部聘请大队总辅导员。1997—2018 年,历任大队总辅导员有张美英、胡丹英、钟茜、顾其杰等。

校团委指导和带领少先队大队部,在校党支部领导下,配合学校政教处开展各项活动。校团委还接受金山工业区社区团工委领导,参与社区相关共青团活动。2008 年 7 月 15 日,金山工业区社区少先队工作委员会(简称少工委)成立,校少先队大队部接受社区少工委的指导开展相关活动。

2006 年 5 月,校团委荣获 2004—2005 年度"金山区新长征突击队"称号。2010 年 1 月,校团委被评为 2009 年度"金山区五四特色团组织"。同年 4 月,再获 2008—2009 年度"金山区新长征突击队"称号。2010 年 5 月,校少先队大队部荣获"上海市红旗大队"称号。

2. 主要活动选介

"廉洁文化进校园"活动 2005 学年,进行"廉洁文化进校园"活动。由少先队大队部向全校师生发出"人人争做廉洁人"的倡议书,并把倡议书发到每位师生手中。对试点年级进行"廉洁文化知多少"的摸底测试。期末,组织百名学生进行廉洁文化知识竞赛。利用少先队队课进行"敬廉崇洁"教育,徐欢华老师展示了一堂感恩为主题的课;吴慧老师展示了一堂"人生路上,诚信为伴"的主题班会。组织引导学生挑选、阅读有关清正廉洁方面的书,征集有关的征文、格言、手抄报、故事等,举行"知荣辱,学礼仪,讲文明"廉洁故事会,成立家乡考察队,对身边的先进人物进行采访。2006 年 3 月 23 日,区教育局领导和兄弟学校老师来校观摩"廉洁文化进校园"主题公开课及相关活动。

迎世博展示活动 2008 年 4 月 29 日,金山区团区委、教育局"我们的世博、我们的精彩"雏鹰奋飞迎世博展示活动在我校举办,校少先队大队部从"了解世博、参与世博、畅想世博"三方面展示了少先队员们投入迎世博活动的精神风貌。活动得到了与会领导的好评。2009 年,校少先队大队部获金山区"世博小使者"主题活动优秀组织奖。2010 年 5 月 26 日,金山区"世博风 金山情 少年行"争做金山小导游总决赛在我校举行。6 月 1 日,全校师生集中大操场隆重举行"共享世博盛会精彩,尽显四好少年风采"庆六一主题集会。

学雷锋志愿者服务活动 2005 年,少先队大队部以志愿者服务队的形式,开展"为校园、为社区添绿、净绿"护绿活动。

2006 年,以金山区创建创上海市文明城区、国家卫生城区、国家环保模范城区(简称"三创")活动为契机,开展志愿者服务活动。"三创"志愿者服务队到珠港街、开乐街、立新街、恒顺路等地进行"三创"宣传活动,向所有工商个体户发放宣传资料,共发放宣传资料 2 500 份。向家长发放《再告全区学生家长信》1 500份,让一个学生带动一个家庭积极开展"三创"活动。少先队大队部发出"人人做环保、校园更美好"倡议,搜集废旧报纸、书报杂志、纸制品以及塑料制品等可回收再利用物品售卖,所得款项用于成立班级爱心基金,形成节约风气、树立环保理念,使这活动更具有现实意义。

2006 年 1 月,校少先队大队部被共青团上海市金山区委员会评为"金山区优秀大队"。2009 年荣获"上海市红旗大队"。学校团委被授予"2008—2009年度金山区新长征突击队"称号。

少先队主题活动 2010 年,少先队大队部开展"体验 创新 成长"为主题的红领巾社团文化暨校园科技节活动。是年 12 月 14 日,团区委学少部部长张敏、团区委黄琛、区少先队总辅导员许青以及各中学大队辅导员前来观摩展示活动。

2012年,少先队大队部举行"弘扬民族精神,争做勤奋好少年"民族精神教育月活动、先后开展"我爱我的祖国"经典诵读活动、"书香润泽童年,阅读丰富人生"读书活动、"向国旗敬礼,做一个有道德人"网上签名寄语活动以及"魅力金山美丽你我"金山话大PK活动等。是年,"学雷锋、我践行、劳动最光荣——朱行中学'小手牵大手生活技能大PK'亲子擂台赛"项目被评为金山区2012年未成年人暑期工作优秀活动项目。

2013年,开展"传红色正能量,追美丽少年梦"少先队活动课主题活动,并参加2013年金山区少先队检阅式比赛。少先队活动课教研组组长金丽华带头参加金山区首届少先队活动课现场展示。是年,胡丹英老师获2013年金山区少先队活动课论文评比二等奖,郑正毅老师获金山区少先队活动课方案评选三等奖。

第二节　教育与教学

一、教育管理

撤县建区后,区教育局发出了《关于金山区全面推进素质教育的若干意见》,强调素质教育的理念。素质教育相对于应试教育而言,不只注重智力因素,让学生更应对考试,更要让学生全面发展,提高各方面素质。素质教育注重学生的道德品质、行为习惯等非智力因素的培养。2001年,国务院颁发《公民道德建设实施纲要》,明确把德育放在学校工作首位,确立"学校是主阵地,学科教学是主渠道,教师是主力军,爱国主义教育是主旋律"的德育工作思路,提出教育育人,管理育人,服务育人。学校把德育放在素质教育的首位。2009年9月,学校荣获"2007—2008年金山区德育先进集体"。

1. 爱国主义教育

爱国主义是德育教育的主旋律。学校在每学期,通过形势教育、纪念活动、社会调查等多种形式开展爱国主义教育。每周一举行升旗仪式,通过"国旗下讲话"坚持日常的爱国主义教育。

1997年,开展"二史一情"(中国近代史、现代史和国情)教育,组织学生进行

"看家乡、爱家乡、讲家乡"社会调查。经政府批准,建立"新街暴动纪念碑""长征制药厂""欢兴村"3 个镇级校外德育教育基地,聘请 10 多位老干部、老同志组成校外讲师团,开展爱国主义教育。

1997—1999 年,结合香港、澳门回归,举行图片展览、征文比赛、诗歌朗诵,合唱《七子之歌》等形式,开展"迎回归"系列爱国主义教育活动。

2008 年,结合改革开放 30 周年开展主题教育,组织学生深入家庭、走进社区,走访新农村建设,开展"六个一"活动,即采访身边一位经历改革开放 30 年的人、记录一段社会发展的故事、听长辈讲一段 30 年的回忆、记录一个家庭的生活变化、搜集金山 30 年发展的一组数据、收寻一组能反映 30 年变迁的照片。通过活动让学生更好地认识家乡、了解家乡,树立建设家乡、建设祖国的宏伟志向。是年 5 月 28 日"汶川大地震",灾情牵动每一位师生,一天内筹集资金 2 万 1 千余元捐赠灾区,献上爱国之心。

2009—2010 年,开展迎"世博"庆"世博"的活动,学校以"铭记先辈誓言、行动践行世博"为主题,围绕"多彩世博我了解、绿色世博我参与、魅力世博我畅想"三方面内容,开展知识竞赛、书画比赛、礼仪卡设计比赛等一系列丰富多彩的活动。还结合"电影阳光行"活动,开展"演绎红色旋律,心随祖国前行"经典电影片段配音比赛,把民族精神教育和普通话宣传有机整合。

2011—2013 年,结合贯彻《两纲》教育(《上海市学生民族精神教育指导纲要》和《上海市中小学生生命教育指导纲要》),开展"金山情"主题实践活动。2012 年,建立"三爱"(自爱、友爱、仁爱)活动德育体系,以四大校园节日(艺术节、读书节、科技节、体育节)为抓手,渗透爱国主义主题教育。2013 年,学校获金山区"金山情"主题实践活动优秀组织奖。

2015 年 4 月清明节,组织学生到新建成的金山区见义勇为教育基地(金山工业区平安广场东侧)进行祭奠活动,教育学生继承优良传统,增强责任使命。

2016—2017 年,围绕"文明乐学、做美德少年"主题,通过班会课的课堂实践展示,教育学生争做爱党爱国爱社会主义的美德少年。

2. 行为规范教育

1997 年起,政教处继续实行"班值日周"制度,开展"九项"评比,加强行为规范训练。

2005 年,深入开展"我荣校荣,校荣我荣——我是校园小主人"主题活动,加强预备班起始年级学生的行为规范养成教育,严禁带零食进校门。

2007年,结合参与金山区"创上海市文明城区、国家卫生城区、国家环保模范城区"的"三创"活动,开展争创"上海市文明校园"和"上海市安全校园"活动,进一步深化文明行为规范训练,印发《朱行中学学生一日常规》和《朱行中学学生礼仪规范》,加强引导和检查。

2008年,开展每月"两星"评比和流动红旗班活动,推动行为规范训练。"两星",即每月评出一名学习星、一名主题活动星。流动红旗,即设立"清洁卫生""黑板报""行为规范""眼保健操""广播操"等方面的流动红旗。

2010年,修订《朱行中学学生一日常规》,对学生的出勤、进出校门、仪容仪表、礼仪、两操、上课、作业、课间活动、午餐、卫生值日等主要校园生活行为进行规范和要求,开展"每日温馨提示",提高行为规范检查的实效。

2011年,制订《朱行中学学生行为习惯养成成长手册》,对学生的日常行为规范要求进一步细化,着重在礼仪、服务、环保、健身等四个方面进行细分要求,通过红领巾值班岗、监督岗等形式加强评比检查,培养学生养成良好的习惯。

2012年,突出"生活习惯、学习习惯、道德习惯"三方面的养成教育,培养学生树立"对自己负责、对他人负责、对家人负责、对社会负责"的责任意识。并通过制定《朱行中学学生行为习惯评定考核方案》,开展"爱心星、诚信星、自强星、行规星、全能星"五星评比,来激励学生养成良好习惯。是年,有132名学生获"五星"表彰。

2013年,进一步规范和完善《值周班管理制度》,设立行规组、"两操"组、校园包干区组、宣传组等4个工作小组,在校内34个具体岗位践行"我是校园小主人"的职责。是年,学校荣获"金山区行为规范示范学校"称号。

2014年,依托值周班,采用"检查—反馈—公示—周评比—月考核"的评估办法,每周颁发流动红旗,每月根据各项评比情况,评出优秀班级集体。通过表彰奖励来紧抓学生行为规范教育。

2016年,建立有针对性的行规教育课程,分成"我把责任告诉你、我的岗位我做主、我的职责我明确、我的集体我出力"等教育单元,强化值周班学生的岗位责任意识。

2017年,从日常的"小行动"抓起,开展朱行中学行规教育"八守"行动系列教育,即守法、守礼、守序、守诚、守道、守规、守智、守善。着重鼓励学生"守善——爱心捐款、守礼——敬好队礼、守道——光盘行动、守序——零食拜拜、守智——节能行动",以此来深化行为规范教育。

3. 法治教育

1997年起,以家长学校为基础,继续加强"家庭法律学校"工作,推进"四五普法"教育。1999年1月18日,陈辉忠副校长出席由上海市总工会、上海市教委召开的家庭教育经验交流大会,做了《认真总结,不断探索,使家长学校越办越好》的发言。是年,朱行中学荣获1998年度"上海市先进家长学校"称号。

2000年12月5日,金山区妇联、司法局、教育局联合在朱行中学召开"创建家庭法律学校,让法律知识进社区"现场观摩会,学校展示了法制教育课、学生模拟法庭、家庭法律知识竞赛、家庭法律学校法制教材以及各班级学生编辑的法制宣传小报等。各乡镇妇联主席、乡镇教委和司法干部100多人现场观摩,影响较大。学校先后被评为金山区"三五""四五"普法教育先进集体。2001年,学校政治教研组被评为"金山区第二届优秀教研组"。

2005年,在家庭法律学校的基础上,开展"百户学习型家庭"活动,选择100户学生家庭作为重点,以点带面,推动社区法制教育。是年起,学校每学期通过"百户学习型家庭"以及家长学校、家长会议等,发挥政治教研组的力量,开展普法教育。

2014年,学校与区人民法院、区人民检察院驻工业区检察室等单位的结对共建,进一步加强法治教育。

4. 安全和禁毒教育

2008年起,学校加强了安全和禁毒方面的教育,是年4月11日,邀请交通民警和校外法制辅导员对全体学生做了"增强法制观念,提高安全意识""远离毒品,珍惜生命"专题讲座,6月4日和6月19日,分别邀请了上海市公安局金山分局沈晓锋警官和徐英警官给家长代表和初一、初二女生做了"以案说防范 共建平安城"系列之"危机防范"和"看刑案谈女性的自我防范"的讲座,深受学生欢迎。

2013年,学校建立了"公共安全教育课程实施方案",通过班会课、午会课、健康民防课等渠道,开展"预防和应对公共安全、公共卫生、意外伤害、网络和信息安全、自然灾害及影响学生安全的其他事件或事故"6方面的公共安全教育,先后共计开展安全教育活动8次。学校荣获"2013年金山区暑期未成年人工作优秀集体"和"2013年金山区禁毒教育工作优秀组织奖"。

2015年6月,针对区开展的交通大整治活动,组织学生通过班级黑板报评比、自编交通法制小报比赛以及交通安全专题教育、发放"告学生家长书"等形式,参与整治活动,树立安全意识,掌握交通安全知识,提高自护自救能力。

5. 军训和民防教育

继前二期后,1997—1999年,又连续3期,利用暑假,对初一年级新生组织军训,由镇人武部派出退伍军人担任教官进行队列训练、讲授武器知识。组织学生参观军营内务等,2000年起,由区教育局统一安排,初一年级学生去金山区少年军校参加军训。

1999年起,学校利用周五早读课时间,通过广播宣讲民防知识,利用课外活动进行民防训练。1999年5月,我校学生参加区民防急救包扎比赛,获二等奖。2003年5月,经区民防办、区教育局检查验收,学校被评为"金山区民防教育先进单位"。2013年10月,参加由区教育局、区民防办、区红十字会举办的"金山区学生民防运动会"民防知识技能比赛,学校获"防空警报识别"项目初中组第二名,"急救包扎"项目初中组第八名。

二、教学工作

1. "二期"课程改革

1998年起,在"一期"课改的基础上,开始"二期"课程改革。"二期"课改是"以德育为核心,以培养学生的创新精神和实践能力为重点",在必修课、选修课、活动课三个板块上增设探究型课程,把选修课和探究课结合起来,激励学生自主学习,提高探究能力。在各年级课程表中列入探究课,安排教师认真备课,设计课题,引导学生探究。是年11月,学校举行探究型课程学习展示,教师进修学院组织全区初中同行前来交流学习。

2005年,为推进"二期"课改,组织教师参加区内教学研讨活动。组织预备年级的语、数、英备课组参加新教材推进的研讨会,提高新教材使用中课改理念的理解与把握。2008年,贯彻"挖掘课程创造特点,加强课堂教学创新,注意课堂个性施展,关注课后自主拓展"32字课堂教学指导思想,进一步明确课改理念、立足课堂教学,打造激情课堂,提高教学效益。2010年,学校设定创意扎染、人文电影欣赏、五彩玻璃绘、趣味课本剧、特色电子小报、活力健美操、篮球、科技三模、乒乓、古诗文、魅力书法等11个课程为拓展型课程,认真开展拓展型课程教学活动。

二期课改对课程设置有明确的规定。

朱行中学 2018 学年学校课程计划一览表

课程科目		周 课 时				备　　注
		六年级	七年级	八年级	九年级	
基础型课程	语文	4	4	4	4	1.语文、数学、英语、物理、化学等学科积极推进课堂教学改进和作业设计,寻求适合我校的课堂教学模式,对基础型课程进行开发和利用,实践国家教材校本化实施的尝试 2.八年级劳技课一课时学生到劳技中心参加集中培训,另一课时为学业考复习,集中安排在第二学期期中考试后
	数学	4	4	4	5	
	英语	4	4	4	4	
	道德与法治/思想品德	1/	/1	/2	/2	
	科学	2	3			
	物理			2	2	
	化学				2	
	生命科学			2	1	
	社会				2	
	地理	2	2			
	历史		3	2		
	音乐	1	1			
	美术	1	1			
	艺术			2	2	
	体育与健身	3	3	3	3	
	劳动技术	2	1	2		
	信息科技	2				
	周课时数	26	27	27	27	
拓展型课程	自主拓展	1				1.体育活动:除大课间操外,每班开设体育活动课两节
	写字课		1	1		
	语文阅读				1	

续　表

课程科目		周　课　时				备　注
		六年级	七年级	八年级	九年级	
拓展型课程	英语听说	1				2. 自主拓展：本学年开设十五门课程供六年级学生选择
	数学思维			1	1	
	机器人	1				
	心理健康		1			
	体育活动	2	2	2	2	
	专题教育班团队活动	1	1	1	1	
	社区服务社会实践	每学年2周				每年4、11月开展"走进自然、感受自然"春、秋季社会实践活动 每学期1周左右结合学校要求、由学校组织或学生自主开展社区志愿者服务活动
	用课时数	6	5	5	5	
探究型课程课题(项目)学习活动		2	2	2	2	以项目设计和课题研究为抓手,六、九年级以学科中的探究性学习为主,七、八年级开设创教课和学科渗透探究相结合
午会		每天15~20分钟				政教处安排
广播操、眼保健操等		每天约30分钟				
体育大课间		每天40分钟				
周总课时		34	34	34	34	每课时按40分钟计

为推进教学改革,改进教学方法,学校不断进行总结探索。

2.“扁平化”教学管理

2009 年,提出“扁平化”教学管理的方法。“扁平化”,即实施学校领导年级蹲点制度,压扁教学管理层次。各年级成立教学领导小组,由学校行政领导蹲点各年级组负责教育教学工作。蹲点领导参与年级各项教育教学活动,遍听年级中各任课教师的课,对班情、学情、教师教学状况能及时了解和掌控。参与月考、期中考试等质量分析,对老师肯定优点、亮点,指出不足并加以纠正。

2010 年,在“扁平化”教学管理中,认真实施《金山区教师课堂教学有效行动计划》《金山区教师课堂教学改进手册》和《金山区中小学作业改进推进方案》三个文件,扎实做好教学工作各环节,提高教师的课堂教学能力,构建适合学校实际的学生作业练习系统。

3.“四校联盟”合作教改

2010 年,由区教育局授意,朱行、山阳、漕泾、钱圩四所中学组成“四校联盟”。“联盟”系民间自主组织,彼此自主联系,相互交流,优势互补,重点开展初三年级学科的复习和教学研究,同时兼顾其他年级有主题的联合研讨。2011年,金卫中学加入为“五校联盟”。是年,五校间开展以“精细课堂执行,凸显集体智慧”为主题的青年教师教学研究活动,朱行中学有 20 多位青年教师参加研究活动。本校展示“氧气的性质”一课的“同课异构”活动,以课例为载体,对课堂教学细节进行研讨。“联盟”间优质教学资源共享,可观摩兄弟学校的教学直播,构建网络环境下的教研新模式。朱行中学录制了初三年级英语课教学的视频为各校共享。

4.“新优质学校”建设

2012 年 10 月,根据金山区“新优质”学校建设的要求,学校制定《朱行中学创建“新优质学校”规划》,贯彻落实《上海市中小学生学业质量绿色指标》,把促进每个学生健康成长作为学校一切工作的出发点和归宿点。从“加强师德教育、加强行规教育、推进课堂教学改革、促进教师专业发展”四个方面展开;师德上要求教师注重“开发学生个体潜能,激发学习动力,点亮每个孩子的未来人生”;在教学活动中体现“崇文通理,成就人生”的金山教育理想;在课堂教学改革中,贯彻“让课程改革更深入、让师生关系更和谐、让学习经历更丰富”的金山教育发展方针;在促进教师专业发展方面,学校开展“释放我的个性”为主题的自主选修课。开设了人文欣赏类、信息科技类、体育健身类、创造发明、艺术乐器五大类十门课程,进一步开拓教学思路,开阔视野。学校多次承担市和区级拓展课展示。

2014 年 4 月 9 日,上海市美术骨干教师研修班教学观摩暨培训活动在本校举行。上海市教委教研室美术教研员徐敏和金山区中学美术教研员、上海市美术骨干教师研修班成员一起参加此次活动。5 月 28 日下午,王艺老师的拓展型课程玻璃绘画,作为区级公开课进行教学展示。

5. "生态课堂"建设

2013 年,提出"生态课堂"理念。"生态课堂"内含 8 个反思、10 条要求、10 个提示,简称"生态课堂 811"。体现课堂教学"四少四多",即加课时间少一点,当堂练习多一点;教师讲解少一点,学生动脑、动手多一点;低效作业少一点,分层作业多一点;责备学生少一点,鼓励面谈多一点。培植教学生态,还原教学生态。

是年,根据"生态化课堂 811"要求,开展"小范围、小切口、小建议、小周期"四小"课例研训"活动。关注点是"教师有效提问"和"学生有效回答",让学生养成"好奇、好问、好学"的为学品行,构建绿色师生关系,逐步形成生态课堂。各教研组通过开公开课研讨实践。2013 年 11 月 27 日,初三年级万丽华老师上"基于绿色指标的英语阅读课"的公开课,区内 7 所学校的初三英语备课组长及朱行中学英语教师听课,对"生态课堂"要求进行演绎理解,获得好评。为贯彻落实"生态课堂"理念,学校开展教学评比活动。先后开市级公开课 1 节、区级公开课 5 节、校级公开课 19 节,听课达 308 人次。并按要求,各年级备课组自编"绿色"校本教材和校本练习册。经评比,有 6 个备课组获得奖项,校本教材《创意扎染》和《室内操》分别获校特等奖和一等奖。

6. 纳入蒙山教育集团

2014 年,学校纳入蒙山中学教育集团,在教学上实行"五个统筹":课程计划统筹、教研活动统筹、考试和评价统筹、教师培训统筹、学校文化氛围与活动统筹。是年 9 月,蒙山教育集团聘请数学特级教师叶龄逸指导教学。单周在朱行中学,每次听同一备课组两位老师的两节课,对每一位数学老师如何备课和书写教案,进行了详细的指导。双周,学校派 6 位数学教师跟随叶老师前往蒙山中学听课学习。以此提升学校教师的课堂教学能力和教研组的教研氛围。

三、创造教育和特色课程建设

1. 创造教育实验基地

1999 年 3 月 18 日,中国创造学会,上海市创造教育专业委员会在上海新黄浦实验学校举行"创造教育实验基地"命名挂牌仪式,朱行中学被命名为"中国创造学会创造教育专业委员会实验基地",为上海市郊第一个挂牌的农村初级中学。挂牌后,市创造教育学会秘书长方启敖老师多次来校指导,推动创造教育活动的开展。

2. 科技节与科技创新活动

学校通过科技创新活动推进创造教育。学校建立以周军老师为组长的科技组,每学期召开科技工作会议,每年举办科技节活动,根据市、区少年宫科技站下达的科技活动项目,对应组织科技兴趣小组参加各项科技比赛。每年有一批科学创意和科技作品在市、区乃至全国级比赛中获奖。2001年12月,因积极组织学生参加科技活动,朱行中学被评为"上海市第四届青少年科技节"先进集体。

2002年,我校参加"英特尔上海市青少年科技创新大赛"活动,此活动是由市科协、市教委、市青少年活动中心(市少科站)等十五个部门联合举办的青少年科技创新大赛,反映上海市青少年科技创新水平,每年举办一届。区教育局、区科协、区少科站等都非常重视,要求各校积极参加。朱行中学从2002第17届起每年参加,以此推动学校的科技创新活动。

朱行中学参加"英特尔上海市青少年科技创新大赛"情况表

年份届别	参 赛 项 目	获奖情况
2002年第17届	"社区联防警报器"作品	二等奖
	"生态瓶景"作品	二等奖
	"镶嵌式两用三角尺"作品	三等奖
2003年第18届	"种花养草找草药,探究中华医药瑰宝"实验活动	三等奖
	"水培宿根植物初探"实验活动	三等奖
2004年第19届	"寻找预防非典养肺解毒中药"实验活动	三等奖
2005年第20届	"让绿色之星从这里升起"实验活动	三等奖
2006年第21届	"破土而出——朱行地区土壤分析"实验活动	二等奖
	"一次划多项线的划线器"作品	三等奖
	"输液帽"作品	三等奖

续　表

年份届别	参　赛　项　目	获奖情况
2007 年第 22 届	"北枣南嫁"实验活动	二等奖
	"充气雨衣"作品	三等奖
	"防近视理疗仪"作品	三等奖
2008 年第 23 届	"观鸟识环境"实践活动。	三等奖
2009 年第 24 届	"强力去污刷"作品	三等奖
2010 年第 25 届	"探究反光对植物生长的影响"探究活动	三等奖
	"'爱河水,护河水',农村水环境调查"实践活动	三等奖
2011 年第 26 届	"对工业废水的拓展性研究"科研论文	三等奖
	"拓宽低碳农业发展之路的科学实践活动"	三等奖
2012 年第 27 届	"关于废弃磁卡管理的科学实践活动"	三等奖
2013 年第 28 届	"绿箱子行动"科技创新实践活动	二等奖
2014 年第 29 届	"节能环保,从我做起"科技创新实践活动	二等奖
2015 年第 30 届	"红灯前的停车厅"科学创意	三等奖
	"珍惜粮食为荣"科技创新实践活动	示范奖

　　学校坚持以比赛项目为抓手,以比赛促科技活动,以比赛促创新教育。对区教育局、区科协、区少年宫少科站开展的各项比赛活动也积极参加,并多次获奖。例如,2012 年 11 月,学校举行了以"让科技之花在校园盛开"为主题的科技节。通过"科学幻想画""校园节能金点子""生活中的小发明"等竞赛活动,以及科技作品展示,引导学生亲历科学、理解科学和运用科学。科技节持续一个月,在 12 月 4 日的闭幕式上,同学们纷纷拿出自己的小制作小发明作品进行展示,享受创造的欢乐。是年,学校荣获中国少年科学院授予的"中国少年科学院科普教育示范基地"称号,学校少先队大队部荣获少先队上海市工作委员会授予的"上海市红领巾科技社团"称号。黄春苗同学获中科院小院士称号,所研究的课题荣获一等奖。在上海少年儿童"科技启明星章"争章活动中艾凌峰、黄春苗荣获银章,俞

秋、杨文佳荣获铜章;叶苗同学获上海市青少年"白猫杯"生活中化学知识竞赛三等奖。

自创造教育实验基地挂牌后,经学校师生的共同努力取得的荣誉有:2004年,被评为"上海市创造学会创造教育先进实验基地";2005 年 12 月,朱行中学科技组被评为"上海市教育系统文明组室";2007 年 1 月 16 日,上海东方电视台综合频道来校拍摄创造教育的专题录像在电视台播放;2009 年 12 月,学校荣获"金山区第七届青少年科技节先进集体";2011 年,学校被评为"金山区科技教育特色学校";学校曾先后接待黑龙江省教育代表团、广东省汕头市教育代表团等专家领导对创造教育的考察。

3. 在课堂教学中渗透创造教育理念

创造教育的本质是培养学生的创新思维和创新能力,学校在广泛开展科技创新活动的同时,发动教师在课堂学科教学中渗透创新理念,强调"启发式"教学,采用"提出问题—学生分组讨论—相互启发—导出结论"等方法,激发学生思维。把课堂教学和课外活动结合起来,相得益彰。例如,学生制作的"社区联防警报器"就是运用所学的电路知识进行拓展所得。组织学生参加"白猫杯生活中的化学知识竞赛""科普英语竞赛",从课内延伸到课外,启发学生思考,提高学生的想象力创造力。教师们的积极性很高,结合自己的学科开展创造教育的实践与研究(注:有关课题见"科研"一节)。学校自编《创造教育读本》《异想天开——学生金点子集》等校本课本启发学生创新思维。

创新教育促进教学质量的稳步提高。2004 年,朱行中学初三毕业生 227人,合格率 99.64%,列全区第一。语、数、英、理、化、政各门学科中考平均成绩均超区平均成绩,其中政治学科平均成绩列全区第一。录取市、区重点中学学生94 人,占考生的 41.4%。

4. 创造教育特色课程——创意扎染

2011 年起,推出"创意扎染"特色课程项目。何惛老师领衔的创意团队结合美术课教学挖掘民间扎染传统工艺进行开拓创新,从植物中提取有机颜料,带领学生自己设计、自己画、自己扎、自己染,在不同织物上产生变幻莫测的美妙图案。创意扎染课程的魅力不仅在于继承民族传统文化,而且能引导学生开拓思维,激发学生无穷的想象力。

2013 年 3 月 30 日,"创意扎染"课程参加"美丽中国梦,校园民族风"上海市普教系统一校一品民族文化展示活动。5 月 22 日,"创意扎染"参加金山区素质教育论坛现场展示活动。6月4日,"创意扎染"参加"让每一所家门口的学校都优秀"——"圆中国梦,办人民满意教育"上海市区县教育改革巡访(金山站)活动。9月1日,学校隆重建立"梦之韵"扎染展示厅和扎艺工作室,并挂牌金山工业区科普教育基地。9月17日,举行"创意扎染点亮精彩生活"科普开放日活动。10月,"创意扎染"课程荣获金山区优秀拓展课程。何惜老师的"在扎染教学中培育学生创新能力的实践与探索"课题确立为区级课题。10月16日,何惜老师上了一节"充满秩序的扎染之美"的市级拓展型课,得到市教研室美术教研员和听课老师们的一致好评。"创意扎艺"课程遂成为朱行中学创造教育的一个品牌项目,并引领和带动各科拓展型课程的开发和深化。

2015年,学校以"创意扎染"为特色项目,申报上海市非遗进校园传习基地。2016年,申报成功。是年6月11日世界非遗日,扎染项目参展金山区的非遗日展示活动。并先后三次参加了市教委、市文教办举办的"起航非遗梦想　传承中华文化"民族文化推进月展示活动。朱行中学被授予"上海市传统文化进校园优秀非遗传习基地。"

5. 创E园学校少年宫建设

2012年9月,利用校园资源建立朱行中学"创E园学校少年宫",推动创造教育活动。

2013年3月,学校申报创建"城市少年宫"。10月起,面向社区开放。城市少年宫活动分为三大板块,即一班一品活动、周五拓展课活动及周末开设的"创意扎染、魅力书法、不织布、电子小报、乒乓"等活动,共计37个项目。周日,对外开放了"i空间"创新教育活动室、"梦之韵"创意扎染活动室、"舞之灵"舞蹈室、"书墨缘"书法角等14个少年宫活动场所,室内活动面积600平方米,学生室外活动场地4 000平方米。

2014年,规范创E园城市少年宫活动,在原活动板块的基础上增设"开心小农场"和"民乐"两个项目,邀请袁文观和何永文两位退休老师担任辅导老师。

2016年7月4日—8月4日,创E园少年宫开设"I·创意"手工制作培训课程,为期一个月,向工业区全体中小学生开放,有1 500多人次前来参加学习活动。8月17日,金山区委副书记程鹏专程来校调研、指导创E园少年宫工作。

四、体育、卫生与文艺

1. 体育

加强素质教育，学校重视体育工作。

体育课与"两课两操两活动" 学校把体育活动课计入体育教师工作量。保证体育课和活动课的时间、质量。落实"每天一小时"活动的要求。

校运动会 学校每年举行一次春季或秋季运动会，至 2018 年已举办 39 届。校运动会设置径赛田赛，径赛有 60 米、100 米、200 米、400 米、800 米以及 4×100 接力赛等，田赛有跳高、跳远、铅球、铁饼、标枪等，此外还有拔河团体赛。录取个人名次和班级团体总分名次，给予奖励。通过运动会展示学生的体育潜能，推动体育活动。校运动会后附加教工运动会。

参加区运动会及区级体育单项竞赛 体育教师注意培养和选拔苗子组建体育运动队在暑假进行集训，参加金山区中学生运动会及各项体育竞赛。1997 年，组队参加金山区第一届中学生田径运动会，学生谈国仁获初中组男子跳远和三级跳远 2 项第一名，并创区纪录。1998 年、1999 年金山区中学生田径赛，郭春欢连续两次获初中组男子三级跳远第二名。1999 年，组队参加金山区中小学广播操比赛，获团体二等奖。2000—2004 年，组队参加金山区中学生迎春长跑赛，两次获团体第二名，一次第四名。2002 年，金山区中学生田径赛上，卫旭刚获初中组男子跳远第二名。2005 年，组队参加金山区第二届中学生田径运动会，张欢获初中组女子 200 米、100 米第一名，其中 200 米以 23′52″破区赛纪录，徐婷婷获初中组女子 100 米跨栏第一名，李波获初中组男子 1 500 米第二名。学校跳绳队获初中组"长绳集体跳"项目团体第二名。2009 年，在金山区第三届运动会上，获初中组广播操比赛第三名；初中组乒乓球比赛男子团体第一名，女子团体第一名；羽毛球比赛初中组男子团体第四名；排球比赛初中组男队第三名，女队第八名；健美操比赛初中组团体第七名；跳踢比赛初中组总分第三名；键球比赛初中组男队第五名，女队第七名；田径比赛初中组男子总分第七名。2013 年，在金山区第四届运动会上，获乒乓球比赛初中组男子团体第四名，女子团体第七名。2017 年，在金山区第五届运动会上，获篮球比赛初中组男子第七名，女子第六名；健美操比赛初中组第一名；"身体素质全能比赛"初中组第一名；跳踢比赛初中组长绳（A）第一名；田径比赛初中组团体第七名。

参加金山区学生阳光体育大联赛 2007 年起，为促进中小学生参加体育活动,增强体质,金山区教育局和区体育局联合推出"金山区学生阳光体育大联赛"活动项目。学校制定"朱行中学阳光体育大联赛实施方案",积极参加区阳光体育大联赛。2007年,获"大联赛"沙滩排球赛初中组女子第七名;跳踢比赛初中组2分钟双人短绳A组第五名,B组第四名,团体总分第七名;羽毛球比赛初中组男子第七名,女子第二名;乒乓球比赛初中组男子第一名,女子第三名。2008年,获"大联赛"健身比赛初中组团体第六名;跳踢比赛初中组团体第三名;毽球比赛初中组团体第八名。2010年,获"大联赛"沙滩排球比赛初中组男子第二名;田径比赛初中组团体总分第八名。2014年,获"大联赛"乒乓球比赛初中组男子第二名,排球比赛初中组男子第五名;篮球比赛初中组男子第八名;健美操比赛初中组团体第二名;毽球比赛初中组女子第七名。跳踢比赛初中组团体总分第六名;2015年,获"大联赛"排球比赛初中组男队第八名、女队第八名;篮球比赛初中组男子第二名;健美操比赛初中组团体第一名;跳踢比赛初中组团体总分第八名。2016年,获"大联赛"篮球比赛初中组男子第三名,女子第四名;健美操比赛初中组团体第一名;学校获初中组团体总分第六名。2018年,学校参与各项比赛,获初中组团体总分第四名,比上年提升二名。

2. 卫生

校卫生室 有学校卫生老师1名。负责学生卫生健康管理。每年联合社区卫生院做好学生体检工作,做好学生屈光视力发育建档工作以及学生因病缺课的网上直报工作等,关心学生的身心健康。

2000年,通过市级达标卫生室验收。2003年1月3日,经复检,保持市级达标卫生室荣誉。

心理健康咨询室 2005年,设立心理健康咨询室,每周开放。女体育教师马红华兼任心理辅导教师,设"马老师信箱"帮助学生解答心理障碍问题。学校加强学校心理信箱和校园心理网站建设。2016年,修缮"心之桥"心理咨询中心,接受"上海市心理健康达标校"区级验收。

青春期教育 2005年起,结合生命科学课程,通过讲座、看录像,对预备班年级学生分性别进行生理卫生教育。

2012年,通过与区人民法院、区人民检察院驻工业区检察室等单位结对共建,开展"呵护花季"系列活动,加强青春期教育和保护。

心理健康教育 2005年起,完善心理健康教育网络体系。对全校教师进行心理健康教育培训和辅导,加强对学生的心理健康教育。每周五晨会课,对全校学生做健康教育讲座。

2010 年,接受区教育局"心理健康教育"验收。

2011 年,把心理咨询活动和心理健康教育活动作为德育教育的重要内容,培养学生善良、自信的品质和敢于面对挫折、勇于克服困难、坚韧不拔的精神。

2016 年,进一步发挥"心之桥"辅导中心的功能,各功能室每天中午向学生开放,通过各班心理委员,接受学生预约。其中,有 3 名学生多次接受心理辅导,存在的心理健康问题得到缓解。

食品卫生教育 学校重视对学生日常食品安全教育。2010 年 4 月 14 日,参加区"食品卫生与安全知识竞赛",经过学校初赛,选拔学生组队参加南片区学校比赛,获得南片区第一名,5 月 27 日,参加区复赛,获得区二等奖的好成绩。

创建上海市绿色学校 2003 年起,张连芳校长突出环境教育,提升师生的绿色理念,并形成了一系列相关制度。2005 年 1 月,学校荣获"上海市绿色学校"称号,挂牌。

2009 年 12 月上海市颁布《上海市控烟条例》。2010 年,朱行中学宣布创建"无烟学校"。2012 年 3 月 1 日 学校开展"禁烟,让我们一起行动"——《控烟条例》实施两周年主题教育活动。

3. 文艺

学校艺术节 2008 年,学校明确提出举办校园"四节",即读书节、艺术节、科技节、体育节。每年的五六月份举办校园艺术节,在六一儿童节进行文艺汇演。

2014 年,蒙山教育集团建立后,加强校际间文艺交流。是年 12 月 30 日,朱行中学派出师生代表参加蒙山中学的第十七届校园文化艺术节闭幕式暨元旦迎新文艺汇演,八(6)班的 5 位女生为蒙山中学同学表演了小组唱《想唱就唱》。翌日下午,蒙山中学的学生来朱行中学参加迎新文艺汇演,带来了有民族特色的舞蹈《草原牧歌》和脍炙人口的相声《学富五车》。

"一班一品"文化活动 2014 年,提出"一班一品"班级文化建设。是年,各个班级选择扎染、三角插、纸盘衍纸画、五彩玻璃绘、不织布、电子小报、葫芦丝、剪纸、阅读、篮球等不同文化活动项目,显示不同亮点。"一班一品"班级文化活动提升学生技艺,在"传承 未来"首届上海市中小学生书画作品征集交流活动中,八(1)班孙森森和徐乾婷两位同学分获一等奖、二等奖;在上海市"彩虹杯"比赛中,八(1)班戚佳慧同学荣获一等奖、徐乾婷同学荣获二等奖;九(6)班杜娟花同学获三等奖。

第三节　科研与师资

一、教育科研

1. 建立课题研究小组

1997 年后,不断推进的课程改革和特色教育,促进了学校教科研的发展。学校相继确立了一些研究课题,教师们对教科研的积极性也不断提高,不少老师根据自己的教学工作,尤其是对创造教育的研究,选择课题、建立课题研究小组进行研究实践,撰写教学论文或心得笔记。《金山教育》2000 年第 1 期,专辟朱行中学教师论文专辑,有 8 位教师的论文发表,对教师们是很大的鼓励。学校整理编辑的《朱行中学创造教育的实践与研究》一书被区教育局列入金山区学校教育论著丛书出版。

2. 课题简介

1997—2018 年朱行中学教育科研研究课题一览表

立项时间	课 题 名 称	课题负责人	课题类别
2003.6	创造教育"双动"教学模式的实践与研究	宋锡苇	重点课题
2005.10	初中语文教学中对学生实施多元化评价	华亚平	规划课题
2005.10	运用新课程理念,激活初中物理课堂教学方法的实践研究	周玉明	一般课题
2007.10	新课程理念下城郊初中科技教育的实践与研究	张连芳 执笔:周玉明	重点课题
2008.6	农村初中体育教学有效性与课余训练实效性的研究	高春达	规划课题
2009.4	农村初中家庭教育指导体系构建的实践与研究	张美英	一般课题
2009.4	新课程理念下创造教育的实践与研究	张连芳 执笔:周玉明	一般课题

立项时间	课 题 名 称	课题负责人	课题类别
2009.9	在艺术教学中加强对学生的审美教育的实践与研究	吴　慧	一般课题
2010.6	青年班主任开展个性化教育的途径研究	钟　茜	规划课题
2010.6	初中物理课堂教学中构建教学民主的实践研究	周玉明	规划课题
2011.4	利用 BLOG 提高农村初中英语课堂教学有效性实践探微	胡丹英	重点课题
2011.4	在初中信息科技项目活动中进行有效合作学习的研究	金　丹	一般课题
2012.3	农村初级中学外来民工子女行为习惯培养方法探微	胡丹英	规划课题
2013.06	初中化学教学中人文资源重组及利用的行动研究	程　华	一般课题
2013.06	基于小组合作模式的初中作文反馈策略行动研究	张美英	重点课题
2013.06	初中英语教育中跨文化意识培养的策略研究	尤　正	规划课题
2014.06	初中物理课堂教学中教师行为推进策略研究	沈　伟	规划课题
2015.03	挖掘教材资源创建六年级作文序列的实践研究	吴金沙	规划课题
2015.03	在扎染教学中培育学生创新能力的实践与研究	何　惜	一般课题
2015.03	在"一班一品"建设中构建和谐师生关系的实践与探究	胡丹英	一般课题
2015.06	"绿色指标"背景下初中创造教育实践研究	周玉明	重点课题
2016.10	在初二数学自主命题活动中培养学生学习能力的实践与研究	朱小梅	规划课题
2016.10	传统扎染技艺中融入文化创新的案例研究	何　惜	一般课题

立项时间	课　题　名　称	课题负责人	课题类别
2016.10	基于链式问题培养学生英语阅读思维能力的实践研究	周卫风	一般课题
2016.10	基于跨文化交际的城郊初中口语课专题化教学的实践与研究	万丽华	规划课题
2016.10	"2A+2C"型创新家长会活动范式的实践与研究	胡丹英	一般课题
2016.10	以项目引领助推少先队活动课有效课堂的实践与研究	金丽华	规划课题
2017.06	初中低年级书面语得体表达的探究	陈　莹	规划项目
2017.06	育德新途径:"一班一品"课程群建设研究	胡丹英	区级项目
2017.06	基于提升学生数学素养的知识结构图教学模式的实践研究	陈娟娟	规划项目
2017.06	校园"微"文化品牌建设的实践研究	钟　茜	规划项目

3. 课题选介

"新课程理念下创造教育的实践与研究"　此课题由张连芳校长引领,下设6个子课题,分别是"初中语文探究性教学中激发学生潜能的研究""英语阅读教学中自主和创新能力的培养""初中数学教学创新能力的培养研究""初中物理以实验教学促进学生创造力发展的研究""音美学科教学中促进学生个性发展的实践研究""初中地理学科教学中开发利用乡土资源培养学生探究能力的研究"。提出了"挖掘课程创新特点,加强课堂教学创新,注重课堂个性发展,关注课后自主拓展"的32字指导思想,有的放矢地实施课堂教学,推进创造教育实践。

二、师资队伍

1. 教师队伍概况

1997—2017年,学校教职工队伍情况发生变化。期间,由于大量老龄教师退休,师范院校青年教师不断补充,教师队伍的学历结构发生很大变化,本科学历的教师占比大幅度上升。下面摘取1997年、2017年两年的相关数据做对比。

朱行中学 1997 年、2017 年教职工情况表

年份	教职工总人数	其中：本科人数占比	专科人数占比	高级教师人数占比	一级教师人数占比	男教师人数占比	女教师人数占比
1997	115	13 11.3%	67 58.3%	4 3.5%	47 40.9%	92 80.0%	23 20.0%
2017	96	86 89.6%	3 3.1%	6 6.1%	49 51.0%	44 45.8%	52 54.2%

　　1997—2017 年,学校的生源情况也发生很大变化。1997 年,初三年级平行班达 12 个班,每班平均学生数达 48 人。2000 年秋季起实行"五四分段"学制,小学五年制,中学四年制,小学六年级进入中学称为初中预备班,中学的学生数增加。是年,学校学生数达 1 323 人,班级 27 个,中学教师紧缺,从小学借入一批教师救急,此后,有一些教师留下来,转为中学编制。从 2011 年起,本地户籍人口生源逐年减少。由于工业区开发建设,大量外来务工人员进入,外来务工人员子女享受与本地户籍人员子女同等的受教育的权利,学校招收外来务工人员子女入学,弥补生源不足。但学生数总量仍然减少,学校及时调整,采用小班化教学,每班学生数在 20~30 人。

1997—2018 年朱行中学班级、学生数

年　份	班级数	学生数	年　份	班级数	学生数
1997	22	1 043	2005	22	918
1998	19	863	2006	22	750
1999	21	1 070	2007	21	790
2000	27	1 323	2008	22	778
2001	25	1 228	2009	22	696
2002	22	1 069	2010	22	680
2003	21	969	2011	22	618
2004	22	933	2012	24	787

年　份	班级数	学生数	年　份	班级数	学生数
2013	24	724	2016	22	629
2014	24	722	2017	22	625
2015	24	729	2018	21	535

2. 教师人事管理

岗位聘任制　1999 年 6 月,朱行中学开始实行教职工岗位聘任制。由校长与教职工个人签署教职工聘用合同(大合同)和教职工岗位聘任合同(小合同)。"大合同"是劳动合同,分为固定期限和无固定期限两种,满 10 年以上工龄的教职工签订无固定期限合同(到退休年龄止),签固定期限的有 3 年、5 年、10 年不等,到期根据双方意愿续签或解聘。为稳定教师队伍,新教师被要求一次签 6 年的期限,中途"跳槽"要交付违约金。"小合同"一学年签订 1 次,在新学年开学前签订。学校把新学年的工作岗位设置及聘任职数、岗位工作要求以书面形式告知教职工,并请教职工填写"工作意向书"选择岗位,学校根据实际工作需要和教职工个人意向确定岗位,然后与教职工签约。朱行中学实行二级岗位聘任。校长聘任教导处、总务处主任,再由教、总两处主任聘任教职工,与教职工分别签订"小合同"。未签约者,即未被聘任上岗者交由校长安置,采用校内待岗(不超过 2 年)、待退休或外借等办法。

结构工资制　在实施教职工岗位聘任制的同时实行校内结构工资制。结构工资由基本工资、课时工资和奖励工资三部分组成。基本工资,是国家规定发放的工资(也称档案工资)的 90%,10%(125 元左右)抽出来作为其他两部分工资;课时工资,以教师上课的周工作量计算,岗位职务工作量参照课时折算;奖励工资,以学校制定的奖励方案,经过考核,按标准发放。结构工资改革方案由教职工酝酿讨论,经教职工代表大会通过后执行。根据结构工资改革方案,每月 10 日,一起发放基本工资和考核工资。实施教职工岗位聘任制和结构工资制,打破了计划经济时代的平均主义,对压缩学校编制,优化队伍结构,调动教职工积极性有一定的促进作用。但教师的工资总量没有提高,只在内部拉开差距。

绩效工资制　2009 年起,实行绩效工资制,教师的工资除基础工资外,与工作绩效相挂钩。由于教师工资总量增加,教师个人工资显著提高。

3. 教师进修与培训

教师全员培训 1997 年起,继续贯彻《上海市中小学教师进修规定》,完成市教委规定的每位老师从 1996—2000 年 5 年内必须完成 240 教时的职务培训。

在职务培训的同时,鼓励教师参加高一层次的学历进修。本校杨永华、张美英等 6 位教师还先后取得上海师范大学硕士研究生班结业证书。

骨干教师培训 2000 年 11 月 6 日,学校召开首届骨干教师命名大会,有 7 名教师定为骨干教师。区教育局中教科科长丰兵欢、区招办主任沈大田、副镇长何金华出席会议并讲话。

2003 年 10 月 13 日,学校召开第三届骨干教师命名大会,命名 16 位校级骨干教师。区教育局党委书记陆启明,副镇长高峰到会讲话。

骨干教师参加相应的市、区骨干教师培训班学习。

青年教师的培养 2000 年后,40 后、50 后老师进入退休期,至 2010 年,有 40 多位老教师退休,大量青年教师进入教育教学岗位,对青年教师的培养教育成为学校重要任务。2005 年 3 月 23 日,区教育局党委在朱行中学召开全区初级中学党支部书记会议,研讨青年教师培养教育工作。朱行中学党支部做了交流发言。

青年教师联谊会 2007 年,学校成立了青年教师联谊会,出台了《青年教师岗位成才实施方案》《青年教师培养工作方案》。运用联谊会这个平台,加大对青年教师的培养,对青年教师提出"一年入格,二年合格,三到五年出成效"的要求,制订团体和个人目标。通过与老教师结对、开亮相课、教研组内说课、评课等活动,引导青年教师少走弯路,较快成长。2010 年,借助"四校联盟",青年教师联谊会组织青年教师积极参与校际交流,开阔视野,优势互补。

"青蓝工程"与"秋之雁"活动 2012 年,提出"青蓝工程"建设,即通过青年教师与中老教师"师徒结对",中老年教师身先士卒,帮助青年教师在教学实践锤炼成长。是年 11 月,开展"关注课堂细节,提升教学品质"为主题的教学评优活动。有 14 位 30 周岁以下的青年老师在师傅指导下开课,有 200 多人次听课评课,让青年教师中实战提高。2013 年,继续推进"青蓝工程",重视"师徒结对"带教的过程管理。2013—2016 年,朱行中学先后安排 24 名青年教师与蒙山中学的骨干教师结对,逐步使朱行中学 1～5 年教龄的青年教师都由名师带教。蒙山教育集团还专门制定了《蒙山教育集团师徒带教方案》和《蒙山教育集团师徒结对登记表》，明确师徒的职责，规定徒弟每星期一次到蒙山中学听师傅课求教，师傅每月一次到朱行中学听徒弟课把脉，切切实实把名师指导落到实处。

2015年，与蒙山中学同步开展"秋之雁"中老年教师教学展示活动，组织0～3年教龄的青年教师观课评课，为青年教师树立表率。语文学科杨国权老师、数学学科薛永良老师、英语学科周欢新老师、物理学科周玉明老师、化学学科徐志强老师以及体育学科顾玉云老师等6位老教师运用他们的智慧和丰富的教学经验为青年教师做了一节节精彩的课堂演示。与此同时，组织青年教师围绕"有效设问，提升思维品质"的主题开展撰写评课报告比赛。学校为6位老教师颁发荣誉证书，为撰写评课报告比赛获奖的青年老师颁发奖状。

青语堂 2014年秋，学校青年教师联谊会更名为"青语堂"，意为青年教师聚集一堂，各抒己见，百家争鸣，百花齐放，为青年教师发展搭建平台。"青语堂"组织青年教师前往第12届上海教博会参观学习，举行"青春与绿色同行"青语堂教师绿色行动，邀请金山区教育学院英语教研员李保康老师做"以生思路，用材思理"的说课专题讲座，在寒暑假中开展读书会，为青年教师提供互相交流和学习的平台。

2015年，在纪念五四运动97周年之际，通过青语堂，举行"花漾青春　不忘初心"青年教师插花活动和"与书为伴浸润心灵"的读书活动，促进青年教师互相交流学习

2016年，依托"青语堂"，实施青年教师和青年教师班主任的培养工程。通过"请进来""走出去"和课堂实践等方式，提高青年教师教书育人水平，增强对青年教师教育培养的实效性和针对性。该工程突出两项内容：

一是岗位培训夯实基础。邀请市德育专家为青年教师们开设了"站在班级发展的起点上""家校沟通的艺术""核心素养背景下主题班会的设计与实施"等讲座，并组织青年老师赴徐汇中学学习班级管理、赴西南位育中学学习德育一体化建设、赴民立中学学习特色课程建设。通过学习，青年教师和青年教师班主任初步掌握了班级管理应知应会内容。

二是课堂实践助力成长。2017年3月起，启动青年教师班会课方案设计及课堂展示活动，4月撰写方案，共收到方案设计稿33份，经过学校初评及专家评选，最终孙燕平等13位老师的方案获得专家认可，张雅琼等7位老师分别于5月16日、5月26日、6月1日进行课堂实践展示。顾其杰、张丹婧、陈娟娟等3

位青年教师代表我校青年教师参加了蒙山教育集团微主题班会课评选活动。金丽华、潘虹等 3 位老师参加区班主任论文评选,分获一等奖、三等奖。

第四节　教学设备和校舍改造

一、教学设备

2000 年起,金山区教育局多次下拨用于专用教室建设和设备购置的经费,以适应"二期"课程改革的教学需要。至 2004 年,学校拥有计算机房、实验室、劳技室、音乐室、美术室、多媒体教室以及阶梯教室、体育房、阅览室等。学校安装了校园网络系统、闭路电视系统、音控广播系统,教室配备"三机一幕"(计算机、彩电、投影仪、大屏幕)。学生课桌椅为 1 人 1 桌 1 椅,教师的办公桌椅和办公橱全部更新。学校图书馆增添藏书并建立学生电子阅览室和教师电子备课室。

2003 年起,学校资产设备全部实行电算化管理,由专人负责。

2015 年 9 月,学生饮水由瓶装水改直饮水,学校有 8 台直饮水设备。

二、校舍改造

1. "着装工程"建设

2002 年,根据"加强初中建设工程"达标要求,需对校舍进行全面整修,称为"着装"工程。是年,对所有教学楼进行屋顶"平改坡",所有铁窗换塑钢窗,教室、办公楼内部装潢,走道铺设广场砖,扩建 250 米圆周塑胶跑道的运动场,总投资512.72 万元。经过"着装",学校显得非常靓丽。

2. 校舍处置

2010 年 5 月原育才街 28 号老校舍,根据金教计(2010)12 号文件精神,无偿提供给金山工业区使用,朱行中学不再承担管理责任。

3. "校安工程"建设

2017 年 2 月,教育局根据校舍抗震的要求,对朱行中学实施"校安工程",对教室和办公楼全面加固建造,至 8 月,为期半年。这期间,学校借座"杭州湾国际双语学校"校舍上课。该工程总投资 2 000 多万元,工程项目全部由区教育局负责管理。

第五节 校 办 工 厂

1996年3月,校印刷厂为拓展业务在松隐镇租赁一家布厂,由于投资方向错误,厂长经营不善,造成严重亏损,耗尽了两年校办厂积余,无力再经营校办厂,朱行中学校办厂就此歇业(停办)。因此时期乡镇企业已全面转制,分管镇长何金华严令制止,便由厂长韩小弟个人出资租赁,与校办厂无关。2年后,因纺织品市场波动大,不易经营,遂退出。

1997年撤县建区后,学校校办厂纳入金山区教育局校办工业管理部管理,校办企业的清理整顿和改制工作开始。

1998年6月,朱行镇政府委派以高君达同志为组长的资产清理小组来校对金刚钻厂和印刷厂进行资产清账核查评估,明确转为个体私营企业,与学校脱钩。学校与马国贤、韩小弟两位厂长分别签订合同,转为个体经营,缴纳校舍厂房等相关租赁费用及"留职停薪"停发工资,并允许沿用原营业执照经营,自负盈亏。

2003年,金刚钻厂歇业。2004年,印刷厂歇业,被注销营业执照。校舍厂房被金山工业区改建成为为残疾人服务的"阳光家园"。

第六节 上海市朱行中学学校、教师和学生荣誉

一、1998—2018年上海市朱行中学学校获奖情况表

1. 1998—2007年上海市朱行中学市级以上获奖情况表

1998	朱行中学荣获"1998年度上海市先进家长学校"称号
1999	朱行中学荣获"红十字工作达标学校"
2003	朱行中学档案室被评为"上海市先进档案室"
	朱行中学荣获"2003年上海市中小学常见植物识别大赛"优秀组织奖

2004	朱行中学被评为"上海市创造学会创造教育先进实验基地"
	朱行中学科技组被评为"上海市教育系统文明组室"
2005	朱行中学荣获"上海市绿色学校"称号
	朱行中学科技组被评为"上海市教育系统文明组室"
	朱行中学荣获"上海市无吸烟学校"
2006	朱行中学被评为"上海市金爱心集体"
2007	朱行中学被评为2005—2006年度上海市"爱国卫生先进单位"
	朱行中学被评为上海市野生保护科技特色教育"2006年度十佳模范学校"
	朱行中学荣获上海市中小学生"关注海洋,保护鲨鱼"科普教育系列活动优秀组织奖
	朱行中学被评为"上海市金爱心集体"提名奖

2. 2008—2018年度上海市朱行中学学校市级以上获奖一览表

日　期	主　题　及　等　第	等　级	颁　奖　单　位
2008.1	上海市中小学"关注海洋、保护鲨鱼"科普教育活动,获优秀组织奖	市级	上海市青少年科技教育中心、上海市野生动物保护协会
2008.2	2006～2007年度上海市安全文明校园称号	市级	上海市综治委学校及周边治安综合治理工作领导小组
2008.3	第二十三届英特尔上海市青少年科技大赛"观鸟识天气",获三等奖	市级	上海市青少年创新大赛组委会
2008.4	荣获2008年"上海市节能减排竞赛"活动(中学组),获二等奖	市级	上海绿洲野生动物保护交流中心
2008.7	初三年级环保实践小组荣获"富士施乐杯"第三届全国中小学生环保社会实践活动征文大赛,获一等奖	全国级	中国环境报社 全国中小学生环保社会实践活动组委会
2009.3	上海市平安单位——续创达标	市级	金山区教育局

续 表

日　期	主 题 及 等 第	等　级	颁 奖 单 位
2009.5	在 2009 年全国中小学生幼儿园优秀美术书法摄影作品大赛活动中成绩突出，获团体三等奖	全国级	中国少年儿童造型艺术学会 中国教育学会美术教育专业委员会
2009.6	组织和辅导第九届"星星河"全国少年儿童美术书法摄影大赛，获集体一等奖	全国级	中国青少年研究中心
2009.10	荣获上海市中小学生世博知识竞赛团队优秀表现奖	市级	上海世博会事务协调局、中共上海市教育卫生工作委员会
2009.10	荣获 2005～2007 学年度上海市少儿住院基金先进集体（沪儿基金办〔2009〕46 号）	市级	上海市少儿住院互助基金管理办公室
2010.5	荣获上海市红旗大队称号	市级	少先队上海市工作委员会
2011.1	"乐诚志愿者"小队在上海市红领巾世博志愿服务行动中表现突出，荣获"最佳服务队"称号	市级	少先队上海市工作委员会
2011.3	荣获第二十六届英特尔上海市青少年科技创新大赛动手做创意奖	市级	英特尔上海市青少年科技创新大赛组委会
2012.1	被评为 2011 年度上海青少年科普宣传教育先进集体	市级	上海市青少年金钥匙科技活动组委会
2012.2	朱行中学被命名为 2011 年度上海市平安单位	市级	上海市社会治安综合治理委员会
2012.3	第 27 届上海市青少年科技创新大赛优秀组织奖	市级	上海市青少年科技创新大赛组委会
2012.3	"关于废弃磁卡管理的科学实践活动"荣获第 27 届上海市青少年科技创新大赛青少年科技实践活动三等奖	市级	上海市青少年科技创新大赛组委会
2012.3	被评为"2010—2011 年度上海市安全文明校园"	市级	上海市综治委学校及周边治安综合治理工作领导小组
2012.12	在 2012 年度中国少年科学院"小院士"课题研究活动中，被评为中国少年科学院科普教育示范基地	国家级	中国少年科学院

日　期	主 题 及 等 第	等　级	颁 奖 单 位
2012.12	荣获上海市红领巾优秀科技社团称号	市级	少先队上海市工作委员会上海少年科学院
2013.3	"绿箱子"行动——创上海农村"绿色三园"科技创新实践活动获第 28 届上海市青少年科技创新大赛(科技实践活动)二等奖	市级	上海市青少年科技创新大赛组织委员会
2013.5	荣获第 28 届上海市青少年科技创新大赛动手实践奖	市级	上海《动手做报》报社
2014.1	被评为"2012—2013 年度上海市安全文明校园"	市级	上海市综治委校园及周边治安综合治理专项组
2014.3	第 29 届上海市青少年科技创新大赛(青少年科技实践活动)《节能环保,从我做起》创新实践活动二等奖	市级	上海市青少年科技创新大赛组委会
2014.3	第 29 届上海市青少年科技创新大赛优秀组织奖	市级	上海市青少年科技创新大赛组委会
2015.3	第 30 届上海市青少年科技创新大赛上荣获"动手做实践奖"	市级	《动手做报》社
2015.3	第 30 届上海市青少年科技创新大赛专项奖"优秀科技实践活动奖"《开展以珍惜粮食为荣科学实践活动》示范奖	市级	上海市青少年科技创新大赛组委会
2015.3	第 30 届上海市青少年科技创新大赛"青少年科技创新成果奖"《红灯前的停车厅》三等奖	市级	上海市青少年科技创新大赛组委会
2016.2	经审核朱行中学为上海市校园篮球联盟会员单位	市级	上海市校园篮球联盟
2016.9	荣获 2016 年上海市未成年人暑期工作优秀活动项目奖	市级	上海市精神文明建设委员会办公室、上海市青少年学生校外活动联席会议办公室
2016.9	荣获 2016 年上海市"我是非遗传习人"决赛手工类团体组一等奖	市级	上海市文教结合工作协调小组办公室

日　期	主 题 及 等 第	等 级	颁 奖 单 位
2017.6	荣获 2017 年第二届上海市校园篮球联盟联赛男子初中组比赛第六名	市级	上海市校园篮球联盟
2017.11	在"首届上海市校外教育实践课程优秀成果征集及展示活动"中提交的《创意扎染》系列课程,荣获学科课程类课程三等奖	市级	上海市学生校外教育联席会议办公室
2017.11	荣获 2017 上海市学生阳光体育大联赛肯德基青少年校园青春健身操大赛初中组健身操自选动作一等奖	市级	上海市学生阳光体育大联赛组委会竞赛部
2017.11	在 2017 年度上海市学生阳光体育大联赛初中组健身操比赛中,荣获二等奖	市级	上海市学生阳光体育大联赛组委会
2017.12	在 2017 年度上海市学生阳光体育大联赛踢跳比赛初中 8—9 年级组长绳 A 比赛中,荣获一等奖	市级	上海市学生阳光体育大联赛组委会
2018.1	中国少年科学院科普教育示范基地	国家级	中国少年儿童发展服务中心、中国青少年宫协会、中国少年科学院
2018.1	荣获"耐克杯"2018 年上海市青少年篮球传统项目学校交流比赛初中组三等奖	市级	上海市青少年训练管理中心
2018.1	申报的"创意扎染"项目在 2016 年上海市中华优秀传统文化暨非遗文化传承创新项目征集活动中荣获二等奖	市级	上海市文教结合工作协调小组办公室
2018.2	被命名为 2017 年度上海市平安示范单位	市级	上海市社会治安综合治理委员会
2018.2	被评为"2016—2017 年度上海市安全文明校园"	市级	上海市综治委校园及周边治安综合治理专项组
2018.5	在上海市节水型社会建设工作中成绩显著,被评为"上海市节水型学校"	市级	上海市水务局、上海市教育委员会
2018.8	荣获 2018"新闻晨报杯"上海市中学生暑期篮球联赛初中学校组第四名	市级	上海市校园篮球联盟

续 表

日 期	主 题 及 等 第	等 级	颁 奖 单 位
2018.12	上海市第十六届运动会"2018 年上海市'千校万班'三大球小达人技能竞赛市级总决赛排球 U15 女子"一等奖	市级	上海市第十六届运动会组委会
2018.12	上海市第十六届运动会"2018 年上海市'千校万班'三大球小达人技能竞赛市级总决赛排球 U15 男子"一等奖	市级	上海市第十六届运动会组委会
2018.12	上海市第十六届运动会"2018 年上海市'千校万班'三大球小达人技能竞赛市级总决赛排球 U13 男子"三等奖	市级	上海市第十六届运动会组委会
2018.12	上海市第十六届运动会"2018 年上海市'千校万班'三大球小达人技能竞赛市级总决赛篮球 U13"三等奖	市级	上海市第十六届运动会组委会
2018.12	上海市第十六届运动会"2018 年上海市'千校万班'三大球小达人技能竞赛市级总决赛篮球 U15"三等奖	市级	上海市第十六届运动会组委会
2018.12	《"创意扎染"课程群的建设》被评为中国创造学会创造教育专业委员会第三届创造教育研究成果三等奖	国家级	中国创造学会创造教育专业委员会
2018.12	《弘扬劳模精神·培塑教师师德》被评为2015—2017 年度上海市教育系统优秀工会工作创新案例三等奖	市级	上海市教育工会

二、1998—2018 年度上海市朱行中学教师个人获奖情况

1. 1998—2008 年度上海市朱行中学部分教师个人获奖荣誉

年 份	姓 名	荣 誉 称 号
1998	薛金荣	上海市教育系统事业单位会计知识竞赛三等奖
1999	杨永华	金山区先进德育工作者
1999	周晚霞	金山区优秀班主任

年 份	姓 名	荣 誉 称 号
1999	曹枫源	全国少先队建队 50 周年"队知识大赛"优秀辅导奖
1999	杨国权	全国少先队建队 50 周年"队知识大赛"优秀辅导奖
1999	周欢新	全国少先队建队 50 周年"队知识大赛"优秀辅导奖
1999	张美英	全国少先队建队 50 周年"队知识大赛"优秀辅导奖
1999	杨国欢	全国少先队建队 50 周年"队知识大赛"优秀辅导奖
1999	周 军	金山区优秀科技辅导员
1999	王正辉	"拯救濒危野生动物"科普知识竞赛辅导奖
2000	张宗铭	金山区教育工会先进工作者
2000	张美英	金山区优秀班主任
2000	陈翠萍	金山区优秀政治教师
2001	周 军	上海市科普宣传优秀指导教师
2001	宋锡苇	金山区家庭教育先进工作者
2001	杨永华	金山区社会治安综合治理先进个人
2001	怀仙文	上海市园丁奖
2001	宋锡苇	金山区园丁奖
2002	袁文观	第十七届英特尔上海市青少年科技创新大赛二等奖
2002	张美英	金山区第二届师德标兵称号
2003	范民达	金山区优秀班主任
2003	赵志刚	上海市 CAXA 杯劳动技术竞赛指导老师三等奖
2004	张美英	上海市园丁奖
2004	周卫军	金山区园丁奖
2005	何永文	金山区第四届师德标兵称号
2005	范民达	上海市优秀体育教师

年 份	姓 名	荣 誉 称 号
2005	张连芳	上海市"三八"红旗手
2005	徐欢华	金山区先进政治教师
2005	俞曙燕	金山区青年教师基本功比赛三等奖
2005	马红华	金山区第二期优秀骨干教师
2006	何永文	金山区优秀共产党员
2006	胡丹英	金山区优秀大队辅导员
2006	吴 慧	金山区优秀中队辅导员
2006	顾兰萍	少儿住院基金先进个人
2006	顾引娣	市郊中小学德育论文等第奖
2006	钱文锋	金山区第一届初中新教材说课比赛二等奖
2006	周玉明	金山区第二届中青年课堂教学评比二等奖
2006	俞曙燕	金山区青年教师课堂教学评比三等奖
2007	华亚平	上海市园丁奖
2007	周欢新	金山区园丁奖
2007	叶佰丘	第二十二届英特尔上海市青少年科技创新大赛二等奖
2007	郑正丽	金山区首届"新苗杯"青年教师教学基本功评比活动英语学科二等奖
2007	金丽华	金山区第二届少先队论文评比等第奖
2007	杨国欢	全国"希望杯"数学优秀辅导员
2007	周卫军	金山区优秀班主任
2007	徐伟红	金山区优秀中队辅导员
2007	陈翠萍	金山区"三八红旗手"
2008	朱乃器	金山区教育局社会治安综合治理先进个人
2008	周玉明	金山区第四届教育科学研究成果三等奖

2. 2008—2018 年上海市朱行中学部分教师个人获奖一览表

日 期	姓 名	主 题 等 第	等 级	颁奖单位
2008.7	张连芳	辅导的"上海市朱行中学初三年级环保实践小组"文章《上海农村规模养殖场作业流域环境影响调查》参加"富士施乐杯"第三届全国中小学生环保社会实践活动征文大赛,荣获一等奖	全国级	中国环境报社全国中小学生环保社会实践活动组委会
2008.10	金丽华	2008 上海市第八届金爱心教师三等奖	市级	上海市金爱心评选委员会
2008.11	何 愔	《校园中开展健美操活动的实践与探索》获 2008 上海市中学生舞蹈节校园舞蹈论坛三等奖	市级	2008 上海市学生舞蹈节组委会
2009.5	何 愔	在 2009 年全国中小学生幼儿园优秀美术书法摄影作品大赛活动中,辅导的学生作品整体水平较高,成绩显著,经艺术评审委员会评定,被评为模范辅导教师三等奖	全国级	中国少年儿童造型艺术学会、中国教育学会美术教育专业委员会、少儿美术报社
2009.6	何 愔	在组织和辅导第九届"星星河"全国少年儿童美术书法摄影大赛辅导一等奖	全国级	中国青少年研究中心
2009.9	胡丹英	上海市园丁奖	市级	上海市中小学幼儿教师奖励基金会
2009.9	俞曙燕	金山区园丁奖	区级	金山区教育局金山区教育奖励基金会
2009.9	杨国欢	金山区园丁奖	区级	金山区教育局金山区教育奖励基金会
2009.11	何 愔	荣获 2009 年上海市中小学生"爱祖国迎世博"原创剪纸比赛优秀指导奖	市级	上海市青少年保护委员会办公室上海市中小学幼儿园教师奖励基金会

日 期	姓 名	主 题 等 第	等 级	颁 奖 单 位
2010—2014	冯文勤	上海市劳动模范	市级	上海市总工会
2010—2014	张连芳	上海市劳动模范	市级	上海市总工会
2010.3	张美英	撰写的《学校工会建家实践的探讨与思考》一文,在2009 年度上海市教育系统优秀调查报告、论文评选中荣获三等奖	市级	中国教育工会上海市委员会
2010.5	张美英	被评为 2007—2009 年度上海市教育系统优秀工会积极分子	市级	中国教育工会上海市委员会
2011.3	易金华	在 2010 年"生活的准则"征文竞赛上海赛区荣获初中组新秀奖	市级	国际青年成就中国部
2011.3	顾丹峰	在 2010 年"生活的准则"征文竞赛上海赛区荣获初中组新秀奖	市级	国际青年成就中国部
2011.9	孙燕平	在金山区首届网络教研优秀个人评比中荣获三等奖	区级	金山区教师进修学院
2011.9	宋艳琳	荣获上海农村学校班主任工作君远奖特色奖	市级	上海市学生德育发展中心、上海唐君远教育基金会、上海市中小学德育研究协会
2012.6	沈 嵘	荣获 2012 第五届上海市中小学生食品安全知识竞赛优秀教师奖	市级	上海市科技艺术教育中心、上海市学生活动管理中心
2012.7	钟 茜	指导的学生高文英在 2012 年全国中学生英语作文大赛上海七年级组中获三等奖	市级	全国中学生英语作文大赛组委会
2012.12	尤 正	荣获 2012 年上海少年儿童"科技启明星章"争章活动优秀指导奖	市级	少先队上海市工作委员会、上海市青少年活动中心

日　期	姓　名	主 题 等 第	等　级	颁 奖 单 位
2014.1	叶伯丘	第九届中国少年科学院"小院士"课题研究活动全国优秀科技教师	国家级	中国少年科学院
2014.1	金　丹	第九届中国少年科学院"小院士"课题研究活动全国优秀科技教师	国家级	中国少年科学院
2014.1	宋晓英	在上海市普教系统"教育与梦想同行"主题博文大赛中荣获二等奖	市级	上海市教卫工作党委系统文明办
2014.5	张纯薇	在第十届全国语文规范化知识大赛中荣获中学组优秀指导奖	全国级	教育部语言文字应用管理司、全国语文规范化知识大赛组委会
2014.5	周丽华	在第十届全国语文规范化知识大赛中荣获中学组优秀指导奖	全国级	教育部语言文字应用管理司、全国语文规范化知识大赛组委会
2014.5	杨　慧	在第十届全国语文规范化知识大赛中荣获中学组优秀指导奖	全国级	教育部语言文字应用管理司、全国语文规范化知识大赛组委会
2014.5	张雅琼	在第十届全国语文规范化知识大赛中荣获中学组优秀指导奖	全国级	教育部语言文字应用管理司、全国语文规范化知识大赛组委会
2014.5	杨国权	在第十届全国语文规范化知识大赛中荣获中学组优秀指导奖	全国级	教育部语言文字应用管理司、全国语文规范化知识大赛组委会
2014.5	王圣婕	在第十届全国语文规范化知识大赛中荣获中学组优秀指导奖	全国级	教育部语言文字应用管理司、全国语文规范化知识大赛组委会
2014.5	张仁辉	在第十届全国语文规范化知识大赛中荣获中学组优秀指导奖	全国级	教育部语言文字应用管理司、全国语文规范化知识大赛组委会
2014.5	吴金沙	在第十届全国语文规范化知识大赛中荣获中学组优秀指导奖	全国级	教育部语言文字应用管理司、全国语文规范化知识大赛组委会

日 期	姓 名	主 题 等 第	等 级	颁 奖 单 位
2014.9	张美英	荣获 2014 年度上海市园丁奖	市级	上海市中小学幼儿园教师奖励基金会
2014.10	程 华	论文"初中化学教学中人文重组及利用的行动研究"在上海市教育学会化学教学专业委员会 2014 年论文评选中荣获三等奖	市级	上海市教育学会化学教学专业委员会
2014.10	万丽华	2014 上海市第十一届金爱心教师鼓励奖	市级	上海市慈善基金会、新民晚报、上海爱的教育研究会
2014.11	金 丹	荣获第二十三届中国儿童青少年"威盛中国芯·HTC"计算机表演赛上海赛区竞赛活动优秀指导教师	市级	上海市科技艺术教育中心
2014.12	叶伯丘	在第十届中国少年科学院"小院士"课题研究成果展示交流活动中，被评为全国优秀科技教师	国家级	中国少年科学院、中国青少年发展服务中心
2014.12	何 惜	在"彩虹行动计划"系列活动——2014 年上海市学生艺术作品展中获优秀指导教师奖	市级	上海市艺术教育委员会、科技艺术教育中心
2015.1	何 惜	在"传承未来"首届上海市中小学生书画作品征集交流活动中，积极组织和指导学生参与，荣获优秀指导奖	市级	上海市书法家协会、美术家协会、少年日报
2015.1	何 惜	上海市金山区家庭扎染作品在第七届中国家庭文化艺术节中，荣获优胜奖	全国级	全国妇联宣传部
2015.4	胡丹英	撰写的《2A＋2C，打造"超级"家长会》一文，在上海市中小幼"家校合作中的创意"征文中，荣获二等奖	市级	上海市教育科学研究院

日 期	姓 名	主 题 等 第	等 级	颁 奖 单 位
2015.7	周欢新	在第十八届青少年五号小公民"少年向上 真善美伴我行"主题教育活动中,辅导的学生顾静颖获得征文比赛中学组一等奖,教师获得征文指导一等奖	国家级	教育部关心下一代工作委员会
2015.8	胡丹英	撰写的《在"班级组"建设中构建"一班一品"班级特色文化》在2015年"黄浦杯"长三角城市群"管理的变革"征文评选中荣获二等奖	市级	上海市教科院普教所、黄浦区教育局
2015.8	武 强	荣获2015年上海市首届中小学艺术教师基本功大赛学科三等奖	市级	上海市教育委员会
2015.10	周卫凤	荣获金山区"明天的导师"工程2014学年度金苗奖	市级	市中小学幼儿教师奖励基金会、金山区教育发展基金会
2015.10	程 华	荣获金山区"明天的导师"工程2014学年度金苗奖	市级	市中小学幼儿教师奖励基金会、金山区教育发展基金会
2016.1	叶伯丘	在第十一届中国少年科学院"小院士"课题研究成果全国展示交流活动中,被评为全国优秀科技教师	全国级	中国少年科学院、中国青少年发展服务中心
2016.6	张丹婧	在2016年上海市中小学(幼儿园)见习教师规范化培训展示活动中荣获三等奖	市级	上海市教师专业发展工程领导小组办公室
2016.8	金 丹	荣获第二十五届中国儿童青少年威盛中国芯HTC计算机表演赛全国总决赛优秀个人组织奖	国家级	第二十五届中国儿童青少年计算机表演赛全国组委会
2017.5	吴春漪	作品"四大发明之造纸术及自制再生纸的探索"在2016年上海市初中科学学科长周期活动项目评比中获得三等奖	市级	上海市教育学会中小学科学教学专业委员会

日　期	姓　名	主 题 等 第	等　级	颁 奖 单 位
2017.5	刘巧巧	在第十三届全国语文规范化知识大赛中荣获中学组优秀指导奖	国家级	教育部语言文字应用管理司、教育部关心下一代工作委员会
2017.5	许明建	在第十三届全国语文规范化知识大赛中荣获中学组优秀指导奖	国家级	教育部语言文字应用管理司、教育部关心下一代工作委员会
2017.5	易金华	在第十三届全国语文规范化知识大赛中荣获中学组优秀指导奖	国家级	教育部语言文字应用管理司、教育部关心下一代工作委员会
2017.5	张水龙	在第十三届全国语文规范化知识大赛中荣获中学组优秀指导奖	国家级	教育部语言文字应用管理司、教育部关心下一代工作委员会
2017.5	王圣婕	在第十三届全国语文规范化知识大赛中荣获中学组优秀指导奖	国家级	教育部语言文字应用管理司、教育部关心下一代工作委员会
2017.5	杨　慧	在第十三届全国语文规范化知识大赛中荣获中学组优秀指导奖	国家级	教育部语言文字应用管理司、教育部关心下一代工作委员会
2017.5	何叶青	在第十三届全国语文规范化知识大赛中荣获中学组优秀指导奖	国家级	教育部语言文字应用管理司、教育部关心下一代工作委员会
2017.5	张美英	在第十三届全国语文规范化知识大赛中荣获中学组优秀指导奖	国家级	教育部语言文字应用管理司、教育部关心下一代工作委员会
2017.5	李　容	在第十三届全国语文规范化知识大赛中荣获中学组优秀指导奖	国家级	教育部语言文字应用管理司、教育部关心下一代工作委员会
2017.5	杨国权	在第十三届全国语文规范化知识大赛中荣获中学组优秀指导奖	国家级	教育部语言文字应用管理司、教育部关心下一代工作委员会
2017.5	张雅琼	在第十三届全国语文规范化知识大赛中荣获中学组优秀指导奖	国家级	教育部语言文字应用管理司、教育部关心下一代工作委员会

续　表

日　期	姓　名	主题等第	等　级	颁奖单位
2017.5	吴金沙	在第十三届全国语文规范化知识大赛中荣获教师组优胜奖	国家级	教育部语言文字应用管理司、教育部关心下一代工作委员会
2017.5	张美英	在第十三届全国语文规范化知识大赛中荣获教师组优胜奖	国家级	教育部语言文字应用管理司、教育部关心下一代工作委员会
2017.12	何　憎	获上海市中小学中青年教师教学评选活动三等奖	市级	市教育委员会、市中小学幼儿园教师奖励基金会
2018.1	金　丹	在第十三届中国少年科学院"小院士"课题研究成果全国展示交流活动中，被评为全国优秀科技教师	国家级	中国少年儿童发展服务中心、中国青少年宫协会、中国少年科学院
2018.9	陈娟娟	撰写的《我愿陪你走出那片"阴霾"》一文荣获 2017 学年"有智慧的教育"金山区中小幼教育教学案例评选初中组三等奖	区级	金山区教育学院
2018.9	张丹婧	撰写的《拨开云雾见彩虹》一文荣获 2017 学年"有智慧的教育"金山区中小幼教育教学案例评选初中组三等奖	区级	金山区教育学院
2018.9	何　憎	《夹子的秘密》获 2018 年中华优秀传统文化系列课程——"非遗空中课堂"评选活动三等奖	市级	上海市文教结合工作协调办
2018.9	何　憎	《线的韵律》获 2018 年中华优秀传统文化系列课程——"非遗空中课堂"评选活动三等奖	市级	上海市文教结合工作协调办
2018.9	金丽华	在"闵行杯"上海市班主任基本功系列竞赛中，荣获初中组二等奖	市级	上海市中小学教师奖励基金会

续　表

日　期	姓　名	主 题 等 第	等　级	颁 奖 单 位
2018.9	徐志强	荣获金山区 2017 学年度"情系金山,魂牵教育"——明天的导师工程金玉兰奖	市级	上海市中小学幼儿园教师奖励基金会
2018.9	张丹婧	《热机》教学案例,在 2018 年上海市中小学数字教材学校应用研究教学案例征集活动中荣获三等奖	市级	上海市教育委员会教学研究室
2018.12	丁益兰	上海市"一师一优课 一课一名师"活动 2018 年度市级"优课"	市级	上海市电化教育馆、市教委教学研究室
2018.12	丁益兰	报送的课例《美饰的秩序之美单独纹样》被评为教育部 2018 年度"一师一优课 一课一名师"活动"优课"	国家级	中央电化教育馆
2018.12	何 惜	在 2018 年上海市"阳光天使"杯学生艺术作品展荣获优秀指导教师奖	市级	上海市科技艺术教育中心

三、2004—2018 年上海市朱行中学学生获奖情况

1. 2004—2008 年上海市朱行中学学生获奖一览表

姓　名	获奖年份	获 奖 项 目
陆欣文	2004.4	金山区优秀队长
周　煜	2004.4	金山区优秀队员
卫　玥	2005.4	金山区优秀队长
秦晓雯	2005.4	金山区优秀队员
卫　玥	2006.4	金山区优秀队员
李子涵	2006.4	金山区优秀队长

姓　名	获 奖 年 份	获 奖 项 目
王晓婷	2006.4	金山区优秀队员
毕　祎	2006.4	金山区优秀团员
马苗苗	2007.4	金山区优秀队员
吴艺婷	2007.4	金山区优秀队员
顾烨眸	2007.4	金山区优秀队长
卫　玥	2007.4	金山区优秀团员
卫芸凡	2008.4	金山区优秀队员
陆　叶	2008.4	金山区优秀队员
王晓婷	2008.4	金山区优秀队长
葛伟欣	2008.4	金山区优秀队员
陈彦伦	2004.6	电子模拟探雷竞赛
蒋史君	2004.12	"陆行杯"航天水火箭比赛
黄也娜	2004.12	"机器人小专家"知识竞赛
王丽娜	2004.12	"机器人小专家"知识竞赛
沈　倩	2004.12	上海市金钥匙科技竞赛
计　英	2004.12	常见植物识别竞赛
夏　彪	2004.12	常见植物识别竞赛
卫　玥	2005.6	第十届创造发明设计竞赛
吴秋萍	2005.6	第十届创造发明设计竞赛
陆　佳	2005.6	第十届创造发明设计竞赛
朱　玲	2006.2	中小学野生动物保护知识
卫　玥	2006.7	市中小学识鸟知识竞赛

姓 名	获 奖 年 份	获 奖 项 目
阮聪聪	2006.7	市中小学识鸟知识竞赛
俞 洁	2006.12	"西南位育杯"机器人知识竞赛
赵嘉顺	2006.12	"四平杯"水火箭比赛
周晓怡	2006.12	"飞向北京"航天知识竞赛
顾夏萍	2006.12	市金钥匙科技竞赛
顾美虹	2007.3	上海市青少年昆虫识别竞赛
陆丽丽	2007.3	上海市青少年昆虫识别竞赛
朱 玲	2007.3	上海市青少年昆虫识别竞赛
黄也娜	2007.3	上海市青少年昆虫识别竞赛
陆亚倩	2007.3	上海市青少年昆虫识别竞赛
吴思远	2007.7	上海市"奉贤杯"东风一号伞降模型
陆秋涛	2007.7	上海市"奉贤杯"东风一号伞降模型
陶紫巍	2007.12	上海市青少年常见昆虫鉴别竞赛
陆 叶	2007.12	上海市青少年常见昆虫鉴别竞赛
王彬彬	2007.12	上海市青少年常见昆虫鉴别竞赛
吴艺婷	2007.12	上海市青少年常见昆虫鉴别竞赛
吴 美	2007.12	上海市青少年常见昆虫鉴别竞赛
何怡琼	2007.12	上海市青少年常见昆虫鉴别竞赛
王敏凤	2007.12	上海市青少年常见昆虫鉴别竞赛
袁蕾蕾	2007.12	上海市青少年常见昆虫鉴别竞赛
王晓婷	2007.12	上海市青少年"关注海洋保护鲨鱼"竞赛
马苗苗	2007.12	上海市青少年"关注海洋保护鲨鱼"竞赛
葛伟欣	2007.12	上海市青少年"关注海洋保护鲨鱼"竞赛

姓　　名	获 奖 年 份	获 奖 项 目
冯燕庆	2007.12	上海市青少年"关注海洋保护鲨鱼"竞赛
孙夏雨	2007.12	上海市青少年"关注海洋保护鲨鱼"竞赛
叶智青	2007.12	上海市青少年"关注海洋保护鲨鱼"竞赛
陶紫巍	2008.3	上海市"救救野猪"野生保护知识竞赛
陆　叶	2008.3	上海市"救救野猪"野生保护知识竞赛
吴艺婷	2008.3	上海市"救救野猪"野生保护知识竞赛
吴　美	2008.3	上海市"救救野猪"野生保护知识竞赛

2. 2008—2018 年上海市朱行中学度学生获奖一览表(科技类除外)

日期	班级	姓名	主 题 等 第	等级	颁奖单位
2008.5	初二(1)班	陶紫巍	荣获"恒源祥文学之星"中国中学生作文大赛上海"易思·新知杯"优胜奖	市级	上海炎黄文化研究会
2008.5	初二(4)班	吴显慧	荣获"金山枫泾杯"上海市 2008 年中小学生美术、书法作品三等奖	市级	上海市教委教学研究室上海教育学会书法教学专业委员会
2008.6	初二(4)班	白　鸽	荣获上海市第二届"百优"自强好少年	市级	上海市科学育儿基地
2008.12	初二(4)班	王敏凤	你的征文《我的世博梦想》在"我的 2010——上海市中小学世博主题征文竞赛"中荣获三等奖	市级	上海市学生素质教育活动协调小组办公室上海市教育委员会定于处上海世博会事务协调局新闻宣传部
2009.4	初二(4)班	袁蕾蕾	荣获 2008—2009"恒源祥文学之星"中国中学生作文大赛上海赛区"51.com 新知杯"作文竞赛优秀奖	国家级	解放日报科教部文汇报教卫部

日期	班级	姓名	主 题 等 第	等级	颁 奖 单 位
2009.4	初二(4)班	陆嘉依	荣获 2008—2009"恒源祥文学之星"中国中学生作文大赛上海赛区"51.com 新知杯"作文竞赛三等奖	国家级	解放日报科教部 文汇报教卫部
2009.4	初二(4)班	唐毅媛	在"我与祖国心连心"邮票创作比赛中获三等奖	国家级	中国福利会少年宫
2009.4	初二(4)班	马宇雯	在"我与祖国心连心"邮票创作比赛中获三等奖	国家级	中国福利会少年宫
2009.5	初一(1)班	蒋姗姗	作品《现代化农村》在 2009 年全国中小学生幼儿园优秀美术书法摄影作品大赛活动中,经艺术评审委员会初选、终评,荣获金奖	国家级	
2009.5	预备(5)班	瞿秋杨	作品《神奇的医院》在 2009 年全国中小学生幼儿园优秀美术书法摄影作品大赛活动中,经艺术评审委员会初选、终评,荣获金奖	国家级	中国少年儿童造型艺术学会、中国教育学会美术教育专业委员会、少儿美术报社
2009.5	预备(5)班	马宇雯	作品《人类、自然、和谐》在 2009 年全国中小学生幼儿园优秀美术书法摄影作品大赛活动中,经艺术评审委员会初选、终评,荣获金奖	国家级	
2009.5	初一(1)班	杨雨沁	作品《公园阅读》在 2009 年全国中小学生幼儿园优秀美术书法摄影作品大赛活动中,经艺术评审委员会初选、终评,荣获银奖	国家级	

日期	班级	姓名	主 题 等 第	等级	颁 奖 单 位
2009.5	初一 (5)班	张　婷	作品《快乐校园》在2009年全国中小学生幼儿园优秀美术书法摄影作品大赛活动中,经艺术评审委员会初选、终评,荣获银奖	国家级	
2009.5	预备 (3)班	严弘杰	作品《西瓜梦工厂》在2009年全国中小学生幼儿园优秀美术书法摄影作品大赛活动中,经艺术评审委员会初选、终评,荣获银奖	国家级	
2009.5	预备 (5)班	唐毅媛	作品《采摘》在2009年全国中小学生幼儿园优秀美术书法摄影作品大赛活动中,经艺术评审委员会初选、终评,荣获银奖	国家级	
2009.5	预备 (1)班	金余霜	作品《老爷爷,您好!》在2009年全国中小学生幼儿园优秀美术书法摄影作品大赛活动中,经艺术评审委员会初选、终评,荣获银奖	国家级	
2009.5	预备 (3)班	孙寒香	作品《雪中乐》在2009年全国中小学生幼儿园优秀美术书法摄影作品大赛活动中,经艺术评审委员会初选、终评,荣获银奖	国家级	
2009.5	初一 (5)班	张　婷	在2009年上海市"普陀子长杯"中小幼学生书画、篆刻展评活动中,荣获绘画二等奖	市级	上海市教育委员会教学教研室
2009.5	初一 (5)班	陶紫巍	荣获上海市优秀队员	市级	

日期	班级	姓名	主 题 等 第	等级	颁 奖 单 位
2009.11	初一 (5)班	何叶青	荣获2009年上海市中小学生"爱祖国迎世博"原创剪纸比赛三等奖	市级	上海市青少年保护委员会办公室 上海市中小学幼儿园教师奖励基金会
2010.4	初三 (6)班	赵菁菁	荣获"恒源祥文学之星"中国中学生作文大赛(2009～2010)上海赛区"新课标、新知杯"作文竞赛三等奖	市级	中国中学生作文大赛"恒源祥"之星
2010.4	初三 (6)班	蒋俊伟	荣获"恒源祥文学之星"中国中学生作文大赛(2009～2010)上海赛区"新课标、新知杯"作文竞赛三等奖	市级	中国中学生作文大赛"恒源祥"之星
2010.4	初三 (6)班	姜丽婷	荣获"恒源祥文学之星"中国中学生作文大赛(2009～2010)上海赛区"新课标、新知杯"作文竞赛三等奖	市级	中国中学生作文大赛"恒源祥"之星
2010.4	预备 (3)班	冯振东	荣获"恒源祥文学之星"中国中学生作文大赛(2009～2010)上海赛区"新课标、新知杯"作文竞赛二等奖	市级	中国中学生作文大赛"恒源祥"之星
2010.4	初三 (5)班	俞　洁	荣获"恒源祥文学之星"中国中学生作文大赛(2009～2010)上海赛区"新课标、新知杯"作文竞赛二等奖	市级	中国中学生作文大赛"恒源祥"之星
2010.4	初一 (4)班	蔡林郑	荣获"恒源祥文学之星"中国中学生作文大赛(2009～2010)上海赛区"新课标、新知杯"作文竞赛二等奖	市级	中国中学生作文大赛"恒源祥"之星

日期	班级	姓名	主 题 等 第	等级	颁 奖 单 位
2010.12	初一(2)班	陆　凡	荣获2010年上海市中小学生世博"风尚好少年"称号	市级	上海市精神文明建设委员会办公室、中共上海市教育卫生工作委员会、上海市教育委员会
2010.12	初一(2)班	朱　霞	荣获2010年上海市中小学生世博"风尚好少年"称号	市级	
2010.12	初一(2)班	陆　凡	荣获第二届上海市中学生"德尚风采人物(百优)"荣誉称号	市级	上海市学生素质教育活动领导小组办公室、上海市学生德育发展中心
2011.3	初一(2)班	刘　曦	在2010年"生活的准则"征文竞赛上海赛区荣获初中组新秀奖	市级	国际青年成就中国部
2011.3	初一(2)班	王菱菱	在2010年"生活的准则"征文竞赛上海赛区荣获初中组新秀奖	市级	国际青年成就中国部
2011.3	初一(2)班	孙寒香	在2010年"生活的准则"征文竞赛上海赛区荣获初中组新秀奖	市级	国际青年成就中国部
2011.3	初一(2)班	蔡婷婷	在2010年"生活的准则"征文竞赛上海赛区荣获初中组新秀奖	市级	国际青年成就中国部
2011.11	初二(2)班	陆　凡	2011年11月当选为中国少年科学院"小研究员"	国家级	中国少年科学院
2013.5	初三(2)班	陆　凡	被评为2012学年度上海市优秀少先队员,同时授予上海市"四好少年"称号	市级	共青团上海市委员会上海市教育委员会、少先队上海市工作委员会
2013.12	初三(2)班	吴　莹	全国少年儿童生态道德教育活动"生态之星"	全国级	中国儿童中心
2014.4	初三(2)班	高　烨	荣获第九届"中国中学生作文大赛·恒源祥文学之星"(2013—2014)上海赛区"新知杯"三等奖	市级	中国中学生作文大赛上海赛区组委会

日期	班级	姓名	主 题 等 第	等级	颁 奖 单 位
2014.4	初三(2)班	蒋瑜倩	荣获第九届"中国中学生作文大赛·恒源祥文学之星"(2013—2014)上海赛区"新知杯"三等奖	市级	中国中学生作文大赛上海赛区组委会
2014.4	初三(2)班	杨文佳	荣获第九届"中国中学生作文大赛·恒源祥文学之星"(2013—2014)上海赛区"新知杯"优胜奖	市级	中国中学生作文大赛上海赛区组委会
2014.5	初三(2)班	魏婉怡	被评为2013学年度"上海市优秀少先队员"	市级	共青团上海市委员会、上海市教育委员会、少先队上海市工作委员会
2014.5	初三(2)班	伍　蝶	在第十届全国语文规范化知识大赛中荣获中学组优胜奖	全国级	教育部语言文字应用管理司、全国语文规范化知识大赛组委会
2014.5	初三(2)班	曹萌萌	在第十届全国语文规范化知识大赛中荣获中学组优胜奖	全国级	教育部语言文字应用管理司、全国语文规范化知识大赛组委会
2014.5	初三(2)班	曹丹妮	在第十届全国语文规范化知识大赛中荣获中学组优胜奖	全国级	教育部语言文字应用管理司、全国语文规范化知识大赛组委会
2014.5	初三(2)班	李思宇	在第十届全国语文规范化知识大赛中荣获中学组优胜奖	全国级	教育部语言文字应用管理司、全国语文规范化知识大赛组委会
2014.5	初三(2)班	夏子怡	在第十届全国语文规范化知识大赛中荣获中学组优胜奖	全国级	教育部语言文字应用管理司、全国语文规范化知识大赛组委会
2014.5	初三(2)班	蒋瑜倩	在第十届全国语文规范化知识大赛中荣获中学组优胜奖	全国级	教育部语言文字应用管理司、全国语文规范化知识大赛组委会
2014.5	初三(2)班	朱倩倩	在第十届全国语文规范化知识大赛中荣获中学组优胜奖	全国级	教育部语言文字应用管理司、全国语文规范化知识大赛组委会

日期	班级	姓名	主 题 等 第	等级	颁奖单位
2014.5	初三(2)班	蒋 丹	在第十届全国语文规范化知识大赛中荣获中学组优胜奖	全国级	教育部语言文字应用管理司、全国语文规范化知识大赛组委会
2014.12	初三(2)班	戚佳慧	作品《出淤泥而不染》在"彩虹行动计划"系列活动——2014年上海市学生艺术作品展获一等奖	市级	上海市艺术教育委员会、科技艺术教育中心
2014.12	初三(2)班	徐乾婷	作品《连年有余》在"彩虹行动计划"系列活动——2014年上海市学生艺术作品展获二等奖	市级	上海市艺术教育委员会、科技艺术教育中心
2014.12	初三(2)班	张美丽	作品《孔雀》在"彩虹行动计划"系列活动——2014年上海市学生艺术作品展获三等奖	市级	上海市艺术教育委员会、科技艺术教育中心
2014.12	初三(2)班	杜鹃花	作品《扎染时装秀》在"彩虹行动计划"系列活动——2014年上海市学生艺术作品展获三等奖	市级	上海市艺术教育委员会、科技艺术教育中心
2015.1	初三(2)班	徐乾婷	在"传承未来"首届上海市中小学生书画作品征集交流活动中,荣获二等奖	市级	上海市书法家协会、美术家协会、少年日报
2015.1	初三(2)班	孙淼淼	在"传承未来"首届上海市中小学生书画作品征集交流活动中,荣获一等奖	市级	上海市书法家协会、美术家协会、少年日报
2015.5	初三(2)班	戚佳慧	在"最自然、最生活、最心动"上海市青少年书画征集大赛中荣获银奖	市级	上海国际自然保护周组委会办公室、上海科技馆、少先队上海市工作委员会

日期	班级	姓名	主题等第	等级	颁奖单位
2015.6	初三(2)班	钟贝蕾	"2015年食品安全周及夏秋季传染病防控"宣传进校园线上答题知识竞赛优胜奖	市级	上海市健康教育所
2015.7	初三(2)班	顾静颖	在第十八届全国青少年五号小公民"少年向上 真善美伴我行"主题教育活动中,荣获征文比赛中学组一等奖	国家级	教育部关心下一代工作委员会
2015.11	初三(2)班	孙丹琳	荣获2015年暑期中小学生网上有奖答题优秀奖	市级	市教育学会中小学图书馆专业委员会
2015.12	初三(2)班	沈丹婷	荣获"2015年上海市中小学生暑期读书系列活动"三等奖	市级	市教育委员会中小学图书馆工作委员会、市教育学会
2016.1	初三(2)班	吴林炎	积极参与"梦想未来Dream Futre"2016上海学生艺术设计展	市级	上海艺术设计展组委会
2016.1	初三(2)班	朱嘉雯	积极参与"梦想未来Dream Futre"2016上海学生艺术设计展	市级	上海艺术设计展组委会
2016.1	初三(2)班	魏佳	积极参与"梦想未来Dream Futre"2016上海学生艺术设计展	市级	上海艺术设计展组委会
2016.1	初三(2)班	江盼盼	积极参与"梦想未来Dream Futre"2016上海学生艺术设计展	市级	上海艺术设计展组委会
2016.1	初三(2)班	沈嘉琦	积极参与"梦想未来Dream Futre"2016上海学生艺术设计展	市级	上海艺术设计展组委会
2016.1	初三(2)班	候艺欣	积极参与"梦想未来Dream Futre"2016上海学生艺术设计展	市级	上海艺术设计展组委会

日期	班级	姓名	主 题 等 第	等级	颁 奖 单 位
2016.1	初三(2)班	王佳蕾	积极参与"梦想未来Dream Futre"2016上海学生艺术设计展	市级	上海艺术设计展组委会
2016.1	初三(2)班	甄扬	积极参与"梦想未来Dream Futre"2016上海学生艺术设计展	市级	上海艺术设计展组委会
2016.1	初三(2)班	杨晨宇	积极参与"梦想未来Dream Futre"2016上海学生艺术设计展	市级	上海艺术设计展组委会
2016.4	初三(2)班	徐鑫	荣获第十一届中国中学生作文大赛"恒源祥文学之星"上海赛区"昂立智立方·新知杯"三等奖	市级	中国中学生作文大赛上海赛区组委会
2016.7	初三(2)班	钟贝蕾	荣获2016上海市食品安全宣传周"食品安全进校园"系列活动,线上答题知识竞赛优胜奖	市级	上海市健康教育所
2016.9	初三(2)班	吴慧莹	走在慈善的路上全国中学生慈善征文活动获优胜奖	市级	上海市慈善基金会
2017.2	初三(2)班	朱沈晟	荣获第十二届中学生作文大赛"恒源祥文学之星"上海赛区"昂立智立方新知杯"一等奖	市级	中国中学生作文大赛上海赛区组委会
2017.2	初三(2)班	夏子怡	荣获第十二届中学生作文大赛"恒源祥文学之星"上海赛区"昂立智立方新知杯"一等奖	市级	中国中学生作文大赛上海赛区组委会
2017.2	初三(2)班	张馨远	荣获第十二届中学生作文大赛"恒源祥文学之星"上海赛区"昂立智立方新知杯"三等奖	市级	中国中学生作文大赛上海赛区组委会

日期	班级	姓名	主 题 等 第	等级	颁 奖 单 位
2017.2	初三(2)班	潘 妮	荣获第十二届中学生作文大赛"恒源祥文学之星"上海赛区"昂立智立方新知杯"优胜奖	市级	中国中学生作文大赛上海赛区组委会
2017.2	初三(2)班	周维维	荣获第十二届中学生作文大赛"恒源祥文学之星"上海赛区"昂立智立方新知杯"优胜奖	市级	中国中学生作文大赛上海赛区组委会
2017.2	初三(2)班	杨文韬	荣获第十二届中学生作文大赛"恒源祥文学之星"上海赛区"昂立智立方新知杯"优胜奖	市级	中国中学生作文大赛上海赛区组委会
2017.2	初三(2)班	吴怡辰	在"发现美、记录美、传递美"2016上海市少儿新闻大赛中荣获优秀奖	市级	上海市精神文明建设委员会办公室、市教委
2017.3	初三(2)班	朱凌怡	荣获第32届上海市青少年科技创新大赛"青少年科技创意"二等奖	市级	上海市青少年科技创新大赛组委会
2017.3	初三(2)班	王瞻远	荣获第32届上海市青少年科技创新大赛"青少年科技创意"三等奖	市级	上海市青少年科技创新大赛组委会
2017.5	初三(2)班	陈依娜	在第十三届全国语文规范化知识大赛中荣获中学组优胜奖	国家级	教育部语言文字应用管理司、教育部关心下一代工作委员会
2017.5	初三(2)班	姚思蓝	在第十三届全国语文规范化知识大赛中荣获中学组优胜奖	国家级	教育部语言文字应用管理司、教育部关心下一代工作委员会
2017.5	初三(2)班	唐 亿	在第十三届全国语文规范化知识大赛中荣获中学组优胜奖	国家级	教育部语言文字应用管理司、教育部关心下一代工作委员会
2017.5	初三(2)班	杨雨晴	在第十三届全国语文规范化知识大赛中荣获中学组优胜奖	国家级	教育部语言文字应用管理司、教育部关心下一代工作委员会

日 期	班级	姓名	主 题 等 第	等级	颁 奖 单 位
2017.5	初三(2)班	李安佑	在第十三届全国语文规范化知识大赛中荣获中学组优胜奖	国家级	教育部语言文字应用管理司、教育部关心下一代工作委员会
2017.5	初三(2)班	蒋蓓怡	在第十三届全国语文规范化知识大赛中荣获中学组优胜奖	国家级	教育部语言文字应用管理司、教育部关心下一代工作委员会
2017.5	初三(2)班	沈鸿飞	在第十三届全国语文规范化知识大赛中荣获中学组优胜奖	国家级	教育部语言文字应用管理司、教育部关心下一代工作委员会
2017.5	初三(2)班	薛 勤	在第十三届全国语文规范化知识大赛中荣获中学组优胜奖	国家级	教育部语言文字应用管理司、教育部关心下一代工作委员会
2017.5	初三(2)班	王杨琦	在第十三届全国语文规范化知识大赛中荣获中学组优胜奖	国家级	教育部语言文字应用管理司、教育部关心下一代工作委员会
2017.5	初三(2)班	吴欣雨	在第十三届全国语文规范化知识大赛中荣获中学组二等奖	国家级	教育部语言文字应用管理司、教育部关心下一代工作委员会
2017.6	初三(2)班	冯俊豪	荣获2017年上海市青少年马术竞标赛马场马术比赛(个人)初中公开组第8名	市级	上海市体育局
2017.6	初三(4)班	徐子恒	荣获2017年上海市青少年马术竞标赛马场马术比赛(个人)初中公开组第12名	市级	上海市体育局
2017.6	初三(4)班	李家杰	荣获2017年上海市青少年马术竞标赛马场马术比赛(个人)初中公开组第15名	市级	上海市体育局
2017.6	初三(2)班	冯俊豪	荣获2017年上海市青少年马术竞标赛马场马术比赛(个人)初中竞标赛组第8名	市级	上海市体育局

日期	班级	姓名	主 题 等 第	等级	颁 奖 单 位
2017.6	初三(4)班	徐子恒	荣获 2017 年上海市青少年马术竞标赛马场马术比赛(个人)初中竞标赛组第 11 名	市级	上海市体育局
2017.6	初三(4)班	李家杰	荣获 2017 年上海市青少年马术竞标赛马场马术比赛(个人)初中竞标赛组第 14 名	市级	上海市体育局
2017.7	初三(4)班	冯俊豪	2017 年上海市青少年马术锦标赛马场马术个人赛初中组第 8 名	市级	上海市体育局
2017.7	初三(4)班	冯俊豪	2017 年上海市青少年马术锦标赛初中公开组马场马术个人赛中荣获第 8 名	市级	上海市马术协会
2017.12	初三(4)班	盛倩帧	荣获 2017 年上海市中小幼学生智力七巧板活动一等奖	市级	上海市民终身学习创意手工体验基地
2017.12	初三(4)班	刘 畅	荣获 2017 年上海市中小幼学生智力七巧板活动二等奖	市级	上海市民终身学习创意手工体验基地
2017.12	初三(4)班	宋世杰	荣获 2017 年上海市中小幼学生智力七巧板活动二等奖	市级	上海市民终身学习创意手工体验基地
2018.1.	初三(4)班	高 远	在第十三届中国少年科学院"小院士"课题研究成果全国展示交流活动中,表现突出,成绩优异,经过专家委员会评议,决定聘为中国少年科学院小研究员。所研究的课题荣获三等课题	国家级	中国少年儿童发展服务中心、中国青少年宫协会、中国少年科学院

续　表

日　期	班　级	姓　名	主　题　等　第	等　级	颁　奖　单　位
2018.1.	初三(4)班	盛倩桢	在第十三届中国少年科学院"小院士"课题研究成果全国展示交流活动中,表现突出,成绩优异,经过专家委员会评议,决定聘为中国少年科学院预备小院士。所研究的课题荣获二等课题	国家级	中国少年儿童发展服务中心、中国青少年宫协会、中国少年科学院
2018.4	初三(4)班	邬晓阳	荣获 2018 年上海市青少年初中物理实验竞赛三等奖	市级	上海市会计艺术教育中心

附录一
朱行中学历届领导班子名录

一、朱行中学校长更迭表

校　　长	任职时间	备　　注
张驹鸣（副）	1958.09—1961	朱行人民公社农业中学
黄　骅（副）	1962.05—1968.12	朱行人民公社农业中学
1969.01—1972.12	（"文化大革命"期间·组织机构瘫痪）	
李士明（领导小组组长）	1972.01—1975.05	朱行人民公社五·七中学
骆森铭（校革委主任）	1975.05—1978.04	朱行人民公社五·七中学
骆森铭	1978.05—1980.05	金山县朱行中学
黄　骅（副校长主持工作）	1980.05—1983.05	金山县朱行中学
黄　骅	1983.05—1992.08	金山县朱行中学
冯文勤	1992.08—1995.07	金山县朱行中学
宋锡苇	1995.07—2003.07	上海市朱行中学
张连芳	2003.07—2008.12	上海市朱行中学
华亚平（主持工作）	2009.01—2009.11	上海市朱行中学
华亚平	2009.12—2010.06	上海市朱行中学
乔辉杰	2010.06—2012.07	上海市朱行中学
阮　旑	2012.07—2014.07	上海市朱行中学
张连芳	2014.08 至今	上海市朱行中学（"蒙山教育集团"成员校）

二、朱行中学党支部书记更迭表

书　　记	任 职 时 间	备　　注
张驹鸣	1959—1961	朱行人民公社农业中学
易才林（代）	1961—1963	朱行人民公社农业中学
王时明	1963—1966	朱行人民公社农业中学
1966—1972		（"文化大革命"期间，组织机构瘫痪）
李士明	1972—1975.05	朱行人民公社五·七中学
骆森铭	1975.05—1978.04	朱行人民公社五·七中学
骆森铭	1978.05—1980.05	金山县朱行中学
张省吾（副）	1980.06—1987.01	金山县朱行中学
张省吾	1987.02—1990.12	金山县朱行中学
冯文勤	1990.12—1992.08	金山县朱行中学
黄　骅	1992.08—1993.07	金山县朱行中学
冯文勤	1993.08—1994.07	金山县朱行中学
宋锡苇	1994.07—2000.07	金山县朱行中学／上海市朱行中学
高益清	2000.07—2002.08	上海市朱行中学
杨永华	2002.08—2009.06	上海市朱行中学
华亚平	2009.06—2011.08	上海市朱行中学
阮　旆	2011.08—2012.09	上海市朱行中学
乔辉杰	2012.09—2018.06	上海市朱行中学（"蒙山教育集团"成员校）
徐志强	2018.06 至今	上海市朱行中学（"蒙山教育集团"成员校）

三、朱行中学工会主席更迭表

工会主席	任职时间	备注
朱正平	1979.05—1985.01	金山县朱行中学
张　艾	1985.01—1986.06	金山县朱行中学
赵石元	1986.06—1987.06	金山县朱行中学
彭令凤	1987.06—1989.06	金山县朱行中学
高益清	1989.06—1995.08	金山县朱行中学
张宗铭(代)	1995.08—2000.06	金山县朱行中学/上海市朱行中学
张连芳	2000.06—2003.10	上海市朱行中学
杨仁龙	2003.10—2008.02	上海市朱行中学
张美英	2008.02 至今	上海市朱行中学

附录二
朱行中学历任教职工名录

一、朱行中学在职教职工名录

程惠权 1975 年 2 月至今   陈正权 1983 年 4 月至今

朱欢忠 1983 年 4 月至今   顾兰萍 1983 年 7 月至今

盛建新 1983 年 7 月至今   王益辉 1983 年 8 月至今

周玉明 1984 年 7 月至今   李林弟 1984 年 7 月至今

周欢新 1985 年 7 月至今   张永清 1985 年 7 月至今

张连芳 1985 年 7 月至今   王正辉 1986 年 7 月至今

张水龙 1987 年 7 月至今   朱乃器 1987 年 7 月至今

吴忠民 1987 年 7 月至今   顾爱权 1988 年 7 月至今

杨国欢 1988 年 7 月至今   薛永良 1988 年 7 月至今

吴春燕 1988 年 7 月至今   顾引娣 1989 年 7 月至今

徐欢华 1989 年 7 月至今   蒋召明 1989 年 7 月至今

俞拥军 1989 年 7 月至今   孙继雄 1989 年 7 月至今

陈翠萍 1990 年 7 月至今   查明森 1991 年 8 月至今

金文学 1992 年 8 月至今   赵志刚 1992 年 8 月至今

张美英 1993 年 7 月至今   徐伟红 1993 年 7 月至今

杨国权 1993 年 7 月至今   刘红英 1993 年 7 月至今

马红华 1993 年 7 月至今   周卫军 1994 年 7 月至今

陆春晖 1995 年 6 月至今   顾玉云 1995 年 7 月至今

沈　嵘 1995 年 7 月至今   周欢华 1997 年 7 月至今

胡丹英 1999 年 7 月至今   程　华 2000 年 7 月至今

俞曙燕 2000 年 7 月至今   梁　靖 2001 年 7 月至今

易金华 2002 年 7 月至今　　宋艳琳 2002 年 8 月至今

金丽华 2004 年 7 月至今　　金　丹 2004 年 7 月至今

尤　正 2004 年 7 月至今　　郑正丽 2005 年 7 月至今

朱小梅 2005 年 7 月至今　　杨　慧 2005 年 7 月至今

周卫凤 2006 年 7 月至今　　钟　茜 2006 年 7 月至今

万丽华 2006 年 7 月至今　　许明建 2007 年 1 月至今

何　憎 2007 年 7 月至今　　黄春燕 2007 年 7 月至今

卫　国 2007 年 8 月至今　　吴妍娉 2008 年 7 月至今

钱武庆 2008 年 7 月至今　　沈　伟 2009 年 6 月至今

张雅琼 2009 年 7 月至今　　孙燕平 2009 年 7 月至今

西门莺 2009 年 7 月至今　　乔辉杰 2010 年 6 月至今

宋晓英 2010 年 7 月至今　　周丽华 2010 年 7 月至今

潘　虹 2010 年 7 月至今　　吴春漪 2010 年 7 月至今

武　强 2011 年 7 月至今　　陆　萍 2011 年 7 月至今

朱晓隽 2012 年 7 月至今　　田茂均 2012 年 8 月至今

陈娟娟 2013 年 7 月至今　　黄　聪 2013 年 7 月至今

王圣婕 2013 年 7 月至今　　沈　红 2013 年 7 月至今

唐晨玲 2013 年 7 月至今　　徐志强 2014 年 7 月至今

王　艺 2013 年 7 月至今　　陈　莹 2014 年 7 月至今

韩海军 2014 年 7 月至今　　孙艳雯 2015 年 7 月至今

顾其杰 2015 年 7 月至今　　刘巧巧 2015 年 7 月至今

张丹婧 2015 年 7 月至今　　余　艳 2016 年 7 月至今

徐宏强 2016 年 7 月至今　　李　容 2016 年 7 月至今

张　倩 2016 年 7 月至今　　王　慧 2016 年 8 月至今

王静静 2016 年 8 月至今　　何叶青 2017 年 7 月至今

范天馨 2017 年 7 月至今　　胡渊元 2017 年 7 月至今

丁益兰 2017 年 7 月至今

二、朱行中学退休教职工名录

王生泉 1972 年 1 月—1979 年 3 月　　黄松涛 1976 年 8 月—1979 年 4 月

江舜华 1978 年 8 月—1979 年 3 月　　徐岳范 1984 年 7 月—1979 年 9 月

许 纲 1978 年 8 月—1982 年 8 月

秦定新 1978 年 8 月—1982 年 8 月

陈开基 1978 年 8 月—1982 年 8 月

袁维芳 1971 年 2 月—1983 年 9 月

吴仲华 1978 年 8 月—1986 年 8 月

夏惠章 1978 年 8 月—1987 年 3 月

周士诚 1972 年 7 月—1987 年 12 月

王树道 1972 年 2 月—1989 年 1 月

杨墨元 1980 年 6 月—1989 年 8 月

朱正平 1978 年 8 月—1989 年 9 月

张 艾 1978 年 4 月—1990 年 6 月

张省吾 1978 年 4 月—1990 年 12 月

张龙官 1978 年 4 月—1990 年 12 月

徐孟同 1978 年 8 月—1992 年 11 月

黄 骅 1962 年 5 月—1993 年 8 月

朱五弟 1979 年 9 月—1994 年 1 月

单锦贤 1980 年 7 月—1997 年 1 月

高水根 1985 年 2 月—1997 年 2 月

陈纪官 1988 年 8 月—1997 年 2 月

尹秋贤 1978 年 8 月—1997 年 9 月

周金龙 1974 年 1 月—1997 年 12 月

黄君才 1979 年 8 月 1999 年 12 月

李秀圣 1963 年 8 月—2000 年 9 月

张宗铭 1974 年 2 月—2001 年 1 月

阮祥贤 1978 年 8 月—2001 年 1 月

高寿云 1972 年 6 月 2001 年 2 月

褚耀庭 1973 年 2 月—2001 年 6 月

孙伯明 1978 年 8 月—2001 年 8 月

张仁林 1978 年 4 月—2001 年 12 月

马明辉 1978 年 8 月—2001 年 12 月

周晚霞 1977 年 2 月—2003 年 2 月

戚介华 1978 年 8 月—2004 年 1 月

范园娣 1978 年 8 月—2004 年 2 月

吴国良 1969 年 2 月—2004 年 12 月

高益清 1978 年 8 月—2005 年 4 月

马国贤 1980 年 2 月—2005 年 5 月

曹枫源 1979 年 9 月—2005 年 11 月

王刚敏 1978 年 8 月—2006 年 1 月

尤竞梅 1979 年 9 月—2006 年 1 月

沈金龙 1978 年 8 月—2006 年 5 月

宋锡苇 1994 年 8 月—2006 年 8 月

曹 云 1982 年 2 月—2006 年 10 月

金爱丽 1974 年 4 月—2006 年 11 月

王平(胥浦)1978 年 8 月—2006 年 11 月

王平(麻径)1978 年 8 月—2006 年 12 月

阮金谷 1972 年 6 月—2007 年 3 月

陆土云 1974 年 9 月—2007 年 5 月

朱晓华 1984 年 4 月—2007 年 10 月

陈粉君 1979 年 4 月—2007 年 12 月

郑继明 1976 年 8 月—2008 年 2 月

吴美权 1977 年 11 月—2008 年 2 月

周 军 1978 年 4 月—2008 年 4 月

朱起宏 1975 年 10 月—2008 年 5 月

钱永嘉 1978 年 4 月—2008 年 7 月

夏雪帆 1987 年 8 月—2008 年 7 月

俞大军 1978 年 8 月—2008 年 12 月

薛金荣 1973 年 2 月—2009 年 3 月

王士德 1974 年 1 月—2009 年 6 月

顾伦伦 1974 年 2 月—2009 年 7 月

袁文观 1990 年 1 月—2009 年 7 月

郑志林 1975 年 1 月—2009 年 8 月

何永文 1972 年 6 月—2009 年 10 月

何纪贤 1978 年 8 月—2009 年 10 月　　阮金云 1982 年 8 月—2014 年 8 月

张丁忠 1973 年 2 月—2009 年 11 月　　韩小弟 1981 年 1 月—2015 年 7 月

夏炳权 1978 年 4 月—2010 年 3 月　　张仁辉 1980 年 9 月—2015 年 11 月

王海中 1976 年 8 月—2010 年 6 月　　杨永华 1977 年 11 月—2016 年 6 月

程大地 1979 年 8 月—2010 年 11 月　　钱文锋 1986 年 8 月—2016 年 12 月

张辉华 1976 年 8 月—2010 年 12 月　　叶伯丘 1978 年 8 月—2017 年 3 月

吴永诚 1978 年 4 月—2011 年 1 月　　范民达 1977 年 11 月—2017 年 4 月

钱鹤观 1978 年 8 月—2011 年 2 月　　杨仁龙 1977 年 11 月—2018 年 3 月

郑德龙 1974 年 4 月—2012 年 4 月　　孙　冲 1977 年 11 月—2018 年 4 月

高春达 1978 年 8 月—2012 年 12 月

三、曾经在朱行中学工作过的教职工名录

黄文光 1958 年 3 月—1963 年 6 月　　钱文珍 1964 年 8 月—1965 年 7 月

张道云 1958 年 3 月—1960 年 2 月　　李亚勤 1964 年 8 月—1965 年 7 月

沈润芳 1958 年 3 月—1963 年 2 月　　郭更新 1965 年 8 月—1984 年 8 月

张文龙 1958 年 4 月—1959 年 9 月　　唐友才 1969 年 2 月—1978 年 8 月

吴梦良 1958 年 5 月—1959 年 10 月　　罗云芳 1970 年 2 月—1973 年 1 月

陈　琳 1958 年 9 月—1960 年 7 月　　顾吾浩 1970 年 2 月—1972 年 7 月

寿二官 1958 年 9 月—1962 年 1 月　　汪卓人 1970 年 7 月—1975 年 12 月

李公珏 1958 年 9 月—1959 年 7 月　　李士明 1972 年 1 月—1975 年 5 月

刘天钟 1958 年 9 月—1959 年 7 月　　徐　斌 1972 年 2 月—1978 年 8 月

张驹鸣 1958 年 9 月—1962 年 4 月　　吴文杰 1972 年 2 月—1977 年 2 月

何应伯 1960 年 2 月—1976 年 8 月　　朱振华 1972 年 2 月—1979 年 8 月

顾引娟 1960 年 12 月—1966 年 7 月　　陆妙英 1972 年 2 月—1977 年 8 月

沈益欢 1960 年 12 月—1963 年 7 月　　沈利华 1972 年 2 月—1976 年 8 月

冯启明 1960 年 12 月—1961 年 9 月　　田海燕 1972 年 2 月—1977 年 8 月

杨银余 1960 年 12 月—1961 年 9 月　　徐金本 1972 年 2 月—1978 年 8 月

夏金龙 1961 年 12 月—1962 年 8 月　　卫毓华 1972 年 2 月—1985 年 8 月

方国正 1962 年 1 月—1962 年 9 月　　朱树敏 1972 年 2 月—1984 年 8 月

王德明 1964 年 8 月—1968 年 12 月　　赵良芳 1972 年 2 月—1984 年 8 月

高道生 1964 年 8 月—1968 年 12 月　　许建军 1972 年 2 月—1985 年 1 月

钱　伦 1972 年 6 月—1976 年 8 月

黄　智 1972 年 6 月—1984 年 12 月

邵国渠 1972 年 6 月—1980 年 8 月

苏正祥 1972 年 6 月—1976 年 8 月

程学军 1972 年 8 月—1979 年 4 月

刘再新 1972 年 9 月—1976 年 5 月

宋　玮 1973 年 2 月—1977 年 7 月

张富顺 1973 年 2 月—1982 年 8 月

汪维跃 1973 年 2 月—1978 年 12 月

叶才明 1973 年 5 月—1976 年 9 月

俞亚芳 1973 年 5 月—1976 年 9 月

毛隆明 1973 年 5 月—1976 年 9 月

徐锡政 1973 年 8 月—1977 年 8 月

薛毓良 1973 年 9 月—1985 年 2 月

唐丽琴 1974 年 2 月—1976 年 12 月

王雪迷 1974 年 2 月—1985 年 7 月

朱维英 1974 年 4 月—1978 年 4 月

方永兴 1974 年 8 月—1998 年 3 月

骆森铭 1975 年 5 月—1980 年 5 月

刘承恩 1975 年 8 月—1978 年 12 月

王金昌 1976 年 1 月—1980 年 8 月

李祥根 1976 年 8 月—1980 年 8 月

赵石元 1976 年 8 月—1988 年 8 月

刘建元 1976 年 11 月—1981 年 8 月

翁令娴 1976 年 12 月—1984 年 8 月

徐　烨 1977 年 1 月—1980 年 8 月

周瑞文 1976 年 12 月—1983 年 8 月

俞火良 1977 年 2 月—1985 年 9 月

王逸忠 1977 年 8 月—1985 年 8 月

姜明权 1977 年 8 月—1980 年 8 月

王龙祥 1977 年 8 月—1984 年 8 月

严建华 1977 年 8 月—1981 年 8 月

虞雅文 1977 年 9 月—1980 年 8 月

陈鸿海 1977 年 11 月—1982 年 8 月

张莲怡 1977 年 11 月—1984 年 8 月

夏兆能 1977 年 11 月—1982 年 8 月

冯文勤 1978 年 4 月—1995 年 7 月

范大年 1978 年 4 月—1997 年 7 月

盛富林 1978 年 6 月—1985 年 7 月

庄月珠 1978 年 7 月—1981 年 2 月

黄金舟 1978 年 8 月—1983 年 8 月

俞康德 1978 年 8 月—1983 年 8 月

朱国柱 1978 年 8 月—1985 年 8 月

张琴妹 1978 年 8 月—1985 年 8 月

沈礼行 1978 年 8 月—1984 年 8 月

顾德忠 1978 年 8 月—1984 年 8 月

何连云 1978 年 8 月—1984 年 8 月

赵国荣 1978 年 8 月—1984 年 11 月

褚永强 1978 年 8 月—1982 年 8 月

彭令风 1978 年 8 月—1988 年 8 月

周　峰 1978 年 8 月—1985 年 8 月

卢秋兴 1978 年 8 月—1985 年 2 月

曹祖康 1978 年 8 月—1989 年 8 月

朱惠萍 1978 年 8 月—1980 年 2 月

马履冰 1978 年 8 月—1982 年 8 月

徐克俭 1978 年 8 月—1992 年 8 月

黄　宪 1979 年 4 月—1984 年 7 月

盛振泉 1979 年 7 月—1982 年 8 月

陶友明 1979 年 7 月—1988 年 8 月

刘展虹 1980 年 2 月—1983 年 8 月

俞玉康 1990 年 2 月—1994 年 8 月

唐建平 1980 年 2 月—1996 年 7 月

汪土元 1980 年 2 月—1996 年 8 月

何明达 1980 年 8 月—1983 年 8 月

曹福秋 1980 年 8 月—1982 年 8 月

严建钢 1980 年 8 月—1983 年 8 月

陆小明 1980 年 12 月—1986 年 7 月

孙寿根 1980 年 12 月—1988 年 8 月

殷宝庆 1981 年 8 月—1982 年 8 月

钟勇侠 1982 年 7 月—1989 年 7 月

黄孺牛 1982 年 7 月—1986 年 7 月

蔡平平 1982 年 7 月—1994 年 5 月

王龙法 1982 年 9 月—2000 年 7 月

徐娟华 1983 年 7 月—1986 年 7 月

陈洁茵 1983 年 8 月—1988 年 8 月

徐　明 1983 年 9 月—1989 年 12 月

沈敏强 1984 年 9 月—1986 年 1 月

杜丽红 1984 年 7 月—1988 年 8 月

包丽娟 1984 年 7 月—1994 年 9 月

陈燕华 1985 年 2 月—1991 年 8 月

吴惠权 1988 年 7 月—2001 年 8 月

顾文明 1988 年 7 月—1990 年 7 月

陈纪强 1988 年 7 月—1989 年 8 月

华亚平 1988 年 7 月—2011 年 6 月

陆瑞虎 1988 年 8 月—1991 年 7 月

陈辉忠 1988 年 8 月—2000 年 7 月

杨明忠 1988 年 8 月—1999 年 8 月

朱恩贤 1989 年 7 月—1992 年 8 月

蔡国欢 1989 年 7 月—1993 年 8 月

林翠秀 1989 年 8 月—2002 年 8 月

郭　雁 1990 年 7 月—1991 年 8 月

李　军 1991 年 7 月—1993 年 8 月

吴　慧 1991 年 7 月—2013 年 8 月

单秀英 1991 年 8 月—2003 年 8 月

沈　浩 1991 年 9 月—2006 年 3 月

李秋英 1992 年 7 月—1994 年 7 月

潘爱军 1992 年 8 月—1994 年 6 月

孙秋红 1992 年 8 月—1996 年 6 月

陆蓉英 1993 年 7 月—1994 年 8 月

严红芳 1994 年 2 月—2005 年 8 月

怀仙文 1994 年 7 月—2004 年 8 月

韩亚辉 1994 年 8 月—1996 年 7 月

吴燕清 1994 年 9 月—1995 年 8 月

陈江南 1995 年 7 月—1997 年 8 月

马　丽 1995 年 7 月—2007 年 7 月

陆国平 1996 年 7 月—2015 年 10 月

张海江 1997 年 7 月—2006 年 8 月

徐春欢 1997 年 7 月—1999 年 8 月

王　忠 1997 年 10 月—2000 年 8 月

曾　童 1997 年 10 月—2000 年 8 月

蔡　玲 2000 年 7 月—2005 年 7 月

赵静龙 2000 年 9 月—2001 年 8 月

周兴欢 2000 年 9 月—2003 年 8 月

费春欢 2001 年 9 月—2006 年 8 月

曹永良 2001 年 9 月—2006 年 8 月

吴金沙 2005 年 7 月—2017 年 7 月

郑正毅 2008 年 7 月—2014 年 7 月

顾丹峰 2008 年 7 月—2011 年 7 月

常　珏 2008 年 7 月—2012 年 7 月

张家安 2010 年 7 月—2015 年 7 月

阮　旖 2011 年 6 月—2014 年 8 月

陈　珊 2011 年 7 月—2017 年 7 月

沈　迪 2012 年 7 月—2017 年 7 月

张纯薇 2012 年 7 月—2015 年 7 月

谢　慧 2013 年 7 月—2015 年 7 月　　　陈水良 1989 年 7 月—2014 年 9 月

四、朱行中学支教教师名录

赵卫星 1986 年 9 月—1987 年 7 月　　　严孝君 1986 年 9 月—1987 年 7 月

杨家平 1986 年 9 月—1987 年 7 月　　　邱　红 1988 年 9 月—1989 年 7 月

黄　维 1986 年 9 月—1987 年 7 月　　　陈慧芳 1988 年 9 月—1989 年 7 月

五、蒙山教育集团蒙山中学来校任课教师名录

蒋丽斌 2014 年 9 月—2015 年 6 月　　　姚春燕 2015 年 9 月—2016 年 6 月

杨　雪 2014 年 9 月—2015 年 6 月　　　周　瑾 2015 年 9 月—2017 年 6 月

常　珏 2014 年 9 月—2015 年 6 月　　　朱继林 2016 年 9 月至今

徐雪华 2015 年 9 月—2016 年 6 月　　　胡颖颖 2017 年 9 月—2018 年 6 月

附录三
朱行中学历届校友名录

松江县朱行初级中学(1958 年 9 月—1959 年 7 月)

1958 年初一学生名单　班主任　李公珏　张省吾

王桂章	李伦权	王欢君	俞惠珍	王树林	陈明其	阮仁康	吴天云
沈继根	何士英	夏明章	曹志龙	朱金林	王引华	徐仁章	沈雪观
何永华	夏铁钢	朱永华	吴珠宝	王秀芳	潘华芳	孙耀明	沈瑞芳
王桂芳	何士芳	何水芳	徐正华	张德明	王海正	薛士芳	王志芳
沈许勤	朱利权	吴明官	马益秋	陆仁贤	张仁芳	殷水珍	曹仁珠
夏金龙							

松江县朱行乡农业中学(1958 年 3 月—1968 年 12 月)

朱行乡农业中学 61 届毕业生　班主任　黄文光　沈润芳

张仁林	张国华	范栋梁	姜明权	王正良	胡仁元	杨银佘	马云初
王仁权	杨美达	邱华观	赵曙叶	陈桂芳	黄伏牛	蒋雪观	卫湘云
潘亚弟	徐云彪	严易刚	阮锡文	杨仁忠	张富观	阮寿珠	马明欢
沈益欢	冯启明	朱忠明	毕校章	陈明权	俞岳章	阮芬华	沈希摇
张仁君	徐保林	焦欣也	俞方云	王群仙	寿吉英	王正权	王振家
宋龙金	朱亚华	王奎均	俞七云	李忠其	邱林贤	徐仁林	吉　珍
顾水芳	刘亚琴	张会忠	张瑞华	黄琴芳	陈铭立	王芬华	高月仙
俞伯琴	王水木	姚林法	陈火金	朱天恩	戚华英	陆大德	周火泉
周引芳	周瑞龙	张　庚	张　顺	黄雪忠	杨雨明	金仁德	吴引泉
杨伯华	何德明	吴菇甫	金秀贤	高龙祥	吴丁仁	沈仁林	顾仁忠
陆大忠	张仁光	张建光	蒋品莲	李明云	吴华强	何仁根	吴铁仁

杨水珍	谢凤娟	何仁贤	张善健	吴寿林	张亚文	唐德康	郭吉生
顾银才	吴志龙	孙仁林	杨友泉	何亚华	曹梦林	杨华贵	吴志明
赵国营	吴连根	宋毛根	张富观	陆银云	王树本	周密君	何德忠
邱栋梁	邱连华	薛金囡	马建华				

朱行乡农业中学 62 届毕业生　班主任　沈润芳

夏金龙	张恩娣	王明芳	王粉华	王梅芳	顾遇芳	阮丘明	蔡平观
俞连华	胡连华	周永良	周兵良	马彩云	马土书	赵金弟	顾亚杰
张瑞华	吴欢华	胡梅芳	谈亚贤	宋龙仁	赵正华	邱双龙	

朱行乡农业中学 63 届毕业生　班主任　顾寅珠

王月华	杨金海	沈月观	张亚华	朱五弟	戴道生	宋龙仁	宋木根
王瑞丽	沈志林						

朱行乡农业中学 64 届毕业生　班主任　顾寅珠

蒋凤英	冯雅琴	李火林	朱　园	钱文珍	沈中华	俞明辉	宋木根
郭志成	沈志林	蒋坤云					

朱行乡农业中学 65 届毕业生　班主任　何应伯　高道生

程国辉	陈风良	沈华芳	张林生	吴治能	张　波	徐正凤

朱行乡农业中学 66 届毕业生　班主任　李秀圣

徐振明	程孟辉	吴秀梅	邱越慈	陈国帆	马洪福	吴欢明	鲁士希
陆国良	冯开泉	钱鹤观	张小妹	杨芬华	黄芬贤	阮叔贤	吴慧球
刘祖倩	吴志权	周瑞敏	李纪新	陈秋元	胡金芳	李新云	郑振欢
杨士新	何金贤						

朱行乡农业中学 67 级毕业生　班主任　郭更新

朱仁云	顾木根	朱连中	陈孝慈	王串忠	吴国强	张金昌	姚小云
叶校明	虞志明	吴昌忠	陆全云	朱瑞清	谈仁龙	张其龙	殷水龙
翁欢龙	翁曙欢	陆美容	张梅华	张小平	邱兆龙	蔡云中	傅群华

狄明瑞	吴金林	张美华	张秀中	朱国民	黄金梅	吴昌忠	俞亚花
王金平	顾火林	张炳泉	高士章	高国士	吴龙章	冯天才	李文良
张仁良	李超成	金国强	冯士强	张燕芬	佘本良	高国余	朱士清
徐金林	张秀忠						

朱行乡农业中学 68 级毕业生　班主任　李秀圣

丁粉华	车美逸	尤新梅	杨玲珠	高美娟	方慧芬	张仙华	何永华
王明连	吴雪昌	花小忠	卫彧权	戚华君	叶金明	方士忠	叶余明
陈龙珠	顾佩秋	王正君	金星元	张志华	阮金芳	戚能贤	王友良
张静芳	陈兆裘	曹永强	翁欢龙	吴瑞仁	胡纪梦	赵雪华	盛秀芳
赵秀忠	沈仲墨	沈叔仙	吴国强	王士奎	吴美权	姜文云	姜利观
沈开云	王金妹	朱士林	张忠杰	孙永田	俞召明	姜新余	吴密华
陈秋芳	高大清	顾本优	金国强	张召良	周纪明		

朱行乡农业中学 69 级毕业生　班主任　何应伯

邱琴华	何金华	蒋桂龙	朱校忠	王秀根	褚粉娟	俞明希	卫章华

金山县朱行"五·七"中学（包括五·七班）（1969 年 1 月—1978 年 4 月）

69 届畜牧兽医班　班主任　何应伯

朱炳云	王天云	孙桂林	施再林	王水木	蔡寿君	孙静芳	姜国林
孙焕章	何仁其	高国余	李德明	张岳林	刘仁龙	卫士章	张近云
黄新荣	卫仁章	俞保海	张德兴	郭水泉	石仁明	陆金林	张连君
王仁明	王奎君	俞仁华	陈四金	陈正林	沈四龙	顾雪良	吴林余
蔡士观	张妙祥	姜秀龙	朱秀章	顾效章	张记元	宋会勤	王石元
赵天龙	金国林	薛金火	曹友良	周全林	姚小云		

69 届机电班　班主任　唐友才

陈亚华	王秋华	徐志荣	陈士明	金志余	郑志忠	邱木云	沈文全
王志云	孙文贤	马铁锚	曹士明	杨永达	谢保娣	张志荣	孙锦荣
阮邱明	阮仁龙	姜仁均	王金明	盛国勤	徐岳兵	金寿龙	阮校明
夏欢云	杨山云	谈瑞章	孙兴奎	阮华观	陆明光	高仁云	李兴刚

| 吴秋云 | 王　明 | 何仁云 | 顾仁源 | 朱国明 | 张德兴 | 邹九贤 | 高土云 |
| 徐雪明 | 盛仁云 | 王秀根 | 陶国良 | 李华观 | 孙金明 | 杨照贤 | |

70 届畜牧兽医班　班主任　何应伯

朱士云	顾大中	王冲林	杨财元	王取林	金锦余	高阿云	盛国欢
谢胖弟	李金其	卫育良	沈金龙	朱剑平	徐仁云	盛士欢	俞仁良
俞林华	朱中良	马文龙	徐秀云	陆时忠	陈超元	朱忠华	杨士明

70 届机电班(1)班　班主任　吴国良

屠志辉	蔡纪国	徐中元	吴纪云	吴永良	胡纪良	朱志军	宋宗基
沈瑞林	徐君山	曹祖康	吴星云	赵永仁	潘建国	殷水林	沈大云
吴五余	李水林	吴兴云	王纪兴	顾水江	夏纪余	陆永明	吴仁云
朱欢军							

70 届机电班(2)班　班主任　吴国良

朱元龙	徐士云	姜国权	张志贤	高如华	钱仁忠	彭云章	陆水明
杨国贤	曹金珍	周小妹	盛大妹	高士龙	刘祖基	宋丽华	陆金忠
金锦明	莫桂良	马志云	陈正贤	顾银章	阮益章	龚国欢	董金章
顾才梁	何寿连	吴金木	陈友根	潘墨金	潘友龙	孙志兴	张天德
赵仁芳	孙连书	陆桂云	卫兴华	徐水明	陆金华	石仁章	孙永林
曹志忠	高中杰	杨权光	王仁忠	高丽华	潘四明	费粉贤	

70 届会计班　班主任　顾吾浩

杨自欢	莫凤娟	唐益芳	薛桂华	徐秀芳	俞仁欢	金扑勤	吴金明
杨梦章	俞召明	朱善良	徐雪元	张兴国	姜仁余	吴士光	吴金龙
华瑞良	朱瑞章	宋国勤	郭光林	王明章	马寿林	戈均国	金粉勤
顾金余	李一明	何德龙	王仁良	王仁奎	叶伯连	潘仁基	夏火云

71 届机电班　班主任　吴国良

| 姜文华 | 杨金忠 | 黄金妹 | 杨召章 | 叶锦忠 | 夏德余 | 卫志荣 | 郭忠林 |
| 蔡四忠 | 吴辉忠 | 戴道龙 | 俞天云 | 陶冬天 | 俞梦池 | 陈进良 | 吴勤光 |

夏长富　阮正刚　吴引观　林惠娟　杨本浩　钱桂忠　孙水龙　张玉贤
徐明均　杨金样　阮仁其　陈继国　陆小狗　吴力栋　毛秀龙　殷顺云
陈志林　吴新民　张银章　周顺云　石宝泉　杨永石　陈道林　胡文宝
阮金连　严道珍　蒋仁林　徐友金　沈金龙　陈小华　高均达　陈伯林
林召权　朱欢龙　朱益权

71 届农科班　班主任　何应伯　盛富林

卫永明　盛仁忠　周石林　夏偶林　马士欢　诸粉娟　倪永荣　蒋桂龙
李仁忠　张秀忠　卫士贤　徐仁园　杨新华　杨雪冰　叶道良　姜正欢
张火龙　陆四金　张婉勤　张召良　朱宝其　张金余　王龙祥　张未芳
张忠杰　顾天明　曹永强　张仁龙　赵辉明　何士林　张梅根　邹校忠
张连忠　杨士华　宋仁法　宋道章　李阿毛　丁引书　沈国良　阮明光
顾墨林　顾水江　俞金忠　倪永仁　陆金明　夏月平　王亚芳　何仁云
叶道章　盛仁云　严荣光

71 届红师班　班主任　顾吾浩

顾国良　朱金龙　张文奎　阮金龙　奚宝康　倪梦云　田志龙　郑德龙
顾水军　俞显杨　王迪权　王晓妹　张若英　游亚宝　吴纪梦　石宝其
曹燕林　朱亦维

71 届蚕桑班　班主任　罗云芳

黄金妹　朱亚妹　张仙华　盛彩华　俞亚芳　宋秀华　傅秀英　彭金华
冯亚珍　卫正园　张宝娟　沈华芳　姜婉华　张桂芳　顾友芳　沈亚珍
周引囡　周菊华　陈桂华

朱行"五·七"中学　74 届高中(1)班　班主任　吴文杰

冯文勤　王志权　钱文锋　杨永华　钟水侠　杨中贤　吴明强　张　平
李粉芳　叶永达　朱维英　张定玉　陈民权　华建华　颜亚贤　朱瑞林
俞桂林　高金林　杨明贤　俞欢忠　徐伯林　潘正昌　高国云　陈粉华
陈雪权　陈正龙　杨光明　徐粉元　焦秀玲　吴正芳　刘天平　冯妹妹
王雨祥　丁桂华　冯一凡　何永勤　张铁塔　朱维新　肖春观　李敏鄂

顾秀华　　冯益莲　　张水妹　　卫明其　　杨桂华　　杨欢龙　　冯建秋　　姜秀华
吴正华

朱行"五·七"中学　74届高中(2)班　班主任　程学军

顾明昌　　朱士芳　　陆红芳　　陈桂章　　陈百弟　　陈效元　　马国云　　张国辉
朱水芳　　朱桂芳　　陈明达　　刘辉琴　　吴万顺　　张中林　　尤咏梅　　王吉利
夏水芳　　戴品芳　　顾取林　　吴益树　　吴木根　　顾惠华　　金爱丽　　杨品刚
沈铁钢　　沈洪林　　邱文龙　　朱　云　　沈友龙　　朱巧云　　李超明　　夏　婷
沈水宝　　俞墨士　　沈文奎　　李六林　　李培林　　颜其观　　吴林德　　朱仁云
张明昌　　冯益丽　　王志庆　　吴云华　　宋仁龙　　金忠新　　蒋仁林　　吴国明
马桂华　　莫桂芳　　唐卫云　　王四妹　　陆水仁　　杨桂华

新街"五·七"中学　74届高中　班主任　田海燕

俞明华　　俞明芳　　马婉珍　　陆连华　　张小妹　　马国正　　冯粉华　　吴纪明
马才源　　高金奎　　王明连　　庄翠英　　俞迪忠　　马金龙　　张菊芳　　冯道云
郭顺贤　　陆忠贤　　夏瑞良　　陆宝龙　　冯益云　　徐伯贤　　沈保华　　周仁章
张雨良　　潘玉贤　　张惠林　　陈丽敏　　张益云　　何道明　　曹　杰　　朱仁良
朱亚华　　郭桂芳　　夏连芳　　沈菊华　　洪道忠　　沈秀龙　　盛国民　　王权元
陆秀龙　　李天发　　何仁均　　徐连军　　袁美华　　陈连均

麻泾"五·七"中学　74届高中　班主任　赵良芳

孙小龙　　顾玲新　　寿秀华　　潘水林　　孙惠云　　孙德龙　　费芳叶　　孙志才
孙明花　　胡梅花　　徐仁达　　孙新华　　陈忠观　　陆水金　　阮金梅　　程亚萍
陆风芳　　徐仁雨　　张志欢　　阮仁良　　杜益旭　　孙炳云　　陈　宏　　施秀龙
孙　冲　　宋维英　　吴叔贤　　张忠泉　　黄　维　　叶水英　　胡梅华　　李金华
王水英　　张连忠　　冯明华　　高红弟　　闻粉华　　吴寿林　　施亚华　　孙桂华
费水丽　　李芬华　　王水龙　　姚守林　　吴效章　　张纪梅　　陈玲玲　　费光明
朱谈如　　鲁永珍　　费雪云　　蒋水良　　费跃芳　　吴正仁　　陈源忠　　张燕兰
吴桂华　　孙明华　　张国忠

胥浦"五·七"中学　74 届高中　班主任　卫毓华

叶伯丘	叶道林	叶光荣	杨兴龙	陆金明	周仁忠	卫毕华	姜亚云
周欢明	卫梦林	卫国华	卫炳华	徐雪根	肖　军	杨仁元	周石勤
朱文权	陆文龙	沈串逢	杨小弟	徐仁龙	徐康英	张全明	沈连华
顾秀华	吴伯余	顾国球	沈国权	杨继英	杨菊芳	盛志林	陆秀宝
杨仁明	华兴龙	黄秀娟	姜连华	张火林	叶校忠	范忠良	曹仁均
叶仁明	曹培云	王正其	高银龙	朱小妹	卫国贤	曹雪均	盛梅芳
王墨华	曹士忠	张桂林	夏志林	杨其龙	曹铁均	王天飞	戚连华
徐鹤勤	沈文贤	沈秀华	张宝元	朱仙华	戚方英		

朱行"五·七"中学　75 届高中(1)班　班主任　褚耀庭

徐建平	唐登光	沈正贤	程惠权	俞欢龙	朱八弟	陈召其	吴仁龙
冯毛龙	张培新	吴明忠	杨欢章	吴志刚	沈德林	戴小弟	张粉华
尤益琴	孙明珠	方士培	陆　乐	王彩华	李秀根	谢美华	陈桂芳
孙品华	严　梅	何天英	蒋桂华	颜小华	吴桂珍	邱引娣	王迪华
黄寿贤	金勤芳	黄国良	朱自鸣	卫仁林	陈肇贤	朱金达	陈正权
吴秀林	吴士云	黄海军	李红芳	马玉川	张桂英	孔连华	傅华云

朱行"五·七"中学　75 届高中(2)班　班主任　朱树敏

马仁观	杨继根	吴碧贤	吴杏花	严小妹	王水成	张元才	何国云
陈正辉	陆纪平	朱卫东	张银龙	顾东方	朱卫芳	张培煌	张培决
吴仙华	韩小华	陈志君	张伯华	杨忠欢	吴忠贤	王国忠	高建华
李士伟	胡毕欢	吴校忠	陈纪书	邱兴华	王国平	胡风林	杨光荣
吴引华	曹　燕	邱　云	金水华	阮正贤	金桂林	李　勇	夏兆登
吴永明	姜水林	周亚宝	潘毛弟	杨仁宝	王梅华	俞凤仙	陆龙欢

新街"五·七"中学　75 届高中　班主任　许建军

马国欢	马金忠	谈桂林	陶顺观	王连芳	张国贤	陈志军	俞明权
杨永良	杨永仁	何小丘	张秀华	陆秀均	朱友均	邱桂芳	朱菊华
张友明	张粉宝	潘桂华	周　斌	俞雪华	张桂华	张金芳	何欢华
周桂芳	朱友军	王桂良	马金花	沈粉贤	徐雪珍	张士林	杨泉余

何新欢　沈　君　陆明芳　谈明云　张秀华

麻泾"五·七"中学　75 届高中　班主任　王树道

韩焕刚　韩桂忠　钱正芳　薛红心　王飒爽　陈光明　沈林芳　李瑞英
张水良　阮仁东　顾勤华　孙秀丽　孙卫花　宋梅华　蒋召峰　张连芳
张五娣　李仁章　吴仁章　叶天辉　彭明辉　傅海云　吴云弟　孙梦娟
高小弟　潘洪林　沈文秀　李培华　朱秀华　周纪英　朱校生　沈天池
吴国珍　冯月英　冯桂英　费瑞荣　鲁文青　鲁桂华　朱士华

胥浦"五·七"中学　75 届高中　班主任　张富顺

叶爱华　周仁元　沈建华　华菊芳　王婉华　叶华英　俞明权　杨永仁
金亚贤　叶仁明　朱国民　朱国连　朱军民　奚永康　杨志权　叶志余
周密华　卫召良　卫雪明　陆欢权　杨继光　张国欢　夏雪军　杨志雷
姜天旺　姜仁忠　卫平华　沈文妹　张书根　宋伯贤　杨明辉　翁秀英
虞道权　李　芳　金志军　陆连权　顾彩芳　吴碧连　陈中良　叶仁其
周菊贤　叶仁华　陆彩宝　叶勤忠　杨益高　周木荣　叶正云　顾才根
戚仁娟　戚华亭　叶永权

朱行"五·七"中学　76 届高中(1)班　班主任　吴文杰

何永欣　胡继荣　陈爱民　唐维亚　唐美珍　金爱萍　何佩明　施粉贤
骆逸新　张惠林　冯士权　莫佩丽　冯琴华　马雪忠　陈文元　陈爱芳
谢引芳　高士英　陈中利　邱　云　刘欢芳　王天元　张小芳　沈金珠
沈新贤　雷文琴　张伟东　杨光辉　吴春红　何仁贤　高会华　张连忠
陈志良　蒋福军　沈建官　冯林华　阮爱武　王菊华　俞正龙　金水良
高明云　高梅华　张桂云　王　英　潘仁忠　沈明光　夏欢红

朱行"五·七"中学　76 届高中(2)班　班主任　薛金荣

宋申华　吴　敏　胡　桢　徐大红　华纪元　黄捍东　闻　权　夏　仪
诸　平　王木龙　张美玉　朱欢权　蒋雪芳　施国明　施光明　金连中
王小平　俞惠忠　吴金海　王林芳　李金奎　陈　光　杨晨晓　吴文忠
王士军　张永明　潘　军　杨志昌　杨连元　毛益中　华爱华　潘仁明

杨士勤　俞志明　张志伟　焦连芳　周梅华　朱国林　孙卫英　孔跃欢
范雪敏　蒋秀丽　徐国云　杨小弟

新街"五·七"中学　76 届高中　班主任　吴国良

宋建中　俞默忠　张金连　张粉书　陆中林　孙雪观　张余龙　朱德明
孙梅华　何仁连　王纪忠　王秀珍　马霞贤　陶华观　孙保平　陶寿云
朱纪华　朱瑞明　朱志观　陆新明　马士余　盛月英　马金龙　张品华
徐仁安　潘金忠　张雨龙　朱桂龙　陆春发　王连书　陆奎芳　姚连欢
沈云新　石新章　张道英　王保仁　王火忠　陆寿龙　朱仁娟　何志良
盛桂华　张亚娣

麻泾"五·七"中学　76 届高中　班主任　邵国渠

李爱祖　孙士兴　顾仁杰　陆洪明　钱木欢　吴金辉　黄傲英　邵引芳
吴玲芳　陈伦华　王雅兰　唐兰娟　王新妹　秦土英　朱裔花　赵腾英
王宝麟　王国欢　吴金余　马纪良　阮正欢　钱桂兴　季林光　徐才娣
李水林　李水华　包雪权　薛铁其　张红珍　孙召云　蔡其林　包文彬
孙士欢　阮赛芳　王纪明　王仁欢　张仁良　李小妹　张仁华　王水云
陈寒松　李洪林　高正贤　殷锡昌　孙雪余　朱士龙　胡美娟　沈梅其
孙国民

胥浦"五·七"中学　76 届高中　班主住　卫毓华

叶石钻　周欢忠　赵志新　赵肖观　盛婉琴　杨彩华　朱道林　徐忠良
徐亚珍　王爱芳　金文华　朱秀权　周石华　金利权　汤建龙　王国欢
金秀权　夏正林　金凤欢　范灵芝　姜秀娟　王木龙　夏志强　王中林
徐志元　叶桂芳　陆明法　顾仁贤　俞密书　顾天真　盛仁良　杜红心
苏秀权　徐梦林　吴春芳　顾银龙　杨忠林　吴春红　宋伯欢　朱文龙

朱行"五·七"中学　77 届高中(1)班　班主任　褚耀庭

杨小弟　徐秋萍　朱　萍　翁曙萍　陈扣兄　宗　辉　李　红　吴大弟
陈新明　寿月兰　翁校良　宋燕萍　唐伟民　王益辉　俞天权　朱华观
张建林　张友林　冯寿明　王彩珍　魏桂秋　张　洁　孙　权　张雪花

张　浩	孔跃华	王仁权	王秀芳	俞明芳	朱雪林	张国民	王木云
王正云	朱秀芳	宋幼龙	杨士芳	杨效林	杨建国	陈月红	吴明辉
冯桂花	张莲花	严　明	李火良	徐秀龙			

朱行"五·七"中学　77届高中(2)班　班主任　朱树敏

唐小弟	沈家欢	沈立安	孙建刚	魏　俊	陆天华	林欢华	顾萍萍
金爱群	沈金欢	叶婉华	蒋水军	蒋勤芳	蒋秀丽	俞黎明	冯梅芳
周仙华	顾仁忠	张忠球	陈婉华	沈洪娟	何明光	沈国良	吴国强
赵国欢	俞火忠	张明芳	卫明芳	俞天欢	寿兴忠	蒋权华	赵桂芳
寿金杰	尹士栋	俞元明	金亚华	夏桂贤	李秀龙	尤益东	顾卫云
孙月英	杨仁芳						

新街"五·七"中学　77届高中　班主住　赵良芳

陶仁辉	袁方云	金维明	马新民	宋勤欢	俞正芳	何纪平	侯义芳
张飞林	王连民	陆桂军	陆国贤	赵亚芳	陆芬仙	周美华	朱仁章
马海云	王道明	张雪妹	潘仁贤	夏月英	王金林	王仁明	谢红海
王婉花	朱金芳	喻仁国	杨克林	赵金华	盛欢华	张益忠	章文中
潘忠贤	王仁云	何建芳	金　虎	严红仙	张益宏	金士龙	赵友龙
郭秀龙							

麻泾"五·七"中学　77届高中　班主任　王树道

闻向东	胡雪林	盛华芳	高华强	姜玲妹	吴金林	潘森强	袁新观
张正权	王纪连	薛仁林	孙金华	钱文其	孙永南	张新华	张珠英
王其林	孙金权	吴玉莲	李　红	张连欢	吴小弟	钱桂华	费红芳
李银欢	陆瑞虎	阮连芳	薛一芳	阮秀娟	李秀清	张国欢	高仁志
王仁新	吴瑞华	施桂龙	夏新华	吴杏林	谈桂芳	杨亚红	沈亚锋
胡秀芳	朱秀华	钱木欢	胡美华	陈　辉	唐仁贤	吴爱华	

胥浦"五·七"中学　77届高中　班主任　张富顺

| 徐仁明 | 叶成章 | 杨志清 | 叶仲江 | 周石明 | 周文贤 | 陆火明 | 卫碧松 |
| 卫忠葵 | 俞保林 | 沈利华 | 徐敢良 | 吴士兴 | 夏进良 | 徐惠丽 | 张彩华 |

蒋连芳	徐明华	徐引娣	毛银龙	杨　益	杨友云	杨国均	宋旭忠
高志明	杨树明	卫建兴	顾石连	陆连华	陈藕兰	杨均民	朱丽华
朱辉平	徐连芳	孙串球	俞天权	肖逸芳	王仁权	高春兰	

金山县朱行中学

78 届高中

麻泾中学　班主任　邵国渠

张校章	阮林章	何炳云	阮林芳	梅　松	费仁华	姜中林	费桂兴
盛建新	吴连丽	吴雨火	陈明初	孙建新	孙建华	王亚英	袁金珍
张玉莲	钱　玲	王纪龙	周光明	阮正权	孙守贤	阮新昌	顾欢章
钱火仁	朱水明	殷欢英	殷其龙	孙昭勤	高迪龙	王大余	王纪龙
王志明	夏玲芳	毕卫平	沈浩林	张纪英	程惠英	寿永兴	张美娜
陈秀英	叶文欢	胡粉英	高婉华	金菊芳	孙全芳	高婉如	王龙官
王文龙	胡文龙	高华兴	杨亚红	陆欢芳	王　浩	叶秀华	袁梅华
顾仁辉	顾仁芳	黄纪龙	李明华	费菊贤			

胥浦中学　班主任　卫毓华

叶道妹	徐金英	马　萍	徐平原	徐进良	王龙法	吴仁连	王婉芳
王秀林	夏偶芳	夏桂芳	周恩妹	沈建民	叶桂华	戚亚云	戚欢忠
陆小民	马串华	朱红秀	王红忠	沈国忠	沈自民	卫炳娟	朱成刚
叶桂权	夏正权	姜天庭	夏仁章	陆民权	周粉贤	赵欢华	叶欢龙
叶仁青	张　艳	朱园华	马花英	周天辉	卫明娟	周霞辉	朱仁忠
宋仁忠	杨志强						

新街中学　班主任　许建军

朱召军	徐兴中	孙纪权	俞欢华	马欢英	张欢娟	马岳欢	马德林
王连英	王美仙	谢美娟	朱中杰	谢仁欢	李仁华	王桂华	杨士良
杨士林	金道贤	徐天林	邱桂芳	邱连芳	吴志刚	金道良	金忠明
周建忠	丁粉芳	盛明云	朱雪明	吴粉元	陆国林	蔡连娟	朱雪明
徐雪忠	沣仁忠	吴婉华	吴秀华	王正林	马道华	王友忠	陶海根
张海娟	陶照生	张永欢	朱秀忠				

朱行中学　文科班　班主任　赵良芳

方士梅	顾佩华	王　洁	陈　曦	姜文新	颜龙官	顾桂芳	朱梅华
朱建权	杨公权	冯秀华	陈欢良	吴火云	沈红梅	李菊芳	吴彩红
李金英	俞粉贤	杨红辉	王桂芳	顾红珍	王丽英	朱志云	张继英
顾亚珍	陆永新	高迪龙	陆仁书	施一萍	蒋文欢	徐跃华	夏偶芳
朱明芳	范雪英	邱连芳	王亚英	朱秀中	王忠明	宋　燕	朱明芳
王卫云	沈石凡	唐根兄	吴玉龙	邱　宏	王中欢	马银华	何亚华
张永辉	杨石君	吴军官	王丽娟				

朱行中学　理科班　班主任　张宗铭

邱兴奎	范勤云	陈秋莲	张粉贤	王德明	吴明爱	徐庆林	莫国权
莫士华	顾凤珍	蒋维林	杨品忠	蒋正华	陈明辉	顾才华	朱　权
骆逸坚	吴永强	吴　英	王顺贤	王士花	莫士辉	王仁明	赵菊红
吴粉贤	张新妹	陈正权	张雪华	张月华	金婉芳	金仁龙	夏正权
陆阿忠	唐德芳	朱正辉	朱新梅	吴肇燕	王雨法	蒋仁云	颜品芳
颜连观	杨兴昌	杨桂昌	程惠英	朱伟民	李　萍	张春瑶	陈少春
朱春梅	陈春芳	杨红辉					

朱行中学　78届高复文科班　班主任　赵良芳

李芬华	王龙法	孙建华	顾仁辉	阮林章	殷焕英	陈寒松	张士杰
胡文龙	程惠英	陆仁书	高迪龙	周光明	阮新昌	吴　英	吴明爱
陆阿忠	唐德芳	唐根兄	方士梅	夏偶芳	朱明芳	韩国平	朱维民
范雪英	顾佩华	陈　曦	姜文新	王士华	吴肇燕	王　英	朱　权
莫士欢	朱梅华	朱建权	王新妹	朱秀中	宋　燕	陈琳琳	朱新妹
蒋维林	沈西凡	邱　宏	唐伟明	王中欢	马银华	赵菊红	吴粉贤
马　萍	徐平原	徐进良	吴仁连	夏正权	王秀林	俞粉贤	杨红辉
莫士华							

朱行中学　78届高复理科班　班主任　张宗铭

徐兴忠	骆逸新	梅　松	陆小明	周天辉	骆逸坚	施国忠	王正林
朱伟明	吴顺利	陈秋连	吴雨火	周发明	吴丽华	杨娟芳	冯道华

顾校欢　张　艳　邹　云　黄　洁　施小刚　王亚英　夏正权　张永辉
朱召军　陈明初　王友忠　殷其龙　俞欢华　吴玉龙　邱桂芳　陈正权
王银华　盛继新　顾焕章　陶海根　严　敏　蒋文欢　孙纪权　马似敏
高华兴　朱仁钢　李婉芳　吴　峥　陈锋辉　胡文龙　马德林　张雪华
张粉贤

朱行中学　78 届初中毕业生　班主任　周金龙　徐金本

吴　萍　唐维丽　唐召民　何纪英　唐晓梅　寿士云　陈金芳　张　新
何慧春　章彩凤　宋珠华　顾新妹　王彩英　钱斌峰　沈绿叶　唐美贤
吴小弟　陈仁龙　寿士华　陈平芳　朱欢忠　沈永贤　朱纪辉　俞迪其
孙明峰　翁秋良　顾新弟　俞桂秋　崔家英　顾　真　顾德芳　顾天林
黄敏益　沈国权　刘婉华　沈士贤　王玉林　郑志辉　潘校春　王玉花
常仁龙　陈遇春　吴慈元　王国庆　黄向阳　黄新龙　寿明达　陈斌飞
严新培　朱爱民　顾维娟　张国秋　胡继英

新街中学　78 届初中毕业生　班主任　许刚

俞金权　俞金奎　王德龙　王德良　朱　斌　杨龙林　袁永芳　邹　军
盛瑞芳　卫东英　杨欢林　杨良玉　赵月贤　沈月奎　吴亚勤　吴忠标
沈玉林　俞金红　周　军　郑士龙　佘燕华　何纪欢　曹美英　王仁云
何纪英　盛士华　殷桂贤　马益琴　沈玉奎　沈　梅　张连宝　张欢宝
石士华　陆欢林　谢正文　陆秀林　陈品华　王金珠　徐友忠　夏连英
王连英　马雪余　王　妹　石月华

麻泾中学　78 届初中毕业生　班主任　吴仲华　于康德

浦明欢　陈松欢　吴佩华　邬欢英　孙新贤　陈一元　张国辉　吴炳林
孙雪华　孙士娟　孙明芳　阮正林　王品华　叶连英　孙明欢　周　群
孙永贵　王金珠　张腾云　张丽娜　费新华　施火华　张兴观　张新奎
陆秀林　陈光林　张会龙　彭明章　李瑞妹　李挑红　吴秋花　周连华
孙道林　孙明峰　张　雷　吴瑞新　杨天云　冯道观　朱金南　王丽娟
周红连　吴玉明　孙美华　孙永花　孙美琴　盛士英　夏金权　沈连华
孙金欢　季梅芳　徐玉观　张瑞华　徐国仁　谭红妹　吴忠明　张毛龙

杨凤英　姜士林　阮品芳　吴光荣　盛建英　朱　英　钱协群　王国弟
阮小芳　高洪涛　朱月华　孙梅华　张建华　施金华　沈　峰　王　憎
潘红娟　费跃红　费水忠　沈勤仙　张忠于　顾木辉　吴欢林　谢梅芳
潘寿林　吴欢平

胥浦中学　78 届初中毕业生　班主任　卫毓华

顾秀龙　顾校辉　顾宪龙　顾校华　顾玲芳　陈品华　盛婉连　卫道华
周发明　周华英　周宝华　王梅华　姜士华　徐宝妹　宋　超　姜天妹
姜仁辉　曹永良　曹建华　曹勤华　曹桂华　夏梦权　盛仁芳　曹权芳
曹永欢　杨权贤　金粉贤　金仁贤　张玲华　马国权　周明娟　沈粉权
沈金华　沈道华　盛仁明　叶桂权　叶勤欢　孙国欢　郑国雄　叶勤弟
叶连欢　叶仁明　叶仁良　叶永芳　夏惠权　俞士军　杜丽红　俞水云
俞连明　卫国旗　卫国云　夏金花　杨益权　姜志平　俞志权　杨益芳
周法明　卫冬英　杨志强　周雷芳

朱行中学　79 届初中毕业生(1)班　班主任　顾伦伦

王顺忠　阮正强　吴　龙　吴正欢　唐登红　唐启明　陈哨华　殷莹花
孙建龙　吴国云　朱　伟　严　杰　黄政权　王玉萍　夏雪龙　孙伯贤
曹　云　胡　伟　范勤英　宋叶萍　陈秀英　李　莉　邱伟英　蔡益观
吴奕建　沈家平　沈志林　杨纪忠　吴肇旻　俞纪云　杨欢权　孔文钢
朱纪芳　顾红萍　金　平　王正辉　俞桂明　常春雷　吴丽丽　尹蓓蕾
孔英英　张国林　张益中

朱行中学　79 届初中毕业生(2)班　班主任　高益清

吴慈丽　曹　健　夏雪龙　高洪贤　朱小刚　蒋秀军　尹士斌　李仁龙
杨文观　金东元　孙永其　杨银华　卫智民　陈兴达　朱美贤　宋秀芳
卫兴龙　张桂芳　吴春芳　邱伟英　王雨明　沈仁龙　张顺芳　高龙宫
陈正兴　王玉萍　冯建林　杨国良　许卫忠　仇志强　陈国欢　朱菊芳
杨桂芳　徐秀娟　张纪欢　冯士华　焦仁芳　范勤法　叶士权　王秀英
唐德法　刘　峰　陈飞华　陈少华　许志忠　俞凤芳　朱华贤　陈新荣

朱行中学　79 届初中毕业生(3)班　班主任　周晚霞

张中元	丁徐权	郭　英	江秀妹	王国云	孙明其	卫仁兴	陈兴楼
吴慧兰	顾国荣	张国林	王秀英	顾益忠	顾益云	王文娟	陆时明
冯国英	卫兴龙	王龙观	王玲利	王兰华	王　英	陈永辉	尹士兵
杨平芳	陈桂华	陈菊华	寿文华	寿月宝	高龙官	李秋华	高桃芳
朱正权	殷道南	沈国权	张国英	杨桂勤	杨勤书	陈红萍	曹仁余
林桂龙	林召中	陈雪飞	陈益妹	张水龙			

朱行中学　79 届初中毕业生(4)班　班主任　杨仁龙

俞桂中	蔡银华	沈心如	陈　晓	邱正伟	王桂华	顾国荣	张欣荣
杨连华	吴爱芳	顾士勇	王国荣	冯建林	仇伟清	王小弟	马金芳
陈正兴	胡美娟	沈国仁	徐国仁	傅连芳	孔欢章	蒋仁兴	陈玉妹
张仁芳	高龙观	陈仁元	刘祖德	谢志新	徐小妹	邱一中	冯国英
张　新	刘正华	杨平方	金卫方	金士明	沈勤勤	俞桂忠	邱益明
寿月宝	陆梅芳	李瑞其	蔡银花	赵光辉			

新街中学　79 届初中毕业生　班主任　曹枫源　吴永诚

马政权	殷培余	殷正权	陆明贤	张永曙	陆奎华	朱仁华	夏军辉
郭　茂	盛欢龙	陆凯龙	冯道良	冯道林	朱小平	王菊花	朱雪云
施铁权	朱迪华	陈连书	金红英	赵娟芳	周德华	俞雪华	郭水芳
王连辉	王仁忠	陆水林	张明欢	盛连云	王一忠	张雪欢	俞考华
石仁观	金志兴	张瑞勤	朱奎龙	金士明	徐林法	吴粉娟	蔡杏娟
唐雪华	朱瑞云	盛金云	朱召林	张宝芳	张欢林	曹美娟	朱连华
陶正芳	陶正其	陆宝英	孙乐妹	王月英	潘连华	顾佰仁	殷佰贤
沈红英	郑永华	蒋引娣	丁粉元	张纪明	周杏妹	金品权	石士华

麻泾中学　79 届初中毕业生　班主任　何永文　吴仲华

李林弟	姜爱国	孙威锋	张会龙	何新明	冯仁龙	阮仁龙	陆秀林
鲁士青	徐新明	孙菊英	张其忠	袁仁其	孙连章	孙志林	吴雪莲
施利明	施玲林	张元新	陈群英	李祖荣	王洪兴	范雪丽	叶丽英
姚剑英	费士明	秦士梅	阮正欢	费迪华	阮林弟	袁新弟	李梅娟

杨红英　吴佩华　邱友芳　邬欢英　许巧红　阮士华　杨梅芳　孙欣贤
孙七一　王　英　阮欢华　盛士英　李瑞妹　傅秀明　殷振欢　杨丽芳
吴士欢　王国民　李仁龙　李益欢　盛国士　杨凤英　张庆元　蒋召安
陈　蕴　朱　瑛

胥浦中学　79届初中毕业生　班主任　卫毓华

毛国权　周引章　顾海峰　叶士权　赵威刚　顾天权　苏明芳　夏金星
王仁欢　徐串林　陶国忠　吴校权　夏　欢　杜丽红　夏仁权　陆秀军
马　强　陈　英　张文彩　张　萍　蒋文华　叶吉明　姜天权　杨美芳
夏雷余　杨继清　姜文芳　吴　云　夏君权　杨火龙　宋益明　姜连红
杨士龙　夏奎红　倪彩忠　周水忠　俞咏梅　杨　华　张金连　宋道全
蒋秀珠

朱行中学　80届高中(1)班　班主任　褚耀庭

吴慈元　王国庆　黄向阳　黄新龙　张腾云　沈永观　陈平芳　陈益源
马雪余　俞金权　阮忠辉　陆欢林　杨国贤　沈玉林　陈雪源　王玉花
张毛龙　赵月贤　杨良玉　费跃红　钟勇侠　王品红　张韵春　谢梅芳
何纪梅　范　玮　杨　洁　朱纪辉　朱爱民　费水中　肖火观　姜顺辉
严新培　胡继英　姜士林　阮品芳　朱顺忠　谢正文　陆秀林　寿明达
陈斌飞　吴忠民　潘校春

朱行中学　80届高中(2)班　班主任　顾伦伦

张　雷　阮忠辉　唐维丽　唐召民　吴欢平　何纪英　杨晓燕　唐晓梅
寿士云　何慧春　吴　萍　王　憎　顾新妹　孙雪华　王金珠　王彩英
钱斌峰　吴小弟　陈仁龙　孙　锋　朱士华　孙梅华　黄卫红　寿士华
陈松欢　孙勤仙　钱协群　沈杏妹　王丽英　王玉花　杨欢林　马国权
张伯均　吴忠民　马雪余　姜顺辉　潘校春　俞金权　陆秀林　鲁士芳(结业)
张纪华(结业)

朱行中学　80届高中(3)班　班主任　黄君才

朱欢忠　周　军　沈永贤　孙明峰　张丽娜　杨龙林　张忠于　宋珠华

曹永良　顾正权　翁秋良　叶勤弟　顾新弟　马铁民　王德龙　郑士龙
周发明　崔家英　顾正辉　顾天标　沈玉奎　顾　真　马益琴　黄敏益
顾维娟　孔欢章　孔金刚　俞迪其　蒋菊英　俞金红　沈良贤　卫东英
李龙林　曹永欢　张正余　吴明忠　陈遇春　孙国欢　陈正贤　俞桂秋
章彩凤

朱行中学　80 届初中毕业生(1)班　班主任　张宗铭

朱维英　顾仁余　陆雪花　顾珠球　陈俞兴　沈国芳　顾金辉　王友良
沈中权　杨春权　沈龙海　王美娟　沈士芳　吴佩芳　王珠辉　许国瑞
蒋文忠　王　云　王时明　潘令骐　蔡益坚　吴永民　陈巧兰　王彩花
俞　平　吴永强　俞金泉　陈小妹　何国忠　夏林云　俞金达　高林法
朱顺龙　祁小妹　周　华　高　斌　吴华芳　顾友林　丁徐权

朱行中学　80 届初中毕业生(2)班　班主任　彭令凤

杨建青　徐中林　沈小苟　钱吉明　朱密勤　沈　辉　方　伟　吴梅芳
陆连花　寿　青　寿金达　朱春南　王连军　朱　萍　何秋贤　孙明健
陆雪军　冯进林　朱纪云　仇　伟　李玉林　苏　瑛　赵春花　吴　伟
吴新贤　徐秀贤　钱国强　杨新华　陈军欢　张水龙　孔辉权　张建平
杨东芳　郭　英　高林法　朱培贤　朱　飞　马云英　吴华芳

朱行中学　80 届初中毕业生(3)班　班主任　周晚霞

顾正华　谢志新　王益芳　杨桂红　尹士斌　陆梅芳　寿桂英　陆雪军
陈一飞　陈国辉　陆时云　胡建忠　王丽芳　孔玉英　高龙芳　卫瑞新
李德林　顾红辉　朱立新　仇卫清　张雪梅　陈爱龙　潘中权　寿志平
范秀芳　张　新　何振明

朱行中学　80 届初中毕业生(4)班　班主任　赵国荣

吴金芳　刘祖仁　金丽华　朱芳贤　王连华　吴纪英　朱培贤　朱菊芳
金卫芳　孔美钢　吴欢林　孔益权　郭　鹰　张金妹　邱永梅　吴雨权
焦菊英　蒋华观　吴春芳　朱利敏　何洪敏　杨　昆　盛桂华　吴美琴
张志高　韩小平　胡寺权　郑　辉　吴仁辉　丁徐军　严新龙　冯文龙

顾仁余　杨纪青　陆士云　杨文权　沈小苟　张欢兴　唐德发　顾金华
朱密勤　沈勤勤　张　英　王丽芳　朱水华　王　英　俞静娟　徐明华
韩小妹　吴秀芳　陆连花　丁徐权

新街中学　80 届初中毕业生　班主任　曹枫源　吴永诚

刘引观　刘金观　徐宝勤　徐正连　吴粉华　夏国辉　叶永强　陆明辉
杨召林　王秀林　王明辉　傅连光　侯正华　杨叔英　朱乃器　傅玉莲
汤天明　殷正云　曹云峰　徐金忠　宋正辉　傅连芳　叶忠林　张天忠
郭仁龙　张连芳　宋建平　朱纪平　周纪芳　朱藕芳　陈建华　王仁梅
俞欢娟　陈贞华　赵杏华　马水良　赵巧贤　周彩萍　潘　芳　杨宝华
张宝林　徐雪华　俞秀云　杨权英　周永辉　谭欢良　周　伟　俞秀华
石雪华　陆引宝　郭　均　赵永锋　曹锋英　潘仁龙　沈伯勤　郭欢云
朱欢忠　张纪云　朱连华　陆　辉　孟粉莲　沈士云　陆天明　郭永彪
孙　伟　张红梅　沈益辉　沈一军　张　敏　叶引章　吴亚明　潘亚华
徐雪林　俞秀华　郭欢忠　徐正欢

麻泾中学　80 届初中毕业生　班主任　何永文　吴仲华

张国民　邬欢英　许巧红　费欢华　胡桃华　孙月华　费迪毕　杨连英
孙秀丽　高勤贤　阮士英　张冬华　孙秀华　徐宝妹　顾彦辉　费群英
冯树春　陈源莲　纪南林　王　文　张桂明　张莲峰　叶莲英　袁银珍
张文龙　顾金凤　姜龙欢　高洪波　姜士娟　何志林　吴惠权　吴自强
费秋云　韩　英　张秀华　胡品贤　阮红娟　寿兴龙　梅　红

胥浦中学　80 届初中毕业生　班主任　卫毓华　夏炳权

王正华　薛连华　卫东权　张永清　赵振红　孙国辉　周欢新　徐勤芳
顾巧兴　宋卫军　俞龙花　周建国　沈友明　顾石权　顾银花　夏利权
钱雪林　沈桂权　杨　辉　赵国辉　沈华权　姜兴梅　周瑞林　徐红梅
沈友明　张玉良　叶正云　徐卫勤　姜玲玲　王秀华　夏平龙　虞玲玲
叶红欢　朱惠华　杨　念　陆正华　赵宝忠　钱婉芳　张金贤　姜天好
沈石元　钱士欢　顾校龙　陆余良　钱华芳　叶春权　吴文虹　杨亚清
周婉花　顾国权　华金忠　吴华芳　赵维权　黄玉明　姜正莲

朱行中学　81 届高中文科班　班主任　朱起宏

姚剑英　　吴慈丽　　朱纪芳　　陈秀英　　杨梅芳　　杨银华　　高洪贤　　蒋召安

陈群英　　常春雷　　吴国云　　张建权　　蒋秀军　　钱佳萍　　张庆元　　王　憻(历届)

姜士林(历届)　　孙慧娟(历届)　　张韵春(历届)　　朱爱民(历届)　　胡文虎(历届)

孙国辉(历届)　　杨欢林(历届)　　姜顺辉(历届)

朱行中学　81 届高中理科班　班主任　郑继明

胡　伟　　马翠娥　　曹　健　　孔英英　　陈　蕴　　吴肇昊　　曹　荣　　袁仁其

陈辉华　　李祖荣　　李益欢　　杨欢权　　杨建忠　　施黎明　　卫智敏　　孙欣贤

王国明　　黄政权　　王正辉　　金东元　　陆瑞龙　　孙建龙　　朱　伟　　俞桂明

张毛龙　　盛国士　　沈家平　　顾红萍　　朱小刚　　宋叶萍　　沈志林　　夏雪龙

金国华(历届)　　杨国贤(历届)　　薛国贞(历届)　　马国欢(历届)

俞金权(历届)　　钱斌峰(历届)　　沈玉林(历届)　　陈炳飞(历届)

陈雪源(历届)　　寿士云(历届)　　周春华(历届)　　费跃红(历届)

吴忠明(历届)　　黄向阳(历届)　　张永源(历届)　　吴奕建

朱行中学　81 届高中结业生

蔡益观　　张其忠　　费士明　　王国明　　杨文观　　陈秋芳　　阮林芳　　尹蓓蕾

朱小平　　朱迪华　　李仁龙　　李益欢

朱行中学　81 届初中毕业生(1)班　班主任　张宗铭　刘展虹

王新辉　　王时明　　王连军　　王美娟　　王秀林　　王珠欢　　施铁妹　　严晓峰

孔国英　　冯莲英　　朱卫勤　　孙永平　　刘　晓　　邱卫文　　陆彩芳　　张永清

吴国梅　　吴佩华　　吴金忠　　宋　杰　　沈红欢　　林兴中　　潘玲骐　　戴卫红

林　梅　　杨冬芳　　杨明忠　　杨丽君　　杨国辉　　杨春权　　盛婉平　　蔡一坚

杨桂华　　陈辉忠　　金仁权　　陆为民　　陆欢军　　施连华　　顾一梅　　钱建峰

姜爱国　　张银辉　　周仁其　　周欢新　　周兴欢　　顾兰萍　　吴亚燕

朱行中学　81 届初中毕业生(2)班　班主任　王海中　俞玉康

王亚贤　　徐　萍　　卫瑞贤　　顾珠球　　曹文贤　　雪桂英　　王建平　　方　伟

陈雪华　　卫秀珍　　吴卫萍　　吴仁华　　杨大明　　李卫中　　徐瑞章　　徐宝明

严新龙	蒋连辉	王文欢	丁徐军	杨文权	周金辉	盛立新	汤卫东
谢连国	徐华忠	王文军	王桂云	王仁其	周最清	张建平	王玉明
王连芳	范勤良	吴永杰	蒋仁权	赵维权	张益军	杨桂忠	韩小平
周伟云	朱联欢	杨新华					

朱行中学　81届初中毕业生(3)班　班主任　王士德　张莲怡

钟学军	戴国安	沈仁兴	包一新	张政辉	陈仁云	仇志华	高龙芳
钱浩锋	陆永贵	谢国辉	周东元	宋　继	王红耕	王秀芳	王彩芳
陆记仁	周正红	卫国斌	曹连欢	陈水权	马桂云	陈梅华	刘雪华
顾密龙	沈华权	赵宝忠	王曙明	王新元	吴亚贤	周华辉	陈粉华
俞桂芳	杨惠华	沈欢娟	俞仁华	卫秀华	高士芳	金梅芳	蒋喜华
冯品芳	施铁梅	杨瑞华					

朱行中学　81届初中毕业生(4)班　班主任　郑志林　王金舟

常龙仁	顾　丁	王永林	陈　云	杨国良	刘新妹	寿桂英	顾纪明
张靖英	杨国贤	吴贤云	杨国正	张文革	王亚观	杨辉昌	卫　东
张秀芳	俞纪林	朱瑞良	张美英	卫志平	袁小弟	俞立薪	蒋永林
吴林华	张欢华	王国娟	王正元	韩四清	王明芳	杨　平	张菊芳
顾爱萍	尤一平	薛金欢	陈　强	王小弟	杨红花	顾红辉	徐云辉
马建军							

新街中学　81届初中毕业生　班主任　曹枫源　吴永诚

朱亚军	郭　权	郭　明	沈考华	杨粉贤	孟粉连	张水欢	张国倍
张仁军	王明华	郭　飞	沈　英	顾雪华	王品连	谢立新	黄菊宝
陆宝英	吴英明	赵欢龙	夏士林	吴水英	陆秀良	沈雨龙	姚贤明
沈　龙	盛宝花	张兴荣	王　英	王仁良	郭欢忠	王欢欢	郭红英
谢冬文	徐粉华	沈拥军	王宝华	郭永林	顾道忠		

麻泾中学　81届初中毕业生　班主任　何永文　吴仲华

何明芳	薛连华	焦文元	焦益明	彭杰杰	陆爱国	吴士强	刘　晓
阮正其	朱群辉	韩联权	林爱英	吴海英	朱明华	王学杰	孙翠华

何玉英	冯玉观	王晓凤	董春蕾	唐丽英	孙爱芳	李文章	孙红娟
孙菊英	孙林欢	王建华	姚欢华	朱文华	王卫东	寿新龙	孙国权
沈立新	方群英	胡国强	张国辉	唐召良	周光辉	顾丰源	盛时芳
阮士英	周 明	钱辉红	钱彩华	谭梅辉	谭菊华	孙 洪	顾彦晖
谭明新	陈菊花	孙连文	王培蕾	姜亚贤	姜红波	孙 权	许金台
李文章	盛士芳	施卫国	王红蕾	袁银珍	王立新	孙玉莲	俞国平
陈欢欢	陈卫平	曹玉琴	吴安明	陆瑞华	盛红秀	张元新	钱仁发
杨红娟	周光才	费迪妹	季乃平	吴建军	吴春贤	孙明贤	周士平
潘根凤	潘凤英	姜明权	孙辉华	庄秀林	高红娟	吴爱萍	

朱行中学　82 届初中毕业生(1)班　班主任　张宗铭

金 萍	孙永萍	张红妹	周立新	吴建军	周卫军	张浩风	夏建军
沈龙海	姚登详	卢剑锋	张 健	唐丽花	何纪忠	薛益华	杨丽君
卫兴桔	王一欢	朱伟勤	陈 杰	李文章	徐桂清	顾爱华	薛永良
盛士芳	蒋卫红	吴秀贤	孙继云	吴维云	高瑜虹	孙迪贤	褚连芳
吴明杰	谭政一	宋爱文	沈华权	陈勤劳	卫仁其	吴仁权	杨品贤
金勤欢	雷明忠	赵兴忠	冯中华	张洪彩	沈石平	何新芳	王军民

朱行中学　82 届初中毕业生(2)班　班主任　何永文

卫关新	周华辉	包一新	龚 英	宋文文	叶卫华	计惠英	朱新芳
王国玲	沈志刚	曹 云	王曙敏	冯新花	周伟云	孙平贤	杨文光
殷荣欢	叶 斌	王 荣	叶国贤	陈仁云	王学杰	王忠杰	陈建平
周仙华	吴惠萍	夏桂文	夏欢中	陈红星	尤益明	曹杰峰	蒋正其
陈 坚	朱文娟	徐勤妹	吴卫文	沈红梅	夏建明	王秀贤	张文龙
吴永杰	夏燕勤	张明权	何一文	范正花			

朱行中学　82 届初中毕业生(3)班　班主任　方永兴

徐佩华	金连云	胡建华	夏益芳	王会洪	何立新	颜 锋	钱海安
陈中东	姚登详	顾红兴	吴秀贤	陆立新	俞秀华	金亚勤	俞校珠
俞立新	俞仁昌	卫兴桂	卫浩海	杨明连	蒋华英	李纪芳	王美贤
杨欢书	王志刚	范春芳	杨美华	李玉芳	朱华梅		

朱行中学 82届初中毕业生(4)班 班主任 王士德

张粉娟 高 锋 王益峰 杨培红 张正余 沈毓光 冯心中 宋立新
杨爱军 阮文东 顾卫明 黄 静 钱玉峰 吴立新 朱金奎 陈 欢
张红杰 王永连 徐秀英 江意平 顾益忠 朱爱东 顾士华 杨金奎
张建英 吴秀华 许雪云 高 群 唐登云 冯秋华 蒋正奇 沈文欢
朱梅芳 俞杏华 俞秀娟 马一兵

新街中学 82届初中毕业生 班主任 曹枫源 吴永诚

张 梅 何 勇 殷翠华 孙治权 夏慧英 杨卫云 朱花英 杨婉士
陆文辉 谢纪萍 陆 军 张秀忠 张忠兴 王 强 杨培华 孙红英
吴群慧 王国强 何建平 陶华梅 金贞贤 马宝妹 戚培英 陆婉华
顾小红 徐 红 朱婉平 王仁贤 王志明 朱国花 吴 锋 卫治华
葛正法 俞雪辉 郭永光 马德明 王国英 张国英 沈 倩 陆红英
朱红辉 卫东明 卫友权 潘明贤 杨梅红 丁拥军 王振华 薛海英
张新欢 张建国 朱卫平 顾仇花 夏玉华 孙如芳 郭 华 郭 英
俞勤明 张秀中 顾晓红 王顺燕 戚田华 郭仙华 赵欢华 吴权威
吴金芳 金连芳 金勤劳 顾正平 孙 健 顾文正

麻泾中学 82届初中毕业生 班主任 孙冲 阮详贤

邱连芳 钱 洁 袁雪琴 孙卫英 李国英 张新欢 朱月英 胡一峰
彭卫东 潘美英 夏正云 阮仁正 周士平 孙文华 姜爱国 王慧娟
吴建清 林爱英 孙爱芳 王红蕾 何明华 吴大庆 唐丽花 陆秀丽
朱秀文 王晓枫 朱月华 冯玉观 王佩蕾 吴海英 钟建芳 张卫忠
薛丽华

朱行中学 83届初中毕业生(1)班 班主任 褚耀庭

朱正天 朱芬华 马新丽 王全红 吴明强 夏美娟 陈光丽 俞永欢
卫雪妹 徐 钢 何欢华 曹国春 曹永芳 张士欢 周伟民 张亚梅
袁红英 赵新华 刘晓燕 金卫民 俞秀芳 李兴中 冯培华 盛文芳
张 平 顾瑞欢 任坚军 潘兰英 汤卫刚 褚蓓蕾 胡美英 吴友明
俞卫忠 夏梅芳 阮文东 吴明华 陈红星 刘璀理 周仁海 夏建明

何晓红	徐中杰	沈桂丙	王美容	陈海渊	顾珠辉	冯培华	杨文华
张新国	王海峰	沈毓清	孙明辉	曹杰锋	蒋美花	王国权	唐红妹
吴卫文	顾珠球						

朱行中学　83 届初中毕业生(2)班　班主任　郑继明

寿金荣	顾卫斌	王丽元	朱咏梅	周建国	宋益新	蒋美花	李　敏
叶卫华	陆立新	吴卫文	俞仁昌	曹杰锋	王一峰	孙明辉	蒋美花
张建元	沈海龙	朱薪欢	王品华	夏小卓	朱伟勤	王国玲	张伟英
任建军	孙　平	张　文	卫关兴	胡雪强	韩联权	陆燕明	殷荣辉
金爱华	杨菊红	吴秀林	邬雪环	卫光辉	王金连	陈海燕	李红超
徐永清	李文桔	张明权	李文华	尤益明	陈国华	王利明	刘晓燕
赵跃欢							

朱行中学　83 届初中毕业生(3)班　班主任　彭令凤

黄咏湘	冯　瑛	朱永欢	曹国强	杨欢权	尹伟群	孙明辉	顾珠球
王永健	冯　英	宋晓英	马道云	潘雪欢	施红玲	张迪贤	王学杰
陆益明	夏桂鑫	卫瑞花	赵　英	陈益明	朱雪芳	杨咏梅	顾正杰
俞权贤	俞桂花	王永健	朱林权	冯仁龙	王菊花	吴永杰	卫光辉
陈海燕	陈纪峰	张洁洁	陈国华	杨连芳	徐文华	吴维云	谭政一
杨桂英	李　梅	吴华欢	蔡光林	吴正权	陈益华	夏文妹	蔡建东
张新欢	金中平	吴政权	陆益明	吴维云	殷荣欢	高　峰	陈国华
张正余	卫关心	蒋仁权	薛永良	朱林权	曹国锋	朱永欢	陈　萍
尹伟群	龚　英	褚连芳	王亚贤				

朱行中学　83 届初中毕业生(4)班　班主任　张宗铭

赵耀辉	卫政权	孙建军	叶慰萍	唐红妹	杨咏梅	朱新芳	张明权
陈红星	张伟英	沈金芳	吴正权	王亚贤	朱新欢	陈　萍	蒋仁权
金中平	蒋召明	夏文妹	张兴欢	赵耀明	王红娟	王品华	朱金花
徐琴妹	杨纳新	曹新华	吴欢林	钱秀英	高婉芳	吴粉藕	王国权
王卫东	吴瑞英	邬雪贤	焦红卫	吴志新	金菊欢	张丽芳	顾卫伟
李春燕	寿金云	卫欢林	卫瑞明	吴炳欢	蒋纪平	杨爱萍	俞红华

王利明　朱亚娟　徐爱华

朱行中学　83 届兽医班　班主任　王海中

朱爱文　张瑞贤　张立新　冯　涛　高仁中　王忠杰　徐国际　吴欢林
叶光荣　孙菊英　陈秀英　陈新荣　沈华权　曹永峰　常仁龙　孙金辉
王玉明　吴英明　孙红杰

新街中学　83 届初中毕业生　班主任　曹枫源　王刚敏

沈　军　沈志刚　徐卫东　黄立新　侯正林　王时政　徐　辉　陆欢军
杨国欢　杨欢权　沈小辉　朱翠英　蒋引忠　孙铭权　赵爱军　王玉花
朱正华　朱金花　朱金连　马　瑛　吴慧焕　徐正伟　丁拥军　孙卫兵
王　明　马月中　张纪标　曹粉娟　徐　伟　程　琼　姜　敏　俞金华
金国军　张　英　袁志芳　陶正英　马国忠　徐　权　马雪云　陈雪权

麻泾中学　83 届初中毕业生　班主任　孙冲　阮金谷

费明华　吴春燕　吴文凤　沈国强　王红兰　姜爱民　李春花　胡美瑛
朱观明　阮红辉　方群英　阮新华　潘瑞华　秦士梅　何锋梅　胡卫英
朱明华　孙光辉　孙丽花　王红兰　孙光明　王兴忠　阮造英　胡天良
孙林欢　王冬敏　王慧娟　沈立新　钱忠明　高洪娟　沈明红　孙红权
夏振云　胡国强　杨国欢　曹玉华　孙平贤　张红云　王建华　阮燕萍
叶　斌

胥浦中学　83 届初中毕业生　班主任　高春达

丁拥军　杨卫忠　叶文军　周欢林　顾爱权　朱恩贤　叶文华　杨国权
吴支书　徐　红　沈文华　张　辉　叶仁华　夏粉华　王忠欢　叶春花
徐　萍　夏正欢　毛仁权　王桂忠　夏瑞忠　叶国贤(历届)　张　健(历届)
周卫军(历届)　张玉平(历届)　金仁权(历届)

朱行中学　84 届初中毕业生(1)班　班主任　张宗铭

张伟明　吴正贤　蒋　军　尹伟群　朱国强　徐欢华　吴永军　吴明强
金卫民　孔益文　薛欢军　吴欢权　吴秀萍　徐新辉　吴维华　冯仁龙

叶 军	阮文忠	杨群瑛	高 群	褚宝强	陈益华	吴春华	吴奕伟
陈 徊	胡建辉	杨丽花	黄天安	李红超	毕为民	蒋卫红	俞平权
蒋拥军	汤伟林	周海斌	杨 洁	杨文华	李 敏	刘晓燕	张忠余
杨咏梅	宋晓英	周月华	李铁军	徐中欢	陈 伟	顾惠明	

朱行中学　84 届初中毕业生(2)班　班主任　薛毓良

雷 冬	徐伟红	袁顺利	朱 鑫	顾益春	孔卫权	顾文萍	孙继云
孙文华	赵正辉	徐 刚	徐国权	顾光辉	李卫章	周 军	杨纳新
杨文贤	杨培英	张 洁	陈红芳	王文忠	孙明兰	孙 平	金中平
朱新妹	沈秀芳	高龙华	崔家强	施文权	孙建兰	高 平	王玉华
叶蔚萍	唐红梅	王月华	杨新妹	陈剑峰	金桂华	何晓红	夏海青
陈 萍	卫光辉						

朱行中学　84 届初中毕业生(3)班　班主任　褚耀庭

冯菊英	顾伟峰	吴新权	杨红兵	王海峰	冯爱军	王朝军	金巧英
杨文杰	徐爱华	顾正杰	杨培红	夏仁均	张正华	姜华萍	黄咏刚
戚爱军	叶卫红	王益锋	张亚梅	曹杰锋	曹杰欢	陈 强	杨玉英
翁连军	冯欢英	张永忠	杨国权	赵耀欢	钱秀英	冯文华	徐永清
吴欢明	王正元	周伟民	顾瑞欢	赵新华	蒋美花	胡美英	张 平
任坚军							

朱行中学　84 届初中毕业生(4)班　班主任　王士德

徐爱华	张 萍	严玉红	何友良	马永欢	王曙平	张 勤	王美蓉
陈海涛	吴友民	王欢龙	顾其林	薛欢忠	周仁海	谢中妹	张红宝
徐维力	李爱民	寿文权	张小弟	蔡 伟	朱正天	林 华	沈 红
沈永忠	吴秀龙	吴 明	杨培红	王永欢	陈纪军	施红珍	俞红新
高文辉	周金花	王红妹	黄 静	冯菊英	王惠芳	吴密贤	张红英
顾 贞	李文华	李文妹	马新利	林国红	张林芳	高 妹	王新贤
杨玉英	俞桂花	沈桂宾	唐得林	沈立新			

新街中学 84届初中毕业班 班主任 曹枫源 张仁辉

朱恩贤	马欢华	郭建忠	时春军	李 忠	翁拥军	谭政余	谢婉贤
石 明	韩文卫	张正东	时瑾玮	金爱军	夏正花	彭秋忠	张 峰
时 玲	陆 宏	杨卫林	周永元	殷翠平	谢彩虹	吴彩云	孙 达
徐 权	徐正权	冯道明	夏海青	俞军明	韩 正	石表红	吴支书
叶文军	俞金华	朱海斌	吴文强	吴军民	袁培军	王金妹	朱纪红
盛立新	朱红权	喻欢英	叶正贤	杨伟红	王桂云	马 英	吴慧众
徐 欢	顾培华	孙红梅	赵永忠	俞欢权	王余忠	杨观英	俞平权
盛花梅							

麻泾中学 84届初中毕业生 班主任 阮金谷 沈金龙

阮道英	张小妹	李光辉	王明杰	施道龙	王健华	唐德良	方群英
王东敏	王东雷	黄红英	李金英	沈明红	胡雪强	王新贤	宋国荣
蔡吉林	孙明华	胡美英	毕为民	蔡爱萍	姜寿华	周 明	陈欢华
寿晓锋	陈源华	阮光辉	吴健权	李林权	盛桂权	李春妹	吴建英
李素妹	寿银昌	吴国权	孙爱红	孙爱芳	费群红	张 杰	曹天华
姜水林	阮正其	韩益群	朱文凤	王兴忠	顾元华	费林华	黄新妹
王大忠	张秋妹						

朱行中学 85届初中毕业生(1)班 班主任 郑继明

唐勤花	周 英	蒋玉华	王 萍	朱晓茵	韩红霞	程翩高	徐金华
叶 卫	王 芳	吴桂芳	李爱萍	沈文娟	李 豪	孙爱芳	王亚妹
杨益琼	张建华	何国云	李 权	王利民	高士红	朱华新	唐伟娟
肖伟斌	卫少强	王郁峰	吴朝辉	朱国英	赵春弟	赵 刚	黄育玲
施 平	陈 红	沈爱民	朱拥妹	杨玉华	朱粉华	吴军民	卫兴强
马俊杰	杨继红	周爱民	金连辉	金卫忠	蔡爱萍	陵学军	俞碧荣
吴 莹							

朱行中学 85届初中毕业生(2)班 班主任 张宗铭

谭立群	夏静敏	张元梅	顾仁兴	马敏红	王敢峰	陈勤劳	朱雪权
王 芳	杨梅观	陈建欢	叶 军	俞平权	陈琴华	毕为民	曹雪军

何桂华　蔡勤辉　吴尧兰　朱　虹　朱　锋　钱峰英　孙铭权　郭卫英
张欢权　吴伟民　吴水军　邱国新　周春晖　杨　群　吴雪英　俞纪欢
夏新妹　陆红梅　徐新贤　何士强　沈士欢　陈春梅　蒋团花　范秀花
顾红星　张文渝　俞亚贤　王中欢　朱卫东　杨中欢　李欢华　金　红
曹欢忠　卫文琼　戴文忠　王朝晖　王　能

朱行中学　85 届初中毕业生(3)班　班主任　杨仁龙

张文欢　吴佩妹　张旭杰　顾爱青　邱小红　钱卫忠　钟月明　陈明辉
朱正权　姜全欢　陈秀妹　姚海良　张秀英　陈艳莲　蒋文强　张　杰
沈正华　陈海英　陈梅芳　范林伟　张新明　张　平　潘文权　马卫兵
张培娟　吴益妹　唐德君　朱纪红　俞　瑛　杨爱群　黄金妹　瞿　卫
蔡　伟　寿志欢　顾利欢　王　刚　顾红妹　王文权　张春华　杨芳明
薛桂芳　李红萍　朱立新　蒋水云　盛建忠　顾全英　杨卫红　姜晓希
顾玉文　杜丽欢　朱欢明

朱行中学　85 届初中毕业生(4)班　班主任　王士德

吴正华　杨文娟　王　瑛　张文瑛　俞水勤　夏国华　张　平　蒋　平
张　英　金粉贤　王红妹　冯欢瑛　蒋卫红　盛花梅　徐红平　王　辉
杨琼瑛　金巧英　顾文花　姜华萍　周金华　冯文华　黄天安　徐总结
周月华　陈红芳　杨培英　程　琼　俞　瑛　黄咏湘　吴秀龙　夏桂鑫
金中权　金时新　邱卫立　杨国龙　吴文忠　丁卫东　高文辉　张永忠
王欢明　吴文强　张志明　陈　强　薛　军　陈　伟　马永欢　胡建辉
王朝辉　朱文雷

朱行中学　85 届职业班(1)班　班主任　王海中

朱新妹　张　萍　翁拥军　金爱民　张粉娟　徐爱华　方群英　冯爱华
王桂云　阮士敏　蒋连军　陈益华　叶中欢　曹杰峰　姜爱华　王菊芳
王正元　杨玉英　高龙华　蒋拥军　施道华　费群红　赵耀欢　夏仁均
胡美英　姜水林　顾永华　陈兴达　石　明　徐　权　沈永欢　胡雷强
陈群英　张　雷

朱行中学　85 届职业班(2)班　班主任　郑志林

王亚贤　孙　权　徐　萍　沈春梅　王慧娟　高洪娟　沈红欢　王蓓蕾
沈红梅　宋　英　盛文芳　周仙华　陈红星　王建华　颜　峰　高　群
蒋仁权　曹国强　张　欢　高　峰　卫关兴　彭卫东　王东敏　阮继英
殷荣欢　陆益明

新街中学　85 届初中毕业生(1)班　班主任　曹枫源

沈益龙　张正东　李　梅　侯正军　朱红权　周忠欢　韩桂军　吴永辉
朱　锋　袁培军　郭海斌　谢冬彪　喻欢英　王欢良　顾立新　吴慧众
王　薇　徐　源　杨海燕　孙红梅　杨伟红　吴吉林　张雪军　潘红萍
王　兴　张红元　叶利锋　时国贤　王连忠　杨一英　时永军　赵金华
郑卫标　王敢峰　张升平　谭红梅　袁永华　韩永军

新街中学　85 届初中毕业生(2)班　班主任　王刚敏

徐　芳　王曙平　徐勤芳　石纪辉　孙正权　叶正贤　叶佩妹　陆红兵
周备妹　张永锋　王文辉　张　军　王余忠　顾培方　卫正华　张锋林
朱红梅　顾林权　严忠欢　毛新龙　顾勤欢　顾彩权　王洪欢　马文权
沈国欢　姜海权　韩永军　殷翠平　夏雪琴　杨观英　吴学峰　计　平
何小明

麻泾中学　85 届初中毕业生(1)班　班主任　沈金龙

吴机敏　吴机英　胡仁贤　张红英　费忠元　何卫忠　杨洪斌　张纪龙
王新贤　王纪红　盛彦一　潘桃华　姜爱华　孙建兰　孙红莲　陈　键
孙林云　王国华　王庆华　沈文均　盛红娟　干勤欢　李美华　沈永斌
孙文欢　吴婉华　张　杰　孙　军　阮新红

麻泾中学　85 届初中毕业生(2)班　班主任　孙冲

姜志欢　姚红梅　杨红春　吴萍萍　费令妹　费玲华　殷新秋　范宝卫
徐忠明　王东雷　何丰梅　费高明　杨国权　施欢华　杨正贤　朱美娟
王春峰　秦卫林　费健平　张春红　张爱英　曹来第　张洪英　黄秋英
曹友幸　韩益群　陈　红　夏新梅　夏梅英　陈爱忠　孙东华　阮仁华

李红梅　沈其安　李海明　陈海明　张爱华　阮光华

朱行中学　86 届初中毕业生(1)班　班主任　彭令凤

吴哲元　胡晖　沈尧　陈群　蒋燕敏　黄天梅　吴燕萍　张彩红
顾莲花　朱小英　宋全芳　吴连云　吴辉　薛永平　杨红梅　叶勤峰
赵永辉　夏慧峰　吴勇军　仇欢英　陈芳　盛勇锋　高文梅　张冬梅
王芳　陈辉龙　陈海港　杨继平　吴永军　徐新妹　吴桂芳　卫兴强
蒋卫龙　高文辉　谈雪峰　俞丰茂　陈学雷　张英　张奇　蔡爱平
高文贤　钱雪明　谢风莲　俞咏梅　沈国辉　王红琴　顾文强　唐美华
阮海斌

朱行中学　86 届初中毕业生(2)班　班主任　冯文勤

吴雪妹　钱险峰　费国强　叶文娣　王剑芳　顾儒枫　顾欢明　曹磊
孙林辉　张慈欢　朱咏春　吴培鸿　孙爱华　崔家华　徐嵘　周爱明
朱明　金朝辉　王永妹　朱春晖　何伟英　俞秀红　周连红　何文卫
何连欢　冯文权　金文峰　间磊　俞文贤　吴敏　金文学　陆红玲
王伟东　王红辉　高群英　夏丽梅　朱亚娟　张明力　周春晖　陆学军
吴粉云　高秀英　张建峰　沈国辉　潘文芳　寿向东　黄咏刚　顾红星
黄天元

朱行中学　86 届初中毕业生(3)班　班主任　杨仁龙

蒋卫芳　宋军联　张益明　阮卫东　周立权　杨红萍　曹彩红　王菊华
常春梅　李文妹　盛亚妹　林卫红　俞爱芳　张迎梅　吴雪贤　薛权
冯敏　王洪强　朱卫青　顾新曙　何寿华　吴雄　夏文欢　杨勤花
俞春风　金卫华　陈伟元　杨新明　沈卫鑫　卫小弟　范林伟　顾利欢
吴益妹　顾玉文　马俊杰　陈军　俞欢云　曹红春　何彩萍　孙建平
叶滋润　张向东　张中欢　杨梅芳　张韵翱　沈建辉

朱行中学　86 届初中毕业生(4)班　班主任　郑志林

沈玲妹　朱凤权　杨纪平　俞群　陈海港　张卫星　周军　蔡卫
俞红贤　卫跃辉　陈建锋　李国锋　朱庆欢　王益军　陈伟　王永欢

阮新欢	王益明	夏梅英	陈梅云	唐继红	俞海英	俞兴权	杨明欢
李 瑛	吴卫权	杨红梅	张中权	林红梅	邱文强	沈文欢	吴卫斌
杨国时	黄松涛	沈素文	吴伟英	沈爱国	吴 敏	王 芳	陈勤华
吴 斌	俞 征	沈卫民	孙卫东	张国龙	高卫文	姜玲红	叶春贤
顾红英	费春欢	徐 卫	俞文权				

新街中学 86届初中毕业生(1)班 班主任 曹枫源

朱兴龙	邱建林	章文燕	殷明华	石 勇	叶 红	周齐华	朱士权
王彩贤	朱新权	王 薇	赵连云	柴银华	俞 兵	王 芳	孙梅云
顾慧娟	黄新萍	叶 红	徐欢斌	卫文其	郭卫红	潘校辉	顾咏梅
张 锋	陈建华	顾道英	卫 东	毛欢红	马德权	陆文权	杨文泙
谈永军	孙曙芳	孙红梅	郑卫东	李秋林	吴 英	陆文芳	王银平
金 军							

新街中学 86届初中毕业生(2)班 班主任 钟勇侠

王峰玲	张忠萍	陆 兵	殷拥军	葛正权	张文彪	张文锋	周爱娟
陈连书	王洪权	吴 龙	沈红梅	殷卫国	韩桂军	马雪英	杨伟权
陆仁均	黄 芳	周年红	宋梅娟	杨益英	夏雪琴	陆平辉	陈冬梅
施培红	朱海英	魏文贤	徐 伟	徐 红	杨梅红	盛仁红	王 伟
俞永清	时 梅	沈永观	张爱粉	吴永辉	张兴辉	盛雪珍	盛道英
陈建军	陈 华	谢育仁					

麻泾中学 86届初中毕业生 班主任 程大地

张卫英	夏忠欢	顾忠辉	孙文权	施 群	孙天华	吴欢权	顾玲华
孙依群	周卫国	唐昔欢	徐欢忠	王春风	陆卫青	孙三平	王文华
张天元	邵文忠	吴金龙	陈 红	沈明元	陆卫国	袁新妹	盛春华
潘红英	潘忠兴	寿群英	彭卫权	张明新	何巧英	李叶梅	陆联青
孙红辉	吴洁华	吴爱文	费建平	韩益群	张春梅	孙 伟	孙忠欢
李春燕	胡红军	薛 梅					

朱行中学　87 届初中毕业生(1)班　班主任　褚耀庭

王仙红	俞　红	金颖晖	顾晓英	金欢球	杨高峰	彭红权	俞　萍
韩红强	周　晖	唐珠峰	褚文蕾	徐红欢	杨欢群	郭爱军	姚军妹
王仁欢	鲁战英	毛卫忠	叶　峰	杨仁欢	王　峰	谭炯炯	殷国辉
陶维忠	沈益元	沈毓明	吴伟贵	王建欢	唐卫红	杨琴花	吴永欢
沈　梅	李利方	杨利权	朱惠华	吴咏梅	张建军	沈利忠	夏顺红
徐忠欢	王宏伟	徐秀东	吴文海	张辉强	寿　飙	宋全芳	夏雷杰
阮海斌	陈冬梅	孙　杰	夏慧峰	张　葵	张　梅	吴桂芳	胡　叶
徐　斌	郭春风						

朱行中学　87 届初中毕业生(2)班　班主任　杨仁龙

蒋峰权	赵永欢	高群英	高文欢	吴　斌	谭亚华	孙国梅	张彩贤
殷　伟	王建新	杨士芳	陶召良	杨培军	徐　红	华旭伟	张伟权
朱伟萍	马亚文	张　军	孙秋红	潘革新	杨　峰	俞继光	王坚强
顾红娣	李建良	沈　叶	吴学员	朱卫忠	何友芳	顾国强	杨金欢
高　萍	杨秋妹	沈前程	徐卫东	沈红琴	江意琴	吴伟英	徐红萍
吴文晖	李秋华	何卫红	王秀丽	张中贤	王向阳	蒋拥军	吴益妹
薛文权	赵天华	吴拥伟					

朱行中学　87 届初中毕业生(3)班　班主任　何永文

何春风	冯　强	何正欢	徐胜红	陶雪权	杨　军	王立峰	杨丽英
夏春峰	张海英	李　峰	吴卫莲	陆亚欢	张　妹	陈红欢	赵　慧
尹风云	李权林	杨军海	俞秀芳	盛华妹	汪宏伟	盛仁观	何春欢
陈艳峰	李益芳	张粉贤	张文慧	杨　杰	王毓明	何美芳	吴　敏
曹伟红	金花梅	周亚萍	杨卫国	张　星	朱恩东	沈文伟	陈国忠
顾欢明	胡红梅	徐　嵘	王　芳	王红欢	吴蓓鸿	陈连红	俞　斌
俞文权	陈桂章	陈　敏	吴慧俐				

朱行中学　87 届初中毕业生(4)班　班主任　郑志林

叶文娣	王正华	俞咏梅	沈秋英	叶文梅	仇欢英	潘　玲	邵　瑛
高粉英	王　强	徐拥军	范卫军	冯菊连	鲁　伟	宋伟文	沈春妹

俞利明　朱春晖　张宏伟　王平华　张桂华　杨新明　陈　平　阮逢春
张文权　杨威君　雪连华　林爱欢　夏粉玲　杨兴辉　王宏威　俞红平
周　杰　俞桂贤　黄群英　朱龙梅　张益华　冯仕昌　潘爱平　钱晓军
陆彩忠　金欢龙　韩四忠　沈佩红　邱红梅　王建新　夏　锋　高新妹
姜华蕾　姚登云　宋　伟

新街中学　87届初中毕业生(1)班　班主任　曹枫源
袁纪云　郭秀红　洪　梅　金永光　马海英　王永权　施培红　朱海英
彭秋芳　周新红　朱卫兵　计　军　王忠华　姜庆忠　王　玮　时　梅
谢国贞　郭红英　金海英　朱国英　陈建辉　杨雪娟　郑卫英　陈冬梅
陈　辉　王　强　李　锋　袁永强　马文兴　马欢英　吴　兴　邱　斌
朱　红　俞铁军

新街中学　87届初中毕业生(2)班　班主任　杜丽红
俞新梅　王余林　喻欢华　吴均英　张纪军　俞卫英　顾红方　俞红贤
王　梅　殷卫娟　姚永军　沈秀红　俞春权　丁园妹　赵春华　叶采萍
金权东　俞海忠　赵连忠　郭文芳　张月红　金文花　顾永新　朱红元
陆红军　顾文花　郭海娟　盛文明　王花梅　邹　欢　陆红章　顾爱民
朱育妹　姜军梅　陈　权　张　兵　徐　林　汤亚英　魏永鑫　张红权

麻泾中学　87届初中毕业生(1)班　班主任　孙冲
陆中平　姚红斌　顾林华　方　勇　王新华　王欢庆　周　丽　吴卫英
吴建虹　阮卫青　孙秀芳　殷　红　杨学军　杨卫中　周立红　王文华
孙辉明　吴哲雷　袁新妹　陆联青　盛春华　张春梅　施红卫　阮红英
胡红军　薛　梅　盛红梅　胡文东　李海峰　吴伟平　吴粉云

麻泾中学　87届初中毕业生(2)班　班主任　阮金谷
孙　娟　丁纪良　孙　伟　张　芳　孙翠英　叶婉文　吴洁华　孙奇峰
阮洪海　沈国新　谈梅华　金伟华　李红伟　谈寿莲　陆卫国　寿群鹰
费秋梅　顾红斌　吴欢东　吴水清　孙忠欢　孙莲英　李青燕　孙　洁
李叶梅　高联欢　孙三平　吴处华　朱秋华　范　青　盛文权　袁卫东

张玉其　龚　能　费群峰　费妙芳　孙品华　吴　瑛

朱行中学　88 届初中毕业生(1)班　班主任　朱小华

寿明锋　张红英　朱东晖　朱文强　雷　杰　毛婉中　金　明　吴　辉
张爱英　李军英　冯爱珍　吴忠连　俞永峰　杨　玲　陈春芳　张辉贤
焦国欢　陈源欢　阮惠明　薛凤华　宋国英　杨国芳　张黎辉　张恩妹
徐秋连　夏元锋　韩一帆　黄　良　戴玉琪　顾红欢　景　飚　王仙英
戴仁欢　吴　勇　张　英　高文妹　李秋英　朱　勤　周仁欢　戴伟星

朱行中学　88 届初中毕业生(2)班　班主任　何永文

吴密新　周　峰　沈春连　赵　春　周亚斌　张益锋　叶军海　宋海英
杨爱军　夏天红　卫　荣　杨文斌　夏春妹　尹士忠　王　芳　叶国梅
夏静权　陆小弟　邱中伟　周婉忠　王永莲　杨备忠　曹国新　徐赣辉
俞明云　姜婉平　沈秀琴　徐　红　费　强　阮龙梅　俞燕萍　邱文妹
杨新贤　陈仁军　盛彩萍　杨伟勇　武王洪　顾文娟　沈亚英　陈益妹
赵　慧　陈　波　吴学安　陈红欢　何春欢　张　峰　盛红梅　吴慧琍
宋伟权　钟　黎　平美芳　瞿晓红　陈雪贤

朱行中学　88 届初中毕业生(3)班　班主任　蔡平平

陈　斌　顾益军　张　军　顾海权　朱志刚　吴　伟　寿宏春　卫拥军
曹华梅　王吉萍　孙仙海　王永鑫　吴欢苹　朱海英　马爱芳　林　伟
黄　强　潘永芳　徐　伟　朱小芳　朱国英　沈红梅　夏　锋　曹道英
徐永军　卫民军　朱新妹　蒋明欢　黄园妹　张弛原　张仁星　俞贤权
杨新贤　陆庆峰　杨欢英　朱　花　张建红　陆菊芳　张　勤　朱国欢
林丽欢　张　伟　俞　妹　沈　颜　夏　艳　杨欢军　顾正花　潘菊英

朱行中学　88 届初中毕业生(4)班　班主任　郑志林

吴国欢　朱密华　沈连欢　徐兴妹　蒋益欢　王美红　王欢云　寿红霞
张华桂　施咏华　叶海红　黄　波　陈　磷　朱新伟　谈勇峰　宋军辉
杨文锋　俞勤芳　薛　峰　杨海滨　吴辉英　王文梅　刘军辉　吴辉娟
焦凤英　朱庆军　卫爱娟　沈国强　朱春欢　施玉英　蒋永梅　王益妹

何莲红　邱　斌　朱龙梅　王晓晖　徐金海　蒋明欢　王新妹　周春欢

朱行中学　88 届初中毕业生分科班　班主任　张龙官　钱永嘉

朱国欢　张建欢　施红英　曹红梅　陆菊芳　吴亚连　赵连忠　王松涛
陆仙华　焦红英　叶婉华　朱武娟　吴新妹　顾卫平　卫明权　沈国权
王永兴　沈春弟　周彩勤　张仁新　杨欢明　林　伟　翟卫国　潘雪顺
俞贤权　常培芳　叶冬梅　朱咏利　郭粉贤　杨爱军　陆爱华　王美红
沈国强　吴文萍　周晖林　沈翠平　李新龙　莫建军　金中欢　林丽辉
冯　权　陆忠明　沈建明　张玉明　俞卫国　卫拥军

新街中学　88 届初中毕业生(1)班　班主任　曹枫源

毛建平　王学文　杨慧峰　王明权　潘　军　黄金保　沈捍锋　沈月贤
沈　方　王引娟　郭　吉　张连中　朱雪中　周年红　杨伟权　李红亮
王君平　张　源　殷　权　孟欢连　郭卫龙　陆雪华　吴学均　朱红杰
盛政权　宋培林　沈雨峰　郭文华　徐连萍　徐卫娟　彭兴华　俞军妹
宋慧华　何亚峰　王欢娟　徐勤花　金花梅　王红梅　郭早红　张红娟

新街中学　88 届初中毕业生(2)班　班主任　张仁辉

汤婉萍　朱忠楼　姜庆华　宋冬梅　毛建方　郭　林　朱军华　吴亚萍
徐平均　盛正权　吴彩忠　潘建军　盛曙林　潘咏梅　周全红　毛建军
卫　东　孙文英　陈伶俐　张亚欢　徐国英　张玉红　丁拥军　金国欢
金　杰　张忠标　徐　军　谢红欢　王永平　黄海明　吴永杰　顾勤华
杨文权　郭秋梅　陈武军　黄雪娟　盛咏芳　沈伟英　孙　贤　何春欢

麻泾中学　88 届初中毕业生(1)班　班主任　阮详贤

寿兴华　陆欢华　张纪忠　姜　兴　王晓东　董春凤　费丽群　谭国良
顾粉华　孙焕英　吴爱娟　阮卫恩　盛凤雷　陆　军　孙金华　阮新贤
陆春华　费高强　陆丽萍　吴国民　张明权　吴　敏　杨建平　李　英
薛　欢　吴卫光　杨军欢　唐昔华　曹友生　张春凤

麻泾中学　88 届初中毕业生（2）班　班主任　沈金龙

胡雷杰	孙洪文	潘新妹	张鲜花	费东平	孙春红	王卫云	金光英
杨彩英	张光荣	李权贤	干勤红	高红军	何兴中	李　瑛	毕正委
沈　瑛	孙莲萍	唐军兵	孙光荣	顾明芳	钱春光	张品华	马立刚
阮红权	孙卫娟	叶　萍	张文忠	金　锋	孙咏梅	张春花	钟建国
陆丰群	唐宏亮	何卫英					

朱行中学　89 届初中毕业生（1）班　班主任　范大年

孙文权	吴永平	吴政权	夏小呆	张浩平	陈　冬	阮潘德	朱贞红
赵春峰	杨爱军	张　梅	冯文欢	张　玲	何晓春	杨文权	徐国欢
王　英	胡群英	俞连英	张胜兰	林　英	高婉勤	张　晖	吴国强
陈勤红	张永娟	王　玲	谢新丽	孙　英	朱辉军	王海滨	孙俊伟
曹春江	李梦达	杨海滨					

朱行中学　89 届初中毕业生（2）班　班主任　郑志林

王慧青	朱晓萍	夏梅英	何伟明	周正刚	阮庆东	黄雄新	沈剑峰
潘爱军	张培军	陆国其	冯士花	卫秀妹	薛　萍	陆园妹	何春华
王燕红	吴培英	曹雪钟	顾欢钟	王新民	何新民	叶　梅	顾逢婷
李春凤	顾正花	朱　花	宋引芳	莫建英	吴　英	王红英	冯　英
李彩兰	施新权	李朝欢	高新弟	何春晖	马伟宏	杨建权	冯桃花

朱行中学　89 届初中毕业生（3）班　班主任　褚耀庭

吴林欢	王玉琴	俞　强	邱文芳	王　征	朱　伟	胡　叶	徐伟林
孙旭东	张引娟	周最红	王新欢	王　刚	马红英	孙红娟	王　群
薛欢新	马建林	夏天权	俞伟英	顾文权	高华群	吴海凤	杨巧红
邱丽妹	俞秀娟	沈建国	杨秀芳	蒋国权	姜　欢	朱晓菁	阮　辉
吴咏妹	张卫明	周　英	黄纪英	郁辉明	王建中	夏伟伟	金蕴燕
陆菊芳	沈益峰	陈燊蕾	毛美娟	吴连妹	吴建欢	谈浩峰	张　峰
俞依凤							

朱行中学　89 届初中毕业生(4)班　班主任　王士德

吴雪权	阮指挥	寿春风	戚永刚	阮兴平	李　梅	陆亚龙	肖爱华
朱国英	王文峰	曹红英	张海英	唐卫芳	王冬梅	陆　英	张欢红
杨红艳	吴军英	吴雪源	沈旭炯	俞美英	金明强	何桂军	马忠欢
卫兴权	马新花	钱卫英	吴新忠	俞海江	何益军	严正锋	顾文杰
高锋贤	王峰元	何永梅	沈建峰	沈永军	张川芳	张　英	朱道龙

朱行中学　89 届初中毕业生(5)班　班主任　周晚霞

陈婵娟	顾儒玮	吴哲洁	王正红	黄月东	顾菊英	姜静华	李　玲
何建军	张卫强	朱　球	张宏丽	朱　权	李　宏	王　琰	张聘元
俞　勇	周建国	朱海军	沈咏莉	张建平	冯　平	王晓刚	张　红
徐　杰	沈伟权	王　英	王勤芳	费永辉	何智军	蒋杰锋	潘凤英
李　辉	夏密华	俞　伟	沈连权	杨春辉	张卫国	夏连锋	陈剑英

朱行中学　89 届初中毕业生(6)班　班主任　蔡平平

杨红英	顾翠平	张红梅	朱志伟	俞菊芳	王新元	朱小芳	蒋明欢
沈玉英	徐新春	虞捍君	华旭东	卫　红	阮伟英	张　峰	朱新妹
高　峰	张　慧	孙爱华	王红伟	张瑞忠	沈明欢	吴欢萍	黄国妹
蒋国欢	范红民	张春峰	徐红妹	邱秀妹	高益龙	俞正芳	朱晓燕
俞春妹	张继红	马兴欢	陈彩红	盛梅芳	李　雄	郑　杰	曹永欢
徐拥民	吴国强	陆正华	俞东强	顾红梅	王浩峰	沈国兵	杨国欢

朱行中学　89 届初中毕业生(7)班　班主任　曹枫源

俞　彤	盛纪欢	张海英	张中标	金　浩	郑小红	徐海军	赵红芳
朱　锋	俞　华	石红欢	吴文妹	徐连萍	张　源	王国华	朱兴妹
徐勤花	洪　娟	朱卫红	盛如珍	盛道宏	沈引华	胡雪峰	沈红琴
朱轶芳	姚永明	王志刚	俞曙明	杨文权	张文芳	沈　岩	俞　美
谈益辉	曹锋英	盛锋英	郭文华	马丽妹	沈欢华	李红亮	杨建平
毛军华	金　炼	顾雪权	时　萍	张红贤	夏雪萍	杨雪锋	吴慧珍
姜军敏	姜海红	邹红辉	陆　贤	金卫英			

麻泾中学　89 届初中毕业生(1)班　班主任　程大地

顾曙光	孙欢萍	孙群妹	董春莲	徐建欢	秦春贤	孙辉英	张新梅
周 燕	施正东	孙 军	韩磊炯	沈风英	徐建钢	陆红霞	张国勤
吴美芳	顾粉华	陆忠欢	姜 萍	姜爱军	陆慧群	高海明	胡雷杰
谭纪芳	王晓东	朱秋纭	钱 军	薛爱民	张明权	殷 英	顾明芳
张仙红	钱春光	袁卫权	蒋国强	袁春云	孙国峰	胡卫英	卫 英
孙晓云	何东伟	陈仙芳	阮碗权	阮红青	阮红权		

麻泾中学　89 届初中毕业生(2)班　班主任　杨明忠

姜 青	张慧群	张 权	阮慧英	杨学欢	费群英	阮龙梅	金群妹
夏婵娟	胡一梅	陈 波	张文东	周 彪	姜卫红	张文芳	吴玉萍
陆文辉	袁新忠	孙 燕	胡文仙	陈 源	钱召辉	黄灿耀	张 贤
潘红芳	费春新	阮新贤	郑玉龙	孙冬梅	杨红弟	宋 玲	杨国平
顾美英	张瑞新	胡文彬	姚春花	毕春雷	钱兴权	王伟荣	蔡风雷
孙耀辉	孙贤峰	徐建忠	金小兰	李志军	潘卫忠	徐卫莲	谢文军
杨明仙	施桃峰	阮连峰	阮慧芳	唐昔红	张军民	王 昆	

朱行中学　90 届初中毕业生(1)班　班主任　华亚平

张笑丰	叶 巍	陈江南	杨 军	潘国庆	张欢权	夏梅英	王春辉
沈雪权	谈元欢	马争光	王爱军	王仁君	蒋仁权	叶 斌	王红梅
陈永峰	王 振	叶 威	姜仁权	王继红	薛 琼	钟 东	刘 梅
邱海英	周欢华	沈丽娜	夏益华	周建芳	吴连妹	许 欢	刘欢丽
沈红芳	杨红娟	陈 梅	张卫华	杨丰美	宋 英	夏海燕	张 虹
顾兰英	马 超	李秀丽	张益辉				

朱行中学　90 届初中毕业生(2)班　班主任　夏雪帆

杨风雷	朱新权	徐秋锋	王中欢	费坚强	陆平海	孙彦辉	沈剑峰
吴文源	李铁兵	夏向锋	曹仁君	钱桂权	常卫元	马翠丽	朱明龙
徐欢章	蒋爱军	潘韶英	蔡桔梅	张叶红	徐仙凤	徐 红	杨兴权
冯勤妹	俞春红	沈红英	王 能	吴 菁	杨军贤	冯伟刚	陈 瑛
何亚华	黄红伟	何军妹	金 锋	金玉贤	张 辉	李士德	王来灵

沈文辉　盛　政　王　瑛

朱行中学　90 届初中毕业生(3)班　班主任　褚耀庭

谢文辉	陈艳凤	都　安	俞伟峰	王　勇	夏霞辉	黄剑英	谈浩峰
沈　英	顾兰东	严伟强	赵文辉	沈玉峰	莫则贤	李　强	吴建欢
朱　英	郭永强	蒋小峰	宋水英	何益妹	张　明	沈红娟	何春茵
杨建英	薛凤英	杨建花	费文强	王春雷	陈惠芳	张洪源	周军英
吴玉妹	杨欢贤	朱红权	吴欢权	刘美华	徐兴欢	高玉贤	徐　斌
杨　赟	杨钻孝	陈华欢	沈红洁	夏向红	冯雪芳		

朱行中学　90 届初中毕业生(4)班　班主任　王刚敏

卫元辉	王冠群	王惠英	孙军辉	朱红花	邱春红	邹　方	徐拥民
沈玉平	沈明华	沈拥军	沈　健	陆美英	邹海光	周　军	陈全红
吴明辉	严春雷	杨卫中	杨爱国	蒋国英	沈　红	张叶光	张红梅
周　斌	钟　琴	俞光英	高文斌	卫文杰	俞　敏	施春杰	钱桂花
夏　萍	徐　辉	蒋金明	何爱华	夏元宏	颜世杰	李仁良	薛　松
蒋晓红	王欢中	孙晓峰	杨卫军	缪杰峰			

朱行中学　90 届初中毕业生(5)班　班主任　王平(胥)

徐春欢	朱　莉	阮战峰	曹红梅	俞春来	林　峰	吴雪连	张海英
高红萍	张翠红	杨正欢	杨新妹	宋玲峰	沈娟凤	赵永兴	蔡向军
李冬欢	卫益元	杨红娟	陈彩虹	蒋英明	张　军	金海兵	黄红英
王燕妹	叶　丽	叶海妍	张梅英	曹永刚	张演军	马玉观	王丽峰
徐明辉	焦仁华	杨秀军	李小平	朱国锋	顾红梅	张洁芳	叶正君
张卫红	杨冬明	周亚军	孙雪屏				

朱行中学　90 届初中毕业生(6)班　班主任　杨永华

李军萍	卫国中	何欢明	王　斌	金红鸣	何欢忠	曹友军	马爱民
赵永权	夏丽勤	张仁欢	刘国欢	薛　权	陈国强	沈国中	卫春妹
顾惠峰	唐　群	卫妹红	吴培军	杨秋贤	吴爱民	戚爱华	陆红春
张　峰	李惠芳	陈连妹	陆永杰	叶新芳	俞永妹	张旭峰	胡文峰

施欢林　杨惠平　王高峰　吴培云　朱红芳　张华欢　姜鸣锋　叶粉华
陈红英　叶仙花　顾新荣

朱行中学　90 届初中毕业生(7)班　班主任　曹枫源

程　勇　赵红权　郑　颖　徐欢军　宋群英　王　权　王　欢　胡雪峰
王永辉　金海军　曹士林　俞　军　张丽英　吴海英　盛旭英　张兴隆
谢伟刚　潘　峰　马伟锋　杨林峰　殷文军　杨红平　邱春燕　吴益明
余正英　张　英　陆文军　毛建辉　陶丽辉　王爱忠　李　军　张欢娟
袁红欢　俞鹤忠　王　英　张　辉　张粉娟　陶利峰　王新梅　朱　辉
盛忠元　沈玲妹　马欢勤　张海军

麻泾中学　90 届初中毕业生(1)班　班主任　孙冲

冯仕花　钱　明　秦忠欢　杨春华　施美华　唐梅香　朱风丽　孙联欢
孙　红　张军民　谭国辉　顾林欢　张　辉　李果夫　唐连英　张超妹
孙春新　夏丽花　张　英　陈冬梅　吴军英　陈　凯　胡文锋　王　振
孙　海　费文强　高剑英　张群红　吴军民

麻泾中学　90 届初中毕业生(2)班　班主任　李林弟

张慧英　谭红娟　郑　凤　张红姝　沈伟英　孙峰杰　顾彦旭　吴风波
吴　梅　钱美燕　沈欢兴　郑军明　秦春华　谭慧群　朱　宏　王兰英
王旭辉　孙　欣　周　锋　李世栋　张刚花　吴文辉　潘涛云　李雪云
阮国强　李春东

朱行中学　91 届初中毕业生(1)班　班主任　蔡平平

叶利锋　吴春梅　徐爱明　徐刚意　马伟红　张　引　卫　红　徐红梅
陈　刚　叶剑锋　姜希明　杨永奇　张海萍　邱海斌　冯　英　陆春元
沈　蕾　高菊英　张雪勒　李建锋　朱　伟　林欢宏　吴睿云　陆建英
吴伟峰　俞　华　陈健刚　何向烽　李海傲　高　军　俞辉军　姜　伟
杨海彬　陈　丽　杨新均　顾欢军　高　峰　吴丽萍　高奎元　顾洪辉
姜明杰　夏宏文　张伟国　王雪峰　金桂英　吴培华　王春妹　姚冬英

朱行中学　91届初中毕业生(2)班　班主任　朱小华

姜红莲	朱燕玲	卫风雷	尹连欢	俞　晔	张红慧	王卫兵	徐俊杰
方彬斌	沈　岚	王晓燕	俞　敏	朱逞浩	王浩杰	费　钢	王　胤
胡菊英	潘秋平	朱海春	宋春辉	顾欢兵	林　强	蒋正秋	夏　雄
朱文洁	朱　蕾	夏静欢	高霞欢	仇欢平	沈全奎	孔洁婷	刘　蓓
张　琼	朱国强	陈欢中	杨春峰	毛军新	寿明权	李　峰	翁海芳
李仁良	高鸣凤	邱春燕					

朱行中学　91届初中毕业生(3)班　班主任　郑志林

阮永林	张国文	魏　峰	沈爱平	姚燕斌	严辉华	马杰峰	陆海兵
吴海强	金红平	杨红欢	夏雷平	吴一兵	黄风庆	宋卫权	赵红权
蒋卫英	邱忠芳	高忠欢	谢海波	赵　峰	金卫新	吴丽妹	张永妹
何雪军	阮群英	俞国平	蒋国华	张建军	毛峰英	朱国元	张恩贤
赵春妹	沈雪辉	马红连	寿　强	沈秀娟	周　军	马伟文	沈浩英
施浩军	顾忠欢						

朱行中学　91届初中毕业生(4)班　班主任　夏炳权

孔星刚	沈国峰	戚欢军	俞艳红	顾石花	张　花	朱玲华	朱卫权
徐　军	施文军	朱　林	叶天明	黄晓东	俞光辉	谈益峰	王爱青
顾文权	叶春花	沈　拥	严伟英	陈旭军	姜欢权	顾红丽	蒋爱民
张永良	严志华	蒋卫民	仇　欢	钱红萍	孙　杰	吴文花	沈永权
夏彩贤	俞永芳	张雪英	杨金爱	李惠英	杨春华	杨燕萍	孔海英

朱行中学　91届初中毕业生(5)班　班主任　何永文

金春华	韩　英	冯陈伟	徐蓓蓓	朱海英	马冬梅	钟　东	盛咏花
杨海英	李　磊	周文清	常新源	蒋海红	何春风	朱丽英	徐永锋
沈旭东	马伟杰	陈琦宏	郭　峰	高　慧	吴永刚	王欢军	卫　强
杨春雷	曹红贤	虞丽花	朱海兵	高红雷	何文浩	朱东欢	宋伟平
张兴权	张菊妹	阮　梅	沈雪花	赵红妹	杨爱明	李　梅	俞新伟
王海萍	顾海燕	潘　红	朱　峰	吴立安	朱建强	吴　军	寿　英

朱行中学　91 届初中毕业生(6)班　班主任　戚介华

戚慧丽	沈 峰	吴燕青	朱 峰	俞 敏	朱 欢	周纪英	王欢芳
金 燕	张 杰	叶海峰	杨海英	仇梅春	王仙强	朱志辉	张小强
王雅芸	盛东新	徐 华	陈永强	朱玮梅	高婉英	陶红丽	张 军
王海峰	朱春峰	赵国峰	宋海英	俞伟红	吴红梅	龚 斌	王新欢
叶 峰	吴 伟	华 梅	沈旭峰	赵永兵	盛红梅	刘美峰	郑 良
吴永梅	俞 萍	陈彩虹	赵峰美	俞 磊	张 强	俞伟英	朱志辉

麻泾中学　91 届初中毕业生(1)班　班主任　沈金龙

孙 姬	张海英	顾水华	张红妹	吴永妹	孙洪源	李 莉	李 妹
孙红英	陆文贤	黄益观	张仙军	孙 燕	张 兰	姜春峰	王春欢
董如青	殷 强	何雷花	费 源	李 莲	钱洪辉	费东英	费高强
孙菊英	蒋玲娜	孙光明	费建华	潘翠英	张 梅	金 洁	王丰妹
许哲贤	顾燕萍	冯 强	王 峰				

麻泾中学　91 届初中毕业生(2)班　班主任　阮金谷

顾春升	吴纪英	阮慧明	张慧涨	吴梅英	姚菊花	杨红妹	王 魏
沈 军	费群利	姜 英	俞菊红	胡晓玲	单 莺	金红菊	张益忠
鲁菊英	彭九星	姜伟英	胡安英	吴梅华	张 英	金 伟	杨春妹
宋 平	俞燕红	倪军民	张 群	孙雷冬	陆志强	张 洁	袁兴泉
张明英	曹鸿英	孙 辉	陈源栋	鲁秀民	薛 琪		

朱行中学　92 届初中毕业生(1)班　班主任　吴惠权

王苏兰	盛雪刚	寿春华	尤 正	顾 斌	潘兰英	朱卫权	陈丽华
朱玲玲	董欢明	蒋峰妹	卫文峰	杨甜华	宋春峰	盛欢华	张 英
信 莺	叶玉萍	叶 欢	叶国华	张 良	高 燕	盛春华	汤 梅
朱凌英	朱 梅	戚光欢	孙春欢	王丰美	夏益妹	唐继承	张永华
蒋爱妹	孙庆峰	郑卫兵	秦伟强	杨益妹	孙燕中	姜春军	吴卫平
姚春花	阮天峰	王仁权	施欢军	宋旭峰	俞风雷	范 峰	张海洪

朱行中学 92届初中毕业生(2)班 班主任 郑志林

马 臻 顾国新 陈华妹 顾春媚 周建光 黄凤雷 何文元 俞明权
邱 瑜 薛 峰 吴佩峰 张玉清 孙 兰 袁 峰 孙文峰 张中欢
金光育 张 萍 顾雪红 金卫英 翁林峰 李惠明 张春燕 钱 兵
王洪英 俞梅英 钱国萍 张 峰 王纪欢 吴凤雷 张 彬 俞欢英
李 红 张 捷 宋纪峰 邹梅芳 曹红梅 蒋玮瑶 陈益峰 张爱华
徐 欢 周 红 王纪华 严 峰 王正平 王爱民

朱行中学 92届初中毕业生(3)班 班主任 陈辉忠

干春仙 蒋燕兰 王 勇 马咏梅 张川鸣 常 燕 何梅花 马红梅
卫 权 冯 伟 叶 英 冯春欢 徐亚杰 杨丽萍 徐卫英 孙晓峰
孙 英 沈玉妹 夏玉英 顾向军 洪雪英 谢桔峰 张军欢 苏寒东
朱文强 蒋永锋 孙春雷 高 峰 张旭峰 王爱红 王平峰 李国峰
姜雷红 王春欢 夏丽红 夏明欢 冯 强 杨吉峰 顾彩虹 王海红
黄红萍 吴春兰 卫东梅 吴益刚 张花萍 钟 伟 沈 涛 吴丽娜
顾婉花 李 红

朱行中学 92届初中毕业生(4)班 班主任 尤竞梅

盛正锋 吴 斌 曹鸿欢 宋欢军 吴欢云 徐慧敏 李平芳 叶 斌
夏军权 顾文君 吴林伟 殷国荣 夏雪强 张 巍 肖咏梅 曹海英
吴春风 薛 权 陆春光 朱欢庆 赵康平 潘 锋 高 丽 李 慧
冯 斌 虞捍斌 徐 强 王宏伟 陈其锋 王文元 张海英 朱春妹
黄 锋 高学锋 戚国锋 黄慧莉 黄红苗 陆林芳 陈 燕 陆红芳
沈雪妹 阮来兰 俞君妹 姜文欢 陈 玺 张仁妹 王闻群 王 伟
俞 燕

朱行中学 92届初中毕业生(5)班 班主任 张丁忠

周 涛 虞如莺 吴锋英 张沪妹 谈斌英 顾红梅 夏鑫英 阮婷婷
唐欢明 陆雪峰 马 英 陈晓辉 夏彩华 孙 剑 孙菊明 赵荷斌
王鸿萍 吴军梅 鲁节锋 谈益妹 郭晓俊 赵军伟 吴春梅 金 浩
朱海明 陆秀文 宋景春 俞 峰 张丽美 冯菊平 高玉峰 周 英

蒋建峰　沈　松　俞国锋　吴小英　张海英　袁正泉　阮永权　唐　俊
谈　盈　严春峰　卫军英　陈国峰　李　强　沈燕萍　杨冬权　吴建峰

朱行中学　92 届初中毕业生(6)班　班主任　蔡国辉
胡丰英　杨晓红　张　勇　赵　政　王继强　姜春妹　陆　倩　周　梅
徐永锋　蒋慧丽　蔡剑锋　高　能　朱文伟　陆　玮　陆卫红　杨叔英
张军妹　黄国峰　陶欢英　宋建云　阮雪峰　卫咏梅　陈华芳　谈国峰
何军明　周　英　卫　红　蒋文杰　沈　阅　张　峰　毛纪良　王军欢
孙玉芳　朱利军　吴海兵　朱　琰　周兵元　杨峰权　徐　骏　夏雷兵
姜锋梅　邱小英　朱其伟　郑　卫　徐斌峰　王容海　陈晓冬　徐　峰
张峰英　陆明花　徐　芳　汤来凤

麻泾中学　92 届初中毕业生(1)班　班主任　盛建新
鲁　玲　李　能　张新华　王　慧　盛益源　朱　辉　孙密龙　黄　平
冯　梅　费燕馨　郑　华　张　梅　孙哲锋　孙秀红　朱秋欢　陈　刚
彭慧能　沈欢云　姜志奎　唐雪锋　张明强　董春英　阮冬兴　费燕峰
阮雪锋　黄晓英　吴梅强　徐冬梅　张　杰　胡伟强　孙峰英　孙　权
胡军欢　郑孙英　唐晨雷　韩　英　孙　英　吴东海　曹友珍　陈琪花
鲁凤英

麻泾中学　92 届初中毕业生(2)班　班主任　程大地
孙锋雷　王晨霞　寿丰英　孙欣苗　杨　慧　陈建锋　董天文　杨　琳
张超兰　盛锋辉　孙风影　张海江　胡　伟　沈捍梅　潘　军　董新官
黄　健　杨爱军　王武君　费士新　王春云　吴福妹　邵文斌　张浩杰
彭星梅　杨小英　张峰梅　王　权　张雪花　胡文杰　谭春芳　孙　东
孙春元　胡　杰　顾　洁　陈　檩　徐建安　薛　麒　焦　丽　奚浩锋
李　锋　陈晓东　陈晓辉

朱行中学　93 届初中毕业生(1)班　班主任　范明达
杨卫峰　孙红梅　阮春权　俞琼英　杨海峰　马海兵　施培锋　宋春艳
曹龙凤　莫逸凡　蔡红英　胡红强　杨成凯　高　峰　叶正权　徐海浩

朱　炳	施海权	朱奇敏	王维权	吴海英	张　雷	吴春辉	马春光
王　强	周　军	卫连元	张　兵	宋益锋	姜俊浩	潘军辉	吴卫春
汤卫平	俞春花	顾　浩	孙梅军	陆海兵	朱咏刚	陶正锋	孙　权
殷春辉	徐海斌	陈永锋	张军欢	张雪红	张欢芳	谢纪英	金　峰

朱行中学　93届初中毕业生(2)班　班主任　王刚敏

王　臻	阮正伟	蒋敬伟	沈敢峰	陆慧英	朱　辉	顾国兴	姚雪军
俞建英	冯　燕	张　岚	吴跃华	黄凤莉	杨　杰	何咏辉	朱国兴
吴寒峰	杨红雷	李　炎	张伟峰	朱国辉	朱　斌	吴春雷	黄慧峰
杨寺芳	金　峰	夏卫峰	何玉林	顾　伟	陆春燕	杨立峰	谭峰磊
杨峰英	刘　燕	阮亚军	陈永权	高　珠	陆海燕	朱毓峰	叶　红
叶　玮	盛　斌	陶永峰	范纪伟	袁震峰	张　瑛	何忠伟	俞奇元

朱行中学　93届初中毕业生(3)班　班主任　褚耀庭

朱　蕾	周国英	王　芳	顾海英	高海英	朱　莺	赵凤雷	张　欢
王　平	陈艳莉	仇　强	叶明锋	杨　烈	张权辉	杨高杰	陆前锋
朱　贤	俞秀军	张丽妹	王玉峰	沈　辉	叶春峰	吴永雄	陆士妹
魏　琴	赵晶晶	高峰杰	陆前棉	陈建美	张　奕	谬正锋	王红流
华莉莉	蒋凤兰	沈　凤	张园辉	寿全英	谭园妹	胡春仙	叶　峰
盛　军	张永刚	张为英	郑　辉	周　斌	陆玉英	徐迎梅	徐文强
邱小英	卫　强	朱逞英					

朱行中学　93届初中毕业生(4)班　班主任　华亚平

周春梅	陈　慧	陈　美	盛赟英	孙春花	张雪峰	朱　缨	叶　凤
张凤权	邱　香	王政峰	沈慧莲	吴文斌	阮勇斌	张国军	卫利丰
施潘峰	吴国峰	谈连峰	孙巍峰	陆鑫敏	卫　英	张丽美	石亭玉
刘树文	赵春权	杨永妹	殷丽丽	夏　梅	范宝明	张士其	杨雪军
莫丽华	何一峰	杨金坚	王　锋	陆欢明	沈红卫	邱春原	杨海妹
顾国强	朱　斌	徐　慧	张丰萍				

朱行中学　93 届初中毕业生(5)班　班主任　范大年

阮凤英	陆辉	吴慧菁	沈蕾红	张杰	宋海红	戚凌笑	陆连峰
朱建英	蒋秀丽	高文峰	谢永风	孙荣	顾赟	王春花	秦勇华
陈霞	仇春锋	陈继	潘杰	吴彩贤	朱欢权	谭治国	赵红英
张金凤	马晓燕	曹雷	卫文雷	沈天宏	叶国峰	陆强	潘琦峰
顾峰燕	杨方萍	罗妹	高华杰	孙峰	王萍	朱欢	张雪峰
宋唯							

朱行中学　93 届初中毕业生(6)班　班主任　周晚霞

高丽梅	赵君	高隽	郑大卉	陈玮	金卫红	胡宾	卫东升
常春辉	李瑛	王振元	顾欢玲	陆兴欢	沈建平	卫峰	俞益红
顾红娟	王东风	宋林妹	张梅	朱春娟	曹国峰	陆美芳	盛峰英
李吉峰	金玉红	吴治国	何建英	杨革军	李慧豪	叶春风	翁燕
吴梅	施欢明	施文斌	李樱红	赵军妹	李锋	吴益平	阮建军
盛兴元	杨丽萍						

麻泾中学　93 届初中毕业生(1)班　班主任　杨明忠

顾春红	郑连明	袁叶凤	邱晓萍	钱丽慧	吴军	杨丽英	张慧东
何军莲	杨丽凤	张平	吴梅英	阮燕琴	何慧	费文艳	曹友珍
费芦林	姜志红	阮连洪	顾翠连	钱峰	孙燕	钟平	孙连美
谢雪英	吴海连	袁春妹	陈琪花				

麻泾中学　93 届初中毕业生(2)班　班主任　孙冲

施勤梅	王峰	朱凤萍	董新雷	顾兰萍	高明	吴东海	孙欢娟
高于峰	秦红	冯凤贤	李仙源	吴军梅	盛琴	曹海生	孙文峰
王英	谭玲	孙冬英	高红丽	王婷	宋军峰	陈奇峰	孙梅
孙红英	王芳	李峰	韩英	鲁凤英	钱峰		

朱行中学　94 届初中毕业生(1)班　班主任　何永文

赵丹	吴慧	卫群花	朱春凤	朱丹花	卫欢云	吴东	唐欢军
王兰英	陈永权	朱莉	顾尖兵	马杰	宋益斌	薛斌	李云峰

陈　芳　　吴春梅　　陈海燕　　何　叶　　曹慧峰　　朱锋雷　　阮彬琰　　韩锋雷
沈　英　　张梅萍　　张春花　　周　峰　　李卡达　　吴　欢　　周　海　　沈旦妹
蒋　妹　　张　毓　　何文欢　　居　勇　　蔡婉萍　　吴　慧　　袁恩东　　施红梅
阮雪英　　俞小冬　　孙连峰　　俞永梅

朱行中学　94届初中毕业生(2)班　班主任　尤竞梅

王锋雷　　沈英豪　　潘海英　　姜文妹　　顾海兵　　高　伟　　范菊燕　　李峰英
蒋雪梅　　朱　佳　　苏寒妹　　姜　杰　　李　炯　　张咏萍　　孙　冬　　何　斌
马艳花　　赵红萍　　高　燕　　阮　宏　　邱锋强　　沈剑峰　　俞建权　　徐雪刚
吴春芳　　徐　梅　　宋丽萍　　王建军　　曹海兵　　冯　伟　　俞春雷　　叶剑红
黄丽丽　　俞奇峰　　王春燕　　常春妹　　宋志强　　朱海峰　　顾斌杰　　喻桃英
华　斌　　赵　梅　　王健钢　　方铁钢　　高　贤

朱行中学　94届初中毕业生(3)班　班主任　包丽娟

徐　艳　　沈益峰　　王　玥　　谭燕花　　俞美娟　　顾丽钰　　沈玉红　　杨玉英
陆春锋　　朱　敏　　杨文军　　谢彩虹　　陆　贤　　王　芳　　陈晓娟　　冯丰伟
张沪军　　王　晖　　沈　伟　　顾　慧　　施春红　　钱俊伟　　杨　伟　　沈锋芳
夏雷欢　　徐春欢　　赵国欢　　寿鹤年　　何雪欢　　姜　锋　　杨慧英　　杨海军
叶燕兰　　杨爱妹　　张建国　　杨伟民　　吴冬梅　　朱松涛　　张　玲　　孙　雷
朱逞英　　吴春峰　　张佩佩　　张卫红

朱行中学　94届初中毕业生(4)班　班主任　夏雪帆

张恩伟　　刘　翼　　薛月英　　夏庆庆　　杨丰英　　谈冰琼　　杨军雷　　曹婷婷
夏　瑛　　杨雪峰　　吴海锋　　王　春　　阮朝晖　　阮德辉　　曹吴叶　　钱　锋
桂家兴　　徐　萍　　李锋英　　沈　雷　　徐慧芳　　谭国军　　盛　伟　　夏海平
吴　瑛　　宋益明　　徐明光　　吴秀娣　　薛国权　　何金花　　阮燕霞　　顾福英
叶　锋　　潘雪锋　　毛军欢　　周　英　　蒋卫锋　　朱海峰　　朱欢军　　陆英英
马　宏　　李　军　　徐雪妹

朱行中学　94届初中毕业生(5)班　班主任　盛建新

吴继陈　　陈　峰　　刘　捷　　叶欢强　　郑小萍　　夏娟英　　朱建贤　　顾春美

夏彩燕	郑正云	金 锋	薛 峰	施明光	金燕萍	蒋建红	唐卫忠
李 东	施春英	陈华平	寿丹花	施文英	俞 兵	袁吉妹	吴旭峰
杨永美	黄红明	胡美丽	徐海军	王朝冬	翁 威	胡春美	费 兰
邱锋萍	陈花妹	戚春华	张 权	金 花	郭永刚	顾春妹	袁 英
盛春欢	沈玉丽	何 杰	朱丽琴	陆建锋	孙 峰		

朱行中学　94 届初中毕业生(6)班　班主任　杨永华

胡丹英	杨丽萍	杨 敏	钱 平	王星辉	邱群英	朱毓萍	阮雪莲
陈逸峰	夏国欢	陈 美	胡国英	杨军芳	秦丽君	俞 樑	王军英
谈欢英	吴永光	张 辉	王卫东	吴凤英	徐永新	赵丹尔	顾剑治
王阳权	陈 荣	李艳红	王玉怡	谢雪峰	缪思辉	潘军妹	王彩萍
孙杰斌	曹海峰	沈 军	冯 斌	沈继军	孙春光	俞 亮	张峰杰
陈佳康	卫文浩	金 艳	陈剑峰				

朱行中学　94 届初中毕业生(7)班　班主任　徐岳范

顾惠芳	朱 辉	梅欢峰	吴军兵	叶爱峰	潘庆丰	蒋兰萍	张新妹
卫 冉	张 玲	施洪辉	高 军	俞新士	张国春	孙红欢	浦永锋
叶国斌	张 峰	夏琼玲	吴兰英	陶凤英	诸益华	殷卫花	盛文英
阮叶蜂	徐 斌	杨伟红	蒋玲燕	倪跃辉	冯 欢	顾欣荣	郑正杰
施晓华	卫 剑	李 峰	张旭明	曹屹立	朱轶峰	顾 昀	杨欢宾
阮燕红	盛翔辉	范旭锋					

朱行中学　94 届初中毕业生(8)班　班主任　郑志林

盛雪峰	孙仙花	马兴伟	焦桂贤	姜 永	夏春峰	吴红军	曹龙英
吴 英	周永欢	徐 群	陈 刚	张峰田	丁 锋	许云峰	李 贵
张伟锋	陆永强	俞春梅	王明权	陈 贤	俞益峰	金 权	陆贤林
余正光	张建英	曹春华	王 琴	王恩英	朱 球	夏春峰	毕卫军
陈意文	叶 萍	吴 瑛	沈文荣	杨海英	俞风强	徐 红	杨洁贤
朱赵辉	夏伦伦	沈益峰					

朱行中学 94届初中毕业生(9)班 班主任 孙冲

胡艳红	张春慧	孙海燕	顾春兰	阮秀英	张 权	李春峰	费锋雷
孙叶锋	孙菊妹	陈 华	孙海花	胡欢英	张 磊	吴春峰	吴惠贤
胡菊花	胡刚强	陆锋雷	杨红欢	李春妹	朱 伟	吴春梅	高 峰
王 芳	刘 英	沈雪英	陈新刚	唐红英	陆雷英	潘卫锋	朱仁玉
徐玉兰	吴纪锋	吴凯锋	阮燕峰	费 群	冯文欢	王小军	钱登高
吴海燕	王 平						

朱行中学 95届初中毕业生(1)班 班主任 吴惠权

王晓春	孙义忠	孙密林	冯添锡	陆永刚	施文锋	朱 红	顾 吉
马庆峰	周慧锋	邱 云	顾伟兵	张 敏	朱 峰	阮雪妹	蒋春燕
谢雪强	阮天锋	朱锋雷	姚粟裕	殷正锋	孙文军	严兰英	陆正华
徐海鑫	俞伟林	李国均	王兵权	孙春锋	沈秋芳	沈爱萍	吴峰英
张美凤	陈 燕	卫军妹	孙 燕	陆彩燕	宋圆英	陆 佩	陶 英
王文娟	彭慧春	朱春英	张 英	蒋慧梅	孙慧英	张凤英	顾红仙

朱行中学 95届初中毕业生(2)班 班主任 俞拥军

卫 明	胡宁锋	夏 靖	高 荣	顾洪杰	阮永林	张国英	施 梅
施海宾	朱春琳	张 雷	俞春峰	陈 杰	李峰强	朱国英	陈海红
姚士强	叶雷磊	顾 杰	叶火兵	阮逸琳	高 峰	高 莲	张敬贤
孙 元	金 吉	阮燕斌	王海军	谢建锋	杨一峰	朱玉兰	叶纪芳
徐 斌	杨文梅	夏春妹	徐秋萍	吴秋兰	张 红	何慧娟	俞琼博
冯 美	俞曙燕	王燕欢	李 新	徐兰娟	张春花		

朱行中学 95届初中毕业生(3)班 班主任 李林弟

王燕峰	徐春光	阮光明	钱 兵	吴益萍	宋 益	朱丹英	寿玉英
朱 强	徐峰荣	姜春光	谢峰慧	夏军益	周 栋	朱 敏	唐连英
张新欢	潘革锋	张春良	杨正杰	杨灵辉	潘 杰	杨巨峰	张峰英
陈 雷	吴水凉	施华妹	张 英	孙海英	俞 艳	周 玲	何 英
蒋正伟	吴锋英	姜春妹	徐慧英	金瑞华	姚春雷	杨聪颖	

朱行中学　95 届初中毕业生(4)班　班主任　张仁辉

阮春风	施辉权	顾浩锋	周林张	殷国平	蒋秀敏	俞莉莉	王秋美
马伟明	马建权	夏赟	李干一	蒋军明	张正锋	孙晓燕	吴慧
寿联明	倪欢民	袁新峰	王峰	杨文昌	张林	叶亚萍	张梅
谢永刚	张卫锋	陈建兰	张锋利	阮国梅	吴花	沈美红	袁秋花
戚海洪	汤夏英	盛凤梅	顾美霞	孙连英	谈兴妹	姜春娟	邱萍
杨巍峰	张花英	秦伟	王丹红	孙丽萍	陈洪梅	盛文艳	范纪菁
缪思霞							

朱行中学　95 届初中毕业生(5)班　班主任　杨国欢

薛雷	张立峰	莫凡	张锋	王伟	蔡国权	寿春英	马洪妹
沈强	叶学锋	吴文文	朱丹锋	朱伟锋	王海滨	叶新	潘慧丽
陆国民	陈辉	陈卫军	范森锋	寿永辉	杨杰	卫丹红	王建英
蒋慧锋	卫文慧	盛冬欢	吴文锋	叶天权	严兰强	张伟勤	吴晓英
钱燕	王英	高峰美	董春妹	徐红	徐冬燕	王兰香	顾晓燕
吴萍	俞峰雷	宋婉勤	费兰	张仙凤	杨晓燕	曹佩英	陈丽

朱行中学　95 届初中毕业生(6)班　班主任　陈辉忠

方亦斌	阮锋杰	顾欢中	朱黎强	杨光隐	邬豪杰	张雪军	袁飞
马剑峰	陈凌岚	夏连权	张雷	何玉妹	杨春花	常峰	钱春峰
费军锋	张琼	姜彪	冯英	盛俊	胡炜	吴辉	顾玉茹
孙召华	俞磊	王晓峰	盛春英	钱万里	施红芳	费红	周峰美
王慧	陆玉婷	孙庆花	阮美英	蒋兰	周渊	朱燕	赵英
朱英	费花	顾雪莲	盛燕丽	戴爱连	李桔英	王红梅	张萍
沈峰	杨永钢	赵永强	宋军苗	张卫军			

朱行中学　95 届初中毕业生(7)班　班主任　高春达

张豪均	朱卫东	陶广平	朱玮	杨斌锋	冯政	张丽花	钱晓燕
花红军	潘伟峰	俞晓峰	高波	李益锋	阮国辉	卫连英	高瑾
孙丰	郑连平	冯杰	张鲁军	薛源	顾杰	蔡晔	蒋海英
徐永春	赵锋光	葛元明	朱健军	孙军	周波	叶珺梅	吴文

王春雷	顾　瑞	陆军芳	王　燕	沈玉莲	蔡兰英	肖咏蓉	吴瑞花
王　欢	张　琼	吴玲妹	俞永梅	李爱利	顾福兰	孔吉平	张　潮

朱行中学　95 届初中毕业生(8)班　班主任　吴忠民

王　平	何明峰	张一峰	盛丽锋	高杰祺	张　杰	杨惠英	陆　伟
李春强	张春雷	陈军权	何建峰	王恩欢	李鑫忠	周秀英	周丽萍
陈永恒	潘旭雷	宋艳锋	杨荣程	吴益峰	高则峰	费纪珍	卫　慧
陆益军	卫兴锋	吴学峰	张春强	赵春光	鲁锋强	陆卫英	吴　蕾
胡　斌	顾峰岭	吴红星	张美意	陈　桔	钱　英	孙林红	张　艳
陆春花	吴洁清	许单英	莫珍美	邱晓芯	蒋国英	金军贤	杨甘丽
钱　蕾	张秋峰	吴　琴	张雪英	徐春梅	朱莉君		

朱行中学　95 届初中毕业生(9)班　班主任　查明森

杨立平	张灵锋	杨晓东	王文海	冯　凯	顾霄嬛	王新花	杨静权
唐卫君	冯　辉	李叶强	张永兴	李　正	沈　军	阮国英	阮春妹
王　伟	朱志钢	邱　锋	俞国强	盛煌锋	吴海东	鲁　妹	孙秀妹
蒋峰宾	徐冬海	费峰明	张东民	俞　峰	夏小妹	金春梅	陆杰华
陈丽英	顾红洁	张　红	杨燕凤	陈　鹰	马连花	叶　萍	虞红妹
吴峰英	孙秋燕	金　叶	杨美英	朱松梅	张　英	张敏燕	杨元英

朱行中学　95 届初中毕业生(10)班　班主任　戚介华

高　磊	陈　杰	朱东雷	袁晓东	李　翔	徐永强	叶　芳	吴豪鹰
周慧辉	孙　峰	邱春峰	丁　杰	蒋兴峰	何正云	曹友美	徐文滨
李　钢	钱　伟	何　勇	孔秋峰	夏海漪	黄　平	喻　瑛	徐　文
冯　杰	夏英杰	吴春锋	杨呈辉	周晓红	谈军瑛	王海英	吴彩平
吴凤娣	沈　蓓	徐红萍	赵　红	邱美英	何春莲	潘军妹	高欢英
李　慧	常春芳	孙　贤	郭　英	俞　磊	陈剑峰	张　杰	沈旭峰
朱顶峰							

朱行中学　96 届初中毕业生(1)班　班主任　褚耀庭

戚春元	俞丹群	俞秀锋	王　燕	李艳明	夏佳弟	杨雪萍	顾春风

顾锦柳	王兰雄	陆继锋	唐红杰	费鹰鹰	沈 伟	陆红梅	沈 英
徐晓兰	徐旭洁	胡先锋	陈 林	张旭东	朱春锋	孙建英	杨静欢
顾卫花	王春艳	潘海风	张卫东	陈 红	陈雪松	孙鹏程	杨明芳
陆 益	张 伟	谢一军	顾来瑛	谢杰红	冯吉荣	阮 妹	张丹艳
潘晓晖	金 兰	陈 伟	顾春锋	马 丹	孙锋平	冯 峰	胡 丹
何林锋							

朱行中学　96 届初中毕业生(2)班　班主任　周晚霞

吴永杰	金卫华	朱 艳	吴雷英	陆 强	王冬梅	张晓燕	王永强
曹春龙	周 燕	孙凤妹	毛 毳	盛峰源	孙美峰	黄春峰	单福鑫
孙兰燕	顾双英	吴 俊	张 英	朱春晖	常伟英	顾丽静	谭 燕
李 懿	唐文梅	钱朝辉	夏春林	谈玲峰	顾春燕	马 丹	杨永强
朱春雷	曹海斌	何 冰	范峰雷	朱新妹	夏丽萍	朱伟贤	朱晨凤
阮琴波	薛国英	宋益军	胡彩虹	俞 梅	王卫东	吴春梅	

朱行中学　96 届初中毕业生(3)班　班主任　张连芳

沈 慧	阮超峰	李 森	俞莲娜	沈 霞	徐 丹	张 杰	陈剑锋
吴 燕	徐魏昊	薛丹越	高 雷	杨凤妹	徐文贤	华春燕	花红燕
胡国辉	俞美锋	张花英	潘 磊	杨卫国	王红英	袁春峰	朱叶春
周峰杰	杨玉莲	卫欢明	华健萍	俞海苗	钱 烨	张 平	魏雪娟
殷国权	朱莲花	丁益松	韩伟慧	张 伟	姜玉莲	吴 斌	莫丹凤
殷明明	夏文燕	蒋 健	孙欢平	吴璐英	汤伟伟	李 斌	杨凤麟
何卫峰	殷 翔	陈丽萍					

朱行中学　96 届初中毕业生(4)班　班主任　薛永良

宋智杰	张 峰	周 磊	张欢英	陆晓斌	张 英	吴文娟	陈 斌
顾弼忠	施晓燕	沈徐峰	华晓英	杨春峰	薛赵丹	杨 颖	钱 欢
吴春平	王秋均	殷 敏	朱 伟	曹士军	徐 军	程玉琦	焦计冬
阮芳芳	仇 英	张连婉	金振民	曹恩锋	夏 梅	陆 欢	薛 兵
张 红	卫士美	杨新军	俞燕来	俞 力	吴 辉	范 霞	蒋伟诚
鲁海英	杨春红	钱宏杰	朱 慧	朱文峰	朱 萍	阮小林	邱 丽

谈军花　蒋永萍　朱佳美　张春燕　张倪欢　何春云

朱行中学　96 届初中毕业生(5)班　班主任　范民达

王彩虹　徐欢萍　袁菊红　马　萍　张丹凤　吴林丽　王彩花　陶　峰
张　利　朱红雷　孙国平　孙　燕　俞勤妹　袁　玲　高桂良　吴豪洁
高杰斌　盛佳音　李仙凤　徐　峰　孙士粉　曹美锋　盛敏建　钱灯荣
王春美　方　岚　陆伟刚　郭风雷　钱　烨　顾春峰　曹雪刚　吴　强
李云平　叶丽霞　何正明　蒋永锋　徐　锋　黄孝章　张　锋　陈　妹
陈新花　夏剑锋　李　强　蔡培玉　朱志仪　朱镇红　盛厦畠　曹永兴
谈联欢　卫桦凤

朱行中学　96 届初中毕业生(6)班　班主任　王刚敏

黄风英　李　莉　张秀萍　盛丽梅　施冬青　王新妹　姜俊英　陈　慧
阮林峰　吴春涛　孙召英　孙奇元　吴元青　钟　明　朱咏梅　张冬梅
吴松英　胡峰雷　夏叶峰　吴美燕　寿鹤鸣　俞春花　严海滨　朱欢元
薛　英　张欢明　吴　彬　薛卫东　李开峰　俞　焕　董欢华　陈　良
李玉英　董　美　王韩欢　周　麟　王　辉　叶　红　薛　琪　汤菊花
吴　杰　顾向英　杨菊花　谈叶峰　姜国强　潘桂花　沈春华　卫欢权
盛峰雷　张启峰　陈连花　徐秋贤

朱行中学　96 届初中毕业生(7)班　班主任　俞拥军

胡绿叶　金　锋　张玲玲　毕　花　王晓琼　吴　英　张　鹰　张　杰
王祺峰　陆连权　杨　洁　周慧英　陈兰香　张国权　朱　凤　曹　兵
王晓贤　李国权　宋晓晴　王　叶　谢冬欢　陈剑锋　俞仁杰　李叶花
吴秋梅　高　伟　孙雨锋　朱　兵　蒋梅红　姜　强　马晓燕　林雪英
陈春花　盛力欢　费　东　张　益　陶凤英　陆林强　夏留英　薛　雷
施文欢　夏　丽　曹屹平　李　伟　孙文斌　朱　燕　盛文娟　施雪栋
孙佳林　袁风权

朱行中学　96 届初中毕业生(8)班　班主任　张丁忠

吴松雷　张玫萍　朱东美　吴新权　高　君　毕琦伟　何　健　费　雷

孙晓萍	吴春欢	高春丽	宋慧娟	陈 杰	王春辉	郭春花	何丹凤
杨晓英	孙欢权	吴 萍	宋惠红	卫 伟	张勤欢	孙丽花	沈 燕
蒋连萍	李文斌	谈顺胜	孙 伟	王海燕	王 翠	夏铁刚	沈 英
张雪斌	周 兴	张海萍	王峰娟	郭欢英	徐 伟	马贤新	潘凤英
沈辉权	周玲妹	沈春林	盛新贤	顾浩斌	徐 琴	顾玉燕	潘寒冬
金燕玲	夏贵均	戴爱华					

朱行中学 96 届初中毕业生(9)班 班主任 沈金龙

张林凤	陈秀英	吴晓莉	俞明力	俞冬梅	费 红	杨 敏	谈卫红
盛应欢	赵静静	吴红兵	何林志	王春辉	郭瑜斌	叶剑峰	叶秀英
何 斌	周 锋	顾瑞冰	王冬梅	顾春燕	孙玲梅	吴春晓	金玲花
高丽伟	陆勤妹	王 英	马军辉	王新欢	盛剑锋	叶峰花	蒋旭雷
丁国权	孙忠欢	张 权	陆军燕	姚 英	王玲莉	吴婵婵	朱 凤
许晓清	顾道华	卫 萍	朱 叶	杨玉春	赵天柱	朱霁雯	王权贤
盛海平	杨叶辉	孙崎峰	赵兰花	杨纳雄			

朱行中学 96 届初中毕业生(10)班 班主任 阮金谷

王 辉	应宇梅	陆连花	王春峰	马 燕	宋春燕	吴称军	杨奇虹
金 伟	袁春贤	张蓝凤	倪军锋	曹雪勤	喻 峰	陆凌锋	沈红兵
周 洁	孙 春	沈 健	徐庚峰	俞红英	费 峰	宋国锋	高 英
喻红萍	张 雷	陆丽丽	何 行	谢美峰	张 锋	杨春花	高永春
吴小英	盛 锋	周 权	杨春欢	谢春欢	包美娜	陈益妹	朱银峰
马玲莉	冯 辉	吴 妹	顾 蕾	张军英	阮伟林	刘玉峰	蒋建东
李春妹	林 琳	张风雷	俞 军	曹建锋	何林芳		

朱行中学 97 届初中毕业生(1)班 班主任 何永文

王玉玲	张梅燕	沈爱萍	吴 勇	钟晓明	朱丹凤	俞春雷	冯雷明
何春浩	俞 森	孙 伟	叶 俊	何春兰	徐蕾蕾	徐康灵	陈 浩
陈玉怡	马丹峰	陶丽娟	王俊彦	陈红丽	马艳红	朱 宏	曹林锋
徐铭迪	陈冯伟	金锋权	陈 权	张辉英	仇春芳	严 峰	莫美萍
张 伟	杨聪雄	郭 能	孙 节	卫 敬	朱 欢	谈春锋	冯 英

卫兴妹　马　英　顾春欢　谢利军　蔡伟林　张凤欢　唐晨妹　盛贞华
陈　红　张　兰　吴晖平　顾娇丹

朱行中学　97 届初中毕业生(2)班　班主任　周卫军

沈　勇　施春花　朱轶华　徐园妹　张　献　吴　亮　高利峰　潘　英
桂家丹　沈　琴　沈凌苇　张　伟　徐勤欢　潘　燕　陈　雷　高爱平
丁伟奇　陆　军　翁微娜　王燕峰　俞翠妹　吴　叶　周小卫　江峥嵘
杨玉萍　陈秋萍　薛丹凤　朱仙华　姜　明　马益平　朱任利　王　兵
王　莉　谈兴平　姚建伟　鲁　伟　朱伟英　张军英　徐　峰　徐军欢
俞　杰　俞风权　陈春风　朱　凌　孙海滨　李春花　王东海　陈益兵
薛丹叶

朱行中学　97 届初中毕业生(3)班　班主任　张水龙

俞　英　谭慧萍　孙丹燕　张丹红　谭卫峰　朱　英　陈　玮　夏振峰
朱　丽　蒋燕红　吴雷英　夏冬苗　盛冬妹　费丹花　诸美英　孔玉欢
张　浩　周丽锋　陆　慧　冯文瑛　陈　杰　王燕平　石文斌　俞小琴
张春欢　周　峰　胡娟妹　盛纪伟　张春风　喻春锋　孙海春　施春花
张　峰　徐　琼　喻红莲　吴炯炜　杨栋杰　吴玉兰　陈　钢　顾秋兰
蒋慧英　吴　杰　黄　艳　王欢花　薛　萍　赵　林　杨永生

朱行中学　97 届初中毕业生(4)班　班主任　夏雪帆

阮旭东　俞海军　李　杰　周　凤　张春燕　倪伟民　蒋建锋　李　飞
杨　阳　胡仙颖　魏勤红　卫　锋　杨春园　王海宾　徐春花　陆　伟
孙兰萍　王　晨　阮　辉　沈蝉君　陈洪英　黄军军　俞榴娣　高梅花
陆晓麟　孙　辉　陆　翊　陆剑英　陆伟丽　杨雪锋　叶欢江　杨　悦
金彩凤　吴晓雷　夏　鑫　张　平　范联锋　赵　锋　毕菊萍　胡　琼
叶秀红　夏新欢　孙　权　高永强　施春丽　叶晓燕　徐春锋　张粉英
肖咏强　金银花　王连平　张晓萍　徐军妹

朱行中学　97 届初中毕业生(5)班　班主任　徐岳范

赵　伟　俞雪峰　杨晓红　蒋军欢　朱海丽　张宇雯　张灵梅　顾风燕

顾　峰　杨海峰　马正惠　钱　强　陈　兰　蒋留英　何丽红　蒋少锋
吴春雷　孙伟敏　张君意　王银峰　费春雷　盛金花　赵新军　陈玉兰
杨　玲　何雪萍　沈连萍　孙彬林　黄　锋　潘　凤　顾剑萍　王雪东
钱　梅　曹梅娜　阮春花　陈　俊　高　燕　范玲玲　冯　艳　姜燕萍
高春花　曹春梅　陈彩红　夏婉敏　张晓明　朱红丽　夏春晓　叶　莉
赵玉峰　王新辉　谈治卫　吴治权

朱行中学　97 届初中毕业生(6)班　班主任　尤竞梅

曹　媚　朱　梅　俞林芳　赵爱丽　王　琼　孙　琼　张　伟　王　锋
王海宏　朱　婉　唐　玲　朱益萍　卫　英　卫彩贤　李　辉　梅欢斌
吴满贤　华佳敏　张　燕　唐丽红　夏燕萍　顾满丽　夏　隽　王　慧
张月萍　顾晓燕　马丹燕　宋春燕　高红莲　周　燕　杨军权　彭文君
郑正丽　张　澜　费军辉　阮叶萍　周　威　夏　斌　费　杰　薛　春
范　鑫　宋雪峰　张仰文　许　斌　孙　欢　顾春辉　许　鹰　金军欢
毕　竞　张福春　俞　斌　夏　亮　吴　明　鲁　敏

朱行中学　97 届初中毕业生(7)班　班主任　尹秋贤

吴　隽　董必荣　张　美　陆军英　谢燕红　张　虹　杨伶俐　包　锋
华永键　吴冬梅　高晴波　朱　燕　徐　苑　何梅花　李叶斌　高华娟
马　奇　朱卫锋　朱兰萍　俞元村　陈　强　谢建红　张月妹　钱　伟
杨恩伟　姚雪欢　缪翠锋　吴　昊　吴　花　陈小杰　陆　飞　沈美香
薛介兵　赵一红　薛晓刚　费春军　叶海兵　周　燕　吴少欢　朱　伟
殷海锋　谈春雷　黄　杰　沈玉叶

朱行中学　97 届初中毕业生(8)班　班主任　盛建新

顾海斌　高连英　姚新权　曹　辉　朱春澜　曹秀勤　薛　英　王家凤
陈佩佩　宋燕平　阮燕琳　张　燕　孙　玮　高丹花　范军平　杨钻萍
王　坚　徐春欢　姜旗锋　杨伟杰　吴秋霞　张建英　阮明辉　顾道明
顾　娜　高得宝　杨春贤　张雪萍　宋丽妹　鲁丹萍　蒋欢忠　陈军英
吴　群　陈旭东　杨　辉　沈辉敏　吴晓春　王新梅　卫　权　王莉花
陆欢权　沈剑锋

朱行中学　97届初中毕业生(9)班　班主任　李秀圣

吴锋叶	吴晓燕	李晓艳	翁雁翎	王英	陈欢	何夏福	陆丽
高灵	虞丹平	蔡碧林	施权妹	朱文军	吴锋	殷英	顾乐逸
盛丰华	冯春妹	吴光辉	李永烈	何丽英	李萍	潘红燕	杨立思
俞闻博	朱忠欢	吴杰	吴佳蔚	杨卫妹	姚燕琴	陆春雷	杨仁军
何伟	陶志强	曹海军	吴国强	华丽娜	赵艳方	唐丽娜	张旻
顾建勤	王鑫贤	陈永善	顾海峰				

朱行中学　97届初中毕业生(10)班　班主任　范民达

范芳芳	高桃花	张英	杨春花	王晓冻	赵春花	陈磊	钟强
盛雪花	夏玉伶	陆凌英	朱斌辉	沈红梅	夏萍	张烨	马海光
虞洪英	卫颖	孙美菊	冯洁	顾俊	李徐妹	赵锋	张黎明
潘彩虹	吴萍	张洁	李雪花	何新军	叶斌	顾欢平	施雪军
毕升	杨小春	孙亮	吴益军	苏春锋	吴先锋	叶红兵	吴辉
杨国锋	吴海斌	叶雷斌	盛丽辉	王磊	施锋	陈欢	曹雪平
吴杰	吴欢						

朱行中学　97届初中毕业生(11)班　班主任　陈翠萍

朱凤英	徐巧芸	张磊	盛秀萍	金治文	李叶萍	金花	毕丽君
赵伟	顾峰新	王春香	陈丽丽	王建华	张英	吴文品	宋红丽
夏敬	沈丹风	陆英	高强	王春君	鲁健峰	马玄德	孙丹风
杨玲	潘俏玥	袁伟	冯雪峰	叶如花	李花	王永刚	费春峰
周平	盛春	陈婉贤	邱国欢	曹晴	高晓洁	吴春贤	朱莉
沈维	杨秋冬	陆强	顾桂花	俞魏	曹林	缪泉峰	何林军
叶春雷							

朱行中学　97届初中毕业生(12)班　班主任　杨国权

王志伟	郑燕燕	徐岭	王芳	陆列英	徐满勤	王朝臣	孙伟
夏燕	陈萍	胡丹风	朱卫青	钱烨倩	王君贤	鲁海林	侯伟
张春峰	何海英	王萍	吴燕	薛权	宋萍	张峰杰	高志强
陈兴贤	寿鹤梅	夏金兰	朱君妹	孙玉兰	张佩佩	夏金刚	杨磊聪

刘 丹　张 军　陆李新　金奎星　陆欢锋　朱宏伟　寿陈杰　叶垒平
周伟刚　杨春峰　王栋梁　马军锋　叶春平　王正云　吴建平　唐高锋
陈能慧　袁伟锋　殷卫权　陆平锋

上海市朱行中学
朱行中学　98 届初中毕业生(1)班　班主任　单秀英

张 骥　陈 彪　刘 刚　孙 冬　杨双喜　徐敏君　陆士娟　何兴美
徐林杰　夏武春　杨春雷　周巧贤　周红连　杨 洁　俞 燕　王立妹
顾美娜　李 霞　冯春欢　陶 花　王军妹　王勤欢　朱 丹　马卫锋
马英益　张 磊　杨益军　杨秋锋　吴春晓　朱叶锋　张峰斌　吴辉兵
顾春美　卫洪雷　张伟军　王连锋　唐 玲　王惠贤　吴 洁　阮伟锋
毕孝怡　王炳新　姜 锋　阮秋锋　张永平　王寒梅　陈美萍　董 伟
王珠慧

朱行中学　98 届初中毕业生(2)班　班主任　杨国欢

盛林光　沈 健　李 娟　赵 磊　俞玲玲　王 强　张 美　吴贤接
张 宏　王 林　冯 栋　夏伟明　蔡永官　阮欢欢　陆玉林　王欢锋
金燕兰　顾桂芳　朱 婷　张秀娟　潘 佳　朱丽美　丁益柏　陆婉莉
蒋欢辉　徐 兰　徐 薇　李彩华　夏国权　李新欢　孙凤春　朱士光
曹海锋　胡春元　杨林军　王泳萍　朱连英　顾琼伟　宋婉玲　殷春燕
黄 喜　薛丹辉　朱忠伟　顾春辉　杨文锋　吴 浩　施潘凤　张秋燕
冯菊美

朱行中学　98 届初中毕业生(3)班　班主任　张水龙

寿全明　黄孙锋　施文旭　马艳军　费 锋　孙海澜　吴光杰　胡伟峰
沈敏杰　俞兰花　高中杰　夏益梅　李 英　费林林　夏逢仟　潘春晓
蒋玉萍　王 兵　徐晓波　包菊美　王 燕　李 妹　王永权　叶连明
金双继　黄金连　黄春欢　马 剑　朱双庆　叶 雯　寿全明　阮正贤
骆连权　叶 平　陈 燕　徐秋妹　张琴妹　金 宏　周梅英　吴金妹
吴相君　高 宏　李翠川　俞 锋　张 杰　俞雪忠　夏 欢　潘揖衷

朱行中学　98届初中毕业生(4)班　班主任　陈翠萍

江崢嵘	张明星	朱 杰	韩雪锋	金锋梅	卫丹花	张敬花	蒋玉英
吴玲峰	谈 英	马益军	孙春峰	赵军权	金 叶	杨丹红	丁 宏
杨正权	叶健欢	马 丹	沈叶兴	张春贤	杨 琦	叶灵梅	袁林峰
张蓓蕾	周晓萍	谈沈美	徐玉林	陆秋予	陶春燕	吴春英	冯海燕
王理化	曹益锋	胡少雄	张雪峰	陆曹丹	曹春锋	何新美	张春梅
刘 英	汤林花	卫 锋	吴春锋	徐林锋	杨志磊	陈超慧	顾玉兴
张玉萍	徐 英						

朱行中学　98届初中毕业生(5)班　班主任　张仁辉

金 杰	王 斌	陈吴欢	杨林欢	杨士军	沈徐军	冯 辉	王维球
朱 杰	张 伟	张伟锋	韩 东	陆 洋	王 伟	阮擎锟	顾聂柳
王 伟	王海峰	王红慧	沈毓毓	徐卫东	谢伟超	殷向锋	卫 权
陈 强	马锋茂	马艳妹	吴剑英	何新妹	蒋海花	陆道英	姜燕平
张 花	施卫锋	陶兰英	张晓霞	胡春燕	李 珍	袁秋萍	朱丹丽
吴美娟	夏兰英	孔欢丹	潘玲雁	周益锋	沈 伟	沈 琼	

朱行中学　98届初中毕业生(6)班　班主任　周欢新

沈慧杰	陈剑华	杨春伟	张雄伟	高 磊	吴如峰	叶君健	卫春峰
雷 滨	张 军	俞 刚	姜丽锋	朱明宏	薛 平	金文明	周 强
高春欢	阮杰峰	李 明	袁江峰	喻海林	沈雨风	吴春欢	阮燕敏
周 洁	张春雷	蔡培霞	陆丹风	蒋莲妹	张 惠	施灵华	朱美艳
徐玉燕	杨文花	俞梅英	徐玉兰	顾燕萍	杨叶红	吴 英	孙燕燕
王小玲	陈连萍	费新妹	吴 伟	周丹红	沈 斌	杨春元	尹斌杰

朱行中学　98届初中毕业生(7)班　班主任　夏雪帆

吴小东	叶彩红	徐 玲	高春峰	邱 敏	王小英	高俊杰	宋益美
盛 熠	俞春弟	吴 伟	殷海江	沈 伟	钱晓锋	顾春菊	夏莉英
徐 华	卫辉华	陈小英	蒋伟萍	孙天英	谢丹红	姜春燕	杨彩英
徐美峰	佘 琦	杨家麟	马 丹	金 锋	沈 洁	高 杰	张锋雄
张利锋	张 豪	朱文峰	张海锋	戚健澜	吴 琴		

朱行中学　98 届初中毕业生(8)班　班主任　周　军

吴 雷	冯 慧	张 锋	何卫卫	李 军	朱永杰	倪丹英	张凤俊
杨秀萍	王春均	吴春光	张军雷	夏瑞忠	张 晓	张文强	吴正贞
陆旭伟	孙路美	冯翠萍	谢梅丽	王丹凤	奚彩萍	吴兰英	朱开姐
俞晓英	沈爱峰	夏悦峰	谈玲利	朱国清	王 军	顾春光	彭 栋
马 强	潘 平	谈国仁	陆文君	张 雷	曹慧敏	马丹花	朱 伟
蒋金凤	俞伟清						

朱行中学　98 届初中毕业生(9)班　班主任　徐伟红

潘 洁	冯春雷	吴 衡	高明怡	朱良一	阮箭峰	江峥均	王 辉
徐锋雷	戴瑞其	季浩川	王 炜	邱卫雄	李一锋	陶 亮	王春雷
孙志源	何闻强	俞逸平	孙 浩	黄 雷	徐晓琦	孙 雷	叶冬青
王 珏	吴金凤	叶银花	夏 叶	朱晓岚	俞 垒	朱 英	吴 琼
陈旭婷	潘 渊	张欢鹰	叶 悦	张 丽	朱冬梅	胡 伟	朱 丽
曹枫梅	孙叶红	吴 苗	金春燕	王巧琳	李银贤	宋巧丽	尹 平

朱行中学　98 届初中毕业生(10)班　班主任　王龙法

杨晓萍	徐春贤	黄文超	范江峰	张琪美	杨文超	孙丹英	孙丹平
高玉珠	夏 一	陆建平	汪海清	朱新贤	孙攀峰	李宇飞	张 鸿
孙晓峰	戴爱萍	王慧祺	吴秋香	夏晓英	施春烂	苏丹青	朱 新
陆忠欢	杨灵妍	徐 琳	夏元旦	阮崇鼎	李雪梅	包安东	钱婵玉
胡春辉	朱海燕	沈 鑫	陶海文	沈 建	吴蓓阑	吴春江	高伟强
王美英	冯海平	朱春源	李小江	谢 丹	张晓凤	孙连城	毛 军
陈晓敏							

朱行中学　99 届初中毕业生(1)班　班主任　褚耀庭

顾伟栋	郭春欢	程 磊	张 妍	寿玉婷	赵君花	俞晓玮	严 洁
杨 倩	李 丹	卫恒峰	王 琳	卫 珏	杨晓英	夏 晴	周 明
王 波	孙连英	曹慧春	俞 林	何 健	徐春燕	邹红英	陈 叶
陆勤辉	费国俊	吴慧晴	王丹凤	马燕林	淡兰花	陈 冯	俞冬春
钱兰燕	沈 群	徐 春	孙 健	金欢平	吴益娟	马伟华	谢文国

金　花　蒋玉林　吴秀花　阮海斌

朱行中学　99 届初中毕业生(2)班　班主任　顾引娣

王　玮　蒋爱花　蒋玉岚　孙春兰　杨丽丽　杨国强　陆　芸　施领前
张　丽　何臣武　曹丹凤　杨凯元　钱雪良　李雪英　杨晓萍　陆　磊
戴春英　张燕欢　唐　寅　何海峰　阮丹红　钱　妹　张　鑫　魏雪刚
高秋爽　顾慧兰　顾钱欢　徐益东　吴文娟　孔丽丽　李　建　施春妹
缪玉锋　林　杰　曹玉莉　俞　军　阮莲英　孙军锋　华　伟

朱行中学　99 届初中毕业生(3)班　班主任　张连芳

徐勤峰　殷建锋　杨晓锋　阮林栋　马睿婕　黄梅香　顾　怡　顾小叶
沈　红　顾俊崛　朱　楠　彭艳秋　黄晓川　顾玲琳　季悦慧　周　萍
李鑫颖　朱　婷　袁　梅　夏喜福　吴　敏　胡琴琴　张伟新　王伟东
吴　健　张　恒　孙莲花　张花妹　闻　颖　朱　洁　吴秋霞　周雪春
陆欢辉　张旭丹　徐永新　朱慧丽　吴丽妹　朱　雷　钱瑞平　郑　炳
严子寅　蒋晓英　黄田妹　沈欢军　张　丹　冯佳栋

朱行中学　99 届初中毕业生(4)班　班主任　徐欢华

胡　娜　王　辉　沈兰冰　李　萍　唐明炜　阮藜君　邱丹红　谢　慧
冯　英　王丽萍　李恩平　周闻斌　钱小铖　朱春妹　朱　龚　姚　丹
冯雪梅　盛勇元　陈叶军　叶　翠　冯生欢　张全民　陆文强　张　纬
郭　洁　王玲锋　桂家栋　吴　益　杨争君　殷正辛　杨丹凤　黄雪峰
徐　斌　陈旭鑫　夏小青　张　敏　王　华　俞春东　汤杰明　杨艾兴
屠范清　张　燕　吴琴燕　潘晓燕

朱行中学　99 届初中毕业生(5)班　班主任　周晚霞

吴树勋　唐彬浩　高　宇　黄　娟　范旭萍　朱家晏　俞林权　高菊花
徐　燕　施欢英　顾　岚　高丹凤　卫文辉　袁丹花　陆海军　曹军美
王雯雯　阮春莲　高　棋　夏　杰　俞红欢　陈锡琴　袁　平　王　伟
王泳淇　马燕玲　王宏兵　陆　萍　王　麟　陆　军　高得留　陆斌花
张　斌　陈晓雷　何雪花　毕莉平　顾柳柳　徐　辉　宋明锋　卫　丹

张　喻　李雪锋　顾念祖

朱行中学　99 届初中毕业生(6)班　班主任　张美英

马健斌　高艳燕　徐敏敏　沈晓霞　周　燕　孙　静　蒋正华　张玉芳
李萍英　俞筱颖　孙士粉　胡　艳　顾海花　杨雪妹　胡香君　朱春阳
何东燕　蒋萍萍　陶丽梅　吴慧慧　吴翠玉　陈玉英　俞鼎臣　陆　叶
寿明强　徐启超　董孟治　王石成　吴雷明　李雪峰　郑海兵　杨旭锋
张　波　宋文文　王春风　蒋晓风　朱小平　谭国明　王春杰　孙　磊
朱　雷　杨君明　张　平　顾雪峰

朱行中学　2000 届初中毕业生(1)班　班主任　何永文

施欢辉　吴燕琳　王　维　张　奇　李丹峰　钱　斌　朱云昕　徐玉英
邱　林　张家安　钱　强　杨　涛　姜　丰　朱志玲　吴卫一　赵雪娇
李　敏　马岑岚　陈　洁　沈乙斌　冯　亮　胡君军　王卓能　朱　红
袁林权　袁　杰　朱　博　沈秋园　张玲艳　马冬梅　殷健明　焦　平
顾菊香　孙夏亮　范　崧　蒋　燕　陆慧来　顾莉莉　张　红　陆叶萍
朱栋兴　张　丹　倪伟丹　严海峰　俞明权

朱行中学　2000 届初中毕业生(2)班　班主任　陈翠萍

寿　斌　王岑琴　彭丽娟　魏春光　高云仟　吴丽妹　张月林　颜鋆鋆
何旭风　朱秩华　陆丽娟　谈晓峰　朱榴红　胡　丹　薛　红　唐佳弟
王咏梅　杨晓峰　阮洁琼　汤春艳　陆一军　朱　蕾　费春花　钱　亮
周传彬　尹丽娜　王秋福　孙兰英　杨翠萍　盛雪冬　朱　英　杨李明
喻雪军　朱玉燕　朱冬兰　王永斌　孙爱英　吴智慧　陆　敏　吴春峰
朱金杰　朱明园　王卓群　高春雷　彭慧源　张冬弟

朱行中学　2000 届初中毕业生(3)班　班主任　周卫军

杨惠平　黄春辉　朱旭栋　陶佳雷　殷锋元　徐　敏　王小明　吴海冬
徐春雷　范军民　何　佳　蒋　晨　徐兵燕　金丹峰　孙　超　王文强
张敏敏　颜文冬　孙　虹　张伟鑫　朱海峰　费斌彬　叶珠凤　谈结锋
夏彩红　常　珏　吴　敏　何翠英　蒋喜喜　费海萍　陆海燕　夏红霞

陶 艳　张丹瑛　高玉兰　吴丹花　张燕春　高 琼　李彩萍　顾玉燕
杨始晖　徐晓芹　夏丹英　尤 泳

朱行中学　2000 届初中毕业生(4)班　班主任　杨国权

马丹红　高 磊　王丽丽　陶利萍　华佳鑫　朱明杰　黄 磊　仇丽丽
孙丹艳　吴蓉蓉　金丹红　杨柳青　俞玉峰　叶伟萍　曹开英　周 洁
陈 琦　阮颖龙　张文霞　夏 斌　李晓松　周 华　叶旭丽　孙 丽
蒋欢欢　朱勘平　李 旦　潘正红　冯亚连　冯月妹　沈 辉　姜一锋
马甲锋　卫 南　顾梁花　董敏显　马峰弟　陆天龙　夏 伟　孙治官
高 燕　陈 凯　李苍谷　杨水峰

朱行中学　2000 届初中毕业生(5)班　班主任　曹枫源

蒋秋伟　沈丹燕　沈 婷　黄春燕　张 骅　吴英海　何 憎　孙红美
王中元　王春霞　胡倩倩　俞晓琴　黄晓锋　高艳群　陆定贤　张美娟
颜露渺　施丹峰　王辉辉　吴 萍　陆 杰　叶 欢　俞秀丽　王春达
张 冬　张丽丽　蒋海宏　俞冬权　王 杰　杨丹萍　高 东　顾平贤
王春岳　朱凤霞　陈剑英　谈兴辉　谢国春　毛海兴　潘 凤　朱 鑫
张剑锋　张 英　钱 辉　孔燕燕　夏 明　张海珠

朱行中学　2000 届初中毕业生(6)班　班主任　王刚敏

姜 梅　朱益妹　何 斐　杨晓岚　陈 旭　夏林娟　俞春新　姜一川
孙 军　杨文娟　杨锋连　李 燕　夏周洁　金 燕　杨俊杰　沈 英
邹凌锋　张佳红　谭欢丽　周 兰　顾 辉　夏永文　潘冬林　金赛花
唐恩妹　沈 晖　张 弟　施小弟　顾爱连　俞明军　沈 洁　张 技
张 冬　吴秀兰　孙伟国　陆叶清　杨伟春　薛芳瑛　闻伟军　叶玉萍
顾宾峰　蒋灵峰　毕佳俊　高风平　朱 浩

朱行中学　2001 届初中毕业生(1)班　班主任　徐伟红

邱丹云　王勇勇　徐 强　吴 军　张 杨　叶彬彬　张 叶　陈 雷
王蓓蕾　陈新辉　杨露丹　杨冬雷　顾永锋　孙 丽　周 凯　孔建林
蒋 婷　张丽慧　顾如欢　张 洁　杨欢欢　范展琳　孙 健　盛树意

杨　姹　胡晓红　盛以乐　孙春红　杨　蓉　曹　维　朱国锋　孙敏烨
吴碧燕　盛卫权　周　平　沈　夏　李燕杰　顾文琴　朱　丹　沈　丹
杨春花　俞东青　谢晓燕　张　琦　陆颖婷　陈　蓉　费慈寅

朱行中学　2001 届初中毕业生(2)班　班主任　杨国欢

张丹红　严　萍　郭　峰　常佳欢　孙　强　闻伟军　张一峰　孙巍峰
杨雪连　杨李伟　胡晓春　杨定邦　姚　雷　俞鸿海　陶学庭　毕史强
顾文杰　陈丹凤　张　妹　张　军　陈　艳　钱　均　张　平　董　平
殷明亮　邱肖灵　石爱花　沈　婷　朱　岚　夏　伟　张　燕　杨培蕾
谈玲妹　施丹凤　费欢强　卫晓红　赵　红　张莉丽　吴　佳　沈纪军
戚　伟　王　平　吴兰燕

朱行中学　2001 届初中毕业生(3)班　班主任　周欢新

陈欢君　潘红欢　金　辉　夏　旦　赵　辉　肖伟伟　王赟飞　唐　伟
董竹君　陈　杰　殷　健　邱　冬　蒋　宇　蒋　挺　陈　琳　郭　峰
孙春燕　张少华　严兴欢　陈碗兵　陈　艳　殷　颖　赵丽丽　宋丹萍
盛雪莲　张春丽　李慧颖　吴晓霞　姜玉贤　王振兴　吴兰宏　赵　侃
高　艳　宋　冰　张　洁　唐　颖　肖　莹　阮姗娜　杨美英　卫　亮
卫晓燕　吴伟利

朱行中学　2001 届初中毕业生(4)班　班主任　张仁辉

陆时军　陈　舟　王昕慧　沈坤玲　王燕欢　刘　超　沈　叶　徐冬杰
唐　杰　蒋雪峰　唐　美　戴海燕　高　慧　蒋敏娜　刘　鸣　王玉婷
张银权　杨　晨　张　凤　叶　燕　陈　洁　陈晓能　范雪磊　俞晓锋
朱　艳　阮佳晓　陶兰燕　顾智超　张　明　朱晓峰　朱晓馨　张　鼎

朱行中学　2001 届初中毕业生(5)班　班主任　林翠秀

沈　军　薛栋民　杨平贤　何　洁　王锋萍　焦　雷　殷明晔　沈　雷
朱　丽　沈鲁杰　朱　毫　俞晓琳　孔　夏　金　士　顾　伟　张　洁
吴晓叶　袁　燕　张浪平　宋时文　陆宏燕　孙燕燕　俞　杰　俞　洁
张　杰　冯春妹　杨伟力　杨明娟　谈铭鑫　陶正英　钱琳蔚　曹秀英

沈　玲	李　丽	吴　青	钱澄娟	阮方敏	阮蓓丽	马海山	朱顺丽
赵　永	孙　鑫	孙　雯	张　丹	曹　锋	朱佳兴	朱丽娜	张　翠
吴　峻	黄兰英	盛美燕	施　杰	唐　君	俞奕茹	刘　雪	陆梅花

朱行中学　2001届初中毕业生(6)班　班主任　高春达

刘　烨	殷艳萍	张　洁	陈　斌	周卫平	杨徐欢	高　伟	徐　梅
黄晓英	叶圣贤	卫　捷	潘美洁	王丹凤	张　琦	寿玉梅	高斌权
戚丽萍	金永磊	陆　伟	宋银杰	夏恩苗	张　凤	盛　鑫	王　凯
王永锋	顾海兵	孙栋梁	费丹冬	陆　杰	黄锋峰	时　洁	马骏俊
张　伟	陆爱英	王　玲	张　斌	杨国强	张弓婷	张佳文	朱丹平
王珠凤	陆牡丹	倪关海	杨彩颖				

朱行中学　2001届初中毕业生(7)班　班主任　顾爱权

戚晓霞	徐勤妹	陈峰林	潘红丹	陆　燕	盛　玮	张　华	杨李明
冯斌海	谢连杰	夏文忠	胡丽丹	张春强	孙佩丽	吴冬旦	寿翠燕
马　斌	黄　霞	洪美玲	王敏梅	何　畏	林　明	郑正毅	倪佳燕
李　晶	王　丽	杨春杰	李晓峰	杨海振	金玉清	曹　伟	顾柳霞
谢玉亭	孙　燕	孙　伟	俞　叶	杨旭东	张　英	曹益春	陆丹平
王　英	马蕾蕾	王　辉	王晶晶	王敏梅	陈彬彬	潘敏杰	张伟鑫
陈寒风							

朱行中学　2002届初中毕业生(1)班　班主任　陈翠萍

沈　斌	陆晓燕	王　辉	冯　贤	卫翠翠	孙　烨	王自爱	蒋良益
谈琦磊	顾成栋	沈　平	俞　萍	吴婷婷	张锦秋	朱　丹	王连军
马骆康	袁天天	吴钱欢	黄潇筱	曹丹青	孙丹峰	叶　雷	叶　倩
张文君	沈　阳	陶　蕾	高怡琼	李春叶	陈丽丽	吴　伟	蒋旭亭
盛小春	张　雷	吴　洁	杨晓玲	姜春波	王　琴	杨越平	朱　勋
计海峰	杨　洁	陆晓霞	周威强	徐春雷	袁春丹		

朱行中学　2002届初中毕业生(2)班　班主任　张水龙

顾英英	潘　虹	冯晓英	赵　晨	张　莉	蒋苇苇	吴美苗	杨　菁

陈　婷　陆春梅　蔡　蕾　聂彩凤　王鑫花　高文健　朱　雄　杨　彬
沈丽莉　朱　峰　夏俭峰　卫　佳　张　茜　周曦萍　王怡青　顾景颖
赵兰兰　高　英　孙丹枫　周丽燕　沈　贤　李文伟　赵士欢　夏　辉
王爱丽　金晓霞　张林杰　杨雪峰　吴秀妹　孔伟杰　魏雪东　杨文东
刘　冰　陈超颖　费晓英　金佳虹　俞　良

朱行中学　2002 届初中毕业生(3)班　班主任　张美英

徐明杰　张雅琼　王　芹　王　艳　唐嘉亮　俞婉文　阮　贞　程　伟
张　烈　俞　霞　孙　青　阮　军　邬吉洁　顾美娟　龚天云　朱美霞
杨丹红　俞金杰　杨　辉　史　殷　杨　杰　吴　平　张　杰　孙　凯
王　洁　沈　丹　冯　丹　孙　强　沈　伟　张　丹　陆佳燕　沈新佳
费新峰　吴俊甲　吴　彩　盛叶丹　杨永超　周　益　马红燕　唐　晨
华　刚　杨玲辉　顾玉欢　李　顺　陆谅淳　赵　斌　夏金凤

朱行中学　2002 届初中毕业生(4)班　班主任　周晚霞

钱晓婷　倪晓晨　王晓英　潘东强　陆红研　徐李娜　蒋巍巍　沈玉姐
王益斌　吴　刚　张　良　叶　平　蒋婷婷　王　浩　张　莉　孙丽英
张　伟　徐　峰　陈　丽　施蓓蕾　张超群　吴中意　孙杰峰　冯　雷
沈　英　陆玉兰　曹巍贤　朱晓玲　王　洁　张　昕　何松城　王小钢
潘钱欢　杨晓英　费丹红　张　艳　姚叶平　潘　丽　夏　英　张　伟
陈　林　姜婧婧　郭　雷　蒋　敏　张玉清　孙孟凤

朱行中学　2002 届初中毕业生(5)班　班主任　顾引娣

曹　杰　倪娇英　张莉莉　杨晓玲　陆伟峰　沈　辉　沈　丹　高春雷
施小平　谢园丹　朱丽萍　徐　军　戚凌珈　徐　佳　吴平萍　王雷萍
袁乔英　张　叶　钱　振　张　锋　蒋莉莉　林　光　赵　凤　盛咏梅
张志浩　金蔚菁　何晓玲　宋　坚　夏　琦　陶益萍　胡　斌　屠益清
周园圆　周晓君　徐　峥　杨晓峰　杨健伟　孙洪雷　李晓东　陈玉连
沈遇良　杨兴旺　周　艳　朱　燕　陈　浩　范　奉

朱行中学 2002 届初中毕业生(6)班 班主任 严红芳

蒋 贞	夏 晓	严洁清	杨晓艳	张 佳	杨晓燕	叶肖凤	阮 雷
杨文莲	杨小玲	潘 靓	何晨峰	孙 伟	李虹英	宋 强	王丹苗
潘 虹	徐晓岚	赵新权	陆 敏	蒋知峰	宋建忠	冯晓兰	吴 益
吴 元	钱翠萍	朱红花	张 伟	朱 洁	孙 烨	张 洁	张慧杰
徐 静	胡 斌	顾 佳	戴峰槟	钱小玲	杨正贞	赵美丹	吴 铮
李栋林	顾俊洁	徐英杰	徐 峰	蒋兰萍	陈 艳	盛栋才	张 君
蒋春琼	张 丹	谢美燕

朱行中学 2002 届初中毕业生(7)班 班主任 薛永良

陆 兵	杨卫军	张 斌	蔡永侠	孙 斌	沈 逸	俞俊慧	吴 凯
卫 强	盛春伟	叶洪杰	金 晓	陶俊君	朱金峰	蒋旭峰	阮张鼎
赵冬雷	吴 昊	沈 伟	吴 强	张 琼	顾婧丹	冯 悦	阮夏慧
郭 英	陆秋萍	徐 伟	顾寒妹	马 云	吴金接	俞 平	钱 洁
龚春妹	谢旭艳	吴敏霞	孙燕平	宋晓英	钟 磊	沈 杰	曹晓锋
何东海	浦一锋	毕旭生	寿晓慧	叶千红	张 艳	孙素英	戴 英
顾美鹰	李 丽

朱行中学 2002 届初中毕业生(8)班 班主任 周欢新

吴佳妮	陈家宏	杨 晔	何晓静	高 芸	张 丹	叶 丹	张 娟
朱凌洁	陆 靖	顾玉凤	叶金花	杨国栋	谈冬杰	徐 丹	李艳红
吴玉兰	费叶平	张丹清	沈 丹	王怡帆	郑利泳	浦晓冬	叶 婷
费 寅	张萍萍	杨晓丹	王永雷	董莉娜	陆丹军	李唯林	黄玉锋
赵洁雯	夏 杰	夏静丽	高 丹	叶 冬	袁柳燕	王 兵	吴丹萍
陈 伟	姜莹莹	陈 庆	宋卫兴	沈玉红	姚 兵	徐 煜

朱行中学 2003 届初中毕业生(1)班 班主任 何永文

张 雷	卫晓波	杨 兴	朱勘建	夏 媛	马 伟	夏 洁	何玲贤
张 磊	沈 俊	徐 峻	张 倩	孙 杰	杨 青	马 青	严 琳
毛海波	孙朱红	陈旭东	陈松涛	谭建全	王佳颖	夏 春	包亚萍
蒋 雯	夏岭峰	潘栩凤	钱 青	姜丽英	陈 悦	左泽义	俞丽丽

吴　艳　褚旭强　唐洁琼　张　涛　张彩凤　顾燕勤　张敏文　姜　红
夏　庆　王晓冬　张佩丽　刘　超　姚春东　徐　辉　金　菊　俞　静
胡旭青　高春欢　冯　诚　吴鑫磊　蔡永侠　庄春春

朱行中学　2003 届初中毕业生(2)班　班主任　钱武庆

许　萍　王倍汝　谢丹凤　戴镇海　冯艳君　俞静花　徐　喆　赵培红
赵　悦　王玲红　张晓锋　鲁　杰　沈丹烈　戚卫东　阮灵洁　俞　阳
尹佳琳　夏红丽　杨　磊　张　玲　周　聪　薛　伟　夏　慧　王志强
叶俊磊　毛宇杰　沈　亮　陈小红　寿梅洁　徐　婷　何美玲　顾　超
孙　强　宋来新　沈　斌　潘　安　陆振兴　杨　坤　杨慧御　黄丽丽
卫　斌　谈渊海　赵连萍　张　玲　孙　维　蒋　燕　盛辉辉　张　婷
张公斌　叶彬锋　高伟平　沈　捷　扶青山

朱行中学　2003 届初中毕业生(3)班　班主任　王刚敏

沈玉妹　吴　敏　钱　源　夏维娜　吴晓峰　薛旦瑛　李　宁　姜　慧
孙　浩　姜　辉　李　洁　盛雪莲　朱巍杰　王佳巍　尹燕萍　吴春漪
张　艳　王　蓉　徐金达　郑　琳　沈　懿　彭　峰　夏佳聪　莫　非
薛敏敏　俞　婷　姜健超　施　莹　俞智超　王佳晨　马建平　薛　平
费灵超　顾　超　吴承晟　张　斌　殷　英　张雪峰　仇志峰　郑　伟
陈　超　徐玉洁　杨　洁　谈力群　孙文文　徐　兰　何晓庆　鲁晨晓
俞泠雯　吴　杰　杨秋花

朱行中学　2003 届初中毕业生(4)班　班主任　周晚霞

杨兰凤　桂　军　何晓燕　邱佳俊　沈　菊　谢连斌　张　浩　沈晓燕
李仙娥　潘　娜　朱雄贤　郭风美　陈　婷　龚　叶　王　吉　鲁其梅
顾风雷　顾玲艳　徐　菊　徐　琳　徐　佳　袁玲锋　俞伟佳　冯　叶
吴　辉　陈　艳　周　超　陈奇昆　沈益斌　卫　杰　王东欢　张春妹
陆　烨　夏　珍　张　磊　陆鸿斌　徐　俊　薛东一　赵　越　陆　瑛
施佳哲　沈文强　谈晓霞　陈维磊　施　斌　卫登峰　徐金巧　陈　兵
冯冬伟　俞燕权　周　璇　阮丽丽　阮丹丽　吴振东

朱行中学　2003 届初中毕业生(5)班　班主任　曹枫源

费 新	马 莉	阮 梅	宋晓锋	张 涛	卫玲丽	徐 东	陆丹冬
潘 虹	宋喻婷	金彦捷	金 叶	俞雪冬	何柳青	邱 夏	李孙婉
顾欢欢	孙 蕾	洪 琦	吴 彬	王烘琴	张灵芝	李龙杰	冯 伟
陈 婷	喻丹英	金 霞	沈建英	黄忠强	杨燕辉	周 勇	金 杰
吴 君	石 丽	何慧清	朱佳慧	盛金俊	宋维玲	高伟峰	杨 杰
寿玉婷	赵红梅	姜一峰	盛仁伟	戚锋权	邬丽梅	孙春晓	胡 伟
卫文懿	夏 婷	孙 振	殷小军	谭辰海	潘 明		

朱行中学　2003 届初中毕业生(6)班　班主任　俞曙燕

何晓霞	何姗姗	陆丹艳	丁 洁	夏冬晓	夏红昌	沈丽娜	孙丹萍
谭叶春	俞 慧	陈 祁	吴磊佶	花永丽	杨 洁	吴晓霞	何徐兰
焦 欢	陈军平	蒋丽凤	蒋新明	曹 懿	殷 佳	张 冲	施卫玲
许腾蛟	徐牡丹	卫旭洲	叶 勤	夏筱峰	潘红娟	陈冯磊	徐 梅
徐 卫	喻菊华	王 琳	张梅玲	徐国富	高 萍	朱伟杰	顾美英
潘俏杰	陆伟鸿	蒋 凯	沈 雯	薛佳玲	吴 鹰	奚 东	王 娟
王芩芩	费耀文	朱 婷	肖 平	王益峰	倪锦春		

朱行中学　2004 届初中毕业生(1)班　班主任　顾引娣

陆妙婷	周 煜	黄 晶	冯 霞	陆欣文	陈小寒	叶 逸	张昌伟
谢倍慧	陆晓倩	李君超	俞玉岚	王怡雯	阮晓巍	杨彬彬	蒋肖蓉
赵丹萍	俞玮倩	夏新梅	卫 超	周 冲	夏春燕	胡家琪	姚 艳
周 悦	潘凌杰	张玉兰	叶蓓蕾	陆慧婷	孙超锋	姚晨浩	盛亦美
王文杰	蔡龙权	高 虹	何晓慧	张 伟	沈唯伟	朱鑫冰	徐 佳
吴怡骋	周龙贤	王 俊	俞 佳	徐 冬	高 超	朱 磊	张苗淼
王 慧	夏 慧	吴伦捷	范 刚	王国欢	宋佳萍	陈天涯	

朱行中学　2004 届初中毕业生(2)班　班主任　范民达

冯晓雯	叶 臣	李 婧	张 骏	盛春平	高丹君	姜佳能	吴仡俊
沈 骅	朱 樱	费怡婕	夏 伟	张红清	郑雅文	董迟显	薛卫辉
冯军辉	林晓燕	钱沉香	孙丹萍	姚冰峰	陈新丽	朱 琦	周 萍

高红梅	李骑峰	胡兴燕	马兰花	王韦丽	朱 枫	李 斌	叶文姣
曹怡雯	吴 斌	杨晓岚	金晓勤	杨 洁	马欢平	周彬彬	沈 蕾
黄小琳	朱玉兰	徐 嵩	石 松	何理清	高康杰	王玉贤	

朱行中学　2004 届初中毕业生(3)班　班主任　周欢新

金翊雯	俞 妹	马佳倩	谢月妹	吴兰莺	朱 燕	叶美琴	钱 凤
杨亮亮	朱丽丽	常 慧	朱 艳	何凤娇	毛丽娟	谢丹红	吴晓青
朱 枫	潘炜菁	赵 颖	唐 倩	顾春燕	朱 丹	秦 磊	李剑杰
周 明	赵 庆	蒋 雷	杨文斌	徐 恒	马佳雷	沈佳伟	金 麟
冯丹剑	吴 敏	陆 伟	杨园冬	卫 舟	范江涛	聂 艾	刘 杰
张 鹏	孔鑫杰	顾一锋	朱靖皓	赵 越	卫忠顺	郭 琪	周 佳

朱行中学　2004 届初中毕业生(4)班　班主任　杨国权

徐 俊	曹 静	俞 晨	沈 平	叶 佳	寿慧雯	陆慧萍	张玉玲
杨旭冬	仇 艳	李 毅	邱佳凤	冯 丹	王 凯	沈 源	赵 霞
阮佳慧	吴龙强	张珠凤	吴 伟	杨盛林	徐 杰	孔旭斌	卫婷婷
卫秋萍	赵 磊	冯雪萍	曹 艳	周 杰	杨锋雷	吴文君	孙 杰
陈 豪	杨 益	杨晓丹	施晓磊	焦晓倩	杨菊英	何凤良	杨佳青
张冬伟	郑 佩	曹智森	顾美佳	沈 雷	刘 丽	周平辉	

朱行中学　2004 届初中毕业生(5)班　班主任　何永文

王晓君	杨婷美	朱正清	顾丽娜	陈 磊	潘 丹	黄振兴	钱永冬
杨旭婷	吴丹萍	吴 洁	王 凡	盛金洁	殷海燕	胡 洁	周文倩
陈玉春	周佳芸	林 丽	彭卫伟	谈永平	周 超	俞丹凤	孙 雷
徐一球	林 斓	陈 蓓	俞 慧	张 琪	王玲凤	陈旭东	顾 悦
姚 丹	王伟玲	缪 琴	张 琳	陆蓓蔚	高玉英	朱引伟	殷苗苗
张玉峰	季 夏	吴齐鸣	金丽鑫	吴晓娟	盛 强	杨青青	顾伟伟

朱行中学　2004 届初中毕业生(6)班　班主任　陈翠萍

周玉婷	杨 雷	吴 超	陈淑君	周 帆	杨 振	高 峰	邱慧萍
王慧君	姚 勇	陈晓萍	左 玲	毛 鑫	郭佳磊	张伟杰	顾丹凤

顾　晨　　施　洁　　吴　骏　　朱　雷　　高　晴　　蒋冰洁　　张　砚　　李旭东
朱士平　　杨海英　　陆伟英　　李宏达　　曹　醍　　张　虹　　吴馨嫣　　金　欢
张　杰　　董倩影　　徐　丽　　高　杰　　张　超　　顾天娇　　陆益丰　　冯建锋
金小玲　　夏建军　　高礼霞　　杨春华　　曹　丹　　曹玉强　　俞　阳

朱行中学　2005 届初中毕业生(1)班　班主任　薛永良

孙　伟　　邱伟旻　　阮青峰　　柴凌炜　　朱佳晖　　夏韦兴　　杨干峰　　徐春雷
夏晓青　　吴佳磊　　顾佳杰　　马敏烈　　孙家楠　　徐春潮　　吴　文　　杨　欢
孙丽冬　　郑剑君　　宋　伊　　孙健超　　杨国荣　　徐　燕　　王　珍　　赵佳雯
吴　娜　　沈嘉雯　　姚双双　　张丽艳　　张雪英　　吴俊逸　　朱　丹　　蒋　薇
许　洁　　吴　波　　石磊磊　　谈联雯　　王　讯　　马欢平　　徐美一　　范丽玮

朱行中学　2005 届初中毕业生(2)班　班主任　杨国权

孙　剑　　吴春燕　　冯璐萍　　陈　佳　　盛　巍　　孙　陈　　张　芸　　王丽丽
张　玲　　王　艺　　鲁　丹　　顾松山　　蒋俊杰　　陈　霞　　唐　浩　　李　磊
杨李琼　　钱　源　　沈　彬　　刘海文　　蔡丽丽　　盛晓莉　　张　晨　　薛晓霞
殷思雯　　徐晓莉　　周　斌　　袁　超　　曹文斌　　费立煌　　夏　晨　　张　巍
汤文杰　　夏　敏　　唐骁婷　　徐冬磊　　吴　超　　张　东　　俞盼文　　毛　鑫
时　浩　　俞盼文　　朱志伟　　沈卫兵

朱行中学　2005 届初中毕业生(3)班　班主任　周欢新

谢松岚　　陈　宇　　孙冬巍　　葛伟强　　费晓冬　　周　丰　　金　杰　　朱　杰
顾丹峰　　徐豪杰　　杨吴萍　　潘　峰　　沈慧杰　　蒋晓勇　　张佳威　　蒋国锋
王伴军　　朱旭锋　　尤　骏　　韩　冬　　钱秋峰　　朱　燕　　王　吉　　马姝洁
陈雪婷　　孙晓斐　　吴琳虹　　曹　慧　　吴慧珠　　顾婷婷　　高文娟　　薛骊婷
阮艳婷　　杨秋萍　　王幸佳　　叶翠琴　　杨文斌　　万　凯　　周　健　　叶伟英
俞　梁　　胡慧慧　　吴晓伟　　张　敏

朱行中学　2005 届初中毕业生(4)班　班主任　王正辉

陈　浩　　蒋春杰　　陈　强　　杨　杰　　徐喆元　　郭　琳　　黄　杰　　王春兰
杨　渊　　姜雪峰　　张文慧　　高艳莉　　顾雨佳　　周　欢　　马剑渊　　陆　琴

何已麟　何怜珍　陆玲玲　朱　凯　陈丽娟　张红贤　周超青　马　慰
张　蕾　黄振艳　顾翠燕　张丽君　焦佳炜　王　聃　杨惠冬　赵丹军
阮晓春　张　悦　王金亭　何霞英　魏川峰　孙　静　徐银娟　杨超男
张逢春　卫葵彬

朱行中学　2005 届初中毕业生(5)班　班主任　何永文

朱佳林　孙文彬　张　艳　顾佳磊　顾萍萍　夏　丹　吴　婷　马　琳
范佳斌　阮春超　钱叶峰　王　洁　赵佳育　焦宇超　高靠权　徐晶晶
吴晓辉　戴明峰　蒋丹英　施细明　陆　炜　顾佳宏　陆宏伟　张　曙
王力强　李丹益　金伊文　张　春　赵　燕　顾梅艳　顾丹凤　徐　晶
张　萍　俞　靖　阮文斌　张　岚　刘　敏　金小玲　俞　婷　吴海权

朱行中学　2005 届初中毕业生(6)班　班主任　周卫军

吴　杰　赵俊杰　毛鞾雯　徐佳丽　严彩红　叶翠丽　马秋萍　张之昊
邵晓岚　黄艳婷　金　雷　夏伟伟　章　磊　吴　益　曹　汗　曹春燕
金　焕　谈佳慧　戚春晨　徐　冬　季美玲　王慧玲　朱　峰　张晓燕
孙　磊　薛伟慧　徐　力　夏玲玲　沈婷婷　卫　霞　金　鑫　徐　杰
周珏玺　周　欢　殷　昊　吴蓓磊　夏颖茵　吴春霞　张勇超　王晓蕾
蒋黎黎　宋　鹏　倪　妮

朱行中学　2006 届初中毕业生(1)班　班主任　杨国权

杨克强　王　刚　施季清　张冬烨　陈　涛　王梧斌　吴　越　陆媚婷
叶兰英　蒋玉超　孙林妹　赵　环　黄晓冬　杨虎龙　王程宗　杨萍丽
陆　慧　张聪慧　邱冬霞　李　莉　卫　淼　陈赟杰　顾嘉凯　朱海婷
顾丽媛　张　欢　钱晓翔　徐樱超　杨　阳　庄　峰　吴旭松　卫碧佳
金　韦　葛卫明　吴晓婷　戚协君　谢冬梅　俞　成　郭青春　张　超
周　宇　姜俊颉　季美玲　郑剑君　戴明峰　何已麟　阮春超

朱行中学　2006 届初中毕业生(2)班　班主任　王正辉

施锦霞　冯铖铖　邱明强　谈辰晨　盛哲浩　夏之辉　阮全敏　朱文洁
徐晓艳　胡佳秋　俞秋霞　吴　迪　王　伟　颜唯贤　朱丹英　李　波

杨雯雯	金琪敏	王 怡	周 婷	毕 祎	卫 俊	高 珏	金晓春
冯文辉	宋慧超	高顺慧	沈佳伟	顾春伟	谭高慧	金 悦	何 晨
张 艾	张 靓	姜渊昆	夏文娟	陈 健	吴清君	徐 维	王文杰
李 丽	杨 璐	夏 蔺	范佳斌	吴 益	徐 冬		

朱行中学 2006届初中毕业生(3)班 班主任 马红华

高玲兰	吴骅骏	吴秋萍	王 岑	阮晓丹	马 杰	陆佳玲	王 倩
杨 帆	王雯婷	马春晓	马丽琼	何玲慧	李子涵	卫本杰	高逸嵩
冯生丹	杨柳清	陆志群	韩 杰	孙 晨	张若尘	吴佳怡	孙鸿荪
陈彦伦	金 腾	沈益妹	张 欢	宋楠意	徐佳莲	王晶鑫	许孟诚
曹闻霜	李慧超	刘 赅	夏静娴	潘 英	张 辉	丁 晨	马乾坤
俞春辉	顾晓芸	徐圆能	费晓冬	金 雷	章 磊	周 丰	赵俊杰

朱行中学 2006届初中毕业生(4)班 班主任 张水龙

张旭东	沈 倩	蒋敏捷	吴姗姗	夏 彪	邹凌梅	姚 伟	蒋凤慧
施 佳	周佳慧	金 艳	曹丽美	张 冲	吴莉莉	陆 冬	薛伟成
李 芳	施雨静	卫 未	顾玉婷	戴 夏	赵 瑛	谈玲玲	吴灵峰
冯 佳	张益梅	费 敏	谈佳平	邱丹霞	王 军	阮燕妹	王晓丽
顾骏杰	丁晨晨	范 鑫	吴春伟	徐 明	刘小英	马红弟	张 峰
孙 枕	黄伟强	陈丽娟	黄 杰	金伊文	谈佳慧		

朱行中学 2006届初中毕业生(5)班 班主任 费春欢

顾 丹	高 婕	邱锋雷	朱晓菲	俞 凤	曹春雷	王炯霞	阮聪慧
李 娇	徐 超	姜 叶	谈 烨	顾 燕	顾爱婷	寿宇婷	顾 丽
张冬明	卫 刚	顾丹英	王佳汝	朱 磊	韩慧康	夏明敏	孙爱萍
张文丹	高 源	周 追	赵新蕾	高 洁	沈春磊	李 锋	沈 伟
赵 瑾	沈世峰	彭文军	朱 正	黄宏慧	朱 婷	喻雪岚	沈晓晓
孙建明	邹 峰	毛腾飞	郑韦园	叶翠敏	沈熹纯子		何怜珍
阮艳婷	曹 慧						

朱行中学　2007 届初中毕业生(1)班　班主任　周卫军

颜萍	郭燕	陶晓明	夏琴心	徐俊	吴亮	杨洁	李伟
杨佳琦	周玲俊	顾丹红	邱娟	张琪	徐春辉	阮佳铭	顾金鑫
顾佳敏	朱孙蕾	吴昕	谭莘婷	朱明玉	寿玉丽	张艳	费雯佳
张旭	王志平	王东力	金卫勤	陶海鹰	沈高月	朱琦	俞烨
傅路平	高杨	戴佳琦	俞学文	朱磊杰	王佳鸿	张俐	顾烨晔
曹家楠	叶宇晨	陆冰杰	薛丹雯	顾佳艺	杨楚清		

朱行中学　2007 届初中毕业生(2)班　班主任　陆国平

俞未来	朱琦	宋春	俞雯	何俊杰	张佳亮	沈美丹	顾彬
徐伟伟	倪锦浩	蒋蕾蕾	张磊	沈晨洁	陈冬妹	袁卓佳	金洁
陈洁	俞佳彬	沈婷	朱静一	陈佳嫣	李燕	孙佳倩	徐悦
沈敏	孙文枚	曹敏伊	顾佳俊	尹昊	郭春峰	周燕	钱超
郭孝莉	杨驰春	阮聪聪	沈亮	阮晓婷	马跃栋	杨青	卫玥
何玉萍	胡凯						

朱行中学　2007 届初中毕业生(3)班　班主任　何永文

俞吉	杨杰	俞高栋	龚辉英	盛蕾意	马春丹	张春权	林威强
姜叶	俞浩	冯杰	吴艳	刘英	夏甜妹	费春红	蒋宏亮
陈鑫	陈旭东	周超	王晨峰	孙佳彬	夏倩妮	王维燕	戚金悦
沈永燕	顾嘉凤	汪丹	吴佳慧	吴伟婷	金一鑫	叶晓琳	顾超
杨雷雷	杨殷浩	陈伟佳	丁伟	朱乾	李成		

朱行中学　2007 届初中毕业生(4)班　班主任　钱武庆

曹孝刚	张晓伟	潘亮	王佳	顾如燕	许佳意	姜雪英	黄一峰
张超	朱冠超	顾杰	施红叶	徐婷婷	唐慧	卢青霞	袁俊杰
徐丰	吴震越	吴浩	郭玮婷	夏雪琴	徐婷婷	谭佳琳	王蕾
冯晓	刘静	吴蕾垒	姜黎雅	郭瑛	王雪君	顾珍妮	何佳运
殷敏明	秦晓雯	杨翔丽	计英				

朱行中学　2007 届初中毕业生(5)班　班主任　张仁辉

张　琪	王　勇	陆　佳	卜海亭	朱晟晟	盛　超	钱梦乐	姜　雯
徐冬梅	陆美勤	王　鑫	陆文军	杨凤旦	叶　慰	张　晓	吴慧敏
王小玲	黄　伟	姜　杰	陆棋枫	张骏炜	陈　伟	朱　玲	刘辰浩
沈林枫	张　俐	黄彩丽	王　蕾	王丹丹	李　成	朱　锋	丁伟强
曹海刚	夏冰晨	孙　馨	杨　莉	余宸文	徐建平	卫旭峰	王　欣

朱行中学　2008 届初中毕业生(1)班　班主任　顾引娣

吴佳瑛	潘　月	秦三琪	张明星	潘辰懿	吴春婷	吴　明	寿雯洁
张晓晴	周晓怡	钱秋吉	孙佳君	佥梦丽	李一清	邱丹凤	王天洁
杨欣伟	夏东杰	张旭婷	杨佳文	杨晓雷	夏佳丽	薛慧倩	陆笑晓
杨欢权	金亦东	王晓婷	张　杰	吴玉磊	高　婷	高鸣晓	卫祺隽
盛洁逸	吴申栋	杨柳杰	张哲彬	龚开凯	沈　洁	俞瑞超	谭思澄
沈逸慧	周　峥	吴超霞	钟敬庄	杨驰春	吴蕾垒	王淼鑫	

朱行中学　2008 届初中毕业生(2)班　班主任　金丽华

赵艳菁	朱佳伟	朱玉华	陆丹青	李　玮	唐　蕾	马苗苗	吴　彬
施　雯	程　伟	金嘉婕	俞佳薇	王佳俊	费婷婷	阮丹峰	陈玉琴
张美婷	陈文凯	卫蓓莉	叶家惠	徐艺玲	郑　俊	陈　健	卫　卿
陆周超	蒋史君	杨仙红	夏洁琼	马伟康	曹益梅	董佳成	郑雪莲
周　悦	何佳运	陆冰杰	王　洁	杨翔丽	张　皓		

朱行中学　2008 届初中毕业生(3)班　班主任　杨国权

卫　玮	李　莉	张　涛	蔡婷婷	陈　力	张玲悦	孔陈叶	朱　栩
陆迎飞	王淑红	杨　涛	潘家鑫	张　丹	张丹峰	俞　红	盛亦文
孙春玲	孙素明	叶昉婷	宋安悦	王丽娜	莫丽萍	杨　婕	陈　铭
卫　旭	马家麟	宋唯岭	潘章灵	朱　辉	沈振佳	谈彩萍	王　杨
张美婷	洪　艳	高雪源	徐丽娜	张　濛	葛伟欣	周　霞	夏明欢
夏正伦	张　杰	何　燕	刘宏伟	杨　雯	曹盼弟	沈佳岚	夏　妍
沈联君	王志平	张宏达					

朱行中学　2008 届初中毕业生(4)班　班主任　王正辉

沈 玲	俞彬彬	曹凯强	何 凯	范超超	顾 静	王爱霞	吴自依
张舒计	袁 闻	王 晨	叶兰英	杨 晓	杨 杰	阮庄洁	沈 英
宋慧雯	陈凌昀	冯燕庆	顾夏萍	朱 玲	叶 艳	刘 悦	陆丽丽
姜 鑫	顾美虹	缪济辉	杨丹燕	陆栋泽	刘培红	金嘉莹	张春雷
王琦慧	单东林	朱 瑶	金 莹	陈斌斌	李仁杰	黄晓燕	马跃栋
吴 浩	魏 捷	张 威					

朱行中学　2008 届初中毕业生(5)班　班主任　吴 慧

李丹凤	陈 蓉	何雯雯	邵军飞	金 荣	沈 娇	肖 琴	孙夏雨
盛冬杰	王冲元	邱佳林	黄旭俅	吴文超	秦燕霞	杨 涛	何 霞
陈 超	叶 伟	顾王响	徐 俊	戴 悦	陆 叶	赵 凯	

朱行中学　2008 届初中毕业生(6)班　班主任　何永文

金史雯	金春意	魏 琳	魏 婷	杨佳磊	张 俊	张少叶	朱 宏
蒋义杰	沈丹凤	钱 洁	金玲妹	王桑爽	叶智青	吴雯雯	沈莉莉
沈秀贤	陶辉军	盛旭晖	杨照辉	冯文明	秦国志		

朱行中学　2009 届初中毕业生(1)班　班主任　何永文

陶紫巍	徐冰笛	张 丞	顾笑颜	孙 琦	张雯婷	杨艳玲	夏臻臻
戚培文	胡佳扬	周嵘杰	张旭啸	金逸伟	魏丹峰	费佳俊	李加琳
俞家圆	阮育文	周 琦	夏瑜珏	张晓婷	寿冬鑫	卫家晖	王 杰
夏 晖	孙晓霞	陆佳玮	朱嘉豪	殷思超	王琼健	王诗妍	朱玉婷
张 冬	殷楚昊	王大伟	单东林	夏正伦			

朱行中学　2009 届初中毕业生(2)班　班主任　周欢新

王彬斌	白 鸽	吴倩倩	何怡琼	孙佳敏	吴 瑜	冯晓蕾	谭新花
李 昊	夏 琦	姜 迪	朱燕娜	杨 鑫	陆佳骏	张斐东	朱敏慧
谈艺能	何佳佳	张梦园	孔晓婷	吴昊天	杨 帆	赵 磊	沈 超
王芳芳	杨玉婷	高婷婷	方 凡	张 辉	张 淳	孙丹萍	严维律
夏秋平	夏 妍	陆 叶	凯龙彪	盛 健	倪伟艳	赵艳菁	鞠聪聪

朱行中学 2009 届初中毕业生(3)班 班主任 薛永良

王敏凤 俞 杰 吴艺婷 刘 益 俞婷婷 钱岑佳 张玉玲 李振东
胡 君 苏志伟 阮大为 张 艳 夏 宇 蒋元旦 孙 凯 李 倩
徐恩双 高淑婷 谈吉利 朱智军 方 敏 费艳峰 吴 涛 俞 杨
邹佳慧 焦春燕 沈 菁 朱煜晖 沈麒麟 朱 怡 谢洁凤 赵斌斌
马良骏 金惠佳 寿欢欢 卫晓娴 宋慧雯 朱军永 王亚丽 舒雪玲
汤亚楠

朱行中学 2009 届初中毕业生(4)班 班主任 郑正丽

吴 美 张力伟 袁蕾蕾 徐 斌 吴显慧 顾 丹 黄咏霞 蒋玲叶
袁佳豪 何嘉玮 俞 婷 吴超天 潘莉莉 张卫超 俞 耀 何 斌
邱琼艳 朱燕萍 赵思琪 周超群 蒋 瑛 韩 超 曹智浩 马 明
潘怡黎 何佳妮 王缪佳 薛阳亨 金 涛 卫冬贤 袁丽萍 王晓伟
张丹枫 谢 军 叶双权 何 奇 朱垚峰

朱行中学 2010 届初中毕业生(1)班 班主任 杨国欢

卫芸凡 薛晓妍 俞梦妍 陆家俊 钱雅姣 朱怡倩 徐杰瑛 周子渊
岳宏韬 陈之唯 俞正卿 孙连杰 王 昳 俞 瑛 吴瑶瑶 王子义
阮岭峰 张 静 王孜豪 俞子安 陈圣鸿 张雪麒 顾 韦 华慧婷
赵嘉顺 潘彩虹 马霖锋 张天蔚 周轶伟 马 燕 胡韩夏 袁逸敏
张 洁 叶远帆 顾 丹 夏瑜珏 赵 磊

朱行中学 2010 届初中毕业生(2)班 班主任 王正辉

陈 涛 沈 青 陈新丹 钱 坤 都逸敏 杨婧雯 吴思炜 戚佳贝
王怡雯 叶朝洁 刘 英 卫 磊 寿高燕 张 黎 杨戚斌 曹益冬
鲁 晨 徐东豪 董淑婷 杨佳敏 姜 丹 杨 帆 赵嘉源 寿玙琳
刘 亮 许 萍 沈 欢 沈再煌 刘晓燕 陆海婷 计 成 曹秋悦
石 洁 张雯婷 孔晓婷

朱行中学 2010 届初中毕业生(3)班 班主任 卫国

张 瑜 殷婷婷 吴思远 沈思怡 曹 霞 蒋 彬 郑周缘 俞慧青

费文浩　王卫艳　徐智雯　卫蒙蒙　陆晓春　俞佳俊　杨丽婷　夏　燕
薛佳丽　金丽君　顾财源　李倩倩　金智豪　曹　晖　孔凯玮　曹　颖
叶　蕾　盛　开　盛佳妍　徐晓琳　吴领伟　沈佳俊　石　磊　吴桂军
吴瑜

朱行中学　2010 届初中毕业生(4)班　班主任　张水龙

胡艳青　张　莉　俞思园　钟晓燕　范鲁宾　费天成　何叶青　高梦婷
胡　玮　卫　伦　韩　梅　李　梅　俞佩佳　王晓春　夏天昱　殷　强
尤雯依　蔡　燕　陆秋涛　夏雨军　吴锦青　董慧琴　陈筱聪　张黎斌
吴莉莉　夏馨珏　严潇俊　张凤英　李骑龙　王佳琼　王佳秋　杨　阳
蒲　伟　李　君

朱行中学　2010 届初中毕业生(5)班　班主任　钟茜

姚申川　邵佳峰　曹丹洁　刘　欣　叶　雷　李　伟　徐　靖　姜佳凯
杨　晨　卫　昊　胥加南　曹志杰　高永旗　罗伟宾　施宏杰　寿炜豪
金　悦　翁玉清　钟博越　胡丹晨　魏玉婷　何美歆　姚　唯　盛满意
杨晓燕　蒋昕婕　张俊叶　顾巧英　顾彩萍　俞　洁　邱琼艳　钱　茜
张　红　石秀涛　花瑞瑞　陈晚秋

朱行中学　2010 届初中毕业生(6)班　班主任　徐欢华

赵菁菁　陆依婕　金冬安　王玮炀　阮靖文　阮　琳　张维伊　张月婷
张奕磊　顾海黔　陈　琼　周顺意　张胜兰　吴盛业　沈佳裔　夏丹婷
叶　婷　杨缘园　冯伟强　杨旭辉　朱佳丽　沈佳雯　邹　城　蒋俊伟
张　兰　陈　鸿　叶　磊　金　丹　顾一斌　沈　鑫　陈敏敏　胡　君
庄佳婷

朱行中学　2011 届初中毕业生(1)班　班主任　俞曙燕

潘　鑫　潘顺浩　孙　洁　唐豪强　孙丽文　孙艺婷　毕　炜　徐靓雯
顾识微　颜晓波　赵晨旸　王　顺　顾　斌　王　瑜　孙紫嫣　杨依蔚
唐怡蕾　杨靖雯　陈沁悦　施春春　朱　旻　王菱菱　杨雨沁　蒋姗姗
王　霞　翟思懿　高　帆　张　玮　李　雪　严　康　冯昕皓　施曼婷

朱行中学　2011届初中毕业生(2)班　班主任　杨国欢

金　坤	孙诗媛	杨馨玥	冯天真	张俊逸	朱嘉浩	杨晓叶	孔晓超
胡佳慧	宋　吉	姜丽婷	王佳磊	吴梦凡	赵豪杰	沈蓓蕾	冯鑫婷
杨　帆	卫　婷	罗　洁	杨佳乐	陈文英	吴琦悦	郭　雄	孙佳慧
纪　程	吴　磊	成建强	陆文青	孙伊青	黄修怡	寿玛琳	许　萍

朱行中学　2011届初中毕业生(3)班　班主任　钱武庆

张诗涵	李　倩	张佳琳	陶春欣	施　依	李子红	刘　浩	杨晓丹
邹宏杰	杨梦云	杨美逸	张　磊	何佳丽	阮雪庭	沈家薇	蒋毅磊
姜　晨	王　涛	施　敏	谈　亮	孙　洁	殷　樱	宋　辉	朱俊杰
梁卫东	吴仁美	李　伟	刘其六	张伟超	刘玉凤	王晓佳	周超凡

朱行中学　2011届初中毕业生(4)班　班主任　宋艳琳

邬鑫瑾	杨俊杰	沈寒杰	顾靖宜	张　建	顾慧敏	严莉菁	蔡宇弢
吴倪萍	陈浩佳	朱嘉豪	姚学成	孙海珠	张文聪	徐垚凡	徐锦豪
徐燕岚	张叶婷	杨丹蕾	陆思薇	陆美怡	李　杨	王润妍	陈汝佳
顾婷婷	蒋媛媛	冯　欢	潘　杰	吕勃达	曾　娇	朱秋雨	

朱行中学　2011届初中毕业生(5)班　班主任　易金华

张　婷	刘　曦	王佳楠	朱秋霞	朱晓霜	付万凤	韩霜霜	鲁冬强
张　勤	施　苗	张圣杰	孙家豪	王豪杰	张洁宇	徐李萍	顾　欣
陆　金	蒋　冉	王　进	毕晓婷	金佳雯	朱思帆	冯雷平	高诗悦
顾立阳	胡春涛	陆文雅	王　芳	朱楠楠	柏金涛	俞新叶	彭佳锋

朱行中学　2011届初中毕业生(6)班　班主任　吴妍娉

谢永伟	管石永	何　健	汤道根	邓家明	王丹丹	胡国勇	郑　健
祁永明	姜　鹏	陈　丽	陈永燕	赵陈露	汪荣雷	周　慧	陈俊杰
李方媛	胡月月	熊文强	许能东	唐雪宜	张　燃	葛建光	陈月标
李可徐	杨金花	杨　峰	黄热功	唐仕群	马先明	张亚琴	

朱行中学　2012 届初中毕业生(1)班　班主任　顾引娣

金余霜　杨晓燕　张迟啸　朱吉意　孙　成　王　洁　曹　岩　吴　琳
钟雯雯　顾　晨　费　瑾　邹佳杰　尹超婷　周　琴　王家豪　赵　婷
卫　春　沈婕妤　顾雪雯　白　露　陈思奇　李佳鑫　毕旺旺　刘伦君
杨归帆　陶闻豪

朱行中学　2012 届初中毕业生(2)班　班主任　金丽华

蔡婷婷　孙佳豪　常佳文　王慧玲　夏伟毅　周玉婷　张逸悦　张　凡
蒋天豪　陈施恩　费小莲　刘　炯　张　鑫　孔佳成　徐敏霞　董心颖
夏翔杰　顾婷婷　蒋　琪　徐伟祥　陈　傲　蒋雯斌　陈旭蕾　朱伟峰
何雪平

朱行中学　2012 届初中毕业生(3)班班主任　万丽华

张越岑　孙寒香　常　琳　陆伟超　严弘婕　郑思静　周玉兰　王爱军
朱宇鹰　周　贝　汤如意　翟慧美　孙沛洋　张祎豪　李方也　庄东玉
陈艳婷　顾　依　李　丽　王佳玲　倪俊杰　王　林　俞宏伟　沈嘉伟
李　怡

朱行中学　2012 届初中毕业生(4)班　班主任　周卫凤

严诗惠　何歆伟　王佳玲　谢　雷　秦梦月　沈佳铭　朱　鑫　黄晓伟
张佳玲　吴佳悦　沈思艺　蔡林郑　王雨蕾　陆文杰　盛健芳　徐　越
费　晨　吴家山　张　倩　陆　叶　鲁冬青　王春欢　施佳伟　朱　雷
刘　晔

朱行中学　2012 届初中毕业生(5)班　班主任　杨国权

瞿秋杨　唐毅媛　邱志杰　张玉婷　张　琳　孙佳杰　王子凡　马宇雯
宋家燕　孔慧清　赵　奇　王礽玥　孙嘉浩　徐雅婷　杨凌雁　杨晓蝶
赵悦艳　朱一斌　夏宋坚　周　真　张鸪明　陈　越　陈鑫英　徐杨冰

朱行中学　2012 届初中毕业生(6)班　班主任　顾爱权

李　帅　谢返返　宋维洋　窦乃芳　吴　攀　徐　威　陈铱梦　朱荣荣

朱倩楠　朱玲玲　庄丹丹　花永静　黄　静　胡翠翠　何海容　宋维灿
张岚清　向文江

朱行中学　2013 届初中毕业生(1)班　班主任　郑正丽

王锋磊　马于晴　徐涵文　俞晓庆　杨　磊　费灵峰　朱　霞　潘佳豪
马尧宇　董仙圆　景伊韵　俞　倩　周宇晖　张　芳　杨辰亮　张　涛
俞惠雯　殷思佳　朱　怡　夏淑婷　孙嘉诚　吴吉鸣　姜晓燕　徐蓝青
张健琛　沈慧勇　杨佳敏　张伟伦　王严杰

朱行中学　2013 届初中毕业生(2)班　班主任　薛永良

李则为　陈兰婷　张慧佳　冯春琳　陈家鸣　王芝恒　陆　凡　叶　青
朱　宝　陆凯元　吴　玮　郭胜燕　何　尧　姜玮豪　谈淑玲　陈　琪
郭佳妮　吕润民　朱叶菁　华佳杰　程志伟　宋丽琳　李嘉豪　陆　焱
袁　安　姜　靖　罗　媛　朱中伟　俞俊杰

朱行中学　2013 届初中毕业生(3)班　班主任　周欢新

赵逸超　杨家豪　王黔演　张天欢　洪晓青　苏　醒　杨林杰　杨佳文
徐静怡　朱　钿　王秋豪　孙贝雪　吴　伦　董寅辰　胡慧霞　陈佳祺
冯美霞　王蒋晨　蒋家伟　张嫣语　孙伊杰　张　超　蒋家一　黄嘉依
徐采萧

朱行中学　2013 届初中毕业生(4)班　班主任　刘红英

吴　斌　陆嘉诚　盛佳杰　黄春苗　顾嘉皓　高晨莉　周晓雯　刘栋萍
吴佳辉　张雨淳　吴海燕　张　忆　张艺哲　王　青　李蓓佳　朱里立
朱思文　金啸寒　王逍怡　李　夏　冯齐辉　夏晨光　薛加成　沈　丹
薛秋丽　吴依玮　吴诗怡

朱行中学　2013 届初中毕业生(5)班　班主任　马红华

陈宇欣　郭宇迪　陈锡平　单耀恒　张　浩　叶　琪　杨海军　张成想
朱阳阳　吴林峰　聂　男　丁楚俊　刘玉利　谢泽立　单耀毅　左廷坤
胡星星　胡　艳　王浩然　李　荦　杨海波　陈树燕　梁耀基　祁永运

魏佳佳　时　越　宋为东　毛婷婷　高　蓉　张青青　左　晨

朱行中学　2014 届初中毕业生(1)班　班主任　张水龙

高　俊　吴　铮　胡陈伟　吴旭栋　邱子扬　杨嘉琦　单天成　吴鑫磊
顾伟杰　盛佳杰　莫凡超　吴叶帆　严一凡　吴佳豪　宋玮涛　叶　安
朱俊男　董江华　李时雯　黄新杰　蒋玉婷　陈智鸿　王　芳　李艳玲
吴小玲　孙恺怡　杨韦婧　杨柳青　施　慧　朱来莉

朱行中学　2014 届初中毕业生(2)班　班主任　黄春燕

张奕骏　张　洁　汤嘉豪　王　智　孙　康　潘家荣　冯智杰　罗佩晟
胡俊杰　沈　聪　朱　佶　蒋佳帆　林宇涛　施佳杰　王邓枫　杨天笑
高文英　范佳妮　唐佳慧　卫秋悦　陈缘沁　马佳敏　姜佳磊　姜红超
冯佳玲　阮烨烨　盛夏婷　王超凡　刘　园　韦业盟

朱行中学　2014 届初中毕业生(3)班　班主任　王正辉

吴　伟　赵嵩玲　黄锦磊　钟敬祖　杨文佳　杨晓雯　俞　岚　俞心怡
张彦佳　王俊伟　姜逢春　夏玉婷　孙雨晨　陈　晨　唐思远　蒋　弘
周佳杰　顾思怡　朱溢婷　高鸿炜　顾豪杰　张　威　马卫逸　朱天超
盛方海　张文驰　费建福　曹思敏　韩志昊

朱行中学　2014 届初中毕业生(4)班　班主任　徐欢华

艾凌峰　曹智熠　陈心宇　顾嘉怡　顾溢婷　郭佳城　何　玥　胡敏彰
胡文飞　李嘉雯　卢　康　钱　龙　邱　慧　沈泽华　盛佳磊　宋佳峰
孙　婷　孙伊杰　谈家辉　汤浩月　王　涛　王宇峰　吴超杰　吴明枫
吴　培　夏　阮　夏怡清　俞　洁　俞秋帆　袁　杰　张　涛　郑蓓蕾
朱申欢　朱思维

朱行中学　2014 届初中毕业生(5)班　班主任　钱文锋

陈宝宝　陈冠兵　陈　磊　杜春花　胡国鹏　江晓涛　揭利俊　金开玲
李志辉　梁雨瑶　潘　峰　时　霞　宋廷祥　苏传慧　孙　怡　王　静
向太军　徐文杰　杨多叶　张美丽　张亚萍　甄远应　朱健辉

朱行中学　2015届初中毕业生(1)班　班主任　卫国

顾家婷　何创佳　胡晓东　蒋　丹　蒋依依　金志诚　李　杰　梅晓霞
戚璇翋　钱阳阳　沈婉玲　盛陈远　施辰慧　王子杰　卫　涛　吴沛愉
向梨梨　徐　磊　徐　俐　薛岚清　杨仲文　俞佳妮　张文杰　张文莉
张逸盛　赵　涛　朱余浩

朱行中学　2015届初中毕业生(2)班　班主任　马红华

陈佳明　陈兴思　何云屹　姜惠昕　金杨悦　李　庆　李冉海　刘帅毅
陆富林　陆　怡　盛　懿　孙嘉怡　孙思怡　孙雨洁　陶莉财　王　涛
吴夏阳　夏丹懿　徐俊杰　徐黎明　薛　超　杨佳艳　叶　超　袁　唐
张慧洁　张茜子　张旭晖　张宇禧

朱行中学　2015届初中毕业生(3)班　班主任　杨国欢

高宏伟　高子凡　黄艳鸿　焦俊杰　李　亮　陆诚斌　陆铭杰　莫　磊
潘梦婷　钱子豪　秦正兰　沈　浩　宋柳青　孙　霄　王　珏　王　玺
王渊哲　韦业壮　吴　俊　吴晓琳　张朔彦　张　维　赵芷珺　钟慧娴
朱冯颉　朱海红　朱家杰　朱逸雯　朱懿铭

朱行中学　2015届初中毕业生(4)班　班主任　陈莹

曹萌萌　陈严英　杜文倩　冯　佳　顾辰凯　顾嘉杰　胡景山　金祎智
林丽星　牟家利　阮永斌　阮永杰　盛思远　施宇豪　寿倪骏　孙　璐
孙琪杰　孙　旭　王　铖　魏婉怡　吴善楠　夏欣怡　夏雪宜　严诗佳
杨旭彦　张沁轩　张淑婷　朱慧婷

朱行中学　2015届初中毕业生(5)班　班主任　陈翠萍

范丽婷　费晓雯　高千凤　何佳雯　何伟刚　何怡璇　胡依琳　蒋瑜倩
陆心怡　陆奕珺　陆　峥　罗　颖　钱晓箐　阮晨彬　寿嘉懿　王安豪
王鹏飞　王　贤　翁　靖　吴贻康　徐佳玮　许乐怡　严俊杰　杨嘉磊
杨添欢　叶威宇　叶子涵　张玉婷

朱行中学　2015 届初中毕业生(6)班　班主任　张仁辉

窦博涵　杜娟花　江海　刘成旭　刘显强　陆小凤　梅海亮　童祥
王丹　王辉　韦开永　武权　谢金城　杨秀秀　杨雪莹　杨永飞
余亚杰　张豪杰　朱绵清

朱行中学　2016 届初中毕业生(1)班　班主任　顾引娣

曹丹妮　陈诺　陈桐　冯婷婷　高子成　阮祎帆　阮业涛　沈俊杰
盛唯一　孙鸿宇　孙淼淼　王佳俊　王佳维　王泽林　吴俊杰　吴思炜
吴屹　叶佳怡　钟贝蕾　朱章远

朱行中学　2016 届初中毕业生(2)班　班主任　金丽华

陈佳俊　陈琦儇　顾家辰　郭沈杰　李嘉伟　李雯雯　钱佳雯　宋勇哲
孙钰慧　王嘉凌　吴迪　吴莹　徐笛　徐金晔　徐心仪　徐张鑫
杨心磊　殷佳丽　张星雨　张颖馨　朱嘉昊

朱行中学　2016 届初中毕业生(3)班　班主任　孙燕平

陈佳豪　戴成杰　高俊杰　何佳莉　蒋岚婷　蒋铮妍　刘奕斌　陆晨豪
陆冉羽　陆晓帆　沈丹婷　寿文涛　宋道猛　宋文杰　卫巍　吴文静
吴夏宇　夏承康　谢思冰　杨奕雯　张俊豪　张灵凯　周雨柔

朱行中学　2016 届初中毕业生(4)班　班主任　周卫凤

仇晓洁　董晓晨　顾志强　何凡　黄家豪　李邱豪　刘雨轩　马欣悦
牛琪琦　阮晓婷　阮业琛　孙艳婷　孙杨　唐嘉伟　唐涛　吴文馨
夏雨婷　徐梦莹　杨涛　俞俊杰　张皓吉　张玉雷　朱家祺　朱玲玲

朱行中学　2016 届初中毕业生(5)班　班主任　杨国权

高俊杰　何淼淼　何洋　胡贝奕　李思宇　戚永能　盛佳磊　王弘扬
王慧玲　王宇霞　吴佳伟　徐文辉　薛佳伟　薛颖　杨佳伟　杨新圆
杨烨　叶瑢　叶艳　周冬　朱丽婷　朱沁懿

朱行中学 2016 届初中毕业生(6)班 班主任 顾爱权

计保玉 蒋寒雪 金开进 靳新亮 李 备 李一翔 刘志勇 邵永梦
唐学群 魏 文 杨政湖 张 笛 甄冉冉 庄晶晶

朱行中学 2017 届初中毕业生(1)班 班主任 朱晓隽

顾天乐 韩 涛 胡佳奕 李欣怡 梁茹陵 马国然 戚祎哲 盛可然
盛可欣 孙丹琳 王璐瑶 王诗雅 王 逸 王喆骏 王 梓 夏雪儿
夏子怡 徐 鑫 杨思祎 杨郑杰 张迎双 朱沛宇

朱行中学 2016 届初中毕业生(2)班 班主任 张丹婧

柴文勇 丁文静 高欣怡 顾昊宇 何明成 胡诗涵 黄 勇 李 彤
阮 超 盛子维 时慧婷 王世豪 吴凯文 吴思婷 吴亦然 夏 军
夏莉琳 徐浩晨 薛 勤 薛沁诚 杨雨虹 俞欣悦

朱行中学 2016 届初中毕业生(3)班 班主任 周欢新

郭圣辰 胡俊玮 李顺慧 刘 沛 陆俊浩 陆俊杰 沈茹伊 陶宇涛
王 健 王羽歆 卫文彬 吴 欢 吴慧莹 吴诗婷 吴忆婷 夏俊杰
杨铭洁 喻 炀 张法镇 张 慧 张诗瑶 赵奕玮 周 珂 朱沈晟

朱行中学 2016 届初中毕业生(4)班 班主任 薛永良

曹 叶 陈佳怡 陈泽宇 顾家骏 金宇顺 钱佳美 秦 潇 阮婧怡
沈宇健 沈 悦 孙亦骏 王 阳 王杨琦 吴雯雯 吴宇轩 夏云枫
谢心吉 徐家安 薛思叶 叶 莎 俞佳雯 张嘉奇 张凯润

朱行中学 2016 届初中毕业生(5)班 班主任 吴金沙

艾 瑞 蔡佳男 曹志豪 陈 怡 傅晨美 胡嘉乐 蒋靓珏 李 晨
李士龙 李叶安 李 勇 马 文 毛栋栋 彭文俊 阮 洁 孙雯豪
汤嘉依 王佳雯 王 婷 吴奕苗 夏依万 杨智聪 袁 盛 赵寒杰
赵奕婷

朱行中学　2016 届初中毕业生(6)班　班主任　万丽华

陈奕炜　何汶骏　梁志强　龙章顺　马嘉伟　施奕帆　孙　超　孙　懿
谈安平　谭佳瑶　王佳蕾　王　婷　王银龙　谢俊杰　徐逸玲　薛佳艳
晏　灿　杨佳杰　张　敏　张宋佳　张运杰　朱佳婧　朱倩倩　朱晓燕

朱行中学　2016 届初中毕业生(7)班　班主任　俞拥军

董艳妮　方其敏　古雄文　胡会弟　胡　俊　花婷婷　金　宇　雷莎莎
刘嘉乐　时　水　宋　健　宋维洋　汤浩宇　杨梦龙　张海燕　张克雨
张　磊　张亚军　甄　扬　郑聪聪

朱行中学　2017 届初中毕业生(1)班　班主任　张水龙

蔡雯秀　曾庆鹏　陈心怡　杜谷乔　费佳乐　顾欣宜　顾杨程　李佳妮
林嘉杰　刘嘉伟　马驰杰　马天浩　倪浩益　潘　洋　沈鸿飞　孙嘉丽
王晨阳　王星宇　卫雯嬿　吴俊杰　吴双齐　徐佳乐　袁晓颖　张诚俊
张　俊　张　莉　张吴节　周伟杰　朱骏翔　朱凌怡

朱行中学　2017 届初中毕业生(2)班　班主任　潘虹

曹瑜雯　陈晓雅　冯陈豪　冯俊豪　冯逸斌　高逸雯　顾培杰　何欣雨
刘心竹　陆欢馨　陆文慧　钱　洁　沈佳锋　沈天扬　沈玉妍　石俊逸
宋　平　谈吴斌　王东婷　王薛豪　邬晓阳　谢铭杰　徐慧琳　徐文远
薛佳雯　杨　辰　俞鸿涛　张可欣　张维捷　朱思美　周希浩澜

朱行中学　2017 届初中毕业生(3)班　班主任　王正辉

范卓城　费骏超　费一清　何俊伟　胡佳卉　李　佳　陆　斌　潘志渊
孙勇权　王冬月　王菲儿　王　婧　王　琪　卫　恺　吴陈亮　吴　昊
吴林焱　吴兆亿　夏　炎　熊　坤　杨晨宇　杨逸珉　叶贝妮　叶晓芸
叶政伟　俞嘉晨　张骏昊　张　莉　张宇豪　张芷兰　郑举举　郑小雨

朱行中学　2017 届初中毕业生(4)班　班主任　徐欢华

费施杰　顾逊衍　何孜婕　蒋蓓怡　李家杰　陆鹏程　马俊豪　潘　瑶
阮奕杰　沈嘉琦　孙　清　王　峰　吴佳颖　吴英奕　夏宇睿　谢一蕾

徐俊杰　徐汪洋　徐子恒　薛雯丽　严亦诒　叶晓蓉　殷　翔　袁佳骏
张谈霞　张馨远　张　逸　张子俊　周咏婷

朱行中学　2017届初中毕业生(5)班　班主任　查明森
曹松波　成天志　侯艺欣　梁梦晴　刘丹妮　武　银　夏　敏　杨婷婷
杨　彤　张新全　张　旭　赵　龙　赵圆圆　郑奥祥

附录四
朱行中学历届校友选介

1. **顾仁忠**：朱行农业中学61届初中毕业生。曾任红光村党支部书记，朱行乡文教助理、副乡长，朱行乡党委书记，张堰乡党委书记，朱行镇正处级调研员。曾被评为上海市农村党务先进工作者、金山县党务先进工作者。

2. **卫湘云**：朱行农业中学61届初中毕业生。在种桑养蚕中成绩突出，1979年和1981年被评为市劳动模范，1981年评为市"三八"红旗手，1983年评为全国"三八"红旗手，1983年当选为上海市第八届人大代表、全国第五届妇女代表。

3. **张国华**：朱行农业中学61届初中毕业生。松江县速师毕业。曾任上海金山长征制药厂党支部书记。1996年被评为"上海市农口系统优秀党务工作者"，1999年被评为"上海市优秀思想政治工作者"。

4. **朱忠明**：朱行农业中学61届初中毕业生。中专学历。曾在部队担任正营级干事，转业后曾任金山县县委组织部干事、县人事局副局长。

5. **范栋梁**：朱行农业中学61届初中毕业生。松江县速师毕业。曾任朱行公社党委委员、管理委员会副主任、乡文卫助理、民政助理、城建管理所所长、镇民政助理。曾被评为金山区先进党员、上海市民政系统先进个人、第五次全国人口普查上海市和全国先进个人。

6. **夏金龙**：朱行农业中学62届初中毕业生。曾任金山区朱行镇环卫所所长。1995—2000年连续三次荣获上海市爱国卫生先进工作者。2004年被"中国管理科学研究院学术委员会"聘任为特约研究员，所写的《金山区朱行镇创建灭蝇达标先进城区的技术措施研讨》论文，在首届中国管理英才大会上被评为优秀论文三等奖。

7. **沈华芳**：朱行农业中学65届初中毕业生。在农副业生产中成绩显著，1985年和1987年被评为市劳动模范，1984年和1986年被评为市"三八"红旗手,1986年被评为市绿化先进个人,1988年被命名为市"种植能手"。1993—1997年当选为金山县、区政协常委。

8. **高正清**:朱行农业中学65届初中毕业生。上海中医学院药剂专业结业。曾任金山制药厂党支书、厂长,朱行工业公司总经理,朱行制药总厂厂长,上海金行建设工程总公司总经理、党支部书记。1990年荣获"中国科学院技术进步三等奖"。

9. **程国辉**:朱行农业中学65届初中毕业生。中专学历。曾任群力小学校长、麻泾小学校长、教育局机关党支部委员、朱行中心小学校长、朱行乡副乡长、新农镇党委书记和区公积金运用中心主任、书记。现任区公积金运用中心党支部书记,担保公司经理、正处级调研员。工作中多次荣获县、区、市记功、记大功等嘉奖。撰写的《读"温州之谜"走农村致富路》荣获国际优秀论义奖,《在改革开放的实践中,贯彻解放思想实事求是的思想路线》荣获世界重大学术成果"特等奖"。

10. **程孟辉**:朱行农业中学66届初中毕业生。中山大学哲学系毕业。商务印书馆高级编辑(编审正教授),长期从事西方哲学和西方美学的编辑和研究。曾先后担任全国青年美学研究会会长,中华美学学会青年学术委员会主任等职。现任商务印书馆国际有限公司总编辑。曾在《人民日报》《光明日报》等国内大型报纸杂志上发表学术论文百余篇,主要代表作有《现代西方美学》《西方悲剧学说史》等,主要译著有《艺术哲学》和《人的哲学》等。

11. **吴秀梅**:朱行农业中学66届初中毕业生。上海六师函授部毕业。曾任朱行中心小学副校长、朱行幼儿园园长。工作期间曾多次荣获县行政记大功奖励,曾被评为区"三八"红旗手、区园丁奖、上海市教育先进个人等。

12. **吴欢明**:朱行农业中学66届初中毕业生。曾任朱行运输站副站长、站长,上海居行建设工程总公司副总经理。现任上海金山居行建筑工程总公司总经理、党支书。

13. **朱仁云**:朱行农业中学67届初中毕业生。曾担任欢兴村党支部书记、村长,八一暖通集团设备股份有限公司董事长,朱行镇党委委员,朱行镇人大副主席兼经济小区总经理。1991年、1997年两届被评为市劳模,当选市十届、十一届人大代表。

14. **陈兆裘**:朱行农业中学68届初中毕业生。上海电视大学党政管理系大专毕业。经济师。曾任金山县建设局工会主席、组织人事股股长、党委委员、副书记,金山县委政策研究室副主任、金山县委办公室副主任、金山区委办公室副主任,金山区朱行镇党委副书记、纪委书记、人大主席。现任金山工业区党工委副书记、金山工业区人大工作联络组组长。2000 年被评为金山区维护社会稳定先进个人,2003 年被评为区优秀党务工作者。

15. **何金华**:朱行农业中学 69 届初中毕业生。大专学历。曾任朱行镇党委委员、朱行镇人民政府副镇长、漕泾镇副镇长、漕泾镇人大副主席、镇总工会主席和副处级调研员。曾荣获上海市重点工程实事立功竞赛二次记功、上海市初级卫生保健先进个人、上海市爱国卫生先进工作者、上海市精神文明先进工作者、金山区优秀十佳党务工作者。

16. **蒋桂龙**:朱行农业中学 69 届初中毕业生。2004 年毕业于中央农业广播电视学校农经管理专业,大专学历。曾任长楼村党支部副书记、书记,村委会主任。现任合兴村党总支副书记、村委会主任。曾多次被评为区先进个人和优秀党员。

17. **卫章华**:朱行农业中学 69 届初中毕业生。中央农业广播电视学校农经管理专业,大专毕业。曾任合兴村副村长兼合兴电器塑料厂厂长、助理工程师,合兴村村委主任、党支部副书记、书记。现任合兴村党总支书记。曾当选为金山县第九届人大代表、金山区第三届人大代表。曾连续 2 年荣获金山县先进生产工作者称号。

18. **俞明希**:朱行农业中学 69 届初中毕业生。南京军区炮兵学院大专毕业。曾任上海长征制药厂分厂厂长、党支部副书记。现任金山工业区文化广播影视服务中心主任。2003 年被评为上海市劳动模范,2002—2006 年被评为上海市体育先进工作者。

19. **顾仁源**:朱行五·七中学 69 届机电班学生。曾任朱行环保设备厂厂长,朱行镇工业公司、总经理、外经公司副总经理、总经理,上海翔茂企业有限公司发展部总经理。现任上海恒信源企业发展有限公司董事长、总经理。金山区政协委员。

20. **黄新荣**:69 届畜牧兽医班毕业。曾任朱行、朱泾镇副镇长、漕泾镇人大副主席(副处)。

21. **薛金火**:69 届畜牧兽医班毕业。在担任金山工业区环卫所所长 10 年后从岗位上退休。1986 年获金山县先进工作者、2003 年获金山区先进工作者称号,2004 年被评为上海市爱国卫生先进工作者。

22. **朱炳云**：69 届畜牧兽医班毕业。20 世纪 90 年代评为市先进个人。2000 年在食品检疫方面又获上海市检疫先进工作者称号，退休前任朱行兽医站站长。

23. **赵辉明**：朱行五·七中学 71 届农科班学生。曾任朱行镇科协主席、文教卫生助理、商业公司总经理、镇长助理、区水利局排灌所副所长。现任上海龙谊建设工程有限公司董事长兼总经理、上海君昊物流有限公司联合党支部书记、董事长、区政协委员、物流协会副会长、上海市设备管理协会理事。曾被评为金山区先进生产工作者，曾荣获上海市工程建设质量管理优秀者称号。2006 年君昊物流公司荣获中国物流民营企业 100 强称号，2007 年被评为上海市金属结构协会"金刚奖"，2007 年荣获上海市十佳用户满意工程称号。2008 年获中国民营优秀创新企业家荣誉称号。

24. **王龙详**：朱行五·七中学 71 届农科班学生。华东师范大学本科毕业。曾任朱行中学胥浦分校负责人、石化五中校长、蒙山中学党支部书记、钱圩中学校长、山阳中学党支部书记。

25. **宋秀华**：71 届蚕桑班毕业。1989 年、1991 年、1993 年连续三次被评为上海市劳动模范，1994 年被评为全国劳动模范、全国"三八"绿色奖章获得者。

26. **沈华芳**：71 届蚕桑班毕业，1985 年、1987 年连续二次被评为上海市劳动模范，上海市九届妇代会代表，上海市三八红旗手，金山县政协常委。

27. **潘玉贤**：朱行五·七中学新街分校 74 届高中毕业生。大专学历。曾任石化职工医院团总支书记，石化地区劳动人事局副局长。现任金山区劳动和社会保障局监察科科长、区劳动保障监察大队大队长。曾当选上海市第五届知青代表大会代表，被评为金山区先进个人、上海市优秀团干部、新长征突击手。

28. **沈洪林**：朱行五·七中学 74 届高中毕业生。2002 年 7 月毕业于中央农业广播学校大专班，农艺师。曾担任长楼村村长，农业公司副经理、经理。现任金山工业区农业技术推广中心主任。1992 年主持完成"植保 18 营养液在桑蚕上应用"课题，获金山科技进步三等奖，1999 年主持完成"优质高产蚕茧新技术开发"课题，获上海市科技兴农三等奖。2001 年被评为市绿化先进个人。

29. **王志权**：朱行五·七中学 74 届高中毕业生。大专学历。助理经济师。曾任朱行乡文教助理、办公室主任兼党委秘书、民政助理、农经办主任、残联理事长、金山工业区土地城建部部长。现任上海新金山工业投资发展有限公司董事、项目服务部部长。曾被评为金山区先进生产工作者、行政奖励嘉奖、区重点工程实事立功竞赛先进个人。

30. **吴寿林**：朱行五·七中学麻泾分校74届高中毕业生。1980年毕业于集美航海专科高等学校,1994年毕业于华东师大中国语言文学专业。1998年1月被聘为上海电力学院学报副编审,2006年8月被评为编审(教授),现担任该报副主编、编辑部主任,为大学生和研究生讲授"现代汉语""应用文写作""科技论文和学位论文写作"等课程。共计发表论文近100篇,计60余万字。其中发表于核心期刊的论文有20篇,出版词典两本,著作一部,并多次荣获全国编辑学论著和全国优秀论文奖。

31. **李芬华**：麻泾分校74届高中毕业生。1977年恢复高考,她考上大学,毕业后先在朱行中心小学任教。后调任朱行乡乡长。接着先后担任松隐乡乡长、金山县纪委书记。1997年金山撤县建区,出任金山区区委副书记兼纪委书记、后调任奉贤区区委副书记兼纪委书记,直至担任上海市纪委副书记。

32. **张纪梅**：麻泾分校74届高中毕业生。1997年、1998年金山区先进工作者、1998年评为全国优秀教师。

33. **陆水金**：麻泾分校74届高中毕业生。广州军区空军工程建设局物资装备部部长。

34. **孙小龙**：麻泾分校74届高中毕业生。高中毕业后即回家乡共和大队担任团支部书记、后担任共和大队党支部书记、朱行乡团委书记。市委党校学习结束后,先后担任张堰乡副乡长、张堰镇副镇长、漕泾镇副镇长、朱泾乡乡长、二届朱行镇镇长、金山县粮食局局长、金山县经济委员会副主任、金山区城管执法大队(今行政执法局)书记,最后在金山区铁路道口管理办公室主任岗位上退休。工作时曾二次获市奖励。1989—1990年度上海市计划生育先进工作者,1990年度上海市机关事业单位开拓老年事业先进工作者。

35. **尤咏梅**：朱行总部74届②班高中毕业生。1979年、1980年连续二年被评为上海市新长征突击手;1980年、1981年、1982年、1983年连续四年被评为农业银行上海市金融红旗手。1984年被评为全国金融红旗手。

36. **沈洪林**：朱行总部74届②班高中毕业生。金山工业区农技中心主任、农业公司经理。高级农艺师,1999年上海市科技兴农"优质高产蚕桑新技术开发"三等奖。2008年全国农业污染源普查先进个人。

37. **冯文勤**：朱行总部74届①班高中毕业生。1977年恢复高考,他考上大学,毕业后先后在朱行小学、朱行中学任教,1990年任朱行中学党支部书记、

1993 年任朱行中学校长。1995 年后先后担任亭林中学校长、金山区社区学院院长、上海电视大学金山分校校长兼书记,在金山区老年大学校长岗位上退休,中学高级教师。2006 年中国教育学会管理分会授予学校文化管理示范校长、2008年上海电视大学分校系统优秀校长、2010—2014 年评为上海市劳动模范。

38. **杨永华**:朱行总部 74 届①班高中毕业生。曾担任朱行中学党支部书记,朱行成校常务副校长。1993 年获上海市园丁奖称号,2010 年上海市学习型社会建设优秀推进员。

39. **顾明昌**:朱行总部 74 届②班高中毕业生。曾担任金山制药厂厂长、书记兼总经理,后担任金山工业区综治信访办主任、社保中心主任、立新村党员支部书记。2008 年被评为上海市信息先进工作者。

40. **潘玉贤**:新街分校 74 届毕业生,金山区劳动保障监察大队大队长。

41. **吴淑贤**:麻泾分校 74 届高中毕业生,1974 年 12 月入伍,在广州军区空军后勤部队服役,1987 年在部队连级干部任上转业至金山公安局,副处级。

42. **周仁元**:1975 届胥浦分校高中毕业。曾任金山工业区经济小区党总支副书记、高楼村党总部书记。2006 年,获"金山区优秀共产党员"称号。2016 年获"上海市优秀党务工作者"称号。

43. **吴志刚**:朱行五·七中学 75 届高中毕业生。大专学历。1978 年应征入伍,曾任中国人民解放军第 425 医院处长、海军中校。现任金山区政府机关事务管理局办公室主任、工会主席。1996 年被中国人民解放军海军指挥学院后勤指挥系评为优秀学员,1998 年 2 月荣获中国人民解放军海军榆林基地政治部三等功,2003 年、2004 年荣获国家机关公务员三等功各一次,被评为 2006—2007 年金山区精神文明建设优秀组织者。

44. **唐登光**:朱行五·七中学 75 届高中毕业生。上海船舶中专毕业。曾任金山区金山卫镇税务所所长、张堰镇税务所所长。现任金山区第七税务所党支部书记。

45. **冯毛龙**:朱行总部 75 届①班高中毕业生。从大队企业会计调朱行公社工业公司会计、后又先后任乡政府审计、乡纪委书记、朱行镇副镇长。20 世纪 90年代后期调任金山区政策调研室副主任、发改委副主任、金山区五届人大常委会城建环保工委主任,后在任上退休。另外又是政协金山区三届、四届委员会委员。中国注册会计师。2009 年被评为上海市重大工程主动竞赛建设功臣。

46. **沈德林**:朱行总部 75 届①班高中毕业生。2000 年任吴淞出入境边防检查站副处级副站长、工会主席，2008 年正处级调研员，2012 年 9 月晋升三级警监。

47. **曹燕**：朱行总部 75 届②班高中毕业生。金山工业区敬老院助理医师。2009 年 10 月，在上海市第五届养老服务"双十佳"服务明星推荐评选活动中被评为"机构养老十佳服务明星"。

48. **何国云**：朱行总部 75 届②班高中毕业生。2017 年 10 月在上海市道路交通安全、上海市公安局交通警察总队评选活动中荣获 2017 年度上海市"学法、懂法、用法、守法"先进个人称号。

49. **殷锡昌**：麻泾分校 76 届高中毕业生，张堰镇人大副主任、工会主席。

50. **蒋雪芳**：朱行总部 76 届②班高中毕业生。曾担任金山工业区八、九、十、十一连续 4 届妇联主席。1993 年、1996 年上海市三八红旗手，1993 年、1999 年上海市双学双比女能手，2004—2005 年上海市双学双比先进工作者，2010 年上海市妇女权益保障先进个人。

51. **孙土兴**：朱行五·七中学麻泾分校 76 届高中毕业生。曾任朱行共和村村委副主任、主任、党支部书记。1996 年 2 月任练整厂党支部书记，1997 年 10 月任朱行街道党支部书记、主任。现任恒信居委会书记、主任。金山区第三、四届人大代表。曾被评为上海市先进居委会主任、上海市优抚先进个人、金山区先进党务工作者。

52. **蒋雪芳**：朱行五·七中学 76 届高中毕业生。本科学历。曾任金山县朱行镇妇联主任，金山区第一届、第二届妇联执委、常委，金山工业区组织人事办主任、妇联主席、工会副主席等职。现任金山工业区妇联主席、工会副主席。曾被评为上海市"三八"红旗手、上海市"双学双比"活动女能手、上海市"双学双比"竞赛活动先进工作者。曾当选上海市十一次妇女代表大会代表、中共金山区第一次妇女代表大会代表。

53. **宋建中**：朱行五·七中学新街分校 76 届高中毕业生。曾任朱行公社十一届团委委员，红星村村主任、党支部书记，朱行农业公司经理，珠港丝织厂党支部书记，运河村党支部书记。现任金山工业区农技推广中心党支部书记。

54. **黄捍东**：朱行五·七中学 76 届高中毕业生。曾任沈阳空军后勤部消防员、驾驶员，上海市立新股份有限公司销售经理、九厂厂长。现任上海碧绅电气成套设备有限公司董事长、总经理。

55. **殷锡昌**：朱行五·七中学麻泾分校 76 届高中毕业生。1989 年上海科技大学机械系大专毕业,1996 年上海党校经济管理系本科毕业。曾任朱行通风设备厂党支部书记,红光村党支部书记,朱行镇党委委员、副镇长、张堰镇副镇长。现任张堰镇人大副主席、镇总工会主席。1994 年被评为金山区先进生产工作者,2002—2003 年获机关行政立功奖励二次。

56. **陈伦华**:朱行五·七中学麻泾分校 76 届高中毕业生。曾任群力大队党支部书记、村委会主任。现任金山工业区欢兴村主任、副书记、区人大常委会财政经济工作委员会委员。曾获区"三八"红旗手、先进工作者、市计划生育协会优秀会员等称号,并多次当选镇、区人民代表。

57. **李爱祖**:朱行五·七中学麻泾分校 76 届高中毕业生。2006 年湖北工业大学大专毕业。曾任金山工业区土地城建部副部长、金山工业区房地所副所长。现任金山工业区房地所所长。曾多次评为区房地局先进个人、获记功嘉奖。

58. **顾天真**:朱行五·七中学胥浦分校 76 届高中毕业生。曾任朱行街道综合厂厂长,申发羊毛衫厂厂长、书记,朱行镇纪委委员、监察助理,时兴公司副总经理,金山工业区经济小区副总经理、招商三部部长。现任金山工业区经济小区党支部书记、总经理。

59. **诸平**:朱行五·七中学 76 届高中毕业生。大专学历。经济师。曾任防腐设备厂副厂长、上海曙光化工厂厂长。现任上海爱默药业有限公司副总经理、党支部书记,连续三届当选亭林镇人大代表。现任亭林镇人大主席团成员。曾荣获上海市节能减排先进个人。

60. **杨益**:朱行五·七中学胥浦分校 77 届高中毕业生。电视中等学校工商管理专业结业。曾任朱行自来水二厂厂长,朱行自来水有限公司党支部委员、副经理,朱行镇运河村党总支书记。现任金山工业区欢兴村党总支书记。曾被评为金山工业区优秀党务工作者、先进生产工作者。

61. **陆瑞夫**:朱行五·七中学麻泾分校 77 届高中毕业生。本科学历。曾任亭林物价所所长、石化物价所所长。现任金山物价局价格管理科科长。

62. **叶成章**:胥浦分校 77 届高中毕业生,先后担任朱行镇副镇长、亭林镇党委副书记、镇长;金山区科学技术委员会党组书记、副主任;金山区卫生局党委书记、副局长;金山区绿化市容局党委书记、纪委书记、副局长;金山区工商联党组书记、金山区市场公司监事长。

63. **张连欢**:麻泾分校 77 届高中毕业生。先后任朱行镇、亭林镇武装部长;2001 年被评为上海市民兵武器装备十年安全管理先进工作者。

64. 严明：朱行总部 77 届①班高中毕业生。金山区机关事务管理局机关综合管理中心主任。2017 年 10 月在上海市道路交通安全和上海市公安局交通警察总队评选活动中荣获上海市"学法、懂法、用法、守法"先进个人。2015 年度、2016 年度二次荣获上海市"百万公里无违法无事故"安全行车标兵称号。

65. 张校章：朱行五·七中学麻泾分校 78 届高中毕业生。曾任朱行镇欢兴村党支部委员，上海八一暖通公司销售员，朱行镇暖通机电公司经理，上海塑料制品有限公司副总经理，上海金山凯乐空调器厂厂长，朱行镇工业公司总经理。现任上海旭丹实业有限公司总经理、上海千岛湖鱼馆有限公司董事长。

66. 张艳：朱行中学 78 届高中毕业生。华师大网络教育学院本科毕业。曾任石化辰凯幼儿园副园长，石化东郊幼儿园园长。现任柳城、康城幼儿园园长。曾获金山区教育局教科研论文一等奖。

67. 周天辉：朱行中学 78 届高中毕业生。浙江大学管理工程系本科毕业，浙江大学材料科学与工程系研究生。曾任中国新型建材工业杭州设计研究院工程师。1995 年创办科技型公司——上海探美机械有限公司，任董事长、总经理。公司产品大量出口，参加过国家七五、八五重点科技攻关项目。在国内刊物上发表过 10 多篇论文，国外刊物上发表过 3 篇论文，获 4 项国家专利。

68. 吴丽华：朱行中学 78 届高中毕业生。曾任上海申隆针织服饰有限公司副总经理。现任上海莽风针织服饰有限公司总经理。曾获金山县"双学双比"女能手称号，1996 年被评为上海市"三八"红旗手。

69. 孙纪权：朱行中学 78 届高中毕业生。曾就读于上海铁道医学院口腔专业、上海职工医学院医疗专业、上海电视大学行政管理专业，本科学历。口腔科主任医师。曾担任亭林医院团总支书记、院办公室主任、院长助理等职务。现任亭林医院党总支副书记、副院长、工会主席。曾在《中华临床医学与预防》《中国农村医院管理》等杂志上发表《离体牙再种植 76 枚疗效观察》《发挥二级医院对社区卫生服务的指导功能》《基层单位职代会现状的思考》等论文。

70. 朱召军：朱行中学 78 届高中毕业生。先后就读金山卫生学校、上海市行政管理学院，大专学历。曾任漕泾卫生院副院长、漕泾镇医管站站长。现任漕泾镇社区事务受理服务中心党支部书记、漕泾镇劳动和社会保障事务所副所长、漕泾镇红十字会副会长。

71. 周发明：朱行中学胥浦分校 78 届初中毕业生。上海理工大学自动化控制专业本科毕业。曾任紫江集团影印厂厂长，广东省汕头市三强包装有限公司常务副总经理。现任上海灵博包装制品有限公司董事长、上海灵博塑料包装有限公司总经理。

72. **沈国权**：朱行中学 78 届初中毕业生。曾任上海金申三元催化剂厂厂长。现任上海市金山区三元机械厂厂长。

73. **王龙法**：胥浦分校 78 届高中毕业生。任金盟中学副校长，中学英语高级教师。

74. **徐兴忠**：新街分校 78 届高中毕业生。北京理工大学理学院数学系教授、博导，北京科学院数学研究院博士后。

75. **陶海根**：麻泾分校 78 届高中毕业生。1998 年被评为全国优秀教师，曾任金山区教育局办公室主任。

76. **蒋维林**：朱行总部 78 届高中毕业生。金山区委宣传部副部长、宣传工作领导小组办公室主任兼任金山区人民政府新闻办公室主任（正处级）。

77. **顾秀龙**：78 届初中毕业生，任上海市气象局直属机关党委办公室主任。

78. **孙纪权**：朱行五·七中学新街分校 78 届毕业生。82 届上海铁道医学院口腔专业毕业。1982 年 9 月到亭林医院工作。1990 年到院行政任职。先后担任医务科干事、院办主任、院长助理、党总支委员、副书记、副院长等。2008 年 12 月担任党总支书记。2009 届上海电视大学行政管理专业毕业，2010 年 2 月任金山区亭林医院院长。

79. **陈新荣**：79 届初中②班毕业生。上海市消防局后勤部生产管理处消防公司总经理（上校）。

80. **严杰**：朱行中学 79 届初中毕业生。中央党校行政管理系本科毕业。曾任金山区检察院反贪局副局长，金山区委统战部副部长，金山区台办主任、侨办主任、侨联主席，金山区金山卫镇党委副书记、镇长，第二工业区管委会副主任，金山区金山卫镇党委书记。现任金山工业区党工委书记、上海新金山工业投资发展有限公司董事长。2000 年被评为上海市优秀青年卫士和上海市劳动模范，2004 年被评为全国侨办系统先进个人。

81. **孙威锋**：朱行中学麻泾分校 79 届初中毕业生。曾任朱行横泾小学校长、朱行中心小学副教导主任、朱行中心小学附属幼儿园园长、漕泾镇镇长助理、漕泾镇党委委员。现任廊下镇党委委员、副镇长。先后二次被评为上海市精神文明建设优秀组织者和上海市优秀思想政治工作者。

82. **王洪新**：朱行中学麻泾分校 79 届初中毕业生。曾任上海横泾制冷设备厂厂长,上海金泉葡萄糖厂储运部副经理、销售部经理、总经理助理、副总经理,1996 年任上海饮帆食品有限公司董事长兼总经理。现任上海洪旺食品添加剂有限公司董事长兼总经理。

83. **殷培余**:朱行中学新街分校 79 届初中毕业生。中央党校函授学院经济管理专业大专毕业,经济师。曾任上海金山制药有限公司团支部书记、办公室主任。现任上海金山制药有限公司党支部书记。曾荣获金山县优秀团干部、金山区优抚对象先进个人。

84. **吴雪莲**:朱行中学麻泾分校 79 届初中毕业生。1998 年中央党校函授学院党政管理系本科毕业。曾任奉贤县胡桥镇党委宣传委员、纪委书记。奉贤区钱桥镇党委宣传委员、纪委书记,奉贤区海湾镇筹备组党组成员、组员,管委会副主任、镇党委委员、纪委书记。现任奉贤区纪委常委、党风廉政室主任。曾 2 次荣获金山县优秀团干部、奉贤县计划生育先进工作者称号,2 次荣获奉贤区优秀公务员称号。

85. **陈新荣**:朱行中学 79 届初中毕业生。中国人民武装警察部队武警学院消防工程系本科毕业。曾任武警上海消防总队政治副指导员、指导员、武警上海消防总队司令部战训处参谋、武警中校。现任上海消防总队后勤部生产管理处副处长(副团级、正营级)。

86. **沈玉林**:80 届高中①班毕业生。朱行中心校支部书记,金山工业区组织人事部部长,金山工业区党员服务中心主任、书记。2003 年金山区优秀共产党员、1993 年上海市园丁奖。

87. **俞桂秋**:80 届高中③班毕业生。金山区城市交通管理署署长,执法大队副大队长。1993 年金山公安局三等功、1998 年金山区先进工作者。

88. **陈益源**:80 届高中①班毕业生,上海空军部队政治部副主任。曾任上海人事局综合处副处长。

89. **陆秀林**:80 届高中①班毕业生。曾任上海八一暖通(集团)有限公司总经理、金叶空调设备有限公司董事长(法人代表),1996 年评为上海市新长征突击手。

90. **潘令其**:80 届初中①班毕业生。任上海石化消防工程有限公司总经理。

91. **马雪余**:80 届高中①班毕业生。上海市消防总队第六支队军医(副团级)转业后任金山区卫生局办公室主任、卫生队队长、主任医师。

92. **俞金权**:80 届高中①班毕业生。上海市农业银行虹口支行行长、党委书记,后调市农行任党委书记。2005 年被评为"上海市金融系统优秀党务工作者",2007 年被评为"上海市精神文明建设优秀组织者"。

93. **杨国贤**：80 届高中①班毕业生,先后担任金山区朱行镇副镇长、张堰镇副镇长,后任金山区规土局局长(金山区土地规划局)。

94. **何纪梅**：80 届高中①班毕业生,20 世纪 90 年代通过考托福去美国留学,现为美国药剂师,定居美国。

95. **杨春权**：80 届初中①班毕业生,金卫中学体育高级教师。

96. **杨明忠**：80 届初中①班毕业生,中学英语高级教师。

97. **何国忠**：80 届初中①班毕业生,现任金山区金卫镇党委副书记。

98. **顾正辉**：80 届高中③班毕业,曾任金山区公安局吕巷派出所所长(正科)。

99. **张连芳**：80 届初中毕业,中学高级教师、上海市劳动模范、上海市特级校长。2003 年任上海市朱行中学校长;2009 年任上海市蒙山中学校长;2010—2014 年评为上海市劳动模范,2014 年任上海市蒙山集团校长。

100. **杨国贤**：朱行中学 80 届高中毕业生。上海农学院本科毕业,同济大学民建专业学士学位,上海交通大学公共管理专业硕士学位。曾任石化总厂助理工程师、工程师、高级工程师,建筑管理科科长,金山区规划局城乡规划所所长,金山区朱泾镇副镇长。现任金山区张堰镇党委委员、副镇长。

101. **徐雪林**：朱行中学新街分校 80 届初中毕业生。上海复旦大学化学系本科毕业。曾任石化催化研究所工程师、美资股份有限公司工程师。现任金亚化工有限公司董事、总经理。

102. **薛连华**：朱行中学胥浦分校 80 届初中毕业生。上海师范大学生物系本科毕业。金山第一劳技学校高级教师。

103. **宋卫军**：朱行中学胥浦分校 80 届初中毕业生。1987 年上海技术师范学院本科毕业。中学数学高级教师。现任金山中学副教导。

104. **孙国辉**：朱行中学胥浦分校 80 届初中毕业生。中央党校法律函授班本科毕业,高级兽医师。现任金山农委动物卫生监督所所长、党支部书记。

105. **高斌**：朱行中学 80 届初中毕业生。上海农学院本科毕业。曾任松隐镇党委副书记、亭林镇党委副书记。现任金山区政协副秘书长。曾被评为金山区先进工作者。

106. **王明辉**：朱行中学新街分校 80 届初中毕业生。1987 年毕业于华东理工大学化学工程系,硕士学位,副教授。上海师范大学副教授、上海师大生命与环境科学学院化学系主任。现任上海化学工业区金山分区管委会委员,上海化学工业区金山分区发展有限公司董事长、总经理。曾在国内外重要期刊上发表20 余篇教科研学术论文,曾连续两届荣获上海师大优秀青年教师称号。2007 年被国家人事部、中国物流与采购联合会评为全国物流行业先进工作者。

107. **俞金泉**：朱行中学 80 届初中毕业生。上海电视大学大专毕业。曾任电机厂工程师、团支部书记,闵行联合发展有限公司设计工程师。现任上海柿等机械设备有限公司董事长、总经理。

108. **沈中权**：朱行中学 80 届初中毕业生。大专学历。曾任朱行镇武装部干事、纪委干事、镇综治办副主任、纪委副书记、镇人民政府监察室主任、金山工业区武装部副部长。现任金山工业区社会事业部部长、纪工会委员。1998 年被上海市人民政府、上海警备区评为民兵武器装备管理先进工作者。

109. **吴惠权**：朱行中学麻泾分校 80 届初中毕业生。1999 年上海师范大学本科毕业,中学高级教师。

110. **陈辉忠**：1981 年 7 月毕业于朱行中学(初中)。1985 年 7 月毕业于上海市第六师范学校,硕士研究生学历,中学高级教师,上海市特级校长。曾担任上海市朱行中学副校长、上海市松隐中学校长党支部书记、上海市金山区教师进行学院附属中学校长、上海市钱圩中学校长。先后获得金山区园丁奖、金山区优秀党务工作者、上海市园丁奖。

111. **盛立新**：81 届初中毕业,民营企业家、高级经济师、上海冠卓海洋工程有限公司总经理。曾获港口码头自动化控制系统三项国家专利。

112. **夏雪龙**：81 届高中理科班毕业,高级工程师,曾在金山石化电视台工作,现是上海杰桢海染工程有限公司技术科骨干。

113. **杨建忠**：81 届高中理科班毕业,高级工程师,2005 年任中国石化上海石油化工股份有限公司腈纶事业部人力资源处处长兼党支部书记,2019 年任中国石化上海石油化工股份有限公司碳纤维事业部行政部经理、碳纤维事业部市场部经理。

114. **金东元**：81 届高中理科班毕业,上海市应用技术大学副教授、硕士生导师,曾任上海应用技术大学化工学院实验中心主任。

115. **吴慈丽**：81 届高中文科班毕业,曾任金山出入境检验检疫办公室主任、现任海关关员。2016 年 3 月荣获"上海市巾帼建功标兵",同年 5 月荣获"全国五好家庭"称号,2016 年 7 月荣获"上海国检局优秀共产党员",2017 年 3 月荣获"上海市三八红旗手",同年 7 月荣获"感动国检十大人物"称号。她多才多艺,又是金山区的文艺骨干,她连续三年获得上海市"有名沪语高手""有名故事演讲家""有名梨园(典坛)民角"的称号,在历届上海市市民文化节中能蝉联"三百"。

116. **高洪贤**:81 届高中文科班毕业生。中学高级教师,2000 年任金山区朱行中心小学校长,2009 年任吕巷中心小学校长,2013 年任金山工业区朱行社区学校(成人)校长。

117. **宋杰**:朱行中学 81 届初中毕业生。本科学历。曾任胥浦村党支部委员、村委会委员、党支部副书记,工业区残联副理事长、理事长,工业区红十字会秘书长。现任金山工业区高楼村党总支书记。1991 年被评为金山县优秀团干部,被授予"金山县新长征突击手"荣誉称号。

118. **孙玉莲**:朱行中学麻泾分校 81 届初中毕业生。本科学历。高级农艺师。曾任金山区农业科学研究所所长,金山区现代农业园区管理委员会副主任,张堰镇人民政府副镇长。现任吕巷镇人民政府副镇长。民建金山区委常务副主委,上海市十三届人大代表。曾获上海市科技成果创新奖、全国妇女"双学双比"活动先进工作者称号,上海市重大工程立功竞赛记功。

119. **赵欢龙**:朱行中学新街分校 81 届初中毕业生。上海市农业广播电视大学大专学历。曾任朱行镇政府财政所副所长。现任朱行工业区财政所所长、财务部部长。曾荣获全国基本单位普查个人先进、上海市农业普查个人先进。

120. **何一文**:82 届初中③班毕业生。金山区亭林医院肿瘤科主任、副主任医师(副处)。

121. **金平**:82 届①班初中毕业生。中学高级教师,曾任漕泾镇政府办公室主任、金山区漕泾中心小学校长,现任金山区第二实验小学校长,金山区师德标兵。

122. **陈杰**:朱行中学 82 届初中毕业生。无锡轻工业学院本科毕业。曾任金山卫镇镇长助理、金山区技术监督局副局长。现任奉贤区技监局副局长。

123. **卫友权**:朱行中学新街分校 82 届初中毕业生。上海交大农学院兽医本科毕业。曾任朱行镇房屋土地管理所所长。现任金山工业区招商二部部长。曾在国家级及地区专业杂志发表专业论文 4 篇,2005 年被评为金山区招商引资先进个人。

124. **褚连芳**:朱行中学 82 届初中毕业生。上海第一医科大学专科毕业,中央党校行政管理本科毕业。曾任金山区卫生局卫生监督所办公室副主任、主任、工会主席,上海市食品药品监督管理局金山分局副主任科员。现任上海市食品药品监督管理局金山分局办公室主任。1995 年获上海市卫生局青年文明监督员称号。

125. **吴权威**:朱行中学新街分校 82 届初中毕业生。上海师范大学地理系本科毕业。现任金山中学高级教师。2004 年被评为金山区优秀班主任。

126. **马新丽**:83 届①班毕业生。获上海市妇联从事妇女工作 20 周年纪念章。先后担任运河村、工业区敬老院、保卫村胥浦村支部书记主任,现任朱行物业公司经理。

127. **褚蓓蕾**:83 届初中①班毕业生。朱行中学第一个考取市重点上海复旦附中的学生,目前是石化建设银行审计科职员、国家级审计师、上海市国家级评标专家。

128. **何欢华**:83 届初中①班毕业生。上海华谊能源化工有限公司(设备)高级工程师。

129. **吴欢林**:朱行中学 83 届职高毕业生。湖北工业大学经济管理专业大专毕业。曾任朱行镇团结村副主任、主任。现任金山工业区保卫村书记、主任。曾多次被评为工业区先进个人、先进科技工作者、优秀党务工作者等。

130. **费明华**:朱行中学麻泾分校 83 届初中毕业生。华东师范大学学前教育专业本科学历,小学高级教师。曾任朱行幼儿园副园长。现任朱行幼儿园园长。曾获金山区优秀教学管理者、金山区教科研先进个人等荣誉。

131. **吴春燕**:朱行中学麻泾分校 83 届初中毕业生。上海技术师范学院大专毕业。曾任上海申菖塑胶制品有限公司总经理助理。现任上海燕莎服饰有限公司总经理、上海宏开升集装箱有限公司董事长、上海信安进出口有限公司董事长。曾当选为金山区政协委员。曾荣获金山区"三八"红旗手、上海市巾帼英雄集体荣誉称号、上海市孝亲敬老楷模。

132. **吴国强**:朱行中学麻泾分校 83 届初中毕业生。同济大学路桥系本科毕业。曾任金山公路所技术员、工程师、副所长。现任金山区公路管理署署长。曾多次荣获市、区实事重大工程建设标兵、先进生产工作者。

133. **顾益春**:朱行中学 84 届初中毕业生。上海农业中等技术学校毕业。上海交通大学农业技术推广系大专毕业。曾任朱行农科站技术员。现任山阳水务站站长。

134. 翁拥军：85届职业高中毕业生。民营企业家,上海开乐建设工程有限公司、普洱开乐茶叶科技有限公司党支部书记兼董事长。

135. 施文权：84届②班毕业生。曾任金山区朱泾镇党委副书记、镇长,现任金山区张堰镇党委书记。

136. 张秀英：朱行中学85届初中毕业生。中央党校函授学院经济管理系本科毕业,上海市党校政治学理论专业研究生。曾任朱行镇团委副书记、书记、组织人事助理,亭林镇党委委员、工会主席。现任亭林镇党委委员、宣传委员。1996年、1997年被评为上海市新长征突击手。

137. 夏静敏：朱行中学85届初中毕业生。大专毕业,助理农艺师。曾任金山工业区招商二部经理、综合部副部长、党政办公室副主任、城乡环境管理所副所长。现任金山工业区城乡环境管理所所长。曾荣获金山县人事局记功奖励、金山县新长征突击手、金山区农保工作先进个人。

138. 王能：朱行中学85届初中毕业生。上海第二幼儿师范学校毕业,上海华东师大前教育大专毕业。曾任亭林镇幼儿园教师、工会主席。现任上海能啸实业有限公司董事。

139. 吴哲元：86届初中毕业生。上海市注册监理工程师、上海市注册造价工程师、上海市注册设备监理工程师、上海市建设工程评标专家、高级工程师。

140. 黄芳：朱行中学新街分校86届初中毕业生。2002年上海行政管理学院大专毕业。现任山阳镇土地所所长。曾多次评为上海市房地局先进个人、金山区先进个人和区房地局先进个人等奖励。

141. 孙梅云：朱行中学新街分校86届初中毕业生。本科学历。曾任朱行镇团委委员、副书记,共青团金山县第十三次代表大会代表。现任金山工业区招商三部部长。曾被评为金山县新长征突击手、金山区先进个人、金山区先进工作者。

142. 王益明：朱行中学86届初中毕业生。本科学历。曾在金山县建筑设计勘探所、上海申辰建筑工程有限公司、上海市金山县审计师事务所等单位任建筑设计、项目经理、项目审计等职务。现任金山工业区总工程师。被评为2005—2007年度上海市劳动模范。

143. 金辉球：87届初中①班毕业生。现任金山区公路建设有限公司总经理。

144. 褚文蕾：87届初中①班毕业生。中石化行政管理高级工程师,负责中石化项目建设管理。

145. **谭炯炯**：87届初中毕业生。上海市公安局金山分局刑警支队重案队副队长,曾荣获金山区公安局三等功3次、上海市公安局二等功1次,2017年荣获上海市"十佳刑警特别奖",同年10月获得"全国百佳刑警"荣誉称号。

146. **吴蓓鸿**：87届(3)班初中毕业生。高级教师、金山区幼儿园总辅导员、幼儿园辅导中心负责人、实验幼儿园园长、金山区石化海棠幼儿园园长,获金山区园丁奖。

147. **何春欢**：87届(3)班初中毕业生。高级教师,获长宁区园丁奖,长宁区新剑幼儿园园长兼党支部书记。

148. **孙杰**：朱行中学87届初中毕业生。1992年闵行机电专科学院大专毕业。曾任上海立新电讯器材股份有限公司销售部经理。现任上海万杰防火材料制造有限公司、上海菱安防火阻燃材料厂董事长、总经理。

149. **费高强**：朱行中学麻泾分校88届初中毕业生。上海市经济管理干部学院大专毕业。曾任欢兴村党总支委员、团总支书记、民兵连长兼镇团委副书记,上海八一暖通集团五金精密配件厂副总经理。现任上海澳开五金精密配件有限公司董事长、总经理。

150. **俞卫国**：朱行中学88届初中毕业生。曾任上海立新物质公司经理、上海立新电讯器材股份公司一分厂厂长。现任上海巍新电器设备有限公司董事长兼总经理。

151. **顾菊英**：89届初中⑤班毕业生。金山工业区党委委员、宣传部长、纪委书记(副处)。

152. **阮辉**：89届初中③班毕业生。石化总厂沥青销售部门总经理。

153. **卫权**：市公安局监管中队警务升降科副处级二级警长。

154. **吴正贤**：山阳小学高级教师。

155. **高华群**：89届③班毕业生。上海市同济大学附属东方医院麻醉科主任医师,法国留学博士、法国国际急救中心上海代表处首席代表。

156. **陈斌**：89届③班毕业生。特升任石化总厂副总(大局副局级)。

157. **沈益峰**：89届初中③班毕业生。现任上海金山城市建设投资集团常务副总经理(正处)。

158. **张宏丽**：朱行中学89届初中毕业生。南京政治学院经济管理专业本科毕业。曾任朱行镇文化广播影视服务中心副主任、金山工业区社会事业部副部长。现任金山工业区招商四部部长。曾被评为金山区"十佳"女能手、新长征突击手、先进工作者、优秀团干部。

159. **张权**：朱行中学麻泾分校 89 届初中毕业生。1996 年毕业于国防科技大学电子技术系，工学博士学位。现任国防科技大学副教授。2003 年,《量子信道编码与量子密码理论研究》被评为湖南省优秀博士论文。2005 年被评为国防科技大学优秀中青年骨干教师,2007 年获军队科技进步二等奖。

160. **顾兰东**：朱行中学 90 届初中毕业生。天津大学土木工程专业本科毕业,同济大学经济管理学院高级管理人员工商管理硕士。曾任上海机电设计院建筑工程院团委书记。现任上海恒信源企业发展有限公司党支部书记、副总经理。2001 年荣获上海申机集团总公司优秀团干部,被授予总公司新长征突击手称号。

161. **马伟杰**：朱行中学 1991 届⑤班初中毕业生。上海铁道大学自动控制专业本科毕业,同济大学计算机技术工程硕士。现任上海地铁第一运营有限公司副总经理,上海工程技术大学和上海应用技术大学硕士生导师,高级工程师。负责上海地铁 1、5、9、10 号线设施设备管理和全自动无人驾驶运营管理。2015 年荣获上海地铁风采人物,并多次荣获上海市重点工程实事立功竞赛优秀建设者。2016 年度荣获上海市五一劳动奖章。

162. **杨春雷**：朱行中学 1991 届⑤班初中毕业生。中国民航飞行学院空管专业毕业,工程师,现任民航华东空中交通管理局空管中心进迁一室主任。2016 年荣获民航空管系统"空管榜样"称号。

163. **俞国锋**：朱行中学 1992 届初中毕业生。现任朱泾镇人民医院泌尿科主任,副主任医师,专长治疗男性前列腺。曾被评为 2015—2017 年度上海市卫生计划系统先进工作者。

164. **赵君**：朱行中学 93 届初中毕业生。大专学历,高级注册职业经理。曾任上海龙谊建设工程有限公司董事长。现任上海君昊物流有限公司总经理,金山区新社会阶层代表人士联谊会常务理事、金山区青年联合会委员。2006 年君昊物流公司被评为中国民营物流企业 100 强,出席全国 100 强物流企业表彰大会。2007 年获得中国物流重诚信企业家称号,荣获金山区"企村结对"优秀企业称号。

165. **朱蕾**：93 届初中③班毕业生。合生创展、上海美新建筑设计有限公司总经理,珠江投资、上海珠江投资有限公司总经理,广东珠江投资股份有限公司总裁助理、设计管理中心总经理、住宅投资经营管理中心总经理。

166. **杨欢兵**：94 届初中毕业生。民营企业家、上海风云旅行社总经理、上海金安保安有限公司总经理、上海吾义人物有限公司总经理。

167. **胡丹英**：94 届初中毕业生。中学高级教师，2002 年任上海市朱行中学政教处少先队大队辅导员，2011 年任上海市朱行中学政教处主任，2014 年任上海市朱行中学办公室主任、现任上海市朱行中学副校长。

168. **俞丹群**：96 届初中①班毕业生。任金山区应急管理局副局长(副处)。

169. **沈勇**：1997 年毕业于朱行中学，2000 年考入清华大学环境科学与工程系，2007 年硕士毕业。毕业后先后在上海市政工程设计研究总院(集体)有限公司、中法水务投资有限公司、中国建筑上海设计研究总院、福州城建设计研究院上海分院任职，现担任分院总工程师职务，主要从事市政排水工程设计工作，参与并主持几十项排水工程设计，担任过十余项工程的设计负责人。工作期间曾获得上海市优秀工程咨询成果一等奖、二等奖等荣誉。

170. **俞森**：朱行中学 97 届 1 班学生。国防科技大学毕业，博士生学历。2011 年至今，在解放军某部工作，专业技术上校，在部队长期从事科研工作，先后攻克多个技术难关，曾荣获个人二等功。

171. **卫晓波**：2005 届初中毕业生。现任松江区消防救援支队新闻宣传科科长兼全媒体中心主任，一级消防指挥员消防救援衔。2010 年 6 月毕业于华东政法大学。2010 年 6 月经公安现役部队接受地方大学生入警途径应征入伍，历任中国人民武装警察部队上海市消防总队松江支队副中队长、政治指导员、组织教育科副营职干事、副科长、科长等职务。先后荣获三等功 2 次、嘉奖 3 次，多次被评为优秀党务工作者、优秀共产党员、岗位练兵能手、安保先锋等。2018 年起改任松江区消防救援支队组织干部科科长、战勤保障科科长等职。

附录五
朱行中学历届校友来信

写在庆贺母校朱行中学60华诞暨《校史》付梓之际

亲爱的老师、同学、校友们：

时光荏苒，盛事如约。在这丹桂飘香的金秋时节，我们迎来了母校上海市朱行中学建校60周年华诞。与此同时，我还欣闻经过全体师生和编写者多年的共同努力，我的母校终于有了记录自己60年风雨历程的校史。这无疑是母校发展史上的一件大事，可谓双喜临门。听到这样的喜讯，作为朱中的一名学子，我由衷地感到高兴，并在此表示热烈的祝贺！

何谓校史？校史就是对一所学校自身发展轨迹的真实记录，它具有留史、研究、资政、育人、交流、传承、鉴往知今、承前启后，从而推动学校更好发展前进的重要功能和作用。一部客观真实、科学系统的校史，必定以真实可靠的历史事实为依据，记载学校创建、发展、壮大的历程，是学校办学经验、办学特色、办学理念、办学宗旨的全面展示和体现，它对创建未来更具规模、更高水平、更高质量的优质学校具有特定的参考、借鉴和指导意义。凡是具有一定办学年资（校龄）的学校，理应有一部由自己的师生员工共同组织、共同参与、全面记录其创立、成长和发展的校史。这样的校史往往与这所学校的办学传统、办学理念、办学经验、办学水平、办学风格密切相关，它必将有利于对这个学校的全体学生（当然也应该包括对这个学校的全体教职员工）进行学校的优良传统和优良校风教育，有利于增强那些早已离开校园的广大校友对母校的认同感、归属感、自豪感和凝聚力。因此，（编纂好）一所学校的校史，其价值和意义万万不可低估。

常言道：以史为鉴。以"史"的形式记录下来的东西（事物）可以历久弥新，永远流传。朱中的校史，承载着朱中60年来的历史人文和风雨沧桑。它详细记录朱中创建及之后的历史沿革和发展。今天,母校编纂这部校史的目的就在于此。一部沉甸甸的图文并茂、内容丰富的朱中校史,无疑凝聚着朱中全体师生和编写人员的勤勉、心血和智慧,同时也折射出 60 年来母校数代师生员工一路走来的历史光影和足迹。正是在这个意义上我们说,一部朱中的校史,就是母校 60 年筚路蓝缕、艰难跋涉、从无到有、从小到大、一路成长发展的完整记录。

作为学子,我由衷地感谢母校从来没有忘记过我。10 年前,承蒙母校的盛情邀约,我有幸出席了纪念母校创立 50 周年的隆重庆典。记得当时,时值中秋,美丽的校园苍穹蔚蓝、彩云祥瑞、金风习习、丹桂飘香,朱中操场上空的五星红旗迎风招展。时间过得真快,转眼又是十年过去了。今天,我的母校又迎来了她的六十华诞,让我这个少小离家的游子感到无比的欣喜和自豪。此时此刻,母校的沧桑风雨和非凡历程,犹如过电影一般在我心际历历闪现、精彩纷呈,令我无比激动,感慨万千!

回望过去,母校迈着坚实的步履一路走来,60 年风雨,甲子沧桑。在我的心目中,我的母校与众不同,与其说她是一所教书育人的学校,倒不如说犹如一个团结、和睦、温馨的大家庭。在这个大家庭里,我们的校长非常温良友善亲切,我们的老师特别爱岗敬业勤勉。想当年,我们这些 10 多岁的孩子,一个个懵懂无知,是母校博大的胸怀,拥抱我们;是母校老师们夜以继日的辛勤教诲和传授,让我们沐浴知识的阳光,从而获得心智的启蒙。回望过去,当年老师们慈祥和蔼、阳光雨露般的笑容,至今深深镌刻于我的心灵,难以忘怀。是母校的老师,让我们丰富了知识,学就了本领,明白了道理,拓宽了视野,懂得了如何做人做事,为我们走向社会、施展才华、报效祖国打下了坚实的人生基础。

60 载风雨历程,一甲子辛勤耕耘。在母校 60 年的发展历程中,全体教职员工无私奉献,默默挥洒着勤劳的汗水。老师们新老接替,一茬又一茬,以“蜡炬成灰泪始干”的忘我牺牲精神,为培养祖国优秀的人才而兢兢业业、不辞劳苦地工作。没有当年母校的辛勤栽培和老师们的谆谆教诲,用他们的智慧、心血、勤勉和耐心为我们打下坚实良好的知识基础,就没有我们的今天,我的母校德重如山,母校老师恩深似海。在这里,我要向曾悉心培育过我的朱中母校致敬!向曾谆谆教诲过我的和今天仍正在教学岗位上继续一如既往辛勤工作、无私奉献的母校校长和全体老师们致以最深切的感谢和最崇高的敬意!你们是真正塑造人类灵魂的工程师,你们才是真正培养和造就祖国优秀人才的伟大工匠!

今天,作为离开母校、离开故乡已经有足足半个多世纪的一介游子,我曾因工作需要,有幸踏足过世界的许多地方:我曾去过南非的好望角、芬兰的北极圈、匈牙利的多瑙河、奥地利维也纳的金色大厅、英格兰的莎士比亚故乡,以及俄罗斯的莫斯科、圣彼得堡和叶卡捷琳堡,到过横跨亚欧大陆的土耳其伊斯坦布尔、塞万提斯的故乡西班牙、印度的泰姬陵旁和恒河之滨、埃及的金字塔下和红海岸边尼罗河畔、人间天堂马尔代夫,我还去过尼泊尔、阿联酋、法国、德国、希腊和澳大利亚、新西兰等亚洲、非洲、欧洲、美洲、大洋洲的许多地方……然而,不管我的脚步走到哪里,我都不会忘记母校,因为,我是母校的学子,母校是我的根脉之地,也是我人生的起跑线和出发点,一句话,母校才是我程孟辉魂牵梦萦的精神归宿和神圣家园!

百年大计,教育为本。教育关系着民族的盛衰、国家的兴亡,故办好教育已成为民族复兴的头等大事和共识。60 年风风雨雨,60 年沧桑巨变,60 年春华秋实,60 年硕果累累。回眸过去,拥有 60 年历史文化传承和积淀的母校,始终在党和政府的关怀下健康成长。在我的印象中,朱中是一座很有特色的学校。早年的朱中,始终坚持勤俭办学、严谨治校,教育为国家和社会服务,教育与生产劳动相结合的宗旨和理念,从而形成了独立自主、艰苦创业的光荣传统。60 年教育令母校人才辈出。在 60 年的办学史上,几代朱中人秉承团结、爱校、求实、奋进、创新的优良传统,他们深知自己的使命和肩负的责任,艰苦奋斗、辛勤耕耘、努力工作,硬是在艰苦的环境下踏出了一条富有时代风格和特色的办学之路,培养出了一批又一批的优秀毕业生。他们热爱学习、热爱劳动、热爱祖国、热爱人民、尊敬师长、学风扎实、刻苦勤勉、艰苦朴素、团结友爱、与人为善。因此,从朱中毕业出去的学生,普遍具有一种特别的素质和情怀,那就是谦虚谨慎、质朴低调、工作踏实、任劳任怨、百折不挠、意志坚定、忠诚积极、勇于奉献。由于他们大多是在逆境中锻炼和成长起来的,所以,朱中学生的一大优势和特质就是:抗压能力强,善于逆势生长,不惧生活道路上的种种坎坷和艰难险阻,不为命运之途上的种种困厄所吓倒。正因为朱中特有的优良传统和教育理念、教育方式,才由此培养出了一大批优秀务实的祖国建设人才。这些人在进入社会的各行各业后,都在各自不同的工作岗位上发挥自己的特长和优势,勤勉工作、建功立业,为金山,为上海乃至为祖国各地的社会经济发展做出了他们应有的贡献。他们以其身体力行的实际行动和工作业绩、劳动成就书写出了素质教育和人才教育的华丽篇章,为自己赢得了社会的美好口碑和声誉,也为朱中母校赢得了荣誉和声望,这无疑是我们几代朱中人的共同骄傲和荣耀!

今天,我们的母校已经有了 60 年的历史,的确可庆可贺! 60 年的历史,不算长,也不算短,学校的规模不算很大,也不算小,但她确实是一座很有特色的学校,而且具有一种百折不挠的顽强意志和生命力、生长力。换言之,朱中自她创立之初的第一天起就以一种特有的风骨倔强生长、傲然于世!

回顾历史,我们知道,母校创建于 20 世纪 60 年代初。那时,正值国家困难时期,经济的萧条和办学资金的短缺令早期朱中的启动和发展步履维艰。初创时期的母校,其条件之简陋、环境之艰苦、生员质量之参差不齐、师资力量之相对薄弱是我们今天这些处于优越环境条件下的年轻一代老师和同学们所难以想象的。但这些前进中所遇到的困难和坎坷都没有难倒创始期的朱中人。就是在这样一种艰难困苦的时代条件下,母校不向国家伸手等、靠、要,而是全体师生在黄骅老校长身先士卒的亲自带领下自力更生、艰苦奋斗、顽强拼搏、砥砺前行,有条件要上,没有条件也要创造条件上,硬是从崎岖坎坷的窘困逆境中披荆斩棘,踏出了一条真正属于朱中自己的成长发展办学之路。

回过头来看看我们今天的母校,校园环境优美、教室宽敞明亮、师资力量雄厚、教学理念先进、教学目的明确、教学方法多样、教学设施完备、对外交流频繁、资讯来源丰富、网络条件优越、教育经费充裕、生员素质逐年提高、毕业生质量逐年优化、社会影响力日益深广……真正把母校办成了一所老百姓家门口的好学校。

朱中母校历经一甲子,从南星桥边的草创,到今天成为远近闻名的优质特色学校,实属来之不易。其间,虽校址数度迁移、校名几经更改,然而,母校办学的精神内核始终不变,为国家为社会培养有用人才的职能不变,教职员工奋发向上的优良传统不变。无论在 20 世纪五六十年代的国家经济困难和"文化大革命"动乱时期,还是后来的改革开放和现在的习近平中国特色社会主义新时期,这种办学的宗旨、原则和传统一直得以延续,从未间断。历史和现实证明,朱中母校造福桑梓的生命力之旺盛,铁肩担道义的意志之坚定,在金山地区乃至整个上海市林林总总的同级同类学校中不敢说绝无仅有,那也是不多见的。

本人离开母校已经很久很久了,为了进一步对母校有一个更全面更深刻的了解和认知,我最近浏览百度网上对母校的情况介绍,看到以下这些关于母校发展的资讯内容,真的令我欣喜不已:

早自 1995 年起,母校就已经确立了以创造教育为抓手,全面推进素质教育的办学思路,并提出了"明确一个目的、建立两支队伍、通过三个渠道"的工作思路,即以培养学生的创新思维和实践能力为目的,建立起创造教育教科研队伍和科技活动辅导员队伍,通过劳动技术课、课外兴趣小组活动课和各学科主渠道实施创造教育,让母校驶入了快速发展的轨道。

为了更有效地实施创造教育,推进素质教育,母校苦心孤诣、用心良苦地开展了一系列的创新性活动,譬如创办校刊登载师生文章、数学教研组创办"朱中数学研究"、各班学生自办报纸、少先队开展各种特色活动等等。改革开放初期,母校根据当时的国家发展形势和时代需求,与时俱进,迅速及时地开办了高考复读班,旨在给那些在"文化大革命"中毕业的中四生创造复读条件。此外,母校还不拘一格,特别创设了(普中开办)畜牧兽医和机械等职业班。此举实乃开了全金山地区的办学之新风,它也符合党和国家"教育与生产劳动相结合"的教育宗旨和理念。总之,母校于20世纪末开始倡导并推广实施的创造教育以及围绕着创造教育所开展的一系列创造性或创新性的举措和活动,均取得了可喜的成绩,得到了广大家长和社会的赞扬和认可,有的还得到了上级机关领导的高度重视和表彰。由此可见,创造教育是反映母校教学风格和教学特色的一个优良传统,我们每一个朱中人理应在新的时代条件下将其不断地继承和发扬光大。

母校从最初的两三个年级以及包括校长和教导主任在内的七八个教师发展成如今拥有21个教学班、近千名学生、近百位教职员工的可观规模,并于2004年被上级机关命名为"创造教育先进实验基地";在教学方面,母校以"创造教育'双动'教学模式的实践与研究"区级重点课题开路,推动课堂教学改革,学习先进教学经验,加强动手动脑实践,使教学质量稳步提高,并形成了一支校级(含区级)的骨干教师队伍;在德育方面,母校以"创办家庭法律学校"为抓手,形成"学校、家庭、社区"教育一体化,依托社区、依靠家长,通过家长学校阵地,加强对学生的思想道德和法制教育,形成良好的学风和校风,故而被评为上海市先进家长学校、金山区法律教育先进集体、金山区学生行为规范示范学校。更为可观的是,自2000年以来,母校共获得上海市、金山区及全国各类科技活动集体和个人奖项五百多项,显示了母校学子(我亲爱的小校友们)的聪明才智和探究科学的热情。2000年,母校荣获全国妇联、共青团中央举办的"心中有祖国,心中有他人"主题教育活动科技创新优秀集体奖,2002年获上海市第四届青少年科技节先进集体,学校曾连续两次获金山区青少年科技节先进集体,学校科技组被评为2001年度金山区先进集体,得到时任区长颁发的奖牌。母校还先后获得上海市第四、第五、第七届青少年创造发明设计竞赛优秀组织奖,第18届、21届英特尔上海市青少年科技创新大赛优秀组织奖和上海市绿色学校荣誉称号等。(注:以上文字内容均根据(或择摘于)百度百科"朱行中学"词条)

上述这些都是母校在新的历史发展进程中所取得的骄人业绩。然而,过去的成绩已经成为历史,站在新的起跑线上,我的母校更加任重而道远。希望母校在未来的发展中,继续发扬朱中优良的办学传统,坚持"以学校教育现代化为龙头,以高质量的教育教学和高水平的教育科研为两翼"的发展战略,坚持"以人为本,以学生的发展为本"的办学思路,大力推进教育创新,一如既往地构建以德育为核心、以学生可持续发展为根本、以科技教育为特色的素质教育实施体系。我衷心祝愿,步入花甲之年的母校在加快现代化建设的进程中焕发新的青春活力,创造出无愧于时代、无愧于朱行和金山人民的业绩。我坚信,有以习近平为核心的党中央的坚强领导,有朱中全体师生的共同努力和顽强拼搏,母校的明天会更好,母校一定会在未来有更加光辉灿烂的发展前景! 种种发展迹象表明:我们的母校正在重新积聚力量,整装待发,迎接新时期的腾飞!

腾飞吧,母校! 您是一块文明富丽的沃土,您是一片放射着灿烂人文光辉的优美星空。这里有着朱中早期创业者披荆斩棘、艰难跋涉、开拓命运前途的光辉足迹,又有朱中今日后继者勤勉耕耘的辛劳汗水和由此生长出的瑰丽鲜花和累累硕果。前进的号角在这里吹响,青春的激情在这里涌动,创造的灵感在这里萌发,美好明天的理想和憧憬在这里诞生!

纵观朱中,60 年从无到有,60 年从小到大,60 年坚韧不拔,60 年负重前行,60 年风雨兼程,60 年千锤百炼,60 年不忘初心,60 年重获新生,60 年春色满园,60 年桃李天下。放眼今日之母校,早已是桃李争艳,硕果累累。我和母校的全体新老校友一样,为母校的今日之繁荣昌盛感到无比的欣喜、光荣和自豪! 已有60 年建校历史的母校,今天犹如涅槃的凤凰,在新的时代条件下重振雄风,蓄势待发,向着新的更高远目标腾飞!

最后,祝母校兴旺发达、蒸蒸日上!

祝母校 60 周年华诞庆典圆满成功!

祝尊敬的各位老师和亲爱的同学们、校友们身体健康、事业有成、工作顺利、家庭幸福、万事如意!

谢谢!

程孟辉

2018 年×月×日·北京

校情深似海 师恩重如山

尊敬的母校各位领导、全体老师：

我们共同迎来了上海市朱行中学 60 周年华诞庆典。我们怀着十分激动的心情，带着感激与回忆，向母校致以诚挚、热烈的祝贺！向母校领导、师长和同学们致以亲切的问候和崇高的敬意。

校情深似海，师恩重如山。正是母校恩师对我们的辛勤培育和谆谆教诲，授予了我们终身受益的知识、能力、信念和理想，使我们无论在什么地方，无论做什么工作，我们在社会主义事业建设、在金山经济社会发展中做的贡献，以及我们的成长进步，乃至功业成就都与母校血脉相连、息息相通。朱行中学以"文化立校 以文育人，文化强校 以文化人"的"强校工程"推进，确立了以创造教育为抓手，提出了"明确一个目标，建立两支队伍，通过三个渠道"的工作思路。教育方面"创造教育'双动'教学模式的实践与研究"，使教学质量稳步提高。德育方面：以"创办家庭学校"为抓手，形成了"学校、家庭、社区"教育一体化，加强了对学生的思想道德和法制教育，取得了一定成就。2021 年拟入选第三批全国中小学中华优秀传统文化传承学校名单。正是母校，在历任校领导和广大师生的不懈努力与奋斗下，逐步发展为具有独到办学特色的中学。为国家、社会培养和输送了一大批社会主义建设者和接班人，也为金山经济社会的发展做出了贡献。

母校，我们为您骄傲。

百年大计，教育为本。今天的校庆，不仅仅是隆重热烈的庆典，更是学校发展的里程碑，是推动母校进一步发展的重要机会。在金山区教育综合改革过程中，继续秉承母校深厚的人文底蕴及优良传统，汇聚成务实创新的管理风格，为金山区打造"理念领先、体系完整、特色鲜明、办学先进"的教育强区做贡献。

此致

敬礼！

受朱行中学 75 届①班全体学生委托兼表自己心意的校友

冯毛龙

2018 年 12 月 15 日

感 恩 母 校

我的母校是上海市朱行中学。

离开母校已经好多年。其间虽也偶尔回母校看看,或者参加母校组织的一些活动。但,要深层次地回顾和追忆过往的日子,其实也是第一次。

我与母校的感情很深。在母校读的初中,在母校登上三尺讲台。三年的初中学习,母校让我成人。15 年的从教经历,使我成才。

1978 年的夏天,12 岁一脸懵懂的我,从村小毕业走进了镇上的朱行中学(我依稀记得,当时还叫五七中学,还有高中部),开始了我的初中生涯。

母校追求教育质量,讲究分层教学。三年初中,我有 3 次的分班重组经历。初一刚入学不久,就进行摸底测试,之后我被分到了初一(1)班。据说,这是个好班。但让我惊讶的是,这个班的好多同学都会乐器。据说都来自原来小学的同一个班——"音训班"。于是,我们这些村小毕业的、不懂什么是"乐器"的学生,平日里就仰视着他们。教室里,也成天是他们叽叽喳喳的声音。初二第一学期,我们又重新分班,我被分到了 3 班。这学期,所有的班都是平行班。但初二第二学期,学校又把我们这批学习成绩好的同学,重新组班,编成新的初二(1)班。这个班一直延续到初三毕业。尽管这期间也有少部分同学进进出出,但整体上,学生成员没有大变。

我在初中的学习,除了初一刚入学时有点不适应,英语成绩较差外,其他学科的成绩都比较坚挺。因此,差不多一直算是好学生。我第一次崭露头角,是初一第二学期的作文竞赛,我竟然获得了一等奖。初二年级的数学竞赛,已经算是出名了,因为我获得了年级第一名。初三中考成绩,仅输给了初三复读的一位同学。

而我初中学习成绩好的原因,全在于朱行中学有一批优秀的老师。这些老师不但专业水平高、教学能力强,而且平易待人、爱生如子。

初中三年,五个班主任,都是当时响当当的名师:唐有才、王金舟、何连云、郑志林、张宗铭。初三中考学科的六位老师,也全是精英:张宗铭、薛毓良、刘展虹、朱建国、周军、俞玉康。除他们之外,王海中、唐骅等其他一批名师,都曾是我的老师。名师出高徒,我们这批朱行中学的优秀毕业生,就出自他们之手。他们教我们学习,教我们做人。直至把我们送到高一级学校,也把我送到了上海市第六师范学校,成为他们教育事业的接班人。

暂别母校四年后(上海市第六师范学校是四年制中等师范学校),我又回到了母校,身份却从学生转变为教师。1985年夏天的我,刚满19周岁。读师范一直做班干部的我,初登讲台,毫不胆怯。服从学校安排,我担任初一年级两个班的语文教师。一进学校,就得到一批前辈(现在称同辈了)的关照。顾伦伦、彭令凤、何永文等老师都经常指导我的教学。老班主任,已是副校长的张宗铭老师,在我工作后不久,就来听我的课。我记得当时上的是郭沫若的《天上的街市》。课后,张老师逢人就说我课上得好。于是,听我课的老师就多了,我也得到了更多的关心和指导。"我能成为一名好教师"的自信就树立起来了。

从1985年到朱行中学入职,到2000年7月离开朱行中学。15年,我一直任教语文,期间也兼任过一个短时期的音乐教师。做了三届学生的班主任,也做了好几个班的普通语文教师。我教到的学生不多,但好多学生至今还在联系,感情非常深。

朱行中学工作的前10年,我只是一个默默干活的普通青年。但我待人处事好,书也教得好,所以,学校和社会对我的评价还是不错。而学校的一批老教师,依然待我如学生,鼓励支持我。那几个老大姐(周晚霞、戚介华、尤勤妹、尹秋贤)常常对我说:"好好干,别气馁。是金子终会发光的。"

1994年夏天,伴随着宋锡伟老师的到来(他来朱行中学任党支部书记),我真的开始发起光来了。1994年10月份,他和冯文勤校长一起提任我做学校团总支书记。他提我的理由就一句话,"陈辉忠是个好同志"。然后,亲自指导我怎么开展团工作。两年后,推荐我参加金山县第二期"跨世纪青年干部培训班"。于是,我逐渐走上了教育领导岗位。

1997年暑假,在山阳中学挂职锻炼一年后,重新回到母校。我被委以重任,身兼三职(支部委员、副校长兼教导主任)。统管学校教育教学,但还教着语文。31岁的我,成为学校最忙碌的人。之后的三年,宋校长(当时冯校长已调任亭林中学,宋老师党政一肩挑)对我高度信任,充分放权。边教我怎样处理学校事务,边让我放手大胆地干。而我的老班主任,副校长张宗铭老师,也是给我传授了很多管理的技艺。很多老前辈、很多原本我的老师,这时候成为我的坚强靠山。高益清、杨永华、高春达、朱启宏、夏柄权、王士德、范明达、郑继明、杨仁龙,等等,还有好多老师,亦师亦友、亦兄亦长,摒弃了原来的辈分、淡漠了年龄的界限,给了我无私的帮助,和全力的支持,使我圆满地完成了身份的蜕变,从一个普通的语文教师,成长为合格的教育管理干部。

2000年的夏天,我离开母校,远赴上海市松隐中学,先任党支部书记,后任校长。之后,一直担任着学校正职领导。

今天的我,已在初中书记、校长的岗位上摸爬滚打了22年。在松隐中学待了8年,教院附中14年。现在同时任上海市金山实验中学、钱圩学校和区少体校校长。可谓已经成熟,或许已经熟透。自己也获得了做校长的最高荣誉——"上海市特级校长"。这些荣誉,离不开母校的培育。没有母校,就没有今天的我。

两天后,第38个教师节就要来临,也是我38年教龄的纪念日。在这个特殊的日子里,再让我由衷地说声:"母校,谢谢你。一辈子感恩你。"

我爱你,我的母校。

陈辉忠(81届1班学生)
2022年9月8日

我是母校的风筝

各位师长:

89届三(5)班学生顾菊英代表全体校友们前来报到。

11月15日的中午,我特别想我们的朱行老街了,就趁午间来到了育才街,轻轻漫步,怕惊扰了她的宁静。四棵儿时的香樟树多了岁月的印痕,校门口东侧的阿婆梅花糕店的老瓦片还在,我感觉当初望着梅花糕淌下的口水痕迹还在那块青石板上。这或许就是我常想去的缘由吧。

尽管育才街短短60米,她用她60年的厚蕴每天丈量着我的成长已达三十年。

30年前,我的老校长黄骅先生时常唠叨我们最多的一句话就是:做人要讲行为规范!那时,对于"行为规范"的认知度也就是:早上不迟到,上课认真听讲,不破坏公共财物等。然而,就是这句"做人要讲行为规范"深深地烙印在我的脑子里,让我懂了什么叫讲规矩!但我这位时时记着行为规范的学生,也会有让老师爱恨交加的时候。在母校,那时我有一个绰号叫"假小子",体育老师高春达先生时不时拿我没辙。当我在自习课上挥舞着自制的"顾家宝剑"上蹿下跳时，班主任周晚霞无比包容地在远处观摩。现在回想，连自己都感觉当初顽皮得有些不可理喻。就像当初我的美术老师陆瑞夫先生在我的美术作业上的一句评语：这就是独一无二的顾菊英。我喜欢画画，每天语文回家作业本上总会附上插图一幅上交，陈辉忠老师向我下了通牒：这是语文作业本，不是美术本！我总是在他背后赠送一句英语，虽然这句朱行本地英文连我的英语老师陈燕华先生都听不懂。正是这些幽默睿智的老师，他们的宽厚，他们的慈爱，他们做人的风格，滋润着我们一批一批的普通农家子弟。

60 岁的母校，岁月不居，沧桑巨变。从育才街到朱林路，已今非昔比。一排排夹竹桃下低矮的校舍已是现代教学大楼。德润楼、问学楼、慧源楼、明志楼等，一楼一校训、一楼一谨言、一楼一祝福，无不体现我们朱行中学的厚实。她的历史积淀让我们有了踏实感。她的扎实严谨带给我们更多的荣耀感。面前的母校鹤发童颜，她在进取、创新、发展中灼灼其华。

各位校友，母校已经 60 岁了。我们进入朱行中学，是缘分。当我们与朱行中学连在一起时，我们感恩！因为母校给我们筑起了人生宽敞的平台，我们感恩母校孕育了我们的不平庸。

人生中有一种割舍不断的情怀叫牵挂，人生中挥之不去的情怀叫眷恋。我们永远是母校放飞的一线风筝，一头牵在那里，飞得再高，我们也永远在这里。

母校，我们永远爱您！

顾菊英

2018 年 12 月 15 日

感恩母校的基础教育

我是朱行中学 1997 届（1）班学生俞森。国防科技大学毕业，博士生学历。2011 年至今，在解放军某部工作，专业技术上校，在部队长期从事科研工作，先后攻克多个技术难关，取得一点科研成果，曾荣获个人二等功。我很想念母校，想念老师。是母校良好的校风、严格的道德教育和行为规范教育，把准了我们人生方向，教师们扎实的功底，成就了我们。那时每次期中、期末考试，班级总会排一下名次激励上进，对暂时后进的，每位学科老师都会耐心地分析原因，鼓励上进。我的学习成绩不稳定,总在前 10 名之内浮动,班级学生竞争激烈,老师们总是积极鼓励,而不是训斥,让我总感受到老师的关爱,从而对学习充满信心。为我的征途打下了坚实的基础,教我的每位学科老师的敬业勤业精神是我前进的动力、成功的源泉。在此顺祝恩师何永文、周卫军、查明森等各位老师身体健康,桃李满天下,祝母校的明天更加美好。

1997 届(1)班初中毕业生 俞森

2021 年 12 月 25 日

感恩母校的培养

朱行中学是我的母校。"母校"二字,看似普通,却情重千钧。在我的心中,我一直对我的母校有一份特殊的情感,带着丝丝亲切,缀着重重感恩。我为遇到一群好老师而庆幸。

感恩母校,与我们一起成长。1994 年,是我入校的时候。那年,校区还位于老街。那年,懵懂的我们怀着对未来的憧憬,跨入了母校。校门、教舍、桌椅虽有些陈旧,但仍然坚实厚重。课桌上遗留的一些隐约可见的字迹彰显着一代代莘莘学子曾在这里聆听过老师们的教诲,也在相同的地方承受过阳光的照射,接受过园丁们的浇灌和培养。第二年,随着新校区的建成,我们都搬到了新校舍上课。崭新的教学楼,明亮的大教室,全新的课桌椅,条件的改善非常明显。我们感受着自身的幸运,享受着校园环境的提升,默默鼓励自己,要勤奋学习,不辜负自己,不辜负父母,不辜负老师,不辜负这美丽校园。当年,校园内稀稀落落种下的小树,如今也渐渐枝繁叶茂,逐渐成长并遮蔽了天空,而我们,也从当年的懵懂孩童,渐渐成长为社会的中坚力量。母校,一直在伴我们成长。

感恩母校,教我知识,助我坚强。在这里,有供我们畅游的知识海洋,有着兢兢业业的教师们引领我进入真理的殿堂。教室里,曾留下我们朗朗的读书声;操场上,留下了我们奔跑中挥汗如雨的身影;国旗下,我们曾高唱国歌,默默宣誓;楼上楼下,都留下了我们欢快明亮的嬉笑声。学习知识是学生的本职,中考的成绩是我们当年对学校的回报。还记得校长国旗下讲话告诫我们,学习看似枯燥乏味,如果你能爱上他,发现其中的乐趣,你就会越学越开心;如果无法找到乐趣,就把它看成磨炼,它是你意志的磨刀石,就像一座高山,当你爬上去会发现不一样的风景。对待学习就要有一股顽强韧劲。这股劲头一直支撑着我不断前进。"有志者事竟成,破釜沉舟,百二秦关终属楚;苦心人天不负,卧薪尝胆,三千越甲可吞吴",蒲松龄这副慷慨激昂的对联一直是我的座右铭。

感恩母校,让我遇到了一群可敬的老师。犹记得,入学摸底考试,我发着高烧,坚持完成了试卷,就趴在桌上睡着了,是当时的监考老师方校长联系我父亲把我接回家;犹记得,初三英语老师查明森不小心摔伤了腿,为了不耽误我们备考,拄着拐杖来授课;犹记得,曾在老师办公室里,发现我们一直不苟言笑、表情严肃的班主任周卫军老师,给他的儿子留下了要加班而不能回家吃饭的漫画版留言,非常俏皮;犹记得,语文老师何永文知识渊博,总能在课上旁征博引,滔滔不绝,引得学生惊叹连连,如入深山探宝。一个人的成长,最值得感恩的便是,在合适的地点遇到合适的人,给予你潜移默化的引导。正是我们可敬的老师们,用他们自身的责任心、正义感、辛勤、魅力、追求,默默地引导着我们。初中几年是一个人形成世界观、人生观和价值观的重要阶段,是老师们的言传身教,让我们明白要做一个怎样的人。

年少时,书生意气,挥斥方遒。如今即将不惑,忆往昔,我们亦无怨无悔。这些年里,我们有付出、有回报,都在描绘着自己不同的人生,实践着自己的理想。

母校建校,至今风风雨雨 63 年了。63 个春秋,63 年风雨,63 的漫漫长路,在这一方小小天地中,孕育着自己的苗圃,磨砺着不一般的傲岸,散发着独特的芬芳。在这里,我怀着一颗感恩的心,祝愿母校的明天更加辉煌,更加美好,蒸蒸日上!

1997 届(2)班初中毕业生 沈勇

2021 年 12 月 10 日

感恩母校——朱行中学

今年的教师节和中秋节来临的前两天,我突然接到母校朱行中学张华根校长发来的微信,希望我在母校 60 周年华诞之际,提供"校友选介"或者"校友来信"。由于我正在召开班子会,没有第一时间回复,于是他又来电话催促未果。会后,我马上回电给他,一方面表示诚惶诚恐,另一方面婉言谢辞。想不到他再三关照我写一篇关于离开母校后的感想,实在是盛情难却。于是,不得不在繁杂工作之余,捋一捋久久未能平静的思绪,细细回顾人生从求学、工作以来的点点滴滴,其间既有顺境中取得成绩的喜悦,也有逆境中遭受曲折的沮丧。但无论在何时何地我都不会忘记母校老师们对我的谆谆教导,在人生道路中始终引领我锲而不舍、努力进取。在这里讲几个人生小故事与大家分享。

一、初进母校

依稀记得,在上初中一年级的第一个星期五,我被父亲早早骑着自行车载到了母校。那天早上大概7点半,还是早自修时间,我随着班主任周晚霞老师"迟"到进入了初一(2)班的教室。那是在学校最前面的一幢三层楼房子,三楼西侧第一间教室就是我们班级的。很快迎来了上午的第一节课,走进教室的是一位穿着绿军装、讲着流利英语的老师,后来才知道是高益清老师。上课刚开始,高老师给全班同学领读课文。正当大家都在齐声朗读时,由于我是初来乍到,还找不到读的是哪一篇课文,旁边的同学又还不熟悉,不敢求问,于是只能自己装模作样地翻到小学时未上完的英语课文第十一课。结果很快被高老师发现了,他用课本轻轻地"敲"了一下我的小脑壳,立马停止领读,当场对我的"南郭先生"行为进行严肃批评。这顿时令我感到异常尴尬,汗水仿佛马上要从额头流到脚底,脸也一阵红一阵白,那一刻好像全班同学都把目光投向了我。还好,高老师没有"深究",而是和同学们一起告诉了我,他们在朗读英语第十二课。说实话,我在小学最后一年的学习态度是消极的,各门课成绩都有大幅度下滑,英语更是从高峰跌到低谷,更何况那时上的英语课文还是从小学课本接转过来的,为什么这样接转至今还是一个谜。

经高老师这么一"敲",也确实把我从过去浑浑噩噩的学习状态中"敲"醒了。于是,我提醒自己在全新的环境中学习需要多加小心了。然后,在接下来高老师的授课中,我感到他的授课风格特别风趣和严谨,特别是他对英语朗读高标准、严要求,同学们都自觉地齐刷刷跟着他朗读。所以,初进班级的第一堂课,就对我的灵魂触动很大,我的学习状态再一次被激发了。在后面的一个多星期里,我的学习态度比在上小学的时候端正了许多,放学后也不再像以往那样,一出校门就如"猴子王"一般"要"遍田头村落,而是到父亲同事严阿公那里借宿。因为是第一次独自一人离开父母,陌生的环境让我感到孤独,晚上也只能在阿公房间里一个人做作业,好在阿公还是无微不至地关心我,每天都要陪伴我做完作业才入睡。第二天一早,他还得叫醒我,让我起来在厂里食堂吃早饭,早点去上学。

慢慢地,我适应了新的学习环境和生活环境,不知是过去了一周还是两周,各类学科单元测试陆续开始,英语课的测试也必然进行。记得在那个周末,应该是我一周只有一次回家的日子,我急切地希望早点放学,好回家与家人团聚。然而快到放学的时候,高老师叫我们班上的几个同学留下,其中居然还有我。我顿时感到后背一凉,心想难道是英语单元测验考砸了?!一走进高老师的办公室(就在教室边上的楼梯三层半小间室),高老师就把几个同学的试卷一一展示在面前,首先表扬大家考得不错,其次要求我们几个留下来,跟老师一起批卷子。当时的我真的又高兴又纠结。高兴的是我的英语成绩终于有了起色,激发了我学英语的兴趣;纠结的是回家搭不上父亲的自行车了,需要步行一个半小时才能到家。但不管怎么样,这是一件好事,是值得庆幸的事。最终,当我上衣两袖沾着红墨水从老师办公室出来的时候,太阳已经落山了。

由此,我的学习态度不断向好的方面转变,一个学期下来各科成绩尽管不是全班数一数二,但是综合成绩在班里还是处于中等偏上。现在想想,我后来能够考上师范学校,与母校各位老师的谆谆教导密不可分,是母校让我重新踏上奋发学习之路。

二、母校入团

在母校的学习不知不觉来到了初中二年级。对一个初中生来说,尽管学科成绩的提升至关重要,但是政治思想觉悟的提升也必不可缺,因为那时候无论是学校老师还是家长,都经常教育我们,要做又红又专的共产主义接班人。那么,对于当时的中学生来说,早日加入共青团就是思想上追求进步的表现,更是人生一大梦想。在初二第一学期,我和班上的几位同学向校团组织递交了《入团申请书》,希望在离开少先队之前能够加入共青团。之后,我对自己平时的要求更加严格了,时刻提醒自己要努力学习、乐于助人、尊敬师长、关爱同学,只有先做一名优秀的少先队员,才能早日跨入共青团组织的大门。

经过不懈的努力,终于有了结果。记得5月的一天接到通知,学校团组织要组织我们新入团的同学们前往市区的上海植物园参加入团仪式。接到这个通知,我兴奋得一夜没有睡得着觉。第二天东方鱼肚未白,我就已来到了学校,这时候好多同学也已早早等候。集合完毕后,由一辆带挂厢的中型拖拉机载着我们驶向了上海植物园。记得那一天,天气晴朗,阳光明媚,我们刚进入植物园就直奔园中的草坪中央,两位共青团员学长徐徐展开鲜艳的团旗。在团旗下,由校团组织领导赵石元老师带领我们宣读入团誓词,此时此刻的我感到无比光荣神圣。从此,我在共青团这个熔炉里得到锻炼。后来,我担任校团委组织干部,组织能力得到了培养锻炼,也为日后从事共青团专职工作打下了基础。到了松江师范学校后,我担任了 3 年班级团支部书记,在朱行小学从教担任了 3 年校团支部书记,又先后担任朱行乡(镇)团委书记,金山县(区)团委常委、部长,直至 2000 年 10 月从共青团岗位转到张堰镇党委工作。

三、考入师范

初三那年的学习是既紧张又辛苦的,尤其是进入第二学期,刚开学,老师们就帮我们把全部课程扫尾,之后就是各类学科的单元测验和模拟考试。无论是大三门(语文、数学、英语)还是小三门(物理、化学、政治),都是频繁的测试和分析纠正,除了背诵就是题海战术,那时候整个人一心扑在迎接中考上,按现在的话叫作"心无旁骛"。整个过程中我的各门学科成绩还算平衡,也有冲击中专的希望。记得那年 4 月初的时候,学校准备推荐有意向参加师范学校考试的学生报名,我在学校老师和父母的指点下报了名。1984 年 4 月下旬,我参加了全市组织的师范类中考,考试地点就在现在的张堰中学。5 月下旬成绩公布,我的分数超过了上海松江示范学校的分数线,经过体检、体测和综合能力测试,终于收到了梦寐以求的录取通知书。

这里我要借此机会特别感谢所有在中学时期教育过我的老师,他们是:校长黄骅老师、校党支部书记张省吾老师、班主任周晚霞老师、褚耀庭老师、薛毓良老师,还有教我各门学科的郑志林老师、王海忠老师、周军老师、王士德老师、范明达老师……还有好多现在连名字都叫不上的老师,感谢母校老师对我的教育之恩。

四、参加工作

时间过得很快,3 年师范学习毕业之后,1987 年 7 月我正式踏上了工作岗位,回到家乡朱行中心小学工作。当时工作单位与母校仅有一墙之隔。在我从教的第一学期,被分配到五年级教授语文,并担任班主任。当第一次踏入班级,面对几十个比我小六七岁、稚气未脱的学生时,我踌躇满志,立志要把这个班级带好,把孩子们教好。为了上好每一堂课,我必须从每次备课写教案开始认真对待、费尽心思,有时为了设计好教案通宵达旦、绞尽脑汁。我的教学状态随着时间的推移渐入佳境。正当此时,学校让我担任学校少先队大队辅导员,这让我感到很是意外。但是意外之后,我还是欣然接受这份光荣而又艰巨的任务,从此开始了双重工作。这还没有结束,到了第二学期,学校团支部要换届了,校党支部推荐我作为新一届团支部书记人选。这一次又出乎我的意料,更让我坐立不安,因为这次我将面临的是如何把整个辅导区的青年教师组织起来，为全校的教育教学事业展现青年人风采。就这样，在 1987 年 7 月到 1990 年 7 月这 3 年时间里，我送走了唯一一届小学毕业生，同时在校党支部和全校师生的支持下，学校团支部面貌一新，成为全乡优秀基层团组织。

1990 年 8 月，我接到了乡党委的通知，被借调到乡机关工作，任乡团委副书记（主持工作）。1991 年底，我正式调任乡团委书记，从此开启了新的工作征程。

五、走进金色大厅

2016 年 12 月，根据组织安排，我再次回到了曾经奋斗了十二年且已离开了 4 年多的张堰镇担任党委书记，再回到故地我倍感熟悉和亲切。老书记在交接力棒的时候嘱托我，张堰是金山的大镇、中国历史文化名镇、国家卫生镇、国家健康镇、全国双拥模范镇，现在就缺全国文明镇这块沉甸甸的金字招牌，希望新一届党委不气馁、不放弃，继续争创，直到创建成功。于是 2017 年开春之后，我和班子成员通过学习讨论，认真分析研究，大家统一思想，再次扬帆起航，掀起了张堰镇再创全国文明镇的热潮。其间，恰逢党的十九大胜利召开，我们的创建如火如荼……到了十九大闭幕之后，市文明办组织考评，并要求所有参加创建评审的镇党委书记亲自汇报创建情况，这也是十九大以来首次以淘汰制的方式申报创建全国文明镇。当时，共有 9 个镇分别作为每个区推荐的唯一竞选镇参与汇报，经过紧张激烈的角逐，张堰镇在 9 个镇中脱颖而出，荣获第一（事后市文明办的同志告知），最终张堰镇与闵行的颛桥镇、宝山的月浦镇进入前三，成功入选全国文明镇。

更为有幸的是，11 月初的一天，我接到市、区文明办通知，要求于 2017 年 11 月 17 日参加在北京召开的全国精神文明建设表彰大会，并于 16 日下午 5 点前到北京京西宾馆报到……16 日晚 7 点 40 分，我在京西宾馆会议楼礼堂参加了预备会，然后到人民大会堂三层小礼堂接受彩排。17 日早上 7 点，我们参会人员开始吃早饭，8 点在宾馆大院集中乘坐大巴前往人民大会堂参加正式会议。来到了人民大会堂，首先进入三楼的金色大厅，大厅暖意融融，参加大会的 600 多名代表按要求整齐列队，大家个个精神饱满，笑容洋溢。9 点整，习近平总书记和王沪宁、刘延东、丁薛祥等中央领导人缓缓步入金色大厅，他们跟第一排、第二排、第三排的代表们依次握手并亲切交流，我正好站在第二排，有幸与总书记握手并向总书记问好！总书记同与会代表握手后回到队伍中间，正准备跟大家合影时，他突然发现座位后面站着是 93 岁高龄的全国道德模范、中船委二七一九研究所名誉所长、中国工程院院士、享有"中国核潜艇之父"称誉的黄旭华老先生,就顺手拉开椅子,一定要拉黄老先生到前面与总书记一排就座。几乎同时,也将82岁的贵州省遵义市播州区平正仡佬族乡草王坝村原党支部书记黄大发邀请过来坐。两个老人先是不肯,后来硬是被总书记拉着进来在身旁就座。这个暖心的举动让全场与会者深受感动鼓舞,金色大厅内掌声经久不息。合影结束后总书记并没有给大家做正式讲话,但大家都感受到总书记身教重于言教,已经相当于进行了一次重要讲话。

中央领导人接见后,在人民大会堂三层小礼堂举行全国精神文明建设表彰大会。中共中央政治局委员、中宣部部长黄坤明主持大会,中共中央政治局委员、国务院副总理刘延东宣读表彰决定,我也有幸从中宣部副部长、上海市委原常委徐麟部长手中接过了"全国文明村镇"的匾牌。中共中央政治局常委、中央文明委主任王沪宁发表了重要讲话,他强调,在新时代抓好精神文明建设,要把学习宣传贯彻党的十九大精神作为首要政治任务,重中之重是加强习近平新时代中国特色社会主义思想的学习教育和宣传阐释。要积极培育和践行社会主义核心价值观,加强理想信念教育,大力弘扬中华优秀传统文化、革命文化、社会主义先进文化,深化群众性精神文明创建活动,坚持以人民为中心的工作导向,注重典型示范引领,更好构筑中国精神、中国价值、中国力量。要加强党的领导,推动各项工作改进创新,激励人们为实现党的十九大确定的目标任务而奋斗。

北京表彰大会结束之后,为进一步学习贯彻落实全国表彰大会会议精神,11月21日市文明委在上海展览中心友谊会堂召开"上海市精神文明建设工作座谈会"。会议之前,我和与会代表受到了市委书记李强,市委副书记、市长应勇等领导的亲切接见并合影留念,我也有幸坐在了李强书记的身旁。在座谈会上,我做了题为"创建为民创建惠民 文明之花开遍张堰"的汇报交流。

我的人生不止此5个小故事。这里讲的5个故事反映出我的成长与母校的接纳、教育、培养息息相关。借此次母校60周年华诞之际与大家分享,我还是要深深地道一声,感谢您——母校,是您用甘甜的乳汁哺育我长大!

施文权

2022年9月10日

编　后　记

　　60年,在历史长河中,也许只是短暂一个甲子,但是在一所学校的办学历史上,却是一段比较漫长的历程。2018年,是朱行中学建校60周年。在迎接校庆的日子里,我们编撰了学校校史。但是,校史出版以后,很多退休老教师及校友都提出校史过于简单,其中也有很多遗漏和缺憾,纷纷建议学校组织力量重新编撰60年校史。于是,学校组建了校史编辑委员会,组织部分退休和在职的教职员工,共同修订《上海市朱行中学校史(1958—2018年)》。在大家的共同努力下,经过了一段时间的讨论走访,于2020年4月10日,召开了校史编撰预备会议,启动了校史的修订工作。历经1年半时间,其间,召开了3次校史编撰全体会议,5次组长会议,我们终于完成了朱行中学60年校史的编撰工作。

　　我们把校史分为四段历史,有4位退休教师任组长,每一组有部分退休老教师组成。其间,大家对学校的发展历史和任期教职员工积极回忆,并多方调查取证,力争把缺憾减少至最少。

　　感谢下列老师的共同努力和付出:

　　第一部分(朱行人民公社农业中学):组长:黄骅。参与老师:李秀圣、程国辉、张仁林

　　第二部分(朱行人民公社五·七中学):组长:褚耀庭。参与老师:李士明、吴国良、薛金荣

　　第三部分(金山县朱行中学):组长:何永文。参与老师:顾伦伦、朱小华、杨仁龙、高益清、周军、高寿云

　　第四部分(上海市朱行中学):组长:宋锡苇。参与老师:胡丹英、张美英、赵志刚、杨永华

　　审稿:黄骅、褚耀庭、何永文、宋锡苇、李士明、程国辉、李秀圣、薛金荣、杨永华、顾伦伦、朱小华、韩小弟、吴国良、赵志刚。

一部校史，一部学校发展史。我们企望给学校的后人留下一份宝贵的财富，让我们的后人记住学校发展的过程中前辈所付出的艰辛努力，让我们的后人继往开来，创新发展。写校史绝不是为个人或为小集团树碑立传，而是要记述60年办校过程中遇到的困难、成绩和教训；记述60年培养出许许多多人才，在朱行地区各自岗位上发挥着积极作用，并向高一级学校输送了成千上万的学生。

校史是写给当代和后来人看的，一部好的校史一定能激励在职教职员工学习前辈献身教育事业的精神；能教育、激励学生向师兄师姐学习，也让社会各界人士窥视朱行中学过去60年从无到有、逐步发展的创业过程，了解朱行中学教师为办好朱行中学而艰苦奋斗、认真办学、齐抓共管、分工合作、一丝不苟献身于教育事业的精神，以及朱行中学现在的干部、教师继承发扬老一辈教职员工精神，为培养下一代而认真教育教学的努力工作状况。这就是编写这部校史的目的和指导思想。

编撰教师虽孜孜以求，多方求证，然限于年代较长、资料缺失，难免疏漏和不当之处，敬请各位指正。